INTRODUÇÃO AO Jornalismo

Técnicas Essenciais e Conhecimentos Básicos

NOTA

INTRODUÇÃO AO Jornalismo

Técnicas Essenciais e Conhecimentos Básicos

Richard Rudin

Trevor Ibbotson

ROCA

Traduzido do Original: An Introduction to Journalism – Essential techniques and background knowledge

ISBN: 0-240-51634-6
Esta edição de **An Introduction to Journalism – Essential techniques and background knowledge** de **Rudin e Ibbotson** é publicada de acordo com Elsevier Ltd, The Boulevard, Langford Lane, Kidlington, OX5 1GB, England.

ISBN: 978-85-7241-733-4

Tradução
MOISÉS SANTOS. Jornalista. Mestre e Doutorando em Ciências da Comunicação – ECA/USP. Pesquisador do núcleo CELACC/ECA/USP. Professor de Novas Tecnologias da Comunicação da Universidade Municipal de São Caetano do Sul – IMES.

SILVANA CAPEL DOS SANTOS. Bacharel em Letras – Habilitação Tradutor-Intérprete Inglês/Português. Licenciatura em Letras – Inglês/Português.

Colaboração da Tradução
TATIANA GERASIMCZUK CASTELLANI

CIP-BRASIL. CATALOGAÇÃO-NA-FONTE
SINDICATO NACIONAL DOS EDITORES DE LIVROS, RJ.

R852i

Rudin, Richard
Introdução ao jornalismo : técnicas essenciais e conhecimentos básicos / Richard Rudin, Trevor Ibbotson ; [tradução Moisés Santos, Silvana Capel dos Santos ; colaboração Tatiana Gerasimczuk Castellani]. -- São Paulo : Roca, 2008.
360p. :

Tradução: An introduction to journalism : essential techniques and background knowledge
Inclui bibliografia
ISBN 978-85-7241-733-4

1. Jornalismo. 2. Jornalismo – Objetividade. 3. Jornalismo – Estudo e ensino. I. Ibbotson, Trevor. II. Título.

07-4254. CDD: 070.4
CDU: 070

2008

EDITORA ROCA LTDA.
Rua Dr. Cesário Mota Jr., 73
CEP 01221-020 – São Paulo – SP
Tel.: (11) 3331-4478 – Fax: (11) 3331-8653
E-mail: vendas@editoraroca.com.br – www.editoraroca.com.br

Impresso no Brasil
Printed in Brazil

Sobre os Autores

Richard Rudin

Richard iniciou sua carreira cursando o programa de treinamento e capacitação profissional do Conselho Nacional para Treinamento de Jornalistas (NCTJ, *National Council for the Training of Journalists*) como jornalista de mídia impressa, em jornais semanais e vespertinos. Em seguida, começou a trabalhar com radiojornalismo, inicialmente no setor comercial, produzindo muitas matérias de importância nacional para a *Independent Radio News* e apresentando os principais programas de notícias. Adquiriu vastos conhecimentos em rádio e experiência inicial em televisão na *British Forces' Broadcasting Network*, na Alemanha. De volta ao Reino Unido, exerceu as funções sêniores de editor, produtor e apresentador na BBC e nas principais emissoras comerciais, obtendo ao longo da carreira o diploma de honra ao mérito e qualificação docente pela *Open University* – posteriormente tornou-se Mestre em Ciências Sociais, especializado na área de comunicação de massa, pela *University of Leicester.*

Seu primeiro trabalho como professor foi na *City and Guilds Media Techniques Certificate: Journalism and Radio*, que o levou ao trabalho em tempo integral como professor de jornalismo na *Liverpool Community College,* lecionando na *City and Guilds*, NCTJ, *National Vocational Qualification* (NVQ) e nos cursos de pós-graduação de jornalismo. Além disso, elaborou exames de avaliação de conhecimentos sobre mídia para o *Business and Technical Education Council* (BTEC). Mais tarde, Richard tornou-se professor sênior de jornalismo na *Liverpool John Moores University*, onde leciona diversas disciplinas dos cursos de graduação e pós-graduação. Ele continua sendo um observador atento e atuante do jornalismo e da mídia, inclusive como colaborador do programa de debates sobre a mídia *The Message*, da *BBC Radio 4*, e de artigos para a *RADIO Magazine*, além de se dedicar a várias atividades externas de estudo, consulta e pesquisa.

Mais detalhes no *site* www.richardrudin.com.

Trevor Ibbotson

Trevor é consultor independente em assuntos de mídia, conferencista, produtor de mídia e escritor. É inspetor-chefe, consultor de mídia especializada e auditor externo da *City and Guilds Diploma in Media Techniques*. De 1995 a 2001, foi inspetor-chefe da *GNVQ Media: Communication and Production* e do organismo certificador *OCR*. Desde 1997, é moderador externo dos projetos da OCN em rádio, jornalismo e televisão para a *South of England Open College Network, University of Brighton.* Está diretamente envolvido com o desenvolvimento curricular nacional de qualificações vocacionais em mídia e trabalha extensivamente como consultor para a *Qualifications and Curriculum Authority* (QCA) e o antigo *National Council Vocational Qualifications* (NCVQ). Em 2001, como representante da *City and Guilds,* contribuiu de maneira decisiva para o mapeamento dos programas vocacionais existentes e novos na área de mídia para os padrões ocupacionais formulados pela *Skillset*, uma organização de treinamento nacional para televisão, rádio, cinema e mídia interativa, e a *Publishing National Training Organization* para jornais e periódicos. Trevor tem mais de 30 anos de experiência como professor de cursos de formação complementar e de ensino superior. Trabalhou na *City and Guilds*, BTEC, NCTJ, BCTJ e em cursos de pós-graduação, além de organizar e ministrar cursos de treinamento profissional de curta duração sobre habilidades de comunicação e produção em mídia. Tem grande interesse pelo serviço comunitário de radiodifusão e colabora com as *Restricted Service Licenses* como a *ETFM* e *Tube Radio* da *Thames Valley University,* além de ministrar cursos de treinamento em rádio para os *Horizon 'On Air' Transnational Refugee Projects*, em Londres. Em 2001, em conjunto com a *CSV Training Wales,* ajudou a estabelecer a validação e avaliação da *City and Guilds* para a *Gem TV*, parte da *Gemini Trust*, que está treinando jovens na área de produção televisiva na Etiópia.

Introdução

A idéia de produzir este livro surgiu há muitos anos. Assim como acontece com muitas boas idéias, ela ocorreu para várias pessoas em diferentes partes do país quase ao mesmo tempo. Muitas dessas pessoas eram professores do curso *City and Guilds Media Techniques Certificate: Journalism and Radio*. Esse curso, recentemente revisto e atualizado, passou a denominar-se *The City and Guilds Diploma in Media Techniques*, ministrado por muitos anos no Reino Unido, na República Irlandesa e outros países, fornecendo excelente conhecimento básico de jornalismo e produção em mídia. Além das habilidades práticas em jornalismo impresso e de radiodiofusão, exige-se também dos alunos desse curso aprovação em história da mídia, administração pública, legislação e práticas organizacionais e profissionais do setor. O plano de ensino da *City and Guilds* sobrepõe-se a muitos outros cursos respeitados e bem estabelecidos de jornalismo e mídia e aos diversos, e cada vez mais crescentes, cursos superiores de jornalismo. Parece não haver no mercado um livro adequado que "funcione" como texto básico introdutório e abrangente.

Na realidade, existiam diversos livros excelentes sobre a prática do jornalismo em diferentes mídias, alguns dos quais possuíam pouca teoria e noções básicas sobre os respectivos setores da área; outros eram ricos em conhecimentos gerais e teoria, mas não abrangiam uma variedade completa de práticas de todos os principais meios de comunicação do jornalismo.

"Uma vez que ninguém produziu um livro de acordo com as nossas necessidades, por que não o produzimos nós mesmos?", perguntaram nossos professores. Considerou-se que, como era necessário ter um livro de conteúdo atraente e abrangente, ele deveria ser produzido com a participação de, pelo menos, dois autores com formações diferentes. A tarefa ficou, então, para Trevor Ibbotson, inspetor-chefe dos programas vocacionais de mídia da *City and Guilds* e Richard Rudin, que tem vasta experiência em jornalismo e em cursos de formação complementar e de ensino superior.

Os autores conduziram a tarefa com a devida humildade: a intenção não é substituir os muitos excelentes textos e outras fontes sobre diferentes temas, mas, antes, incentivar o leitor a investigar e desenvolver mais seus conhecimentos e práticas em algumas ou todas as áreas abordadas pelo livro.

De fato, a abrangência do livro mostrou ser o maior desafio para os autores. A ênfase da *City and Guilds* na produção jornalística impressa e radiofônica, na indústria e na história dos meios de comunicação e na legislação e no governo (central, descentralizado e local) se reflete nos capítulos dedicados a esses temas. Televisão e jornalismo *online* também são rigorosamente examinados, bem como o jornalismo *freelancer* – uma área muito importante. A estrutura reguladora e questões vitais sobre saúde e segurança também são contempladas.

A abordagem de todos os capítulos está "centrada no jornalismo": todos os tópicos estão relacionados com interesses e preocupações de jornalistas e do jornalismo. Cada capítulo é concluído com sugestões de atividades para professores, alunos e *trainees*, além de uma extensa lista de *Fontes e referências* para que todos possam estudar e investigar cada tema com mais profundidade.

Além dos que estudam jornalismo e estão começando na área, espera-se que o livro seja utilizado por quem já é bem-sucedido na mídia – não apenas como jornalista – e precise verificar certos aspectos que afetam seu trabalho, como a legislação ou os diferentes níveis de atividades do governo.

Embora o conteúdo e a perspectiva do livro estejam focalizados no Reino Unido, espera-se que leitores de muitos outros países encontrem nele muitas informações úteis e relevantes.

O livro não poderia ter sido concluído sem um *feedback* detalhado – em vários estágios de seu desenvolvimento – de uma equipe *ad hoc* de educadores e instrutores de uma ampla gama de instituições e organizações, que verificaram o conteúdo de cada capítulo para atender às exigências de exatidão e relevância de seus cursos.

Agradecimentos especiais ao professor John Herbert, da *Staffordshire University* – também um prolífico autor da Focal Press; Tim Crook, da *Goldsmiths University College;* Pete Whitehouse e Sue Green, da *City of Wolverhampton College;* Colin Farmery, Scott Tobin e Clare Marczak, da *St Vincent College,* Gosport; Mike Ward, da *University of Central Lancashire;* Sue Farringdon, David McBurney e Paul Richards, da *CSV Media,* e Sandy Felton, da *Liverpool Community College*, que não só colaborou com o capítulo sobre *freelance* e revisou alguns dos primeiros rascunhos dos principais capítulos, como também leu o manuscrito concluído do começo ao fim. Os autores são imensamente gratos pelos generosos, úteis e detalhados comentários, correções e melhorias dos dedicados e inspiradores educadores e instrutores.

Muitas outras pessoas que trabalham no ensino e nos setores de jornalismo deram orientações e sugestões e, ao mesmo tempo, forneceram uma contribuição vital para a pesquisa, redação e ilustração do livro, inclusive Steve Bone, redator-chefe da *The News,* em Portsmouth, pela orientação profissional e permissão de utilizar suas matérias; Steve Harrison e sua equipe da *Trinity Digital Media*, em Liverpool; os jornalistas *freelancers* Mike Hally, Martin Kelner e Penny Kiley; a editora de notícias Ruby Williams e sua equipe da *BBC Radio Merseyside* e Robin Collins, da *Keylink Communications*, em Kirkby, Merseyside.

Diversas organizações, desde o *National Union of Journalists* até os departamentos governamentais, forneceram esclarecimentos e informações atualizadas sobre assuntos que, no material publicado, pareciam contraditórios e ambíguos. Naturalmente, porém, quaisquer inexatidões, inconsistências, omissões, destaques e opiniões são de responsabilidade dos autores.

Todo o projeto foi examinado por Beth Howard, editora de trabalhos comissionados da Focal Press, que lidou com seus dois "protegidos" com tato, diplomacia, imaginação e eficiência extraordinários, proporcionando incentivo e motivação, embora não tivesse receio de agir com firmeza e determinação quando um problema ou assunto específico parecia não ter solução!

Richard também gostaria de agradecer a seus funcionários e a *Liverpool John Moores University* por apoiarem seu trabalho durante este projeto, especialmente o professor Roger Webster, diretor da *School of Media, Critical and Creative Arts.* Colegas e alunos – do passado e do presente – do departamento de jornalismo da escola proporcionaram muita inspiração e motivação.

Por fim, os autores não podem esperar concluir seus projetos sem o apoio e a compreensão de seus familiares, que agüentaram firme quando afazeres domésticos foram abandonados e finais de semanas e férias foram ocupados com O LIVRO! Portanto, agradecimentos e gratidão finais e especiais a Lynda, Alison e David.

Apresentação da Edição Brasileira

Nas nações mais desenvolvidas do mundo a imprensa é parte influente da sociedade. De fato, esta depende em larga margem de sua imprensa para desenvolver e consolidar os valores com os quais promove sua evolução. Não poderia ser diferente no Brasil, onde as instituições estão cada vez mais consolidadas e o jornalismo deve atuar como instrumento fiscalizador e orientador da população, mesmo que a maioria se informe apenas pela televisão.

A imprensa brasileira parece preferir se alinhar ao viés conservador que vem se consolidando no planeta a partir dos primeiros sinais de colapso dos regimes socialistas de Estado. O jornalismo, como agremiação coesa, escolheu o papel de freio social. As escolas de jornalismo devem formar um profissional crítico, atuante e bem alicerçado nos valores éticos, ou seja, ter uma mentalidade voltada à cidadania. Nesse sentido, vale a pena conhecer o que de melhor se faz em outras sociedades desenvolvidas.

O livro *Introdução ao Jornalismo*, de Richard Rudin e Trevor Ibbotson, preenche uma lacuna importante, apresentando um panorama inédito sobre a prática do jornalismo na sociedade britânica. Os autores têm grande experiência no assunto e uma rica bagagem acadêmica. Não se trata apenas de mais um livro didático sobre jornalismo, mas sim de um estudo reflexivo sobre a prática dessa profissão com instrumentos apropriados, incluindo uma variedade completa de práticas dos principais meios de comunicação.

Num país como o nosso, onde muitas vezes se deixa de lado a utilização de uma metodologia apropriada de trabalho, o resultado das ações fica aquém do esperado. Apoiados em textos que omitem informações, ou ainda carregados de adjetivos, textos jornalísticos "panfletários" são os "formadores de opinião" da grande massa da população nacional.

Introdução ao Jornalismo procura dar orientações técnicas sobre o jornalismo nos mais diversos setores. Isso, por si só, já é um bom motivo para valorizar esta obra. Mas os autores vão ainda mais fundo. Eles procuram traçar um quadro muito vivo do que é a complexa sociedade britânica e das suas relações com as leis e com os interesses da profissão.

Desde o início o livro nos prepara para compreender os desafios do jornalismo. É verdade que essa é uma realidade que, às vezes, parece distante da nossa, mas ela precisa ser conhecida por todos que têm interesse em orientar seus alunos a fazer um jornalismo de qualidade. Temos bons motivos para querer isso: boa parte dos leitores de periódicos sabe que o jornalismo brasileiro comete sérios erros que os fazem até duvidar da existência de manuais de redação que zelem pela ética e pela imparcialidade no meio. Este livro preocupa-se com essas questões.

MOISÉS SANTOS

Índice

1 Noções Básicas de Jornalismo e Outras Questões

- Introdução
- Que tipo de pessoas são jornalistas?
- Heróis ou vilões?
- O que é jornalismo?
- O que é notícia?
- Influências sobre o jornalismo
- Jornalismo é mais que relatar "notícias"
- Jornalismo sério *versus* não sério
- Tipos de jornalismo
- O futuro do jornalismo: questões e discussões
- Atividades sugeridas
- Fontes e referências

978-85-7241-733-4

Introdução

O jornalismo abrange uma imensa cadeia de produção através de todas as mídias e é reconhecido como uma forma de comunicação em quase todos os países do mundo. Estima-se que 80% dos adultos na Grã-Bretanha leiam regularmente pelo menos um jornal nacional e 75% leiam um jornal de domingo (McNair, 1999:19). A maioria das pessoas conta com o jornalismo como um meio de vigilância – que as informa sobre o que está acontecendo no mundo. Evidentemente, bem poucas têm conhecimento direto dos acontecimentos e, tão importante quanto saber o que aconteceu, é saber também o que não aconteceu – quando acordam e ouvem o boletim de notícias transmitindo uma reportagem relativamente "rotineira", elas podem ficar satisfeitas por "nada muito importante" ter acontecido durante a noite. O jornalismo também exerce importante influência sobre suas opiniões e atitudes.

A maioria das pessoas refere-se à televisão como a mais importante fonte de notícias (*ibid*), mesmo que, conforme temos observado, a audiência dos principais programas de televisão tenha diminuído visivelmente nos anos recentes. Conforme será abordado no Capítulo 7, o rádio continua sendo, para a maioria das pessoas, uma importante fonte de notícias, com quase todas as estações transmitindo um serviço de notícias freqüente, e possui um poder sem igual, bem como algumas limitações como mídia de notícias. Além disso, existem centenas de jornais locais e regionais, periódicos de todos os tipos e, de forma cada vez mais importante, os serviços *online* e a Internet (Peak and Fisher, 2002).

Todas essas produções requerem o trabalho dos jornalistas. O jornalismo é uma profissão em expansão e, a julgar pelo número de candidatos a universidades, faculdades e cursos profissionalizantes, uma carreira bastante almejada. Em razão da diversidade tanto de empregadores quanto de tipos de empregos em jornalismo, é difícil determinar o número exato dos que trabalham como jornalistas. O principal sindicato trabalhista da categoria no Reino Unido, o Sindicato Nacional dos Jornalistas (NUJ, *National Union of Journalists*), tinha cerca de 25.000 associados em 2001; porém, o número de sindicalizados varia muito nos diferentes setores. Por razões que serão analisadas no Capítulo 9, é mais provável que os jornalistas *freelancers* sintam mais necessidade de se filiar ao sindicato do que aqueles que estão empregados. Além disso, o reconhecimento constante da BBC pelo sindicato significa que a radiodifusão tem proporção relativamente alta de sindicalizados. No entanto, o NUJ acredita que os setores *online* e de revista estão comparativamente sub-representados. Os associados do NUJ em 2001, por setor e em números redondos, eram:

- *Freelance*: 6.000.
- Jornais regionais: 5.000.
- Radiodifusão: 4.800.
- Jornais nacionais: 3.200.
- Revistas: 2.800.
- Relações públicas: 1.600.
- Livros: 1.100.
- Agências de notícias: 500.
- *Online*: 50.

Que Tipo de Pessoas São Jornalistas?

A pesquisa mais detalhada a respeito do perfil e da formação dos jornalistas no Reino Unido foi realizada por Delano e Henningham (1995). Ela revelou que o jornalismo é predominantemente praticado por pessoas brancas, a maioria (75%) homens, em média no início da meia-idade ou no fim da juventude (entre 35 e 40 anos, sendo as mulheres, em geral, significativamente mais jovens). Os números fornecidos pelo NUJ indicam que, desde essa pesquisa, a radiodifusão, em especial, tem visto aumento acentuado na proporção de mulheres. Cerca de dois terços de todos os jornalistas eram casados e menos da metade seguia a Igreja Anglicana. Outro estudo realizado pelos autores sobre a formação, as atitudes e motivações dos jornalistas britânicos (Henningham e Delano, 1998:145) indicava que aproximadamente um quarto tinha decidido seguir a carreira de jornalismo aos 14 anos e dois terços, aos 19. A maior parte – 23% – tornou-se jornalista por suas habilidades de escrita. Isso é enfatizado pela escolha de número crescente de jornalistas graduados: 48% dos diplomas dos jornalistas eram de Letras; apenas 5% de Ciências e 3% de comércio e negócios (*ibid*: 149). Somente 14% disseram ter "interesse intrínseco" em notícias e assuntos da atualidade, e 2% sentiam-se motivados pelo desejo de se envolver com a vida pública.

A grande maioria pretendia votar no *Labour* (Partido Trabalhista do Reino Unido) na eleição seguinte e apenas 6% eram eleitores do *Conservative* (Partido Conservador do Reino Unido). Esses dados mostram uma diferença interessante entre a lealdade política da imprensa nacional naquela época e a dos jornalistas. Evidentemente, nem todo jornalista daquele tempo acreditava em tudo que escrevia! Essa estatística dá crédito às reclamações feitas pelo Partido Conservador de que a maioria dos jornalistas não é favorável às opiniões desse partido. É provável que a enorme diferença entre o apoio dos jornalistas ao *Labour* e ao *Conservative* tenha aumentado ainda mais desde então, se tiver acompanhado a mudança do apoio do público geral a esses partidos. Isso também pode ter implicações não apenas para a divulgação da política dos partidos, mas também para o conjunto de atitudes e tendências das suposições feitas pelos jornalistas, os quais, em geral, tomavam posições liberais em relação a uma série de assuntos sociais, econômicos e morais (*ibid*: 151). Provavelmente isso não se deveu tanto ao fato de os jornalistas terem se "corrompido" por estarem no ramo jornalístico. Porém, quanto mais esse jornalismo desproporcionalmente atrair aqueles que estão descontentes com as autoridades estabelecidas, mais prováveis serão as personalidades que questionem o *status quo* e que sejam hostis àqueles que mantêm e controlam a riqueza, ficando também mais "descontraídos" em relação a assuntos morais e sociais do que a maioria da população.

978-85-7241-733-4

De acordo com a pesquisa realizada em 1995, cerca de 70% dos jornalistas tinham freqüentado universidade ou faculdade – muito mais que a média nacional –, tendo a proporção de graduados aumentado ainda mais desde então. O jornalismo tornou-se, predominantemente, uma profissão diplomada: uma enorme mudança se comparada à situação de 20 anos atrás, quando Richard Rudin iniciou a sua carreira!

A pesquisa de Delano e Henningham revelou que quase todos os jornalistas sentiam que seu trabalho exigia que as informações fossem divulgadas ao público o mais rápido possível; em torno de 90% atribuíam grande importância em examinar as reivindicações e declarações do governo, e quase a mesma porcentagem, em fornecer análise e interpretação de problemas complexos. Mais da metade considerava relevante dar às "pessoas comuns" a oportunidade de expressar suas opiniões sobre assuntos públicos e quase metade achava que proporcionar entretenimento era uma parte importante de sua função.

Heróis ou Vilões?

A imagem do jornalista – assim como de outros profissionais familiares às pessoas em geral, como médicos e policiais – tem variado ao longo das diferentes épocas e entre os diversos setores da população. Muitas pessoas parecem ter opiniões contraditórias a respeito dos jornalistas: eles são aplaudidos quando descobrem um delito, combatem burocracias e atacam pessoas poderosas e corruptas em favor de "pessoas comuns" – muitas vezes correndo risco de sofrer danos físicos ou perseguição pelas autoridades; mas são ridicularizados e criticados quando parecem ter invadido a privacidade das pessoas ou sido rudes, agressivos ou ardilosos.

A questão da confiança parece crucial: se o público não acredita no que lê, vê ou ouve da mídia jornalística, todos os princípios fundamentais do jornalismo parecem estar arruinados. Conforme será abordado em outros capítulos deste livro, para os jornalistas a credibilidade é tudo. Porém, a pesquisa *pan-European Survey,* realizada pela *TV Strategy Group* e publicada na *Press Gazette* (20 de novembro de 1998) mostrou que os jornalistas tinham o mais baixo "índice de confiança" não somente em toda a Europa, mas também em relação ao público e aos leitores dos Estados Unidos. Dos diferentes setores, os jornalistas de revista saíram perdendo – apenas 28% dos leitores disseram que acreditavam ou acreditavam parcialmente nas notícias publicadas nas revistas. Na Europa, o rádio mostrou ser o meio de comunicação mais confiável.

Compreensivelmente, essa pesquisa, que reforçou outras que seguiram a mesma tendência (o mesmo artigo também citou a pesquisa *British Social Attitude Survey*, a qual verificou que apenas 15% dos leitores de jornais de circulação nacional confiavam nos jornalistas desse setor como profissionais que colocam a busca da verdade acima de tudo, em vez de apenas quererem conseguir uma boa reportagem), ofendeu muitos jornalistas britânicos. O editor do jornal *The Guardian*, Alan Rusbridger, relacionou uma série completa de casos nos quais os jornalistas tinham desempenhado papel positivo, até mesmo heróico, ao expor a propaganda política e os segredos do governo a respeito de assuntos vitais de interesse público, a imoralidade política, a corrupção nos negócios e serviços públicos, e ao publicar erros judiciais – resultando na libertação daqueles que tinham sido condenados injustamente. Não é de surpreender que Rusbridger tenha sido prejudicado e um pouco importunado por tais levantamentos. Ele declarou ao *Guild of Editors* (Associação dos Redatores): "Se vocês tivessem alguma agência oficial como essa, eles seriam heróis. Seria uma organização aclamada e respeitada. Porém, ainda assim, nós da imprensa somos criticados, desrespeitados e considerados indignos de confiança" (Reeves, 1998).

O *status* heróico dos jornalistas foi realçado pela reportagem da guerra no Afeganistão em outubro de 2001. Correspondentes da mídia ocidental passaram por grandes dificuldades e correram enormes perigos – sete deles foram mortos nas primeiras semanas de guerra – a fim de produzir a repor-

978-85-7241-733-4

tagem. O valor do jornalismo independente foi facilmente reconhecido no momento em que os aliados ocidentais – em especial Estados Unidos e Reino Unido – e o regime do Taleban fizeram reivindicações contraditórias sobre os procedimentos e efeitos do conflito. A reportagem pareceu ter efeito sobre o desenvolvimento da própria guerra – o editor de assuntos internacionais da BBC, John Simpson, chegou a afirmar que a BBC tinha libertado Cabul! (Alguns dias depois, entretanto, explicou que o que ele queria dizer era que a população *ouvira falar* pela primeira vez sobre a sua libertação por meio da BBC) (BBC, 2001). O uso da nova tecnologia, em especial do videofone via satélite, que possibilitou a transmissão de imagens e notícias "ao vivo", foi um fator significativo na reportagem.

Não há dúvida de que aqueles que estão no governo e outras instituições que detêm o poder acreditam que o jornalismo exerça influência poderosa – talvez crucial – sobre a sociedade acerca de condutas e valores. O fenômeno dos *marqueteiros* (Cap. 11) comprova que os políticos acreditam que influenciar a pauta de notícias – o que deve ou não ser noticiado e o modo como essas reportagens são divulgadas – é um trabalho vital do governo.

Os jornalistas são freqüentemente criticados por se envolverem tanto com assuntos do governo, por integrarem o círculo do poder e até mesmo por se aliarem a várias elites da sociedade – políticos, celebridades, empresários, a Realeza, etc. O principal argumento da maioria dos jornalistas é de que eles são diferentes de outros grupos por manterem a independência, o distanciamento e a imparcialidade. Embora tenham de fazer "acordos" (muitas vezes) altamente remunerados, exercer grande influência, ser insistentes e até mesmo intimidar assessores, agentes e demais profissionais, os jornalistas devem sempre se lembrar de que trabalham para o público.

978-85-7241-733-4

O que É Jornalismo?

Às vezes, sugere-se que qualquer comunicação de informações ou retransmissão de acontecimentos "reais" seja jornalismo. Esse conceito é incorreto. Por exemplo, a transmissão de audiências do Parlamento, sem qualquer forma de edição ou comentário, não é jornalismo; é meramente a retransmissão de um acontecimento. A publicação ou transmissão de resultados de jogos de futebol não é jornalismo; é simplesmente informação. Como veremos no Capítulo 13, esse conceito é importante quando surge a questão dos direitos autorais. O jornalismo inclui o processo de seleção e edição de informações, comentários e acontecimentos de modo que seja reconhecido diferentemente da forma pura como ocorreu. O jornalismo consiste, basicamente, em contextualizar acontecimentos, idéias, informações e controvérsias. Seleciona-se e apresenta-se. Acima de tudo, talvez, seja a avaliação de validade, veracidade e representatividade de ações ou comentários.

Notícia é, evidentemente, ligada a jornalismo – e, por conseguinte, um ponto de partida adequado para analisar todo o seu conceito.

978-85-7241-733-4

O que É Notícia?

A definição comum de notícia é algo "novo, interessante e verdadeiro". No entanto, essa definição não é suficiente para categorizar o jornalismo e torna-se cada vez mais problemática.

Novidade é o mais fácil; não há o que argumentar sobre algo que aconteceu agora ou recentemente.

Interessante é um pouco mais difícil porque a questão óbvia que se levanta é: "interessante para quem?". É provável que o interesse por uma reportagem seja determinado, em parte, pelo local onde se mora e pela posição econômica e social. Todavia, possivelmente haverá um consenso sobre algumas reportagens. Por exemplo, é improvável que alguém discuta seriamente o fato de centenas de aviões jumbo decolarem, voarem e aterrissarem sem incidentes não constituir uma notícia, enquanto um acidente de avião jumbo que resulte na perda de centenas de vidas seja notícia.

Mesmo assim, por que tantos acontecimentos que ocorrem no mundo a cada dia e que satisfazem os critérios básicos – sendo "novidade" e "interessante" para, pelo menos, os participantes diretos da "reportagem" – não fazem isso na mídia local, e menos ainda na grande mídia nacional e internacional? Os acadêmicos Galtung e Ruge (van Ginneken, 1998:28-29) sugeriram que existem 11 fatores de influência ao avaliar se um acontecimento é considerado notícia e, se for, que importância é dada a ele (Quadro 1.1).

Mas, o que é *verdade*? Quase todas as pessoas envolvidas em um acidente de trânsito terão uma perspectiva e um relato diferente do que aconteceu. Presumindo que elas não estejam mentindo – dizendo algo que seja uma

Quadro 1.1
1. Freqüência – relação entre a ocorrência do evento e a freqüência da publicação
2. Amplitude – o acontecimento deve ter determinada dimensão – a morte de duas pessoas em um acidente teria menos destaque que a morte de 12
3. Clareza – deve ser fácil entender o que aconteceu
4. Significância – o fato deve estar relacionado com a cultura da sociedade na qual é veiculado
5. Consonância – surpreendentemente, se a notícia for previsível e até mesmo esperada, talvez haja mais chance de ser incluída na mídia jornalística – exceto quando é
6. Imprevisível – e rara
7. Continuidade – uma vez notícia, sempre notícia
8. Composição – as notícias são equilibradas para que haja uma série de reportagens que interessem ao consumidor, dependendo do perfil do público e, em especial, das demandas dos anunciantes
9. Concentração – em nações e pessoas de elite (o exemplo mais óbvio é o presidente dos Estados Unidos, que se encaixa em ambas as categorias)
10. Personalização – às vezes denominada interesse humano
11. Negatividade – má notícia é "melhor" que boa notícia

inverdade –, podemos observar que todos os seus relatos são "verdadeiros", apesar de serem diferentes. O trabalho do jornalista é avaliar esses diferentes relatos e tentar apurar uma versão coerente, concisa e objetiva do que aconteceu. Presume-se, evidentemente, que o jornalista não seja tendencioso nem tenha envolvimento direto com o que ocorreu ou com seus participantes, ou possa ser menos objetivo por qualquer outro motivo. Na verdade, a idéia de os jornalistas serem imparciais e objetivos, mesmo que eles genuinamente desejem isso, é bastante controversa.

978-85-7241-733-4

Influências sobre o Jornalismo

Além dos fatores identificados por Galtung e Ruge, inúmeras influências importantes – muitas vezes decisivas – afetam o processo e o produto. A maioria dos estudiosos e comentaristas concorda que as principais delas sejam:

- *Propriedade e controle*: a maioria das produções jornalísticas está sujeita à influência política, econômica e ideológica de algumas empresas e organizações relativamente poderosas. É provável que os jornalistas tenham o seu trabalho "aperfeiçoado" para se adaptar a esses interesses e, ainda que comecem com ideais elevados, exerçam "autocensura" a fim de obter promoção e simpatia dos "chefes".
- *Financeira*: relacionado com o item anterior. O dinheiro investido em jornalismo – pelo menos em empreendimentos capitalistas – será limitado a fim de produzir o máximo de lucratividade. O jornalismo é um processo relativamente caro e trabalhoso. A necessidade de produzir lucro e/ou conhecer os objetivos do público é, evidentemente, a maior influência no conteúdo e na forma de produção jornalística.
- *Tempo, espaço e tecnologia*: todo jornalismo deve ser produzido com base em um *deadline* imutável – o trabalho muitas vezes precisa ser publicado ou transmitido em um estado "imperfeito" e antes que os fatos e outros materiais possam ser devidamente verificados. O jornalismo tem de ser reduzido para encaixar-se no espaço ou tempo disponível. Conforme a análise de Galtung e Ruge, existe uma concentração nas nações e pessoas de elite. Há uma prática e uma razão ideológica para isso – é mais fácil obter imagens e notícias de países ricos e industrializados e a respeito deles. Portanto, é provável que um desastre nos Estados Unidos, por exemplo, receba mais destaque que outro que tenha ocorrido em uma parte remota do subcontinente indiano, *em parte* porque há mais probabilidade de se obter material dos Estados Unidos. A televisão, em especial, "precisa" de imagens. Relacionadas com essas limitações estão:
- *Rotinas burocráticas e de trabalho*: os jornalistas devem se adaptar às exigências predeterminadas e geralmente inflexíveis das redações. Textos, áudio e imagens devem estar prontos em determinado horário e isso requer organização e procedimentos absolutamente inflexíveis.

Jornalismo É Mais que Relatar "Notícias"

Uma das principais alegações em relação ao jornalismo é que ele tem um importante papel de fiscalizar: os jornalistas são os olhos e ouvidos do público e ajudam a garantir que as pessoas, sobretudo aquelas da vida pública, estejam agindo de modo apropriado e honesto. Considerando que poucas pessoas têm tempo ou interesse em comparecer a sessões de Tribunais de Justiça, da Câmara dos Vereadores e de outros órgãos públicos, a presença dos jornalistas assegura que os assuntos sejam conduzidos de forma correta e razoável. Além disso, o fato de saber que os jornalistas estão presentes e irão investigar como as decisões são tomadas "incentiva" aqueles que possam pensar em agir de maneira ilícita a, pelo menos, refletir antes de tomar uma decisão.

Se decidirmos que o jornalismo não é composto somente de notícias "sérias" ou "desagradáveis", mas também agradáveis, de entretenimento e sobre assuntos relativamente desconhecidos – ou pelo menos que interessem a apenas uma minoria –, qualquer definição que se dê ao jornalismo deve evitar traduzi-lo simplesmente como notícia. Por outro lado, temos de perguntar: o que são todas aquelas pessoas trabalhando para revistas sobre pequenos répteis, tipos especiais de antiguidades ou até mesmo escrevendo colunas de fofoca a respeito de celebridades, se não jornalistas envolvidos em algo chamado de jornalismo? Nenhuma definição deve ser específica para qualquer tipo de mídia: alguém que trabalha para o meio *online* é tão jornalista quanto quem trabalha para um jornal de circulação nacional, contanto que o trabalho se encaixe em nossa abrangente definição, descrita no Quadro 1.2.

Observe o "público-alvo específico". Jornalismo é tudo que está relacionado com a produção de um produto – às vezes tratado como "mercadorização" (*commodification*) – e constitui uma construção social, formada e limitada pela ideologia dominante de uma sociedade: um conjunto de opiniões e idéias que se presume ser "normal" e de "bom senso". Assim como na produção de qualquer mercadoria, aqueles que a fabricam e a produzem devem saber quem vai querer aquele produto. O público – que inclui telespectadores, leitores, ouvintes, internautas, etc. – pode ser grande ou

Quadro 1.2
1. Selecionar, avaliar e editar informações
2. Descrever acontecimentos de legítimo interesse público ou aqueles de entretenimento, mas que são interessantes para um público específico
3. Investigar e analisar reivindicações e declarações – especialmente aquelas provenientes de autoridades (elites políticas, sociais, econômicas)
4. Agir como "fiscal" para o bem comum e investigar assuntos de interesse e direitos relacionados com delitos que pareçam contrariar o interesse público
5. Criar situações e estimular comentários e opiniões
TUDO
6. Apresentado de maneira atraente e apropriada para os meios de comunicação

978-85-7241-733-4

pequeno, estar localizado em uma pequena área geográfica ou espalhado pelo mundo. Porém, independentemente do público-alvo e do meio de comunicação utilizado, o jornalismo é um processo organizado, no qual se deve ter sempre em mente o resultado final.

É importante também considerar a parte "interessante" – já vimos a importância desse adjetivo associado à definição de "notícia", que deve ser apresentada de modo a interessar ao público – seja para fãs de futebol, cirurgiões renomados, amantes de antiguidades, etc. Falhar em reconhecer esse princípio e obedecer a ele é o caminho para a falência e o desemprego.

O papel de fiscalizar é abordado adiante; porém, observe a introdução da noção de assuntos que sejam de interesse público: exatamente o que esse interesse público significa (em oposição ao que interessa ao público). Atualmente essa é uma das áreas mais fascinantes de debate em jornalismo e é abordada adiante com relação à privacidade.

Finalmente, o meio (de transmissão) pode fazer ou não a mensagem. Se uma reportagem é escrita para um jornal impresso, ela deverá ser muito diferente daquela apresentada no rádio, na televisão, no meio *online*, etc. Como veremos, embora haja muitos pontos de convergência, os diversos meios de comunicação têm diferentes exigências e convenções e requerem técnicas distintas. As apresentações multimídia de uma reportagem pressupõem abordagens e técnicas multimídia.

Jornalismo Sério *versus* Não Sério

Muitos debates sobre a grande mídia no Reino Unido referem-se, hoje, à simplificação e ao evidente domínio do jornalismo trivial, não sério, em detrimento de assuntos "sérios" – freqüentemente descritos como o jornalismo da esfera pública. Debates sobre o papel e a função do jornalismo têm persistido há séculos; porém, provavelmente tornaram-se mais prementes e controversos no final do século XVIII e início do XIX, período no qual se presenciou o desenvolvimento de idéias democráticas, a maioria ligada à ampliação do direito de voto (quais e quantas pessoas seriam qualificadas para votar) e, conseqüentemente, ao desenvolvimento da política de partidos. Argumentava-se que, se o direito de voto fosse concedido a mais pessoas, elas precisariam ter acesso a informações e debates sobre assuntos públicos a fim de capacitá-las a fazer uma escolha racional. Com certeza, a grande mídia do século XX considera esse o seu grande papel: a maior parte dessa tarefa é realizada por meio dc cditoriais ou colunas de crítica e opinião em jornais impressos e, em rádio e televisão, programas de debates e entrevistas com políticos, ativistas, acadêmicos, etc. Uma vez que a radiodifusão deve ser justa e imparcial, essas mídias tendem a ser mais facilitadoras dos debates: organizam programas que permitem a discussão dos assuntos, presididos por uma pessoa neutra. A mídia impressa, por não ter nenhuma dessas restrições, apresenta as suas próprias opiniões (sempre sujeitas às opiniões dos proprietários, do conselho editorial, ou de ambos).

978-85-7241-733-4

Tipos de Jornalismo

Várias vezes se tentou classificar a grande mídia, sobretudo no setor de jornais impressos, entre os formatos tablóide e *standard* – que tecnicamente referem-se ao tamanho físico dos jornais, mas que identificam a seriedade e profundidade da cobertura da notícia. O tablóide caracteriza-se por ter qualidade inferior, contendo principalmente notícias triviais; o *standard* (tamanho tradicional) são jornais sérios, às vezes descritos como "imprensa de qualidade". Essa classificação foi aperfeiçoada para distinguir os jornais tablóides do *mid-market* e os *red-tops* (chamados assim por causa do cabeçalho vermelho), menos sérios e mais triviais. O *tablóide* costuma ser usado como um tipo de amostra para descrever outras mídias jornalísticas.

Outras tipologias ou classificações dividiram os jornais – e algumas outras mídias jornalísticas – entre elite e não-elite, à medida que leitores pertencentes à elite são principalmente aqueles das mais altas categorias sociodemográficas da sociedade. Outra classificação relacionada e muitas vezes variável baseia-se na *alta*, *média* e *baixa* cultura, de acordo com o nível intelectual para o qual o jornalismo é voltado.

A Tabela 1.1 sintetiza essas aproximações em uma classificação baseada na complexidade: que nível de escolaridade – especialmente vocabulário – é exigido para compreender com facilidade o que está sendo apresentado? Quanta atenção do leitor é necessária para absorver o conteúdo? Qual a profundidade, largura e extensão da cobertura da matéria? Que proporção da produção poderia ser descrita como pertencente à esfera pública? Ao considerar esses fatores, uma classificação de cinco séries é possível, variando de 1 (alta complexidade) a 5 (baixa complexidade). Quando uma série de títulos e/ou produções é descrita em uma categoria (por exemplo, impresso regional diário e matinal), o nível fixado é uma média para aquele setor. Embora a segunda coluna forneça exemplos de periódicos, estes costumam ser tão variados e especializados que é impossível até mesmo fazer generalizações amplas.

O Futuro do Jornalismo: Questões e Discussões

Na virada do século XXI, falava-se com grande entusiasmo sobre a tecnologia da informação, em especial a Internet, conduzindo o jornalismo – e a mídia em geral – a um magnífico novo mundo no qual o cliente, cidadão ou consumidor seria soberano: todos poderiam acessar todo tipo de notícias e assuntos da atualidade, a qualquer hora, em qualquer lugar. Empresas de mídia, grandes e pequenas, investiram extensivamente em tecnologia, muitas com medo de ser deixadas para trás. Associada a isso estava a perspectiva das tecnologias convergentes, tornando supérfluo o conceito de *televisão*, *computador* e *telefone*: dispositivos novos ou adaptados fariam tudo.

Então, assim que o milênio começou, houve o fenômeno do "estouro da bolha ponto com": o mercado de ações, os investidores e as instituições

978-85-7241-733-4

Tabela 1.1 – Níveis de complexidade da mídia jornalística e de produtos jornalísticos

←Mais complexo		Menos complexo→		
1	2	3	4	5
Daily Telegraph/ Sunday Telegraph; The Times/Sunday Times; The Independent/ Independent on Sunday; The Guardian; The Observer; Sunday Business	*The Scotsman;* jornal diário matinal pago de circulação regional	*Daily Mail/Mail on Sunday; Express/ Sunday Express;* vespertino regional pago/ jornal regional de domingo; jornais semanais pagos	*The Sun; Mirror/ Sunday Mirror; News of the World; The People;* jornais diários gratuitos de circulação regional; jornais semanais	*Daily Star; The Sport/ Sunday Sport*
The Economist; The Spectator; New Statesman	*The Week; Radio Times*	*Woman's Own*	*Hello!*	*What's on TV*
Newsnight (BBC 2); *Channel 4 News; The World Tonight* (*BBC Radio 4*)	*10 O'Clock News* (BBC 1); *Today* (*BBC Radio 4*)	*6 O'Clock News* (BBC 1); *News at Ten* (ITV); *Sky News; Five Live Breakfast* (*BBC Radio 5 Live*); notícias da rádio local da BBC	*Channel 5 News;* notícias de rádio comercial local, comercial nacional e esportivas	*Big Breakfast:* notícias (*Channel 4*)

financeiras repentinamente perderam a confiança nas novas empresas que tinham obtido grandes empréstimos, mas sem possuírem bens – ou lucros. Muitas empresas faliram. Ao mesmo tempo, as empresas de mídia mais antigas e já estabelecidas reduziram seus investimentos em novas tecnologias, deixando centenas de desempregados. O fim dos jornais impressos – tão predito no passado com a chegada de cada novo meio de comunicação – provou mais uma vez ter sido exagerado. Na verdade, as versões *online* dos jornais parecem ter estimulado o leitor das "cópias impressas".

Os canais de notícias 24h da televisão digital – operados por organizações estabelecidas, como BBC e ITN, ou pelas recém-chegadas – atraíram uma minúscula fração do total do público. A rádio digital (DAB, *Digital Audio Broadcasting*), que pela primeira vez ofereceu serviços de notícias 24h em muitas partes do Reino Unido, tinha poucos ouvintes e um público para serviços analógicos antiquados – ouvidos por um aparelho convencional ou um *modem* – formou uma companhia agradável para "surfar" na *Web*. Dados do Instituto Inglês de Pesquisa de Audiência de Rádio (RAJAR, *Radio Joint Audience Research Limited)* divulgados em agosto de 2001 concluíram que, pela primeira vez nas últimas três décadas, o número de ouvintes de rádio ultrapassou o de telespectadores (RAJAR, 2001). A disponibilidade de notícias por telefones celulares *Wap* surgiu para oferecer inovação – porém, nem tanto.

A Internet e a *World Wide Web* são, no entanto, fenômenos extraordinários que mudaram muito o modo de as pessoas trabalharem e usarem suas horas de lazer. Sem dúvida, são também ferramentas extremamente úteis para o jornalista, em particular na pesquisa de matérias. Porém, quase todos que usam a Internet sentem uma grande frustração na tentativa de encontrar as notícias e informações de que precisam. A falta de regra e controle, uma das principais atrações da Internet, é também uma de suas fraquezas. Os mais populares *sites* de notícias e informações acabaram sendo aqueles operados pelas organizações de mídia mais antigas e confiáveis, notavelmente a BBC. A atividade jornalística – selecionar, avaliar, editar e resumir – é tão valiosa na era da Internet quanto era no século XVIII.

Entretanto, muitos que esperavam que a Internet fosse uma forma de assegurar que muito mais "vozes", opiniões e perspectivas ampliassem o conhecimento das pessoas ficaram extremamente desapontados. Apesar de alguns serviços de notícias *online* terem publicado reportagens exclusivas, apresentado uma perspectiva atualizada e diferente sobre acontecimentos, a nova mídia em geral resultou na consolidação do poder e da influência das *tradicionais* organizações de mídia.

O impacto das novas tecnologias sobre o jornalismo e os métodos de trabalho dos jornalistas foi enorme: multimídia e multicompetência são as palavras-chave que capacitam e exigem dos jornalistas que trabalhem utilizando as diversas mídias e nelas sejam tecnicamente proficientes. A tecnologia digital "libertou" os jornalistas da dependência de um processo de produção complexo envolvendo muitas habilidades profissionais: eles detêm, cada vez mais, a produção e o controle editorial de seu material. No entanto, as demandas de notícias 24h ininterruptas são vorazes e muitos jornalistas queixam-se de precisar ser rápidos a fim de produzir material para muitas agências de notícias, o que resulta em trabalho de qualidade superficial, bem como de estar amarrados à redação ou ao estúdio, incapazes de conseguir ou descobrir a *verdadeira* notícia. O perigo disso é que os jornalistas cada vez mais têm de aceitar declarações e informações oficiais da forma como são passadas – eles não têm tempo para questionar ou investigar o que realmente está acontecendo. Purdey (2000) sugere que existe uma nítida diferença entre o *ethos*, a abordagem da BBC e os jornalistas de rádio comercial, com implicações em treinamento, recrutamento e métodos de trabalho dos profissionais de ambos os setores.

Vinculado a isso está o fato de muitos jornalistas parecerem mais *processadores de notícias*: pequenas redações de jornais locais e, em especial, emissoras de rádio comercial raramente *interrompem* sua programação a não ser para transmitir reportagens referentes a "chamadas" de serviços de emergência, como incêndios, crimes e acidentes. Eles não são coletores das notícias principais: reciclam notícias provenientes de agências locais e nacionais, provavelmente com um eventual relatório aperfeiçoado com a ajuda de *press releases* vindos da Câmara dos Vereadores, e assim por diante. É raro nessas mídias ler ou ouvir autoridades sendo questionadas de forma incisiva: em vez disso, há uma declaração concisa e branda, concedendo à inquestionável mídia treinada a oportunidade oficial de fornecer um "comentário" ou uma "explicação" sobre a reportagem, sem ser contestada.

Uma questão ainda mais fundamental e significativa surge quando se analisa se toda essa disponibilidade de notícias adicionais tem levado o público a ficar mais bem informado ou envolvido em pensar, discutir e participar de assuntos públicos e no processo democrático. O número de eleitores na eleição geral em 2001 foi o mais baixo desde o estabelecimento do direito universal ao voto para adultos (Cap. 11). Surgiram os conceitos de *ricos em informação* e *carentes de informação*. Há grande preocupação de que uma minoria crescente, sobretudo entre os jovens, esteja "no controle" a fim de evitar qualquer envolvimento com o jornalismo sério – numa época em que, pelo menos a se julgar pelas notas e pela freqüência universitária, a população nunca foi tão bem instruída. Com o desenvolvimento simultâneo da grande mídia e da educação (conforme explicado neste capítulo sobre o que aconteceu na era do iluminismo), os dois elementos parecem agora estar se rompendo.

Ao mesmo tempo, parece haver, tanto no público como no jornalismo, uma crescente lacuna entre o sério e o não sério; este último tornou-se obcecado por trivialidades, fofocas e badalação em torno de celebridades, alimentado por uma ideologia consumista. No entanto, os ataques terroristas nos Estados Unidos em setembro de 2001 e os eventos que se seguiram resultaram em uma grande mudança no foco editorial de muitas agências de notícias, em especial em jornais sensacionalistas *red-top*. Esses jornais retornaram aos tipos de jornalismo mais tradicionais, concentrando-se em relatar ao público o que estava acontecendo nessa "história" marcante, perturbadora e de muitas facetas. Havia indícios de um investimento crescente nas atividades jornalísticas tradicionais, especialmente em correspondentes estrangeiros – diversos dos quais ficaram expostos a grandes perigos. Exatamente no momento em que muitos tablóides britânicos corriam perigo de ser sufocados em um mar de reportagens cada vez mais triviais – muitas delas girando em torno das peripécias dos "personagens" de *reality shows* exibidos pela televisão –, o jornalismo popular, acessível e, apesar disso, seriamente intencionado, estava retornando. O ex-editor do jornal britânico *Daily Mirror*, Piers Morgan, declarou a *Society of Editors*:

> Ouço as secretárias do *Mirror* falarem de *anthrax* e não do seriado *EastEnders*, de Bin Laden e não de Robbie Williams, do território do Afeganistão e não de suas próximas férias em Creta... Há um repentino e prolongado anseio por notícias e informações sérias. (Preston, 2001)

Se essa reversão do *Mirror* e outros tablóides para um jornalismo mais sério na esfera pública é um fenômeno temporário ou permanente, uma mudança fundamental nos valores jornalísticos somente ficará mais clara meses ou anos após 11 de setembro de 2001.

978-85-7241-733-4

Atividades Sugeridas

1. Elabore a sua própria definição de jornalista.
2. Utilizando um questionário, realize uma minipesquisa com jornalistas do jornal impresso ou da emissora de rádio de sua região: eles parecem se encaixar nos achados de Delano e Henningham? (Você precisará ser respeitoso e imparcial para fazer isso!)
3. Estude os critérios de Galtung e Ruge acerca do que é notícia e aplique-os a uma edição de um jornal de circulação nacional ou de televisão – esses critérios parecem ser comprovados em seu exemplo?
4. Use o mesmo material para verificar quão objetiva é a cobertura de um assunto polêmico.
5. Utilizando a "tabela de complexidade" (Tabela 1.1), selecione três jornais de circulação nacional e faça uma análise simples do espaço editorial reservado ao jornalismo sério/esfera pública e ao não sério/assunto trivial.
6. Passe um dia em um jornal local: analise quais são as principais influências sobre o trabalho dos jornalistas, como rotinas, *deadlines*, comerciais, anúncios, discernimento quanto às necessidades e demandas dos leitores, considerações legais e éticas.
7. Utilizando as informações deste capítulo e da seção Fontes e Referências (adiante), elabore uma lista em ordem cronológica sobre o desenvolvimento do jornalismo impresso e de radiodifusão no Reino Unido.
8. Utilizando os recursos de busca dos principais *sites* de notícias, pesquise um assunto polêmico da atualidade quanto a regras e/ou normas éticas jornalísticas.
9. Encontre uma notícia ou reportagem especial sobre a grande mídia que represente um jornalista (ou um conjunto de jornalistas) de forma heróica (destemido, arrojado) e outro que os mostre como vilões (bisbilhoteiros, imorais, insensíveis). Quais as suposições subjacentes sobre as quais os jornalistas e o jornalismo "poderiam" ou "deveriam" estar?
10. Promova um debate sobre a proposição: "jornalistas têm um papel ímpar em moldar as atitudes e os valores do público".

FONTES E REFERÊNCIAS

Allan, S. (1997) 'News and the public sphere - towards a history of objectivity and impartiality'. In: Bromley, M. and O'Malley, T. (eds) A *Journalism Reader.* London: Routledge.

BBC (2001) BBC News - TV and Radio (online) 'Excited' Simpson regrets Kabul claims. 18 November 2001. http://news.bbc.co.uk/hi/english/entertainment/tv_and_radio/newsid_1662000/1662979.stm (accessed 25 November 2001).

Branston, G. and Stafford, R. (1996) *The Media Student's Book.* London: Routledge.

CRCA (2001) http://www.crca.co.uk/rajarQ22001_pr.htm (accessed 28 August 2001).

Crook, T. (1998) *International Radio Journalism.* London: Routledge.

Curran, J. and Seaton, J. (1997) *Power Without Responsibility – the press and broadcasting in Britain.* London: Routledge.

Delano, A. and Henningham, J. (1995) *The News Breed - a report on British journalists in the 1990s.* London: The London Institute.

Franklin, B. (1997) *Newszak & News Media.* London: Arnold.

978-85-7241-733-4

Hall, J. (2001) *Online Journalism - a critical primer.* London: Pluto Press.

Hendy, D. (2000) *Radio in the Global Age.* Cambridge: Polity Press.

Henningham, J. and Delano, D. (1998) 'The British journalist'. In: Weaver, D., *The Global Journalist.* Cresskill NJ: Hampton Press.

Herbert, J. (2000) *Journalism in the Digital Age: theory and practice for broadcast, print and on-line media.* Oxford: Focal Press.

Herbert, J. (2001) *Practising Global Journalism - exploring reporting issues worldwide.* Oxford: Focal Press.

MacGregor, B. (1997) *Live, Direct and Biased? Making television news in the satellite age.* London: Arnold.

McNair, B. (1998) *The Sociology of Journalism.* London: Arnold.

McNair, B. (1999) *Journalism and Democracy.* London: Routledge.

National Union of Journalists. http://www.nuj.org.uk (accessed 31 May 2001).

Peak, S. (ed.) (2002) *The Guardian Media Guide 2003.* London: Atlantic Books.

Pilger, J. (1998) *Hidden Agendas.* London: Vintage.

Press Complaints Commission (PCC). http://www.pcc.org.uk (accessed 28 August 2001).

Preston, P. (2001) 'Seeing the light is one way to eclipse the Sun'. *The Observer,* 28 October 2001.

Purdey, H. (2000) 'Radio journalism training and the future of radio news in the UK'. *Journalism – Theory, Practice and Criticism,* 1(3): 329-352. London: Sage.

RAJAR (2001) *http://www.rajar.co.uk* (accessed 5 September 2001).

Randall, D. (2000) *The Universal Journalist* (2nd edition). London: Pluto Press.

Reeves, I. (1998) 'Trust me, I'm a journalist'. *The Guardian,* 20 November 1998.

Spark, D. (1999) *Investigative Reporting - a study in technique.* Oxford: Focal Press.

Ursell, G. (2001) 'Dumbing down or shaping up? New technologies, new media, new journalism'. *Journalism - Theory, Practice and Criticism,* 2(2): 175-196. London: Sage.

van Ginneken, J. (1998) *Understanding Global News - a critical introduction.* London: Sage.

978-85-7241-733-4

OUTROS *SITES* RECOMENDADOS

CAR Park UK (Reportagem auxiliada por computador e recursos de pesquisa para jornalismo no Reino Unido, pelo autor da *Focal Press* Alan Rawlinson): http://www.rawlinson.co.uk

Columbia Journalism Review (da *Columbia University's Graduate School of Journalism,* descrito como "o monitor midiático *premiere* da América", é particularmente interessante no que concerne à propriedade e ao controle das produções jornalísticas): http://www.cjr.org

Hold the Front Page (*site* para jornalistas do Reino Unido, com informações sobre várias questões jornalísticas): http://www.holdthefrontpage.co.uk/index.htm

International Federation of Journalists (descrita como a maior organização de jornalistas do mundo, discute muitas questões jornalísticas atuais): http://www.ifj.org/index.html

Thunderbird (produzido pela *Journalism School of the University of British Columbia,* no Canadá, traz muitos artigos importantes sobre questões jornalísticas atuais): http://www.journalism.ubc.ca/thunderbird.html

USC Annenberg Online Journalism Review: http://ascweb.usc.edu/home.php

2 História e Desenvolvimento

- Introdução
- História do jornalismo: mídia impressa
- A crescente importância do jornalismo
- Tecnologia e a batalha entre sindicatos e administrações
- A batalha da regulamentação da imprensa
- História do jornalismo: mídia de radiodifusão
- Enquanto isso, de volta ao "sem fio"...
- Jornalismo na Internet
- Pontos comuns da história do jornalismo no Reino Unido
- Atividades sugeridas
- Fontes e referências

Introdução

Este capítulo contém uma condensada – e necessariamente seletiva – amostra de como o jornalismo se desenvolveu. São considerados os fatores políticos, econômicos e tecnológicos, e também como a natureza de cada mídia afetou os aspectos editoriais, de produção e apresentação do jornalismo. Retomando a discussão do Capítulo 1, é possível proporcionar ao leitor uma ampla visão sobre o desenvolvimento do jornalismo e as principais questões que provocaram debate público a respeito de seu papel e sua função na sociedade.

História do Jornalismo: Mídia Impressa

Impressoras existiam há milhares de anos na China, porém meios mecânicos de impressão puderam ser vistos no Ocidente a partir de 1450 e da primeira Bíblia de Gutenberg. Esse processo criou a possibilidade de transpor os acontecimentos da fala para a escrita. O primeiro período no qual há evidências de que uma população em massa teve acesso a relatos de acontecimentos impressos é a Guerra Civil Inglesa, em meados do século XVII.

Não está totalmente claro quando aconteceu a primeira publicação do que pode ser chamado de jornal, mas muitos historiadores admitem provável ocorrência por volta de 1620, na Itália e na Alemanha. Até 1694, qualquer pessoa que quisesse publicar algo na Inglaterra deveria primeiro solicitar uma licença ao Estado. Além disso, quem quer que criticasse alguma autoridade, mesmo de forma justificada ou com base na verdade, estaria sujeito à prisão. Essas leis não mudaram até o final do século XVIII.

978-85-7241-733-4

A abolição da Star Chamber na Inglaterra, em 1641, permitiu certa liberdade de imprensa; no mesmo ano aconteceu a primeira publicação dos procedimentos do Parlamento. A Guerra Civil Inglesa gerou a necessidade de informação e propaganda dos rivais Monarquistas e Parlamentaristas; cada um dos quais produzia seus próprios folhetos. Infelizmente, a vitória dos Parlamentaristas resultou na reintrodução, por Oliver Cromwell, em 1655, de um rigoroso sistema de autorização para jornais, e até – após a retomada da monarquia – em um novo *Printing Act* em 1662, que continha severos controles de impressão. O *London Gazette*, fundado em fevereiro de 1666, sobreviveu ao tempo e hoje é o periódico mais antigo do mundo. O primeiro jornal diário da Inglaterra foi o *Daily Courant*, que começou a ser publicado em 1702.

Desde seu início, o jornalismo foi visto pela classe dominante como uma ameaça à sua existência, ou pelo menos os que dominavam o poder na sociedade ficavam preocupados com o fato de que suas ações pudessem ser descobertas e que isso provocasse conseqüências inesperadas. Na verdade, a idéia de as massas terem acesso à informação assustava quem estava no topo da sociedade. O conflito entre jornalistas e as elites tem um longo e inquebrantável recorde no Reino Unido e em quase todos os outros países. Além disso, a longa e comum batalha sangrenta do jornalismo e dos jornalistas para obter independência e liberdade de ação perante o Estado percorre lado a lado a luta pelos direitos e pela liberdade do "indivíduo".

As autoridades têm à sua disposição a maior arma para escapar das críticas indesejadas: impostos, cobrados tanto no preço dos jornais quanto, crucialmente, na propaganda. Essas taxas entraram em vigor em 1712 e cresceram violentamente em 1815, para quatro penes* por folha – uma enorme quantia naquela época. Acreditava-se que, se o Estado garantisse que os jornais não fossem disponibilizados para a maioria da população, não haveria perigo de as massas serem tocadas por idéias e informações que as deixassem insatisfeitas ou até revoltosas. O restante do século XVII e o início do século XVIII assistiram a muitos avanços e regressos em relação à liberdade de imprensa, conforme o Parlamento relaxava o controle e, em seguida, com terror – sem dúvida provocado por escritores radicais mal vistos –, reintroduzia as proibições.

Apesar disso, o número de títulos cresceu em âmbito nacional, tanto no modelo como no dia de publicação, que incluía o domingo – o *Sunday Times* foi lançado em outubro de 1822. Outros títulos importantes e familiares que surgiram nesse período são *The Manchester Guardian* (1821) – a palavra *Manchester* foi retirada do título em 1959, quando o jornal mudou sua sede para Londres –, uma das mais significantes publicações da história dos jornais britânicos, com sua famosa postura liberal, passou por uma compra confidencial pela família do primeiro e mais famoso editor, C. P. Scott; o

978-85-7241-733-4

* **N. do T.** – Plural de *penny*, divisão da moeda inglesa, cujo valor é de 1/100 da libra.

(Evening) Standart, em 1827; *Punch* (1841); *The Times* (1843); *Economist* e *News of the World* (1843).

Acredita-se que o primeiro jornal provinciano tenha sido o *Norwich Post*, publicado pela primeira vez em 1701. Esse foi o primeiro de vários títulos, que incluem alguns em Edimburgo e Aberdeen – o *Aberdeen Press and Journal* (1747) é o mais antigo jornal escocês.

Os periódicos também floresceram nessa época, como *The Spectator*, que teve sua primeira publicação em 1711 e sobrevive até os dias de hoje.

Ao longo da luta por liberdade de expressão, acontecia também a batalha pela independência econômica. Por essa razão, muitos historiadores da imprensa afirmaram que vários outros fatores econômicos e sociais surgiram em conjunto antes que o jornalismo do modo como o conhecemos hoje fosse desenvolvido. Roy Porter acredita ter havido uma forte ligação entre jornalismo e educação das massas. Analisando o exemplo de apenas uma publicação provinciana, o *Salisbury Journal* (fundado em 1736), ele observa:

> notícias locais e nacionais servem uma salada de acontecimentos, anúncios, livros, artigos ... Cerca de 200 professores em 78 cidades inseriram anúncios no *Journal* em seus primeiros 34 anos, boa proporção dos quais referia-se a novas escolas, mostrando que a imprensa e a educação trabalham lado a lado para estimular mentes e, confirmando as palavras de Johnson, "o conhecimento é difundido entre nossa população por meio dos jornais".
>
> (Porter, 2000:78)

O elo entre a era do iluminismo – por vezes chamada de era da razão, uma vez que o conhecimento científico, nesse período, ajudou a libertar as pessoas dos dogmas religiosos e conquistou a crença comum de que cada lugar da sociedade é divinamente ordenado – e o jornalismo é fundamental. Essa era não só permitiu a discussão racional a respeito do mundo físico e natural, como também abriu espaço social para a discussão de assuntos públicos.

Porém, se a sociedade precisou do jornalismo para ajudar em sua evolução, o jornalismo certamente precisou da sociedade para certificar-se de que as massas foram educadas: sobretudo na capacidade de ler e escrever – não há sentido em se produzir um modelo impresso de jornalismo se a maioria das pessoas não é capaz de lê-lo! A alfabetização é, de fato, um avanço relativamente recente no Reino Unido. Até a Revolução Industrial, as elites políticas não se importavam em gastar tempo e dinheiro na educação das massas. Contudo, com o crescimento das indústrias e o êxodo rural para as novas cidades, fez-se necessário que os trabalhadores compreendessem as instruções ligeiramente complexas das máquinas com as quais precisavam trabalhar. Essa concentração de pessoas em pequenos espaços geográficos facilitou bastante a distribuição de jornais e outros periódicos. Somado a isso, o desenvolvimento dos transportes de massa – em especial dos trens – permitiu a distribuição rápida e massiva de jornais impressos para a maior parte da população em questão de horas. Desse modo, a idéia de que as notícias deveriam ser atuais se concretizou.

978-85-7241-733-4

Muitos sociólogos também acreditam que o consumismo das massas e o desenvolvimento da classe média no século XIX forneceram um campo de direito econômico, político e cultural para o desenvolvimento de jornais produzidos para as massas. O preço de capa dos jornais nunca foi suficiente para garantir um negócio rentável; era a propaganda que possibilitava isso.

Não obstante, o século XIX também viu o florescimento de um setor conhecido como imprensa radical. As pessoas por trás das publicações desse setor sentiam que as concessões feitas pelas elites com relação à liberdade de expressão não chegavam nem perto do ideal. Escapando dos impostos (tanto quanto possível) e das restrições legais, elas colocavam-se à margem da sociedade "civilizada". Além disso, à medida que os jornais se tornavam vantajosos como qualquer outra empresa capitalista, essas pessoas sentiam que os proprietários dos jornais jamais permitiriam a expressão de idéias que pudessem prejudicar seus interesses.

O século XIX testemunhou um enorme crescimento no número de jornais diários a serem produzidos, a maioria deles por e para uma localidade em particular. Muitos eram também abertamente patrocinados – em muitos casos, mantidos – por um dos principais partidos políticos. Em geral, eram *pro-establishment* e ajudavam diferentes pessoas – sujeitas a se deslocar muito em sua comunidade social e geográfica – em uma população unificada com valores comuns. Isso era particularmente importante para a concretização da idéia de que o Império Britânico era uma "coisa boa". Esse período também assistiu ao desenvolvimento de dois tipos distintos de jornal na nação: o popular e o sério, este último caracterizado pelo *The Times,* geralmente visto como um importante "jornal relatório", com ênfase nas questões políticas nacionais e estrangeiras.

A idéia de que uma *agência* de notícias pode ser formada para suprir diversas publicações e, desse modo, reduzir os custos de cada jornal ao ter que empregar jornalistas para cobrir todos os tipos de matéria em todos os lugares do planeta entrou em vigor em 1851, quando a agência de notícias Reuters abriu em Londres.

Na década de 1850, entretanto, as temíveis taxas que afligiam os jornais foram abolidas – o imposto sobre anúncios em 1853 e a Lei do Selo dois anos depois –, o que permitiu a publicação de jornais de circulação massiva a preços baixos. Esse período também assistiu ao desenvolvimento do *design* de jornal no modelo que é ainda familiar hoje em dia.

A virada do século viu o lançamento de alguns dos mais influentes jornais de circulação massiva, muitos dos quais sobrevivem até os dias atuais. Dentre eles, o *Daily Mail* (1896), *Daily Express* (1900), *Daily Mirror* (1903), *Daily Sketch* (1909 – que se fundiu com o *Daily Mail* em 1971 e foi relançado em formato tablóide) e o *Daily Herald* (1911 – o primeiro jornal a vender dois milhões de cópias).

A emergência do jornalismo como categoria distinta de emprego, exigindo habilidades específicas e até mesmo treinamento, resultou no Sindicato Nacional dos Jornalistas (NUJ, *National Union of Journalists*), fundado em 1907.

978-85-7241-733-4

No final do século XIX, os jornais diários populares nacionais pertencentes a um ou outro dos chamados barões da imprensa passaram a dominar o jornalismo. Além disso, muitos dos barões também assumiram a direção de jornais regionais e locais. As cinco maiores companhias de imprensa aumentaram sua dominação sobre os jornais locais no período entre a Primeira e a Segunda Guerra Mundial, o que gerou uma redução de opções em muitas grandes cidades, que tinham apenas um jornal local, com a circulação quase estática dos jornais restantes.

A Crescente Importância do Jornalismo

O jornalismo não é visto apenas como porta-voz e funcionário de um partido político ou classe; age de acordo com os interesses de um público maior. O conflito entre proprietários muito prósperos e politicamente motivados e editores mais independentes junto com outros jornalistas é um tema recorrente na política de imprensa de hoje.

Os anos após a Segunda Guerra Mundial assistiram à crescente concentração de propriedade de três editores líderes. Além disso, nas décadas de 1970 e 1980, os jornais tornaram-se, cada vez mais, parte de empresas que tinham outros interesses além de jornais.

Outras mudanças notáveis na imprensa no pós-guerra incluem a transferência do *Manchester Guardian* para Londres, em 1959, e a retirada da palavra "Manchester" de seu título; o lançamento da primeira revista colorida de domingo no *Sunday Times*, em 1962; a compra do *The Times* pelo canadense Roy Thomson (a quem já pertencia o *Sunday Times*), em 1966, e a um tanto atrasada introdução de notícias – em vez de apenas anúncios – na capa do jornal; a compra do *News of the World* por Rupert Murdoch, em 1969, com o lançamento do *The Sun* como tablóide no mesmo ano.

A década de 1990 presenciou a maior consolidação de propriedade e de número de títulos publicados. O *Today* cessou suas publicações em 1995; o *Observer* foi comprado pelo Guardian Media Group em 1993; e o *Independent* interrompeu suas atividades com esse título para ser comprado por outro grupo, e depois outro maior, em poucos anos. Os títulos *Telegraph*, que foram comprados pelo milionário canadense Conrad Black em 1985, tornaram-se os primeiros a dominar completamente a Internet, com o lançamento do *Eletronic Telegraph* em 1994. Enquanto isso, o crescimento da produção de jornais gratuitos no interior do país levou ao surgimento do jornal diário gratuito *Metro*, lançado em Londres em 1999.

Tecnologia e a Batalha entre Sindicatos e Administrações

A tecnologia, sempre um aspecto importante dos meios de comunicação em massa, deu um passo importante em 1844, quando o primeiro texto es-

978-85-7241-733-4

crito a partir de uma notícia transmitida por telégrafo foi impresso no *The Times*. A importância do telégrafo no desenvolvimento do que conhecemos como jornalismo de notícias é inestimável: ele permitiu a transmissão de matérias com um mínimo de atraso, de quase todas as partes do mundo. Pelo fato de os telégrafos serem tarifados de acordo com o número de palavras, cada matéria precisava ser o mais sucinta e breve possível, levando a um estilo mais objetivo e factual. A tecnologia, portanto, influenciou o jornalismo – um exemplo de *determinismo tecnológico*.

O desenvolvimento da tecnologia que permitiu a publicação de fotos nos jornais transformou a forma e o foco de muitas publicações. O *Illustrated London News* provavelmente teve a honra de ser o primeiro a utilizar fotos, quando, em março de 1889, publicou imagens das tripulações navais de Cambridge e Oxford. Embora tenham existido inovações na impressão e produção jornalística, elas foram comparativamente pequenas nos últimos 100 anos.

Foram os jornais regionais que, na década de 1960, abriram caminho para a nova tecnologia *Web Offset* (que não tem nada a ver com a *World Wide Web*) e guiaram a aceitação dos jornalistas. Foi um grande contraste com os processos anteriores de impressão dos jornais do país em Fleet Street. Os sindicatos das gráficas recusavam a nova tecnologia, pois temiam que resultasse em perdas de emprego e no fim das lucrativas – muitos diriam excessivas – horas a mais de trabalho, em particular na produção dos jornais dominicais, em que se tornou prática comum a retirada de grandes salários para empregados inexistentes. Os profissionais gráficos eram muito mais bem remunerados que os jornalistas e as empresas gráficas muitas vezes recebiam centenas de libras por uma única noite de sábado trabalhada.

O conflito entre a administração e os sindicatos chegou ao ápice em 1978, após inúmeras e rápidas interrupções determinadas pelos sindicatos das gráficas e a recusa dos líderes desses sindicatos em garantir a continuidade das publicações. A publicação do *The Times* e do *Sunday Times* foi suspensa por 11 meses.

Essa disputa foi o início do fim do poder dos sindicatos das gráficas e da custosa e ineficiente produção da impressora *hot metal* de jornais do país. Em 1980, o *Mail on Sunday* foi lançado e tornou-se o primeiro jornal fotocomposto de circulação nacional do país. Isso aconteceu um ano antes de Rupert Murdoch comprar o *The Times* e o *Sunday Times* e ser invejosamente observado pelo proprietário de jornais regionais Eddie Shah, que quebrou o domínio total dos sindicatos com suas publicações de *Messenger* e, na linha de frente da violenta oposição, adotou novas instalações de impressão moderna.

Os planos de Murdoch foram muito beneficiados pela redução do poder da união em sucessivos Atos do Parlamento, introduzidos no governo de Margaret Thatcher. Isso culminou na mudança forçada de todos os jornais de Murdoch para uma nova redação em Wapping. Era chegada uma época em que, rapidamente, outros jornais do país se mudavam, em etapas, da

Fleet Street e suas famosas propriedades para novos locais em regiões portuárias de Londres. A quebra dos sindicatos e a introdução da nova tecnologia possibilitaram o surgimento de novos títulos e, por algum tempo, o clima político e econômico da década de 1980 parecia estar "um mar de rosas". No sensacional ano de 1986, Eddie Shah lançou o jornal colorido *Today*; um importante jornal foi lançado no país em outubro, *The Independent*; e um notável tablóide cômico, o *Sunday Sport*, foi publicado um mês depois. Tentando não se exceder, o rival de Murdoch, Robert Maxwell, tentou lançar um jornal diário, o *London Daily News*, em 1987; porém, durou menos de seis meses. Outros dois jornais sobreviveram por períodos curtos: uma tentativa de tablóide investigativo popular e esquerdista, o *News on Sunday*, durou apenas alguns meses, e o pesado *Sunday Correspondent*, que foi atingido pela chegada do *Independent on Sunday*, quatro meses após seu lançamento em setembro de 1989. Apesar de ter sido relançado como um "tablóide de qualidade" em julho de 1990, perdurou apenas um ano.

A Batalha da Regulamentação da Imprensa

A preocupação com a situação da imprensa britânica, sobretudo com o baixo número de proprietários e com a influência política de suas publicações, resultou na primeira Comissão Real na imprensa em 1947. No entanto, o governo, como muitas vezes antes e até então, relutou muito em pôr em prática os controles determinados pelo estatuto, pois sabia que haveria grande oposição a qualquer mudança – inclusive nos próprios jornais, que alegariam o retorno da censura e outras restrições sobre a liberdade de imprensa. Existe um problema a mais para aqueles que procuram "controlar" os jornalistas da imprensa – e também aqueles que trabalham em outros setores: ao contrário do que acontece com outras profissões, como médicos e funcionários públicos, o Reino Unido nunca tivera um conjunto unificado de qualificações, por meio de testes ou outros meios, que precisasse ser adquirido antes que alguém pudesse atuar como jornalista, nem existia um corpo que pudesse desqualificar ou "cortar" os jornalistas que desrespeitassem os códigos de conduta. Qualquer pessoa podia apresentar-se como jornalista e procurar trabalho na área. Isso levanta a questão se o jornalismo no Reino Unido pode propriamente ser visto como profissão – um comércio ou uma arte podem ser definições melhores. As sugestões apresentadas, por um sistema legalmente imposto, público e obrigatório, têm sempre sofrido resistência, uma vez que os jornalistas que causam problemas ao governo ou outros grandes interesses têm "inventado" acusações contra eles, o que levou até mesmo à criação dos "jornalistas aprovados pelo Estado" – uma idéia repugnante para quem acredita no jornalismo livre e independente.

A auto-regulamentação foi apontada como a resposta para o interesse público, a respeito dos "excessos" de alguns jornalistas, e o Conselho Geral da Imprensa foi formado em 1953. Tornou-se o Conselho de Imprensa em 1964 (seguindo uma segunda Comissão Real na imprensa) e, após a adver-

978-85-7241-733-4

978-85-7241-733-4

tência do então ministro David Mellor, expressando que a imprensa estava "bebendo no salão da última oportunidade", a Comissão de Censura de Imprensa, em 1991 (ver Cap. 14).

O interesse aparentemente excessivo na vida privada de celebridades e políticos provocou crescente inquietação e críticas aos métodos e à conduta dos tablóides do país. Os jornais rechaçaram com sucesso qualquer tentativa de reintrodução do controle direto ou estatal de sua produção. Da metade do século XVIII para cá, todos os governos, com exceção dos tempos de guerra, aceitam o conceito e a realidade de uma "imprensa livre". Isso significa que os jornais estão sujeitos apenas às leis gerais da nação e que não há leis ou regulamentações específicas que se apliquem a eles. Não há censura ou licença especial para o jornalismo impresso. Em vez disso, a imprensa sustentou que poderia se regulamentar sozinha. Esse argumento foi fortalecido pelo fato de o Reino Unido nunca ter tido uma lei de privacidade. Além disso, a imprensa argumentou, com muitas justificativas, que a Inglaterra já era um dos países mais fechados do mundo e tinha uma das mais severas leis contra calúnia e difamação, e que muitas vezes o único modo de encontrar a verdade era utilizando métodos que, à primeira vista, pareciam inaceitáveis – fotos a longas distâncias, microfones e transmissores secretos, fraudes, grampos telefônicos e de *e-mail*, entre outros. Quando a imprensa examinava os limites de um comportamento aceitável, alegava agir de acordo com o interesse público. A controvérsia sobre qual é o interesse público – bem diferente de o que realmente interessa ao público – é bastante candente.

A Comissão de Censura na Imprensa tentou tranqüilizar os políticos e o público e reassegurar que poderia "manter a casa em ordem" desenvolvendo códigos de conduta e orientações aos quais os jornais teriam de aderir voluntariamente. Uma série de escândalos sexuais envolvendo ministros no governo Tory contribuiu para agravar a relação forçada entre algumas seções da imprensa e o governo.

História do Jornalismo: Mídia de Radiodifusão

A nova tecnologia do século XX significava novas possibilidades para o jornalismo. O uso do rádio permitiu que a fala novamente se tornasse proeminente na comunicação de idéias, fatos e controvérsias. Cada nova tecnologia utilizada para o jornalismo tinha de conquistar seu direito de transmitir idéias inconvenientes às autoridades. Porém, com a radiodifusão, as autoridades tiveram um pretexto para limitar o número de transmissões e controlar seu conteúdo. Isso acontecia – e acontece – porque, embora haja, teoricamente, inúmeras leis permitindo a qualquer pessoa montar um jornal ou revista, o número de pessoas que realmente o fazem é estritamente limitado. Nos primeiros tempos de imprensa, quem desejava abrir um jornal precisava tirar uma licença do Estado e provar ser um cidadão responsável; o mesmo ocorreu com o rádio e, mais tarde, com a televisão. No caso britânico, impôs-se o equivalente à Lei do Selo aos receptores de concessões de rádio e, posteriormente, de televisão.

A posição monopolista da BBC proporcionou ao gerente geral (mais tarde, diretor geral) John (mais tarde, Lord) Reith uma extraordinária, talvez única, oportunidade de modelar um *ethos* para essa nova e poderosa mídia. Ele acreditava que o "sem fio" não deveria ser subestimado como meio de vender produtos e serviços, mas sim, primeiramente, constituir uma ferramenta para o crescimento cultural e intelectual da nação. Ela acreditava que, disponibilizando o que havia de melhor em matéria de cultura, o povo poderia crescer, saindo de suas vidas brutais e ignorantes.

A imposição dos princípios de Reith – embora imperiosos e patrocinados pelos padrões do século XX – foi muito importante quando estabelecida na Grã-Bretanha e, por força de seu império, em muitos outros países, uma vez que a radiodifusão seria um forte elemento de *serviço público*. Estabeleceu-se a ideologia de que a radiodifusão não deveria servir diretamente ao Estado nem a objetivos comerciais.

Mesmo quando as emissoras comerciais de televisão e, mais tarde, de rádio foram fundadas, o *ethos* do Serviço Público de Radiodifusão firmou-se.

Reith também acreditava que a transmissão via rádio deveria ser livre do controle do Estado, e ele teve equilíbrio suficiente para demonstrar sua independência sem alarmar ou assustar os membros do gabinete do então primeiro ministro Stanley Baldwin, que estava bastante desconfiado de que seu poder estava fugindo de seu controle e desejava o comando da BBC. O barulho veio durante a Greve Geral de maio de 1926, a primeira e única vez em que todos os trabalhadores do país declararam-se em greve. Winston Churchill exigiu que o governo tomasse posse da BBC. Reith conseguiu convencer Baldwin a fazer da empresa um assunto pessoal de confiança. Contudo, Reith negou o que atualmente seria chamado de "direito de resposta" ao líder da Trades Union Congress e, mais tarde, alegou que, como se presumia que o governo estava do lado do povo, e a BBC também estava do lado do povo, então a BBC estava a serviço do governo! Todavia, mantendo o governo fora da BBC, Reich alcançou uma vitória de enorme importância na história da radiodifusão britânica.

Após cerca de quatro anos de experiência com monopólio comercialmente fundado e sem fins lucrativos, a BBC transformou-se em uma corporação de serviço público como o Correio. Além disso, diferentemente da mídia impressa, o governo não só designou os dirigentes da corporação como conservou o poder de tomar posse dela em tempos de crise. O "sem fio" também tinha potencial para o bem ou mal. Os ditadores nunca haviam possuído um meio tão eficiente para propagar suas políticas e crenças – o que foi feito de forma profícua e cruel pelos líderes da Alemanha nazista e outros estados fascistas. Porém, a radiodifusão também pode ser utilizada para o bem, disseminando compreensão e tolerância; compreensão entre diferentes nações foi um aspecto especialmente importante na melhora das tensões na Europa na década de 1930 (inclusive, a tradução do *slogan* da

978-85-7241-733-4

BBC era: *Nações devem falar em paz entre si*). Com essa finalidade, em 1932, Reith estabeleceu o BBC's Empire Service (Serviço Imperial da BBC), precursor do World Service (criado separadamente dos serviços locais da BBC, com uma concessão do Ministério das Relações Exteriores), com reputação impressiva para o jornalismo justo e correto.

A BBC estabeleceu-se como a mais importante transmissora de notícias durante a Segunda Guerra Mundial. Reith, que se demitira antes da eclosão da guerra, relutara à idéia de que as notícias eram um importante aspecto da nova mídia; ele não empregava jornalistas de seu próprio veículo, e as empresas de mídia impressa convenceram as agências de notícias a impor um embargo de modo que as emissoras não poderiam transmitir as notícias até à noite – ou seja, após as notícias já terem sido publicadas nos jornais da manhã!

É claro que esse conveniente acordo não poderia sobreviver em meio a uma guerra mundial, uma vez que o rádio era o único meio capaz de transmitir informações atualizadas sobre a guerra, geralmente a centenas de quilômetros, unificando a nação em torno de uma causa comum.

Depois da Segunda Guerra Mundial, porém, a BBC era vista por muitos como intocável e enfadonha, necessitando de competição direta. Isso aconteceu não por meio do rádio – cuja audiência era enorme –, mas por um novo canal televisivo. A legislação criada pelo governo conservador, no início da década de 1950, especificava que o novo serviço comercialmente fundado deveria ter um fornecedor comum de notícias nacionais e internacionais e ser administrado como uma sociedade sem fins lucrativos pelas novas empresas regionais que tinham obtido concessões de transmissão a determinadas áreas do Reino Unido.

A *Independent Television News* (ITN) decidiu executar seus serviços não nos moldes da BBC – que, nesse período, consistia em um boletim de notícias de rádio enfeitado com imagens e gráficos –, mas sim seguindo as emissoras comerciais dos Estados Unidos e da Austrália. A decisão buscava, em especial, satisfazer os leitores de notícias – ou *newscasters*, como a ITN os nomeou – que, ao contrário de seus pares da BBC, deveriam ser jornalistas renomados e confiáveis.

A segunda grande inovação foi o uso das novas câmeras peso-leve, capazes de gravar imagens e sons sincronizados. Esse estilo de transmissão de notícias pela televisão provou ser um sucesso imediato com o rápido crescimento da audiência, levando a BBC a considerar que a sua incapacidade de conquistar a simpatia do público estaria sendo usurpada por sua nova rival. Não era apenas no campo das notícias que a ITV demonstrava inovação e vigor. Ela desenvolveu uma torrente de programas que possuíam a veemência e qualidade investigativa das quais os programas equivalentes da BBC careciam. Além disso, a ITN e a ITV enfraqueceram completamente a atitude diferencial da BBC com políticos e outras autoridades. A ITN foi a primeira rádio britânica a dispensar o estilo cortês e quase submisso das entrevistas, o que desafiava abertamente as leis restritivas na cobertura de questões controversas e das eleições. Assim como a imprensa radical cons-

978-85-7241-733-4

trangia a sociedade e expunha as restrições irracionais à liberdade de expressão no século XIX, o confronto da ITN com a lei, sobretudo durante a cobertura das eleições, e em relação a questões referentes ao Parlamento (por mais de dez anos, radiodifusores foram proibidos de transmitir comentários sobre qualquer assunto que procedesse do Parlamento nos 14 dias seguintes), resultaram na mudança de algumas leis e regulamentos que regiam a transmissão de notícias no Reino Unido.

Talvez em razão de seu monopólio comercial no rádio e de sua grande popularidade na televisão, a ITV era extremamente rentável, e as contribuições de seus patrocinadores à ITN, com base em audiência e renda de publicidade, certificavam que a empresa comercial de notícias estava extremamente bem fundada. Era possível, portanto, comprometer-se com a cobertura de notícias onerosas e de documentários investigativos. As décadas de 1960 e 1970 são vistas, algumas vezes, como a era de ouro do jornalismo investigativo. A BBC também tinha, até então, dirigido sua abordagem diferenciada e seu nervosismo em relação às autoridades à transmissão de muitos programas controversos e antigoverno – não apenas noticiários, mas também programas humorísticos e dramáticos. Durante o mesmo período, jornais do país, como o *Sunday Times*, também publicaram um número significativo de investigações e revelações. Para quem acreditava em notícias isentas e francas, a década de 1980 foi mista. De um lado, a inauguração do Channel 4 pelo Partido Conservador, sem fins lucrativos, com programas produzidos, em sua maioria, por produtoras independentes, propiciou o florescimento de novos e instigantes programas, produzidos por empresas relativamente pequenas e desconhecidas. A ITN comprometeu-se a abastecer a cobertura de notícias do canal, e o *Channel 4 News* tornou-se o primeiro – e até então único – canal com noticiário diário. Porém, a década de 1980 também testemunhou o conflito de emissoras do Reino Unido com o governo, que promoveu uma série de atentados a fim de calar e intimidar jornalistas e seus superiores. O final da década assistiu ao início da transmissão via satélite, anunciando uma verdadeira revolução na radiodifusão britânica.

Para a transmissão comercial, entretanto, as maiores mudanças desde a sua chegada na televisão, em 1955, e no rádio, em 1973, vieram com o *Broadcasting Act*, em 1991, o qual pôs fim ao conceito de concessões para as companhias de rádio e televisão, repassando a elas licenças oferecidas, no caso da ITV e de novas emissoras comercias do país, como num "leilão cego". Essa abordagem considerava as licenças uma posse comercial real e, conseqüentemente, ao invés de serem oferecidas a companhias que, na opinião das autoridades, forneciam um conjunto melhor e mais qualificado de programas, eram dadas a quem – tendo passado pelo controle de qualidade – oferecia mais dinheiro. Junto a esse processo, o controle e a regulamentação, até então executados por muitas pessoas, passou a ser responsabilidade da *Independent Broadcasting Autority* (IBA), com um "leve toque" regulador – *Independent Television Commission* (ITC) – para a televisão comercial e da *Radio Authority*. Embora várias exigências fossem incluídas nesse novo e

978-85-7241-733-4

mais informal sistema – inclusive de que as companhias da ITV deveriam fornecer notícias quentes nos horários de pico –, não havia dúvida de que, por toda a década, houve redução na produção de notícias, à custa de programas de entretenimento de gosto duvidoso e, muitas vezes, mais baratos, sobretudo nos horários de pico. Isso provocou muita inquietação e debates públicos. Diversos políticos e especialistas declararam que uma parte muito importante de cultura do país – e até a sua estrutura social – estava sendo perdida.

Enquanto Isso, de Volta ao "Sem Fio"...

Para a rádio comercial, as mudanças da década de 1990 foram ainda mais marcantes. Após a mudança da legislação, as emissoras não eram muito diferentes de órgãos públicos oficiais. Elas eram cada vez mais dominadas por serviços de entretenimento, sem qualquer obrigação de fornecer notícias. No entanto, as emissoras haviam conquistado suas concessões competindo com outras, em nível local e regional, partindo do compromisso com o "discurso significativo". O provedor de notícias nacionais e internacionais, *Independent Radio News* (IRN), que havia sido criado à semelhança da ITN como empresa sem fins lucrativos, perdeu seu monopólio e tornou-se um negócio comercial, fundado na venda de espaços publicitários durante os boletins nos horários de pico.

Como resultado dessas mudanças – particularmente nos serviços maiores, sediados nas grandes cidades, muitos dos quais transmitiam, até então, noticiários diversificados e completos – as redações foram reduzidas à estrutura mínima necessária à produção de boletins superficiais de hora em hora.

A introdução das rádios comerciais nacionais – mais de 50 anos após a inauguração da rádio BBC – resultou, pela primeira vez, em noticiários diários em rádio comercial (*Classic FM*) ouvidos em todo o país.

Essas, assim como outras observações neste capítulo, representam uma análise generalizada, devendo-se notar que várias estações, grandes e pequenas, modificaram seus padrões gerais. Além disso, no início do século XXI, existiam alguns sinais de que diversas estações haviam decidido investir em equipes de jornalismo e aprimorar sua produção de notícias.

Pela primeira vez, fora de Londres, uma nova estação de rádio – *Digital News Network* – estava disponível em sistema digital em quatro regiões inglesas, em setembro de 2001.

Durante a década de 1990, a BBC destinou grandes investimentos ao fornecimento de matérias para suas estações locais, as quais se tornaram as primeiras e principais provedoras de notícias. Era possível encontrar correspondentes em todas as regiões, trabalhando tanto para a estação de rádio local quanto para a emissora de televisão regional; além disso, o novo cargo da equipe de imprensa era "jornalista de transmissão" – extensivamente requisitado a trabalhar em empresas de rádio, televisão e serviços *Teletext/online*.

Nesse meio tempo, uma estação de rádio nacional de esportes e notícias – *Radio 5 Live* – atingiu respeitáveis índices de audiência e, para os níveis da BBC, foi implantada com orçamento moderado.

Jornalismo na Internet

Os últimos anos do século XX viveram o rápido desenvolvimento do jornalismo na Internet e da *World Wide Web*. Jim Hall (2001: 16) estimava que, em meados da primeira década do século XXI, mais pessoas do mundo desenvolvido acompanhariam as notícias via Internet e não por algum jornal diário. Essa visão representa, claramente, uma importante transformação histórica. Porém, como analisado no Capítulo 1, as previsões de que o acesso à *web* (qualquer pessoa com acesso a um computador, *modem* ou *software* básico pode construir *webpages* com tanta facilidade quanto uma empresa multinacional) levaria a uma explosão no número e na variedade de "vozes" e perspectivas jornalísticas só se realizaram parcialmente.

Pontos Comuns da História do Jornalismo no Reino Unido

No século XX, o rádio e, mais tarde, a televisão tiveram de afastar as tentativas da mídia impressa de evitar as novas tecnologias, competindo por atenção e renda publicitária.

Cada nova mídia encontrou resistência tanto dos que estavam no poder quanto da mídia antiga – a Internet é o exemplo mais recente. Porém, no caso da Internet, ao contrário da radiodifusão, as autoridades não podiam fingir que havia algum tipo de limite físico justificando o controle e a necessidade de licença acerca do conteúdo que era publicado. Ademais, foi justamente a completa ausência de controle sobre o que sai na Internet que causou maior pânico às autoridades. Não importa o que eles digam, os que estão no poder sempre temem e desconfiam dos meios de comunicação de massa os quais eles não conseguem controlar. No final do século XX, os governos da Grã-Bretanha e vários países utilizaram a desculpa (ou motivo justo, dependendo do seu ponto de vista) do uso da Internet para pornografia, terrorismo e outros objetivos indesejáveis para iniciar o controle e monitoramento da nova mídia.

978-85-7241-733-4

Outro ponto comum na história da mídia e do jornalismo é que cada nova mídia em desenvolvimento é inicialmente bem-vinda por aqueles que se sentem marginalizados ou ignorados pelo meio estabelecido, como uma forma de acreditar que perspectivas novas e diferentes estão disponíveis no domínio público. Essa esperança é quase sempre destruída à medida que cada mídia nova é "colonizada" pelas mesmas empresas que estão no poder e por seus interesses.

Existem ainda, nos últimos tempos, pontos comuns na história do Reino Unido e de outros países, sobretudo a Rússia e o leste Europeu. Deve-se considerar também que a parte da história do jornalismo que descreve a heróica batalha entre as forças dos poderosos e das elites contra a liberdade de expressão e os direitos individuais é, por si só, reconhecível como uma ideologia, sendo possível descrever essas transformações de outras maneiras.

978-85-7241-733-4

Atividades Sugeridas

1. Construa uma linha do tempo (cronológica) dos principais avanços do jornalismo desde o final do século XVII até hoje.
2. Pesquise a história de uma grande instituição de mídia (por exemplo, BBC, *The Guardian*, CNN). Quais seus principais fatores de desenvolvimento? Quais as tensões e dificuldades de seu desenvolvimento? É possível definir seu *ethos* jornalístico?
3. Investigue a história de um dos provedores locais de notícias (por exemplo, um jornal local, uma estação de rádio, agências de notícias ou a organização "dedicada" [de operação autônoma] na Internet).
4. Faça uma lista de alguns dos fatores comuns no desenvolvimento de diferentes mídias jornalísticas, como mídia impressa, rádio, televisão e Internet. Preste atenção às influências do governo, outros fatores políticos e econômicos, propriedade e controle, regulamentação e tecnologia.
5. Organize um debate sobre "liberdade de imprensa".

FONTES E REFERÊNCIAS

BBC (história da corporação): http://www.bbc.co.uk/thenandnowhistory/index.shtml. (acesso em 28 de maio de 2001).

British Library (história e arquivos dos jornais britânicos): http://www.bl.uk/collections/newspaper/newscat.html (acesso em 21 de setembro de 2001).

Bromley, M. and O'Malley, T. (eds) (1997) *A Journalism Reader.* London: Routledge.

Crisell, A. (1997) *An Introductory History of British Broadcasting.* London: Routledge.

Crook, T. (1998) *International Radio Journalism.* London: Routledge.

Curran, J. and Seaton, J. (1997) *Power Without Responsibility – the press and broadcasting in Britain.* London: Routledge.

Day, R. (1989) *Sir Robin Day – grand inquisitor.* London: Weidenfeld and Nicolson.

Foden, G. (ed.) (1999) *The Guardian Century.* London: *The Guardian.*

Glover, S. (ed.) (2000) *The Penguin Book of Journalism - secrets of the press.* London: Penguin.

Goddard, P., Corner, J. and Richardson, K. (2001) 'The formation of *World In Action* – a case study in the history of current affairs journalism'. *Journalism – Theory, Practice and Criticism,* 2(1): 73-90.

Habermas, J. (1989) *The Structural Transformation of the Public Sphere.* (Trans. Thomas Burger). Cambridge: Polity Press.

Hall, J. (2001) *Online Journalism - a critical primer.* London: Pluto Press. Langley, A. (2001) *Rupert Murdoch.* Oxford: Heinemann Library.

Luckhurst, T. (2001) *This is Today ... a biography of the* Today *programme.* London: Aurum Press.

McNair, B. (1999) *News and Journalism in the UK* (3rd edition). London: Routledge.

Porter, R. (2000) *Enlightenment - Britain and the creation of the modern world.* London: Penguin.

Scannell, P. (1996) *Radio, Television & Modern Life.* Oxford: Blackwell. Seymour-Ure, C. (1996) *The British Press and Broadcasting Since* 1945 (2nd edition). Oxford: Blackwell.

Seymour-Ure. C. (1996) *The British Press and Broadcasting Since 1945* (2nd edition). Oxford: Blackwell.

Tunstall, J. (1996) *Newspaper Power.* Oxford: Oxford University Press. Watkins, A. (2000) A *Short Walk Down Fleet Street.* London: Duckworth.

Watkins, A. (2000) *A Short Walk Down Fleet Street.* London: Duckworth.

3 Pesquisa e Registro de Informações

- Introdução
- Fontes primárias
- Fontes secundárias
- Obtenção e registro de informações
- Atividades sugeridas
- Fontes e referências

Introdução

Existe ampla diversidade de práticas jornalísticas, as quais variam de jornais locais e regionais a títulos nacionais, de "fanzines" a revistas especializadas, de emissoras de rádio de *campi* universitários a rádios nacionais, de emissoras de televisão comunitárias a radiodifusoras nacionais e por satélite. Assim sendo, as informações subseqüentes, ao refletirem essa diversidade, destinam-se primeiramente a jornalistas que desejam trabalhar ou que trabalham em jornais locais e regionais, revistas, rádio e televisão, sem exatamente excluir outras áreas de interesse jornalístico.

As fontes são a força vital dos jornalistas, quer trabalhem em mídia impressa quer com radiodifusão. Como tais, elas fornecem informações básicas e essenciais para o desenvolvimento das notícias, reportagens especiais para rádio e noticiários de televisão. Algumas pessoas argumentam que diferenciar fontes primárias e secundárias nesse contexto constitui, basicamente, uma questão acadêmica. Afinal, o vídeo de uma testemunha descrevendo um acontecimento é secundário por estar gravado ou é primário por trazer informações em primeira mão? Muitos jornalistas ainda consideram que existe uma linha divisória entre fontes primárias e secundárias. Em termos simples, uma fonte primária pode ser definida como aquela que é pesquisada pessoalmente pelo jornalista em entrevistas cara a cara, visitas, observação e experiência direta; a pesquisa secundária pode ser definida como aquela em que se utiliza qualquer material existente, escrito, armazenado em banco de dados, áudio e vídeo gravados em diferentes formatos ou encontrado na Internet. Ao analisar os principais aspectos das diferenças entre fontes primárias e secundárias, o que se apresenta a seguir foi dividido em duas categorias.

978-85-7241-733-4

Fontes Primárias

Contatos

Os contatos são pessoas que, por meses ou anos, fornecem informações valiosas ao jornalista. Podem ser o proprietário de um bar, o membro de uma comunidade ou de uma organização voluntária ou um guarda de trânsito; enfim, pessoas de confiança que forneçam informações precisas para uma reportagem de última hora. A ferramenta essencial para qualquer jornalista é a "agenda de contatos", que contém nome, endereço, telefone, *e-mail* e outras informações de pessoas a quem se pode recorrer em busca de informações. Mesmo com o advento dos telefones celulares e das agendas eletrônicas, é recomendável manter uma agenda de contatos por escrito e, se possível, uma cópia em caso de roubo ou perda da original. Alguns jornalistas, ao investigarem assuntos confidenciais, utilizam códigos em suas anotações ou, em casos extremos, memorizam as informações.

Informações Secretas

Informações secretas, provenientes de *freelances* ou de pessoas do povo, constituem fontes de notícias, em especial para radiodifusores. Algumas informações podem ser válidas e úteis; porém, é importante verificar sua exatidão, à medida que podem ser completamente imprecisas, inverídicas, vindas de pessoas de má-fé ou revoltadas.

Freelances

Os *freelances*, também conhecidos como colaboradores (*stringers*) ou correspondentes, costumam ser repórteres experientes que podem trabalhar por tempo parcial para um jornal, emissora de rádio ou de televisão. Eles vendem informações para uma importante organização, individualmente ou como parte de uma agência de notícias local. Em termos de rádio, representam um custo baixo, visto que apenas são pagos se a matéria que produziram for transmitida; porém, às vezes seus textos para jornal têm de ser um tanto "pitorescos" a fim de vender a matéria. No entanto, para redações com poucos recursos, os *freelances* são uma valiosa fonte de material.

Ligações de Rotina

As ligações de rotina ou de "checagem" constituem uma fonte essencial de informações e são realizadas diariamente ou de hora em hora, quase sempre pelo jornalista mais novo da equipe. Destinam-se aos serviços de emergência como polícia, corpo de bombeiros, hospitais e guarda costeira. Às vezes, esses serviços revelam informações básicas; porém, pode ser necessário reunir informações de algumas ou todas elas para formar um quadro mais detalhado de um incidente (como em relatórios de tribunais). Alguns boletins para a imprensa divulgados pelos serviços de emergência são gravados e a qualidade das informações pode variar em termos de profundidade e

978-85-7241-733-4

instantaneidade. Da mesma forma, é muito importante contatar a pessoa mais apropriada para solicitar informações. As ligações de rotina também podem ser feitas para líderes religiosos, políticos, líderes das câmaras municipais, grupos comunitários e voluntários, assessores de imprensa, agentes funerários, empresas automobilísticas, autoridades da área de saúde, etc.

Grupos de Pressão

Os grupos de pressão são uma boa fonte de notícias; no entanto, na maioria dos casos, estão interessados em obter vantagens na publicidade das causas que defendem. A liberdade de acesso a grupos como sindicatos, ambientalistas, instituições de caridade e de bem-estar social é desejável, temperada com abordagem realística e exata. Aconselha-se cautela ao lidar com grupos não-representativos de ativistas.

Órgãos Jurisdicionais

Os relatórios de tribunais representam um aspecto importante do trabalho diário de um repórter. As questões podem variar, incluindo tribunais de magistrados, supremo tribunal, tribunais de instrução criminal e tribunais especializados. Exatidão e clareza são as linhas mestras no uso de tais informações ao tentar capturar a atenção do leitor sem infringir os direitos e as restrições dos jornalistas.

Administração Municipal

A administração municipal é uma fonte útil de informações para os jornalistas. A imprensa e o público podcm comparecer a todas as sessões da Câmara de Vereadores, exceto aquelas que tratam de assuntos considerados confidenciais, devendo-se fornecer os recursos básicos aos repórteres. Muitas vezes encaradas como tarefa comum pelos novatos, as atas da Câmara de Vereadores podem ser uma fonte rica de informações para reportagens rotineiras e investigativas.

978-85-7241-733-4

Assuntos Comunitários

Os assuntos comunitários constituem material abundante para o repórter. Há clubes e sociedades em todos os lugares. Centros de artes e lazer, escolas e igrejas sempre estão interessados em ganhar publicidade por meio do rádio e da televisão e na imprensa. Outras fontes facilmente acessíveis são organizações voluntárias, associações de moradores, sindicatos, membros do conselho e políticos locais, "celebridades" ou "pessoas bem informadas", bem como empresários.

Entrevistas Coletivas à Imprensa

As entrevistas coletivas à imprensa podem fornecer inestimável material oficial e extra-oficial aos jornalistas. A maioria das coletivas envolve, para o jornalista de televisão, a instalação de equipamentos de gravação, enquanto o jornalista de rádio dependerá de um microfone portátil e o jornalista de mídia impressa, de um bloco de anotações e um gravador. Às vezes, só é permitido fazer perguntas preestabelecidas; contudo, se estas estiverem relacionadas com áreas diferentes das específicas, a inclusão de perguntas mais aprofundadas podem trazer à tona as informações necessárias.

Fontes Secundárias

Cartas

As cartas ao editor ou à redação freqüentemente resultam em boas reportagens ou notícias, sobretudo aquelas relacionadas com questões comunitárias, decisões de planejamento, políticas do governo, questões ambientais e culturais. No entanto, deve-se obter a permissão do autor da carta para utilizar o material e o conteúdo deve ser examinado a fim de verificar a exatidão das informações e a existência de declarações difamatórias.

978-85-7241-733-4

Classificados

Os classificados, em especial as seções com notas de nascimentos, falecimentos e casamentos, podem levar ao desenvolvimento de reportagens e artigos especiais de interesse para a mídia impressa ou de radiodifusão.

Releases

Releases e comunicados são constantemente enviados às redações pelos funcionários de relações públicas de organizações comerciais, voluntárias, públicas ou governamentais. A maior parte é descartada por ser considerada apenas propaganda. Na verdade, para os jornalistas de radiodifusão, a pessoa que enviou o *release* pode não ser a mais adequada ou bem informada para ser entrevistada no rádio ou em um programa de televisão. A maioria dos *releases* contém uma ressalva, sem valor jurídico, exigindo que as informações não sejam publicadas até determinada data e hora.

Outras Mídias

Outras mídias, como jornais, revistas, rádio e televisão são fontes produtivas de notícias e idéias para investigações adicionais e o surgimento de possíveis novas perspectivas. É importante não esquecer as publicações locais, étnicas, internacionais, especializadas e até mesmo as do próprio jornalista ao buscar reportagens que possam ser desenvolvidas para a mídia impressa ou de radiodifusão. Vale lembrar que as leis de direitos autorais não se aplicam a "idéias".

Vídeos de Programas Jornalísticos

Em geral, vídeos de programas jornalísticos compreendem gravações de entrevistas, material de divulgação ou mesmo programas inteiros, enviados espontaneamente e isentos de despesas às emissoras de rádio e televisão. São provenientes de assessorias de comunicação que buscam divulgação gratuita ou um espaço nas ondas de rádio e televisão e, muitas vezes, anúncios publicitários especiais. Normalmente é necessário verificar o conteúdo e a qualidade técnica dos vídeos antes mesmo de cogitar sua utilização.

Agências de Notícias

As agências de notícias produzem matérias e as vendem para a mídia impressa e de radiodifusão. Existem inúmeras agências internacionais, nacionais e regionais, sendo as seguintes uma pequena seleção das principais representantes nesse campo.

- Reuters: a partir de uma rede de mais de 100 escritórios instalados em todo o mundo, oferece um serviço rápido e confiável para a mídia impressa e de radiodifusão. O *World News Service* (WNS) fornece divulgação de notícias 24h, *flashes*, cobertura ao vivo e reportagens especiais bem elaboradas transmitidas via satélite, bem como serviços de notícias *online* via *World Wide Web*.
- United Press International (UPI): serviço de notícias voltado à tecnologia, oferecendo notícias de última hora, transmissões de áudio e fotos jornalísticas em tempo real. Abrange especialmente assuntos sobre o Oriente Médio, negócios, esportes, reportagens especiais, notícias e acontecimentos políticos.
- Agence France Presse (AFP): grande agência de notícias francesa que distribui notícias em diversos idiomas. Disponibiliza notícias e imagens internacionais para o Reino Unido e coleta material britânico para distribuição internacional.
- Associated Press (AP): afirma ser a maior agência de notícias do mundo e funciona como uma cooperativa cuja propriedade é de empresas de mídia norte-americanas. Transmite notícias e imagens internacionais para a mídia do Reino Unido e coleta material britânico para americanos e outros clientes. A *AP Digital* é uma divisão da empresa na *Web* que fornece textos, áudio, vídeos, gráficos e serviços multimídia, incluindo conteúdos diversificados sob encomenda que atendem às necessidades de públicos específicos.
- Press Association (PA): agência nacional de notícias do Reino Unido e da Irlanda, distribui fluxo contínuo de reportagens, imagens, alertas e dados para redações de jornais, radiodifusores e *publishers* eletrônicos utilizando a mais moderna tecnologia de satélite e informática. Abrange notícias internacionais, esportes, entretenimento, saúde e tecnologia, cobertura política detalhada, bem como notícias sobre negócios, mercado financeiro e previsão do tempo. Suas três empresas são *PA News*, *PA Sport* e *PA Data Design*, com a subsidiária *Tellex Monitors*, que monitora e informa sobre assuntos da atualidade em rádio e televisão, e a *Two-Ten Communications*, que supre os clientes com abrangentes serviços de *marketing*.
- UK News: fundada em 1993 pela *Westminster Press* e *Northcliffe Newspapers*, divulga notícias nacionais e internacionais, informações sobre esporte e

imagens para jornais regionais, tendo também um *lobby* de jornalistas na Câmara dos Comuns do Reino Unido.

Empresas de Clipagem

A *Newspaper Licensing Agency* (NLA) recolhe os direitos autorais das empresas que realizam fotocópias em grande escala de artigos de jornais, incluindo a BBC e a Câmara dos Comuns. Escolas e instituições de caridade estão isentas de taxas. A NLA foi fundada em 1996 por diversos jornais nacionais e representa uma ampla variedade de impressos nacionais, regionais e locais. As agências de clipagem licenciadas pela NLA incluem *Press Select, Tellex Monitors* e *The Press Data Bureau*, entre outras.

Agências de Imagens

A *British Association of Picture Libraries* (BAPLA) é a principal fonte de informações sobre agências de imagens e publica um diretório anual de mais de 300 membros, incluindo *British Library Reproductions*, *Camera Press*, *British Film Institute*, *Hulton-Getty*, *Action Images*, *Comstock*, etc.

Imagens na Web

O *Cyberpix Guide* constitui uma ampla referência sobre as melhores fontes de amostra de fotos encontradas na *Web*, incluindo *Corbis*, *George Eastman House – International Museum of Photography and Film*, *Kodak*, *PhotoDisc*, *Publisher's Depot – PNI*, etc.

Empresas de Notícias

- Independent Radio News (IRN): principal agência de notícias para rádio do Reino Unido, trabalhando em conjunto com a ITN; fornece boletins e outros serviços para a maioria das emissoras de rádio comerciais. É uma agência de comissionamento pertencente às principais associações de rádio.
- Independent Television News (ITN): envia notícias nacionais e internacionais para ITV, Channel 4, Channel 5 e IRN. Pertence a uma associação de empresas líderes em *cross-media.*
- CNN International – Cable News Network International: subsidiária integral da Time Warner Inc., é uma rede global exclusiva que divulga notícias 24h, via satélite, para mais de 200 países.
- Worldwide Television News (WTN): fornece um serviço de notícias 24h, via satélite, para radiodifusores em todo o mundo, possuindo também extenso arquivo de filmes e vídeos.
- Reuters Television: rebatizada com esse nome após a aquisição, em 1992, da Visnews, agência internacional de notícias para televisão, tem expandido suas operações multimídia.
- Parliamentary Channel: realiza a cobertura ao vivo dos procedimentos diários da Câmara dos Comuns e a cobertura gravada da Câmara dos Lordes, do programa britânico *Question Time*, da União Européia, declarações comerciais e das Comissões Parlamentares.

978-85-7241-733-4

- ABC, NBC e CBS: redes de notícias norte-americanas com escritório em Londres, que fornecem notícias nacionais e internacionais.

Governo Local

O principal diretório anual do governo local é o *Municipal Year Book*, que fornece detalhes sobre membros do conselho e funcionários do governo. Se essa publicação não for interessante, o *Local Government Information Unit* produz publicações úteis com perspectiva menos oficial acerca de debates sobre questões locais. Outros títulos que podem ser consultados são *Abstract of Accounts* e *Report on the Census.*

Governo Central

Jornalistas que buscam informações sobre o Parlamento podem encontrar diversas publicações para referência, incluindo *Hansard* – relatórios textuais de discursos do Parlamento publicados diariamente, *Whitaker's Almanack, Vacher's Parliamentary Companion, Who's Who, Burke's Peerage, Dod's Parliamentary Companion, Keesing's Contemporary Archives, Civil Service Yearbook, Britain: An Official Guide* e outros dados estatísticos do *Central Office of Information* (COI), *Office of National Statistics* (ONS) e *Her Majesty's Stationery Office* (HMSO). Além disso, informações úteis podem ser obtidas de *releases* dos departamentos do governo, bem como pela Internet.

Órgãos de Pesquisa

Os órgãos de pesquisa são extremamente úteis em destacar, a curto e longo prazos, o que o público está vendo, lendo e ouvindo, fornecendo ao jornalista informações atualizadas e precisas. Os quatro principais órgãos são:

- Audit Bureau of Circulations (ABC): faz a auditoria de quantas cópias de um jornal ou revista são vendidas em determinado período. Tem por objetivo fornecer aos anunciantes um referencial (*benchmark*) para ajudá-los a escolher entre publicações concorrentes e fornecer uma ferramenta promocional aos proprietários das mídias.
- National Readership Survey (NRS): oferece uma fonte confiável de informações sobre público-alvo para quase 300 publicações, além das principais informações sobre *marketing*. Ao contrário da ABC, a NRS não se concentra nos dados de circulação, mas nos índices de leitura do público em termos demográficos, como idade, sexo, escolaridade, profissão, renda e classe social.
- Broadcasters Audience Research Board (BARB): fornece informações a respeito de todos os aspectos da indústria televisiva, constituindo a principal fonte de dados de audiência de televisão do Reino Unido. Apresenta informações estatísticas sobre o público telespectador que são vitais tanto para os radiodifusores como para a indústria da propaganda. Realiza também pesquisas de opinião, apresentando dados qualitativos sobre a

978-85-7241-733-4

avaliação dos programas, os quais são confidenciais aos radiodifusores associados.

- Radio Joint Audience Research (RAJAR): associação da BBC com o rádio comercial que realiza uma minuciosa pesquisa de audiência com ouvintes, os quais preenchem detalhados diários de escuta durante determinado período. As informações incluem características do ouvinte, idade, sexo, classe social, área de transmissão, etc. e provêem anunciantes e programadores com detalhes sobre as preferências da audiência, possibilitando a realização de programações e anúncios seletivos.

978-85-7241-733-4

Diretórios de Mídia

Os diretórios de mídia são excelentes fontes de informações para jornalistas de mídia impressa e radiodifusão, fornecendo informações atualizadas sobre todas as áreas e aspectos das mídias. Além dos títulos mencionados anteriormente na seção sobre o governo central, o *Willings Press Guide* constitui um guia abrangente para jornais, revistas, televisão, rádio, publicações de negócios e especializadas do Reino Unido e do mundo. A *BENNS Media* oferece um diretório similar, albergando todos os setores da indústria da mídia do Reino Unido, européia e mundial. O *British Rate and Data* (BRAD) é um diretório restrito sobre a mídia do Reino Unido e da República da Irlanda, publicado mensalmente, com informações publicitárias. As mídias estão divididas em jornais nacionais e regionais, publicações para o consumidor comum, publicações para empresas, nova mídia e mídia eletrônica, televisão, rádio, cinema, cartazes e *outdoors.* A *BRADnet* e a *BRADbase* também estão disponíveis por assinatura. O *Media Guide* abrange a maioria dos setores da mídia no Reino Unido com uma seção para a República da Irlanda. O *UK Press Directory* fornece uma visão geral e completa da indústria jornalística, enquanto a *Media UK Internet Directory* oferece uma listagem completa das mídias *online* no Reino Unido, incluindo jornais, rádio, televisão e revistas. *Kemp's Film, TV and Video Yearbook* é um importante diretório de produções internacionais para cinema e televisão e o *Blue Book of British Broadcasting* constitui uma excelente fonte de referência para contatos em televisão, rádio e radiodifusão por satélite. *Radio Authority Pocket Guide* e *The Radio Listener's Guide* representam material de referência ideal para radiojornalistas. *The Radio Academy Yearbook* é o diretório da sociedade dos principais profissionais da indústria do rádio e, similarmente, *The Royal Television Society Handbook* é um guia e diretório para os seus membros.

Internet

A Internet revolucionou a pesquisa jornalística e, ao toque de uma tecla, abre caminho para uma quantidade ilimitada de informações. Os jornalistas podem, hoje, acessar instantaneamente todos os tipos de notícias.

Muitas fontes mencionadas anteriormente possuem *sites* na Internet e propiciam fluxo infindável de informações em forma de textos, gráficos e imagens em movimento. Poucos *sites* foram citados, mas é difícil fornecer uma lista definitiva; basta dizer que a Internet é uma grande e excelente contribuição para a pesquisa jornalística, mas deve ser tratada com cautela em termos de exatidão de informações e interesse próprio. É possível "surfar na *Web*" em busca de informações, mas se deve usá-la como "ferramenta, não como mestra". Tende-se a usar as informações da forma como são fornecidas, em vez de adotar um enfoque diferente a fim de criar uma notícia informativa, investigativa e específica para a mídia impressa e de radiodifusão. A Internet provê acesso imediato a uma enorme quantidade de informações que, em relação ao *deadline*, pode atrapalhar o jornalista em vez de ajudá-lo, ao passo que as fontes tradicionais de informações podem, ironicamente, consumir menos tempo na rotina jornalística diária. Enfim, a Internet pode ser uma excelente fonte de informações para os jornalistas da mídia impressa e de radiodifusão se utilizada de forma seletiva e criteriosa.

Obtenção e Registro de Informações

Identificadas as fontes de informações, a etapa seguinte é realizar a pesquisa utilizando diferentes métodos e abordagens, registrando as informações obtidas de forma clara, precisa e definida. Este tópico adotará uma abordagem genérica sobre os métodos de se obter e registrar informações. Além disso, orientações mais específicas serão dadas nos capítulos referentes ao jornalismo de rádio, impresso e televisivo.

978-85-7241-733-4

Entrevistas

Fazer entrevistas, seja cara a cara ou por telefone, é o principal meio de se obter informações. A entrevista pode ser uma conversa informal em local público, uma formalidade pré-agendada com uma autoridade local, uma conversa casual por telefone com um ouvinte de uma emissora de rádio, um telefonema para confirmar o recebimento de *release* e confirmar pauta ou uma entrevista fora do estúdio para uma notícia de televisão. Seja qual for o procedimento, o objetivo primário é extrair informações, como fatos e opiniões sobre determinado assunto, situação ou pessoa. As entrevistas podem ser utilizadas puramente para obter informações sobre um incidente específico ou um *insight* sobre a personalidade de uma pessoa a fim de explorar um aspecto de interesse humano. Às vezes, a entrevista pode ser fortemente investigativa e levar a uma situação de confronto. Em todos os casos, deve-se ter o cuidado de verificar se as informações são precisas e verdadeiras e se o entrevistado não está, por qualquer motivo, ocultando fatos, fornecendo informações falsas deliberadamente ou aproveitando-se da oportunidade para fazer propaganda política. A preparação é um elemento essencial e o jornalista deve estar ciente das informações básicas e do objetivo da entrevista antes de se encontrar com o entrevistado. Alguns jornalistas anotam as principais perguntas que serão feitas, enquanto outros, em especial de rádio, escolhem a primeira e a última pergunta e permitem que a entrevista flua à medida que surjam fatos e opiniões. Seja qual for o método utilizado, o jornalista deve lembrar que são as opiniões do entrevistado que importam, não os seus comentários.

A entrevista por telefone é a maneira mais rápida de se obter informações, mas pode ser menos satisfatória que o encontro cara a cara, uma vez que não há contato visual ou avaliação da expressão corporal, a linha telefônica pode ser de baixa qualidade e o repórter tem de fazer perguntas precisas ao coletar informações essenciais, pois o tempo é limitado. No entanto, se ninguém estiver disponível para visitar um local, a entrevista por telefone pode ser, pelo menos, uma estratégia para levantar alguns dados até que seja possível obter informações e fatos ao vivo do local do acontecimento.

Outra forma de entrevista é aquela "tumultuada" ou "feitas às pressas", que por definição é muito curta e pode consistir em uma ou duas perguntas feitas aos gritos para alguém que, invariavelmente, responderá: "Sem comentários". Esse tipo de "entrevista" normalmente se realiza na presença de jornalistas rivais, equipes de notícias e repórteres, todos esperando conseguir uma resposta sobre um assunto relevante ou controverso – uma não-resposta pode ser considerada uma resposta, sobretudo se a pessoa estiver sendo filmada.

O *vox pop* (ou voz do povo) é uma forma de entrevista por meio da qual o repórter pode obter declarações rápidas de pessoas comuns sobre um assunto corrente. Faz-se uma ou duas perguntas idênticas a um público selecionado de forma aleatória, quase sempre nos centros das cidades, e essas breves citações podem ser usadas como palavras ou idéias-chave (*soundbites*) em reportagens e notícias de televisão e rádio ou como notas em reportagens impressas, muitas vezes acrescentado um aspecto pitoresco ou interessante a uma notícia que, de outro modo, seria enfadonha.

O modo de gravar entrevistas varia de acordo com o tipo de mídia. Os jornalistas de mídia impressa costumam utilizar caracteres abreviados especiais (estenografia), ou seja, de escrita rápida, para registrar comentários, fatos e dados estatísticos essenciais em um bloco de notas; um gravador pode ser usado como "assistente de memória" se o entrevistado permitir. Os radiojornalistas utilizam um gravador portátil e um bloco de notas; repórteres de televisão precisam de um bloco de notas e um cinegrafista. Obviamente, com versatilidade, alguns jornalistas trabalham em mais de um tipo de mídia e uma entrevista pode ser usada para propósitos diversos e em diferentes formatos. Independentemente do formato utilizado, todas as informações devem ser precisas, bem documentadas e mantidas em ambiente seguro para futuras consultas.

A arte de fazer entrevistas para diferentes mídias é abordada em outros capítulos deste livro (Fig. 3.1).

978-85-7241-733-4

Figura 3.1 – Em atividade.

Visitas

As visitas – quer como parte da rotina, como relatórios de tribunais, reuniões da Câmara de Vereadores e entrevistas coletivas, quer como eventos especiais – constituem uma maneira valiosa de se obter informações atualizadas; porém, cada vez mais jornalistas permanecem na redação utilizando fontes eletrônicas de notícias. No entanto, o público ainda espera que haja um jornalista em uma partida de críquete, em uma apresentação teatral, em um concerto popular e em outros eventos a fim de que possam ler ou ouvir o relato de alguém que realmente estava lá e, desse modo, seja capaz de fornecer informações em primeira mão. Da mesma forma, um jornalista enviado para cobrir uma notícia de última hora tem muito mais chances de obter informações cruciais ao falar com testemunhas e observar a situação no local. No caso de uma reportagem muito importante, o repórter pode ter de ficar no local do incidente por horas ou até mesmo dias na esperança de ser o primeiro a obter as novidades e reações mais recentes. As informações obtidas podem ser escritas, gravadas, filmadas, registradas no formato *still-image* (imagem congelada) ou enviadas imediatamente por telefone para a emissora.

978-85-7241-733-4

Aquisição de Material Secundário

A leitura de material de consulta é parte da pesquisa fundamental exigida a fim de verificar informações sobre um assunto que pode servir de base para notícias impressas, de rádio ou televisão. As tarefas rotineiras incluem a leitura de notas à imprensa, material de relações públicas, cartas ao editor, jornais, revistas, atas de reuniões da Câmara de Vereadores e relatórios de tribunais. Verificada a validade das informações, um arquivo de recortes deve ser usado para registrar e armazenar esse material de maneira lógica e facilmente acessível. O local de trabalho deve contar com obras de referência incluindo dicionários e diretórios de mídia, bem como aquelas já mencionadas; caso contrário, a biblioteca local deve conter as mais importantes publicações, bem como arquivos de textos e guias. O jornalismo investigativo pode envolver a busca de assuntos específicos da área industrial e governamental, informações confidenciais e relatórios provenientes de bibliotecas e organizações especializadas. Arquivos de filme, televisão e rádio podem ser fontes valiosas de informações secundárias e trechos de gravações anteriores podem ser obtidos, muitas vezes, mediante pagamento. A Internet constitui, evidentemente, a principal fonte de informações, sendo cada vez mais utilizada como biblioteca internacional de consulta, por meio da qual informações específicas podem ser obtidas e gravadas de diferentes formas, ou ainda impressas. O futuro é, de fato, digital à medida que mais fontes de informações ficam disponíveis ao domínio público, o que tem revolucionado os métodos de pesquisa dos jornalistas que trabalham em todos os setores da mídia.

Atividades Sugeridas

1. Utilizando uma agenda em ordem alfabética, comece a compilar uma "agenda de contatos" de fontes. Desenvolva o seu próprio método de registrar as informações, mas se assegure de que nomes, endereços, telefones e *e-mails* estejam claramente dispostos e anotados.
2. Em sua região, realize uma pesquisa primária individual utilizando métodos diretos, como entrevistas cara a cara e por telefone, e investigação pessoal para registrar em sua agenda de contatos:
   a. Nome e telefone do contato oficial ou porta-voz de:
      (i) Polícia.
      (ii) Bombeiros.
      (iii) Emergência.
      (iv) Hospital.
      (v) Guarda costeira.
   b. Nome, endereço e telefone de:
      (i) Organizações comunitárias e voluntárias e instituições de caridade.
      (ii) Médicos e associações de proteção aos animais.
      (iii) Grupos de pressão.
      (iv) Centros de artes e lazer.
      (v) Escolas, faculdades e universidades.
      (vi) Jornais, revistas, emissoras de rádio e televisão.
      (vii) Organizações religiosas.
      (viii) Tribunais.
      (ix) Membros da Câmara Municipal.
3. Utilizando fontes secundárias, como Internet, bibliotecas, bancos de dados e arquivos, descubra nome, endereço, telefone e *e-mail* de:
   a. Departamentos e agências do governo central.
   b. Departamentos e agências do governo local.
   c. Departamentos de impostos.
   d. Empresas de multimídia.
   e. Órgãos de pesquisa dos meios de comunicação.

4. Foi-lhe solicitado escrever uma reportagem especial para uma revista sobre o uso de plantas geneticamente modificadas na produção de alimentos. Faça uma lista de possíveis fontes que seriam úteis para obtenção de informações sobre o assunto e avalie o valor potencial de cada uma ao planejar a reportagem.
5. Utilize a Internet para encontrar informações sobre número e tipos de emissoras de rádio locais e independentes do Reino Unido.
6. Descreva os métodos que poderiam ser empregados a fim de realizar uma pesquisa para uma reportagem de quatro minutos, para rádio, sobre entretenimento em sua região.
7. Escolha as duas principais matérias de um jornal vespertino de sua região e faça uma lista das possíveis fontes e métodos que o repórter poderia ter utilizado para escrever as matérias.
8. A sua faculdade está interessada em implantar uma emissora de rádio de serviços restritos. Individualmente ou em grupo, investigue a viabilidade desse empreendimento realizando pesquisas primária e secundária e registrando as suas descobertas.
9. Foi-lhe solicitado escrever uma matéria sobre esportes para o boletim (*newsletter*) de sua faculdade/comunidade. Escolha o conteúdo e o enfoque da matéria, que deve ser de interesse imediato ao público-leitor pretendido. Realize uma pesquisa primária e faça uma lista dos métodos utilizados, das pessoas contatadas e das informações obtidas.
10. Tire 12 fotos de sua região, algumas das quais poderá usar posteriormente para ilustrar uma reportagem especial sobre as suas características.

978-85-7241-733-4

FONTES E REFERÊNCIAS

1991 Census General Report Great Britain (1995). London: The Stationery Office.

Abstract of Accounts (annually). London: The Stationery Office.

Berger, A. (1991) *Media Research Techniques*. London: Sage.

Boyd, A. (2001) *Broadcast Journalism - techniques of radio and television news* (5th edition). Oxford: Focal Press.

Chater, K. (2001) *Research for Media Production*. Oxford: Focal Press.

Harris, G. and Spark, D. (1997) *Practical Newspaper Reporting* (3rd edition). Oxford: Focal Press.

Hennessy, B. (1995) *Journalism Workbook: a manual of tasks, projects and resources*. Oxford: Focal Press.

Hoffman, A. (1986) *Research for Writers*. A.C. Black.

Keeble, R. (1998) *The Newspapers Handbook* (2nd edition). London: Routledge. Mishler, E. (1986) *Research Interviewing*. Harvard University Press.

Peak, S. and Fisher, P. (eds) (2002) *The Guardian Media Guide 2002* (10th edition). London: Atlantic Books.

Spack, D. (1996) *A Journalist's Guide to Sources*. Oxford: Focal Press. *The Municipal Year Book* (annually). London: The Stationery Office.

4 Jornais e Revistas

- Introdução
- Entrevista
- Apresentação de textos
- Notícias factuais (*hard news*)
- Notícias mais leves ou produzidas (*soft news*)
- Reportagens especiais
- Resenhas
- Um breve comentário sobre editorial, colunas diárias, esportes e fanzines
- Atividades sugeridas
- Fontes e referências

Introdução

A extensão e os tipos de texto para jornais e revistas são variados a fim de se adaptarem a diferentes contextos, leitores, especialidades, fatores comerciais, controle editorial, propriedade, etc. Um modo de categorizar as atividades de produção textual nas indústrias de jornais e revistas é diferenciar acontecimentos diários dos não-diários. Acontecimentos diários para os repórteres de jornal incluem acompanhar entrevistas coletivas, audiências de tribunais, reuniões de autoridades locais, investigações, eleições, a comunidade, eventos esportivos e atividades culturais. Acontecimentos não-diários ou "notícias de última hora" incluem acidentes, crimes, manifestações e emergências. Acontecimentos diários para jornalistas de revistas incluem acompanhar entrevistas coletivas, exposições, desfiles e lançamentos de produtos.

Outra forma de distinguir a redação de revistas e de jornais é pelos tipos de leitores. Um jornal visa a uma grande quantidade de leitores generalizados e constitui, fundamentalmente, um veículo de notícias e informações atuais. Uma revista semanal, mensal ou trimestral visa a leitores específicos que podem ser definidos por região, interesse, comunidade, sexo, etnia, etc. Contudo, seja qual for a categoria, há uma crescente demanda por inovação ligada à violenta pressão comercial sobre os proprietários de jornais e revistas para competir com publicações rivais. Além disso, nos últimos anos, houve uma profusão sem precedentes na demanda por revistas especializadas, o que resultou no surgimento de publicações fracas que não correspondem às necessidades do mercado e são obrigadas a sair de circulação. O cancelamento de títulos de revistas masculinas em 2001 realçou essa questão.

978-85-7241-733-4

Sob o risco de generalização, os jornais normalmente contêm uma mistura de notícias de última hora e destaques de esportes, finanças, assuntos internacionais, opinião, análises, pesquisas, artigos, etc. As revistas, gerais ou especializadas, abordam muitos desses temas, com exceção das notícias de última hora, com maior inclinação a matérias com fotos, pesquisa de produtos, horóscopo, reflexões, concursos e destaques publicitários. Existe também uma diferença geral na ênfase entre escrever de forma subjetiva para uma revista e escrever com mais objetividade para um jornal. Sue Green, instrutora do curso do Conselho Nacional para o Treinamento de Jornalistas (NCTJ, *National Council for the Training of Journalists*), na cidade de Wolverhampton, tem experiência em ambos os setores e afirma:

> **Escrever para jornais requer mais urgência que escrever para revistas, que em geral são produzidas semanal, quinzenal, mensal ou trimestralmente. Os jornais são também mais oprimidos pelo espaço, ao passo que as revistas permitem trechos mais abrangentes, descritivos e longos.**

Assim, possibilitando a adaptação de diferentes estilos de escrita a diferentes leitores e contextos, este capítulo contemplará uma série de tipos de texto que um jornalista iniciante deve produzir. Serão oferecidas orientações para a produção de todos os tipos de notícias, destaques e resenhas críticas, com breves noções sobre a produção de artigos, itens diários e esportivos. Porém, antes de considerar esses assuntos com detalhes, vale dizer que todo texto depende de pesquisa, e um método-chave para armazenar informações é a realização de entrevistas.

978-85-7241-733-4

Entrevista

Como mencionado no capítulo anterior, entrevistas são a parte principal do cotidiano dos jornalistas e radiodifusores e podem variar desde uma simples pergunta ou *vox-pop* até uma entrevista planejada, longa, com conteúdo e objetivo predeterminados. Este tópico descreve, com mais detalhes, os elementos essenciais e a prática profissional quando se faz uma entrevista *cara a cara* ou por telefone para transcrição para jornais e revistas.

Entrevista Cara a Cara

Preparação adequada é vital para uma entrevista bem-sucedida. O primeiro passo é certificar-se de que:

- Essa é a pessoa mais adequada para o assunto?
- Que tipo de reportagem e enfoque é exigido?
- Qual é o público-alvo?
- Qual é a duração ideal pretendida?
- Qual é o *deadline*?

Estabelecidos esses fatores, pode-se proceder a um planejamento mais detalhado.

O segundo passo é marcar a entrevista com a pessoa escolhida. É preciso certificar-se de que a pessoa a ser entrevistada pode fornecer as informações mais apropriadas acerca do tópico escolhido. Obviamente, se o que se pretende fazer é um perfil da pessoa a ser entrevistada, esse procedimento pode não se aplicar; porém, é frustrante – além de ser um desperdício de tempo – chegar a uma entrevista apenas para descobrir que o entrevistado não é a pessoa mais indicada ou nem mesmo o porta-voz oficial para tratar do assunto. A maioria das organizações oficiais, como sindicatos, serviços de emergência e conselhos de arte, possui profissionais de relações públicas capacitados tanto para dar entrevistas quanto para indicar determinados especialistas de uma organização, os quais podem conceder informações mais precisas. Vale marcar a entrevista diretamente com o entrevistado ou assistente pessoal. Ao telefonar, deve-se utilizar uma abordagem educada, porém profissional, informando nome, cargo e publicação para qual está trabalhando e a natureza da ligação, ou seja, o motivo pelo qual se deseja uma entrevista, o assunto específico e o provável tempo necessário. Se um acordo preliminar for estabelecido, o repórter deve certificar-se de que o tempo e o local são mutuamente aceitáveis, seja no escritório do próprio jornal, o que pode distrair ou até intimidar o entrevistado; no escritório ou na casa da pessoa entrevistada, ou em um ambiente descontraído como um restaurante ou bar. A duração proposta para a entrevista é muito importante se o entrevistado tiver uma agenda cheia, portanto é importante negociar esse fator em uma conversa inicial. Se houver tempo, uma carta formal de confirmação deve ser enviada ao entrevistado.

Evidentemente é bom ter algum conhecimento a respeito do entrevistado e do assunto da entrevista. Se houver tempo, deve-se pesquisar pessoa e assunto. O entrevistado certamente será mais receptivo se perceber que o repórter “sabe o que está falando”. Determinados assuntos, como investigações de acidentes ou incidentes em usinas nucleares, imperícia em instituições financeiras, discriminação no local de trabalho ou falta de equipamentos em hospitais, exigem pesquisa cuidadosa sobre os fatos que levaram a essas situações. A pesquisa pode ser tão básico quanto pedir informações a um colega. Outro funcionário do jornal pode ter tido contato prévio com o futuro entrevistado e o conhecimento disso, em especial com relação à disposição do entrevistado em dar informações e possíveis armadilhas, pode ser inestimável. Outras fontes podem ser recortes arquivados, a biblioteca local, relatórios do governo e até mesmo a revista *Who's Who* se uma a pessoa escolhida para a entrevista for uma celebridade.

É recomendável planejar a abordagem durante a entrevista, sobretudo quanto à preparação de perguntas apropriadas. Alguns jornalistas afirmam que escrever todas as perguntas evita o esquecimento dos detalhes essenciais. Porém, isso pode levar a uma abordagem artificial, em particular se a falta de jeito do repórter com um bloco de notas distrair o entrevistado. É aconselhável considerar o tipo e a profundidade das perguntas antecipadamente, o que pode ser anotado a fim de clarear as idéias para a progressão lógica da entrevista. O passo seguinte é transformar essas perguntas em pontos-chave que determinarão o esboço da entrevista. Contudo, iniciada a

978-85-7241-733-4

entrevista, pode ocorrer uma mudança repentina, sendo imperativo manter a mente aberta e seguir a linha de pensamento à medida que a entrevista evolui, ao invés de apegar-se rigidamente a uma abordagem preestabelecida.

Considerações práticas devem ser a próxima etapa do processo, o que envolve verificar o modo e as rotas de transporte, sobretudo quanto a aspectos que possam prejudicar a locomoção nos centros urbanos, como a hora do *rush*, a existência de obras, a utilização de transporte público e em lugares desconhecidos. O conselho é certificar-se de que há tempo hábil para ser pontual – atrasos sugerem uma atitude não muito profissional. Similarmente, é preciso informar ao editor a hora, o local e a data da entrevista, sobretudo se o repórter for sozinho a um lugar desconhecido. O traje deve ser adequado para a ocasião, mas vale lembrar que *casual* não significa ser desleixado e que não é *de rigueur* usar gravata. O bom senso dita que a primeira impressão é a que fica, portanto é necessário vestir-se bem para ganhar a confiança do entrevistado. O repórter deve levar seu bloco de notas, canetas de reserva e, se permitido pelo entrevistado, um pequeno gravador; além disso, dinheiro ou cartões de crédito, cartões de visita e um telefone celular são úteis em caso de emergência.

Durante a entrevista, a jovialidade inicial serve a um objetivo mais sério. Para esse fim, o repórter deve adotar uma abordagem profissional, apresentando-se, mostrando a publicação que representa e dizendo o motivo da visita e quem deseja encontrar à secretária, recepcionista ou ao segurança. O entrevistado pode estar esperando vários visitantes; outros poderão chegar inesperadamente. De qualquer modo, o repórter deve confirmar que a pessoa que deseja encontrar é aquela que planejou. Isso também se aplica a encontros na casa do entrevistado. Encontros em lugares informais, como restaurantes e bares, podem ser repletos de dificuldades; por isso, vale estabelecer detalhes básicos, como encontrar o entrevistado na recepção ou no saguão.

Seja como ou onde for o primeiro contato, o repórter deve ser agradável, mas não íntimo demais (evitar usar os primeiros nomes, a menos que seja encorajado pelo entrevistado) e adotar postura e comportamento profissionais. Se houver pouco tempo, não há por que "dar voltas"; deve-se lembrar o entrevistado do objetivo da entrevista e conversar com ele, fazendo-o sentir-se à vontade, mostrando interesse em sua resposta, estabelecendo contato visual e, em geral, conduzindo-o de um aspecto ao outro. O uso padrão das seis perguntas clássicas – quem, o que, onde, por que, quando e como – aplica-se à maioria das entrevistas para mídia impressa e de radiodifusão e pode constituir uma estrutura valiosa para a entrevista, porém não é preciso seguir essa seqüência à risca se surgirem outras possibilidades. Deve-se fazer perguntas "abertas" em vez de "fechadas". "Sim" e "não" são respostas que pouco revelam. Da mesma forma, perguntas negativas induzem a uma resposta negativa. Também é aconselhável evitar perguntas que exijam mais de uma resposta. No momento em que o entrevistado respondeu à primeira parte da pergunta, terá esquecido a segunda. O mesmo se aplica a perguntas retóricas, que podem apenas levar a uma resposta curta à medida que se colocam palavras na boca do entrevistado.

Um dos principais problemas em entrevistas é o jornalista não estar preparado para ouvir ou deixar o entrevistado falar muito tempo. Sem dúvida, ele deve interferir caso o entrevistado se disperse, mas informações e citações importantes podem ser obtidas mantendo-se calado nos momentos apropriados. Na verdade, o uso de perguntas pré-escritas geralmente leva o jornalista a se concentrar nelas em detrimento de realmente ouvir o que o entrevistado está dizendo e, assim, seguir a entrevista. É aceitável a prática de deixar perguntas mais abrangentes ou complexas para o fim da entrevista e jamais revelar sua própria opinião ética, política ou social. Alguns entrevistados podem ser mais relutantes em responder certas questões ou adotar abordagem hostil; outros mentem ou ficam em silêncio. O repórter deve estar consciente dessas situações e adaptar suas perguntas de acordo com cada perfil, possivelmente retornando mais tarde para a área específica de discussão. É normal terminar a entrevista perguntando ao entrevistado se há alguma outra informação que ele gostaria de passar sobre uma questão específica; isso pode levar a informações desejadas desde a preparação da entrevista.

O modo aceitável de registrar informações em uma entrevista cara a cara para jornais é pelo bloco de notas, utilizando taquigrafia ou escrita rápida, a menos que o entrevistado permita o uso de gravador. É importante observar que o NCTJ ainda exige que os *trainees* atinjam 100 palavras por minuto na taquigrafia, o que é essencial para o relatório de seções em tribunais e reuniões de conselho, embora muitos jornalistas das indústrias não sigam essa determinação e confiem em sua própria forma de taquigrafia. É aconselhável cautela na utilização do bloco de notas a fim de não antagonizar o entrevistado nem perder o interesse pela conversa. Porém, é essencial anotar fatos importantes e citações textuais e, antes de ir embora, verificar com o entrevistado se as informações registradas estão corretas, em especial com relação a questões legais e éticas. Ao fim da entrevista, é muito importante agradecer o entrevistado pelas informações obtidas, deixando cartão de visita ou, ao menos, telefone para contato ou *e-mail*. Por fim, uma carta de "agradecimento" não criará problemas na medida em que, no futuro, possa ser necessário entrar em contato com essa pessoa novamente.

Entrevista por Telefone

Assim como na entrevista cara a cara, é vital certificar-se de que as instruções sejam claramente entendidas, embora, na maioria dos casos, elas não sejam escritas em virtude da natureza informal e das pressões de trabalho nas redações. Numa situação de treinamento, as instruções serão razoavelmente bem documentadas com informações como *deadlines*, formas de apresentação e estilo do texto exigido. Os preparativos para uma entrevista por telefone são muito parecidos com os de uma entrevista *cara a cara* em termos de pesquisa e planejamento. Contudo, certas dificuldades podem surgir na realização da entrevista. Obviamente, uma entrevista *cara a cara*, como o termo sugere, possibilita julgar a reação do entrevistado com base em postura, expressões faciais, reações e gestos. Isso não é possível pelo

978-85-7241-733-4

telefone, uma vez que a entonação, a voz e, possivelmente, longos silêncios ou gaguejos do entrevistado são os únicos indícios para obter informações adicionais. Deve-se tentar contatar a pessoa em uma hora apropriada do dia: nem no início da manhã nem no final da tarde, em especial quando se sabe, a partir de pesquisa prévia, que o entrevistado tem uma agenda muito cheia. Por exemplo, caso se deseje entrar em contato com um professor para falar sobre um assunto educacional, seria sensato descobrir os horários de intervalo entre as aulas e tentar contatá-lo nesses horários. Da mesma forma, a menos que haja permissão, é desaconselhável contatar alguém muito tarde da noite. Uma última observação sobre preparação é que, em razão da necessidade de a entrevista ser concisa e precisa, é útil preparar as perguntas com cautela e, possivelmente, escrevê-las em ordem lógica (as seis perguntas clássicas podem ser usadas). Isso não significa apegar-se rigidamente a elas logo no início da conversa, mas ajudará a refrescar a memória no decorrer da entrevista e possibilitar um *check list* à medida que ela chegue ao fim.

É essencial que o jornalista diga seu nome, a empresa para a qual trabalha e o objetivo da entrevista de forma clara e cortez, antes de fazer a primeira pergunta. Depois disso, ele deve fazer perguntas lógicas e investigativas a fim de obter as informações desejadas. Se algumas respostas parecerem vagas, deve-se adotar abordagem menos direta ou retornar mais tarde para o ponto em questão, quando o entrevistado estiver descontraído e adaptado ao seu estilo de questionamento. Porém, é necessário cuidado ao fazer observações impertinentes ou interpretar mal um comentário aparentemente espontâneo, que pode ser propositalmente enganoso ou não intencional. Como já mencionado, pode não ser possível ver a reação da pessoa, portanto é preciso tentar avaliar a resposta a partir da entonação de sua voz e ajustar seu tom e dicção para superar a impessoalidade da situação. Vale lembrar que algumas pessoas são reticentes ao telefone, sobretudo ao falar com desconhecidos; assim, o jornalista deve adotar uma atitude que as deixe à vontade enquanto mantém uma postura inquiridora. Levantar-se, fazer gestos e expressões faciais podem auxiliar no processo de comunicação. Seja qual for a postura adotada, é essencial falar com clareza e lógica; fazer rodeios ou evitar o assunto logo deixará o entrevistado contrariado. De modo similar, a menos que o escritório esteja equipado com fones de ouvido conectados ao telefone, o repórter deve certificar-se de falar no bocal do telefone mesmo que tenha de digitar as respostas ou fazer anotações. Próximo ao fim da entrevista, é imperativo verificar todas as informações com atenção, incluindo ortografia, e perguntar ao entrevistado se pode contatá-lo novamente se precisar de outras informações. Sempre se deve agradecer pela atenção.

Apresentação de Textos

Seja qual for o tipo de texto exigido, os *trainees* devem estar conscientes da necessidade de definir um estilo de apresentação de textos em seu trabalho. Nas redações modernas, os textos são digitados diretamente no computador e enviados para os subeditores. Sendo assim, há controvérsias quanto à utilização de normas para a apresentação dos textos. Como regra geral, os jornalistas salvam o texto no computador com o nome do autor, seja ele posteriormente utilizado ou não. Os *catchlines* ainda são exigidos: um artigo denominado "43" não tem relevância para o editor; porém, um artigo com o *catchline* "Morte em rodovia" certamente terá. Os termos "continua" e "fim" não são usados, visto que o editor pode ver claramente onde o texto continua e onde termina. Muito depende do estilo e das práticas de trabalho da empresa. Porém, especialmente em situações de treinamento, em que o texto precisa ser impresso para ser avaliado, ainda é desejável seguir as regras básicas que a indústria e os órgãos de treinamento e qualificação aceitam. Nesses casos, aplicam-se as instruções a seguir:

- Utilizar apenas um lado de uma folha A4.
- Configurar o texto com espaçamento duplo.
- Deixar margem de 3,5 a 4,5cm tanto à esquerda quanto à direita do texto.
- Na primeira página, identificar autor, nome e data da publicação e um *catchline* de uma ou duas palavras que identifique a matéria de forma clara, como:

Barry Evans   Haven Times   21 de julho de 2001   Demolição da arena

O *cachline* deve ser específico para a matéria. Palavras genéricas e isoladas como "fogo", "acidente" e "crime" devem ser evitadas.

- O *catchline* é então repetido em cada página seguinte com um número consecutivo.
- Cada página, exceto a última, deve conter o termo "continua" centralizado na parte inferior.
- A última folha deve conter o termo "fim" centralizado na parte inferior e o número total de palavras da matéria.
- Se houver mais textos a seguir, em uma etapa posterior, a última página deve conter o termo "continua a seguir" centralizado na parte inferior.
- Se surgir algum fato recente e importante, o repórter pode "remodelar" o texto, escrevendo uma nova introdução. O *catchline* numerado desse material deve ser precedido pelas palavras "novo *lead*".
- No caso de nomes que têm ortografia similar, como "Jayne" e "Jane", a fim de auxiliar o subeditor, acrescentar "correto" entre parênteses depois do nome, para indicar que ele foi conferido e que essa é a forma correta de escrevê-lo.
- Os parágrafos não devem ser recuados, mas sim claramente delineados por linhas em branco e não continuar por páginas.

Notícias Factuais (*Hard News*)

A maioria dos acontecimentos diários, como fatos políticos, reuniões de conselho, julgamentos e eventos comunitários, pode ser considerada fonte

978-85-7241-733-4

978-85-7241-733-4

de notícias factuais (*hard news*). Da mesma forma, acidentes, crimes e emergências provêem material imediato para *hard news*. Seja qual for a fonte, o jornalista deve considerar o ângulo da reportagem a fim de melhor retratar os fatos para seu público-alvo. Notícias são sobre pessoas e o ângulo humano costuma ser a melhor maneira de introduzi-las. Se houve um grande incêndio em uma escola local, o primeiro pensamento dos leitores será se algum aluno ou funcionário sofreu ferimentos, e não sobre o estado da escola. Para esse fim, o repórter deve iniciar sua reportagem com:

Dois professores e cinco crianças ficaram gravemente feridos em um incêndio na Eaststoke School pela manhã...

O fato de duas salas de aula e o refeitório terem sido devastados pelo fogo é de importância secundária.

Estabelecido o ângulo, o repórter pode concentrar-se na construção da reportagem. A maioria dos leitores passa os olhos pelas páginas brevemente; por isso, é de suma importância que o início do parágrafo prenda a sua atenção para que desejem continuar lendo. As seguintes orientações básicas aplicam-se à elaboração da maioria das introduções.

Deve-se:

- Manter a extensão de 30 a 40 palavras. Dividir a introdução em dois períodos a fim de propiciar clareza e causar impacto.
- Utilizar linguagem vigorosa e direta a fim de enfatizar a urgência e prender o interesse do leitor.
- Fornecer um resumo claro e preciso dos pontos mais importantes; um teste básico é perguntar se esse texto poderia ser utilizado, de forma independente, na seção "em resumo".
- Utilizar declarações positivas em vez de negativas.

Não se deve:

- Começar com uma citação, a menos que o declarante seja bastante conhecido, como o Presidente.
- Iniciar com um algarismo ou numeral – escrever o número por extenso.
- Utilizar verbos comuns como "havia/existiam" e "há/existem".

A maioria das notícias utiliza a fórmula-padrão das seis perguntas clássicas (quem, o que, onde, quando, por que, como); no entanto, nem sempre é possível ou desejável tentar incluir todos esses elementos na introdução. Os leitores podem ficar confusos se tantas informações e fatos forem fornecidos na primeira oração. A introdução a seguir ilustra isso:

Ladrões roubaram a caixa de coletas da Igreja St. Jude, em Westport, no final de semana.

Isso apenas responde às perguntas quem, o que, onde e quando, porém fornece informações suficientes para estimular a leitura da reportagem a fim de determinar como e, possivelmente, por que o incidente ocorreu. Nesse exemplo, a especificação da igreja e da cidade seria especialmente importante para um leitor local. Entretanto, o que se segue, embora atraia o leitor pela linguagem, não é tão preciso quanto o exemplo anterior e requer explicações adicionais:

Um padeiro socorreu um bêbado desordeiro que causou destruição em uma balsa ontem.

Uma boa introdução iluminará os pensamentos de um repórter ao analisar os fatos mais importantes e impactantes da notícia. O restante da matéria deverá seguir um padrão lógico e fluente. A ordem das informações em uma notícia segue, tradicionalmente, o que é conhecido como Pirâmide Invertida (Fig. 4.1), em que os pontos mais importantes da reportagem, levando em consideração o ponto de vista do autor, estão no início e as informações de importância gradualmente decrescente apresentam-se nos parágrafos subseqüentes. Isso permite ao subeditor "cortar" o texto na parte final caso o espaço seja pequeno, sem perder os fatos mais importantes.

Assim, a construção básica de uma reportagem seria:

- *Introdução*: resumo dos principais pontos da matéria.
- *Explanação*: continuação do resumo da introdução, fornecendo informações mais detalhadas sobrc os participantes, descrição das circunstâncias do acontecimento, o ângulo local, etc.
- *Amplificação*: elaboração de cada um dos pontos fornecidos nas duas primeiras partes, com informações mais abrangentes, citações, relatos de testemunhas, etc.
- *Conclusão*: desfecho da matéria.

978-85-7241-733-4

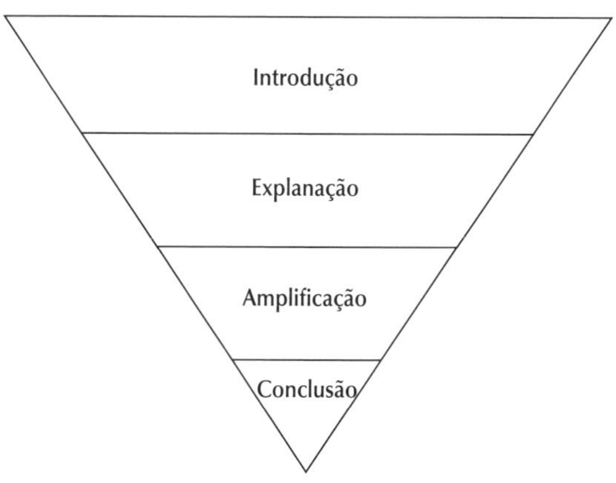

Figura 4.1 – Pirâmide invertida.

O seguinte exemplo de uma notícia factual, proveniente de um jornal regional, reflete essa estrutura básica:

> por Steve Bone
>
> The News
>
> UMA GRANDE oferta de empregos está por vir após a aprovação de um projeto para injetar vida nova a um antigo quartel do Ministério da Defesa. Os conselheiros aprovaram o projeto de 10 milhões de libras esterlinas da Fairview New Homes a fim de transformar St. George Barracks South em Gosport. Porém, há oposição por parte de conselheiros do Trabalho, os quais afirmam que a cidade poderia conseguir acordo melhor.
> A Fairview espera iniciar o trabalho antes do Natal em um programa de dois anos para preservar e converter os prédios alistados no terreno do quartel e construir novos blocos de apartamentos para criar 167 moradias e mais de 2.000 escritórios. Construções públicas para grupos como Gosport Voluntary Action e Citizen's Advice Bureau estão também projetadas e o novo centro da cidade acomodará cerca de 200 empregos.
> O conselheiro do Partido Conservador, Aleck (correto) Hayward, depois que a comissão de planejamento e transporte que ele preside aprovou o projeto, afirmou: "Este é um projeto muito importante para Gosport. No momento, é um lugar morto, mas esse projeto trará pessoas e empregos".
> As críticas dos trabalhadores ao projeto estão centradas na quantidade de moradias que seriam destinadas ao conselho e à associação dos arrendatários, além do espaço para uso da comunidade.
> O conselheiro do trabalho da cidade, Mark Smith, disse que esperava que o *design* do projeto fosse melhor, incluindo um consultório médico e mais moradias sociais. Porém, conselheiros conservadores afirmam que eles empurraram os patrocinadores o mais longe possível e os liberais democratas votaram com eles para ver através dos planos.
> Após o encontro, Gavin Maber, coordenador do projeto da Fairview, declarou: "Estou encantado, o projeto foi aprovado e estamos seguindo adiante para dar-lhe continuidade. Se ele tivesse sido derrubado, eu teria apelado imediatamente e continuaria confiante na vitória".
> As construções a serem conservadas incluem o quartel e o hospital, para moradias e ginásio de esportes, além da sala dos sargentos e da capela para uso dos funcionários e da comunidade, com a possibilidade de instalações de lazer.

Podem existir variações nessa estrutura; no entanto, como notícia local direta com informações, dados e citações adequados, essa fórmula funciona bem. Observe também a marcação na ortografia correta do nome do conselheiro conservador.

A estrutura de uma notícia é importante; porém, muitos outros fatores, incluindo estilo de linguagem e convenções jornalísticas, são igualmente importantes na produção de um texto legível, instigante, eficaz e exato. Vale prestar atenção nas orientações a seguir.

Deve-se:

- Manter o texto o mais conciso possível, incluindo todos os fatos principais. A extensão da matéria deve ser apropriada ao resumo, leitor, *deadline*, espaço disponível da publicação, etc.
- Escrever de modo conciso – usar uma palavra em vez de duas ou mais – por exemplo, "atrasou" é preferível a "passou do horário"; "muitos(as)" a "grande quantidade de", etc.
- Escrever com clareza e evitar ambigüidade.
- Elaborar parágrafos curtos – 45 a 50 palavras são suficientes.
- Manter ordem lógica e progressão unindo os vários elementos com conjunções como "porém", "embora", "mas", etc., em vez de utilizar sempre orações independentes, que impedem qualquer conexão com a frase anterior ou a seguinte. Tente manter um ritmo por todo o texto.
- Verificar a ortografia e a forma correta das palavras quando utilizar palavras de pronúncia similar que têm diferentes significados, como "comprimento" e "cumprimento", "princípio" e "principal", "alusão" e "ilusão", "descrição" e "discrição", etc.
- Usar citações para reforçar fatos e ilustrar o texto – elas podem ser diretas, indiretas ou atribuídas. No exemplo anterior, há uma citação direta:

> Após o encontro, Gavin Maber, coordenador do projeto da Fairview, declarou: "Estou encantado, o projeto foi aprovado e estamos seguindo adiante para dar-lhe continuidade. Se ele tivesse sido derrubado, eu teria apelado imediatamente e continuaria confiante na vitória".

978-85-7241-733-4

No mesmo texto, o aparece a citação indireta:

> O conselheiro do trabalho da cidade, Mark Smith, disse que esperava que o design do projeto fosse melhor, incluindo um consultório médico e mais moradias sociais.

Alternativas para "disse" poderiam ser "declarou", "afirmou", "enfatizou", etc. Citações atribuídas refletindo a opinião do falante são, às vezes, utilizadas na introdução de um texto, como no exemplo:

> "Crianças inglesas obcecadas por Internet ou jogos de computador têm carência de atividades físicas básicas", afirmou ontem Mike Smith, professor de educação física da Westport Secondary School.

Não se deve:

- Escrever períodos longos e densos – os leitores perderão o interesse se houver muitas orações subordinadas em um período.
- Utilizar jargões, especialmente de terminologia especializada de profissões específicas, como engenharia. O leitor não-técnico precisará de uma explicação desses termos no texto.

- Usar clichês de quaisquer formas possíveis – embora os jornais façam sucesso com eles, sobretudo ao falar de esportes, guerras, política, etc., eles rapidamente saem de moda e podem se vulgarizar ao extremo.
- Empregar adjetivos desnecessários ou usados em excesso, como "brutal", "trágico", "único", "inacreditável", etc.

Concluída a matéria, é importante lê-la do começo ao fim e verificar toda a estrutura, o conteúdo e o estilo do texto. Faça as seguintes perguntas:

Estrutura:

- A introdução fornece os principais pontos da notícia? Em caso afirmativo, ela poderia ser publicada sozinha como uma "notícia em resumo"?
- A introdução fornece as partes mais importantes ou mais interessantes da matéria a ponto de atrair a atenção do leitor?
- O corpo principal da matéria amplifica e explica os pontos principais da introdução em ordem de importância?
- A matéria respondeu as seis perguntas clássicas?
- Todas as partes foram ligadas?
- Ambos os lados de uma questão potencialmente controversa foram fornecidos de modo objetivo?
- O texto reúne o número necessário de palavras como especificado no resumo?

Conteúdo e estilo:

- O conteúdo está realmente correto, apegando-se aos detalhes?
- O conteúdo é legalmente "seguro"? (Ver Cap. 13, sobre Legislação do Jornalismo).
- O conteúdo e o estilo estão destinados ao público-alvo e estabelecem relação com o leitor potencial?
- O texto está ordenado e conciso, com o máximo de fatos e o mínimo de material dispensável?
- A linguagem está clara e sem ambigüidade, com pouco uso de gírias, jargões e clichês?
- Se citações são utilizadas, elas são exatas e estão corretamente atribuídas e pertinentes à matéria?
- A pontuação, a ortografia e a gramática foram checadas e corrigidas?
- O conteúdo apresenta conotações éticas, políticas ou sociais que podem tornar o texto tendencioso?

Notícias Mais Leves ou Produzidas (*Soft News*)

Pode-se dizer que todas as notícias são sobre pessoas; porém, neste contexto de interesse humano ou "notícias leves" (notícias produzidas), as matérias podem ser definidas como as pessoas por trás das notícias. As matérias de interesse humano dos tablóides geralmente giram em torno de escândalos e exageros de celebridades, mas muitas reportagens "agradáveis" são encontradas nos jornais locais. Estas podem incluir superação de adversidades pessoais, perfil de pessoas que contribuem para causas sociais, mudanças no estilo de vida dos ganhadores da loteria, divulgação de um santuário animal que necessita de auxílio financeiro, cursos de treinamento no exército, descrição do dia-a-dia de um criador de ovelhas nas colinas Welsh, etc. A maioria das matérias de interesse humano surge a partir de uma notícia, porém propicia investigações adicionais e opiniões com ênfase em citações dos participantes. O texto a seguir é um exemplo desse tipo de matéria:

por Steve Bone

The News

Para a marinheira Tonya Howard, a atmosfera de uma fazenda é um mundo distante de sua vida normal no mar, a bordo do imponente navio USS Winston S Churchill. Porém, agora a americana, de Ohio, foi adotada como mascote pela fazenda urbana Felicia Park em Gosport.

Sue Hitchman, que gerencia Felicia Park, respondeu a uma entrevista do The News à frente do Festival Internacional do Mar, no qual a tripulação do USS Winston S Churchill solicitou à população local que lhe mostrasse a região. Sue convidou um marinheiro que se interessasse por animais para visitar sua fazenda – e ficou encantada quando a jovem Tonya Howard, de 19 anos, chegou.

Tonya, uma técnica em eletrônica de guerra a bordo do Churchill, passeou com os cavalos da Felicia Park e conheceu seus funcionários – e contou-lhes sobre o haras de seus pais. Sue disse: "Ela achou Felicia Park linda e afirmou que não havia nada assim na América. Ela adora cavalos e sentiu-se em casa aqui. Ela cresceu com cavalos e sabe como tratá-los. Eu também a apresentei ao restante da minha família de quatro patas".

Tonya, que convidou Sue para visitar o haras de seus pais, contou ao The News que sua viagem ao santuário ajudou a tornar sua estada na região, durante o final de semana do festival, muito especial: "Nós tínhamos uma lista de pessoas de fora na cidade que queriam adotar um marinheiro por um dia. Fiquei sabendo que ela tinha cavalos e então pensei que poderia aproveitar isso. As pessoas de lá são muito agradáveis. Eu curti essa experiência principalmente porque estava cercada por cavalos e outros animais. Foi um lugar relaxante para se estar", disse ela.

Agora que Sue e Tonya se conheceram, ambas esperam que sua amizade seja duradoura e elas devem visitar uma à outra quando o tempo e o dinheiro permitirem.

Tonya, que também comentou que ela e seus 350 colegas de bordo apreciaram o Festival Internacional do Mar, disse: "Eu adoraria voltar e até mesmo trazer meus pais e amigos. Todos são sempre bem-vindos à fazenda da minha família".

978-85-7241-733-4

Reportagens Especiais

Escrever reportagens especiais costuma ser visto pelo jornalista novato como uma forma de se libertar das restrições estruturais e estilísticas das notícias factuais, permitindo muito mais liberdade de pensamento e opiniões. No entanto, é importante que o jornalista compreenda os fundamentos da produção de notícias factuais antes de passar para a produção de reportagens especiais, que requerem sensibilidade aguçada e uso cauteloso dos fatos em conjunto com uma pesquisa aprofundada. Muitos *trainees* pensam que, por ampliarem o tamanho do texto, estão construindo uma boa reportagem especial. Isso não costuma acontecer; escrever em excesso pode levar a reportagens vagas e desorganizadas que confundem o leitor e, por fim, perdem seu interesse. De certa forma, as diferenças entre escrever notícias factuais e reportagens especiais não são muito grandes. Uma das principais diferenças é a questão da urgência. Em geral, as reportagens especiais são categorizadas como atuais ou de entretenimento. As primeiras estão relacionadas com acontecimentos e são calcadas em informações adicionais ou explicações. As últimas incluem viagens, esportes, *hobbies*, interesses gerais ou específicos, perfis, etc. Como já mencionado, as notícias factuais costumam ser vistas rapidamente pelo leitor, daí a necessidade de uma introdução clara e concisa que apresente os fatos mais importantes. Uma reportagem especial permite leitura mais atenta e vagarosa depois que os artigos mais curtos foram assimilados. Este tópico explorará o conteúdo e o estilo de diferentes modelos de reportagens especiais vistos em jornais e revistas; antes disso, contudo, seguem-se alguns conceitos da estrutura de uma reportagem especial.

Estrutura

De muitas maneiras, uma reportagem especial seguirá as convenções utilizadas na produção de uma notícia, como introdução precisa e concisa, seguida de explicação e elaboração. Portanto, até certo ponto, o modelo da Pirâmide Invertida pode ser utilizado no desenvolvimento do texto. A diferença é que uma reportagem especial pode conter conceitos, comentários e opiniões que possibilitam ao autor explorar as questões levantadas pela notícia de forma mais criativa. Além disso, o ponto narrativo de uma reportagem pode aparecer no parágrafo final, contradizendo a idéia de o editor cortar a última parte. Em geral, reportagens de entretenimento não seguem a fórmula das notícias factuais, mas devem ter início, meio e fim que conduzam a um fluxo lógico de informações, comentários, ilustrações e referências, mantendo assim o interesse do leitor. No entanto, a introdução de uma reportagem especial deve imediatamente capturar a atenção do leitor com uma linguagem criativa e vigorosa, utilizando uma variedade de técnicas. Essas técnicas incluem relacionar o artigo a um acontecimento recente; iniciar com uma citação surpreendente de alguma autoridade; tecer uma observação pessoal sobre um assunto, uma pessoa ou um lugar; criar uma atmosfera em torno

978-85-7241-733-4

de um lugar, pessoa ou situação; apresentar uma pergunta ao leitor; ser deliberadamente provocativo a fim de despertar a sensibilidade do leitor, ou utilizar fatos ou estatísticas para chocá-lo ou surpreendê-lo. O corpo principal deve conter amplificação, um resumo dos fatos e estatísticas, informações básicas, opinião, discussão, debate e citações. Além disso, as conclusões podem ser delineadas à medida que o texto avança e não ser deixadas para o fim. O estilo de escrita deve refletir a natureza do assunto e do leitor, porém deve ser coerente, fluir livremente em uma progressão lógica que leve o leitor a vários pontos da narrativa, sem confundi-lo ou sobrecarregá-lo com fatos e números que prejudiquem o objetivo do texto. Conforme observado nas notícias factuais, é importante ligar os parágrafos com palavras e orações adequadas para manter a continuidade de pensamento e idéias. O(s) parágrafo(s) concludente(s) deve(m) amarrar o texto inteiro; porém, ao contrário das notícias, deve(m) ser tão significativo(s) quanto a introdução. É importante finalizar com uma observação e dar ao leitor a impressão de que o artigo foi convincente, atingiu seu objetivo e, de algum modo, inspirou um curso de ação ou resposta. Métodos tradicionais para concluir uma reportagem especial incluem resumir os pontos principais do texto a fim de esclarecer as questões abordadas; provocar reações ao declarar uma opinião controversa ou utilizar uma citação provocativa; olhar para o futuro; deixar a situação fluir propondo uma questão aberta que estimule mais debates e hipóteses. Seja qual for o método utilizado, a conclusão deve fazer com que o leitor se sinta satisfeito e que o objetivo, conteúdo e estilo do texto façam com que sua leitura valha a pena.

978-85-7241-733-4

Artigos

Um artigo deve, por natureza, ser atual e relacionado com algum aspecto das notícias correntes. Deve fornecer informações adicionais expandindo as questões principais, satisfazer a curiosidade do leitor, avaliar questões conflitantes e permitir que opiniões sejam expressas. Os artigos tendem a abordar questões econômicas, políticas, sociais e ambientais. Nem sempre estão relacionados a notícias de última hora, mas sim voltados a assuntos atuais e pessoas: a situação financeira do serviço nacional de saúde, o declínio das estradas de ferro, os perigos de longas viagens aéreas. Qualquer que seja o assunto, é essencial encontrar os fatos e estatísticas mais recentes antes de expressar opiniões controversas ou críticas.

Reportagens Investigativas

Uma reportagem investigativa procura encontrar informações sobre um acontecimento que pode não estar evidente ao público, mas levar a revelações que uma organização ou as pessoas envolvidas não queiram divulgar. Como tal, apresenta uma abordagem mais aprofundada das notícias e está geralmente relacionada com campanhas por proteção aos direitos das pessoas contra indivíduos, organizações ou autoridades. Um exemplo típico seria uma campanha pela indenização de trabalhadores de um antigo estaleiro que sofrem com os efeitos da asbestose, que eles contraíram enquanto consertavam as caldeiras de navios. As autoridades devem ter acobertado a situação por vários anos, mas uma investigação minuciosa do jornal pode ter encontrado evidências de negligência, o que seria então publicado em apoio às vítimas. Com esse tipo de reportagem é essencial verificar que todos os fatos, entrevistas e relatos de testemunhas sejam exatos e válidos. De forma similar, é necessário diferenciar fatos e opiniões e atribuir as opiniões às pessoas que as expressam. Se alegações são feitas contra uma pessoa ou organização, é justo permitir-lhes o direito de resposta. Por fim, a decisão de publicar uma reportagem será do editor, que deve medir o valor da investigação contra possíveis ações legais provenientes da pessoa ou organização. O principal objetivo é produzir uma reportagem justa, exata, equilibrada, imparcial e informativa, que seja de interesse público.

Reportagens sobre Pessoas

As notícias referem-se principalmente a pessoas; assim, reportagens sobre pessoas ou perfis de celebridades capturam a imaginação do leitor. Os leitores ficam fascinados pela personalidade por trás da imagem pública. Por que Cher é obcecada por cirurgia plástica? O que leva David Beckham a ter tatuagens em quase todo o corpo? Margaret Thatcher era mesmo a "Dama de Ferro"? É claro que os perfis não estão restritos a celebridades nacionais. O perfil de um comerciante que possui lojas no mesmo local há mais de 50 anos ou de um estudante que viaja de carona pelo mundo todo seriam de grande interesse para os leitores de um jornal regional. Os perfis utilizam diversos formatos. Um deles é a entrevista direta, na qual o entrevistado pode revelar fatos anteriormente desconhecidos sobre sua personalidade e crenças. Da mesma forma, se eles apóiam alguma causa ambiental ou social, a entrevista lhes dá a chance de expor seus pontos de vista, explicar por que a apóiam e qual sua contribuição para ela. Às vezes, o perfil pode se concentrar em um aspecto pouco conhecido de sua vida, como o desenvolvimento de um jardim submerso ou sua paixão por sapatos. Cada vez mais, os perfis de celebridades buscam oferecer um *insight* de sua vida pessoal, geralmente realçando indecências ou inclinações sexuais; no entanto, sexo vende e uma foto colorida de meia página na capa de um jornal certamente estimula os leitores a comprá-lo e ler a "reportagem inteira". Perfis mais extensos e aprofundados podem incluir fatos e números detalhados, citações extensas, uma história de vida "condensada" e uma avaliação ponderada do trabalho e das realizações da pessoa. Evidentemente, em alguns casos a reportagem pode ser escrita pelo próprio jornalista, refletindo sobre vários aspectos de sua própria vida, como trauma de mudar de casa, influência de parentes, comprar os restos de um carro ou outros assuntos excêntricos. A atriz e escritora Maureen Lipman escreveu muitos textos, para deleite dos leitores. Independentemente do estilo e conteúdo, as reportagens sobre pessoas são uma parte cada vez mais importante dos jornais e revistas modernos.

978-85-7241-733-4

Reportagens sobre Viagens

A sempre crescente demanda por férias no exterior, sobretudo para lugares remotos, gerou uma infinidade de artigos e informações sobre viagens em jornais, suplementos, revistas, rádio e televisão. Existe até perigo de *overdose*, com vários repórteres descrevendo os mesmos lugares *ad nauseum*. De fato, com a atitude do público de ter "estado lá, visto isso, feito aquilo", está cada vez mais difícil para um jornalista escrever um texto com novidades. A habilidade está em tentar encontrar e desenvolver um novo ângulo que possa surgir de necessidades pessoais, métodos incomuns de viagens, situações de perigo, nostalgia, etc. Determinadas reportagens sobre viagens em suplementos de final de semana tendem a seguir um padrão determinado, com introdução geral acerca de um país seguida de informações sobre diferentes *resorts*, pontos turísticos, situação das praias, acessibilidade, transporte e, inevitavelmente, custos com alimentação, acomodação e entretenimento. Tais reportagens são facilmente reconhecidas pelos leitores e fornecem uma descrição útil de estilos específicos de viagens. Contudo, reportagens mais aprofundadas sobre viagens a lugares remotos utilizando meios de transporte básicos serão atraentes para um leitor mais perspicaz que, embora nunca tenha planejado esse tipo de viagem, está fascinado pela idéia. A arte de escrever esse tipo de reportagem é empregar linguagem evocativa, utilizando a visão, a audição e o olfato. Compare os seguintes parágrafos introdutórios:

> Túnis, a capital da Tunísia, está situada no norte do país e é uma cidade moderna e agitada.
>
> O aroma de condimentos exóticos – cardamomo, gengibre, coentro – mistura-se ao inebriante perfume de jasmim, almíscar, rosa e sândalo. O incessante som do pechinchar, perguntar, comprar e vender completa os vívidos tons de lilás, dourado e vermelho das roupas e louças à venda. Há uma sensação de *frisson* e intriga nas ruas alegremente iluminadas e estreitas, que levam a vilas menores e mais escuras. Esta é a Medina em Túnis, capital da Tunísia.

A primeira introdução segue o estilo da notícia factual e falharia em prender a atenção dos leitores. O segundo exemplo, utilizando um foco pessoal, tenta retratar a atmosfera da Medina para que o leitor deseje continuar a ler e explorar o texto. O leitor foi atraído para o texto por meio do uso criativo da linguagem. Detalhes sobre acomodação, taxa de câmbio e transporte público podem vir depois. Quem desejar escrever sobre viagens deve sempre carregar um diário, tirar fotos, fazer gravações, em áudio e vídeo, de pessoas, conversas e lugares, e acima de tudo "sentir" a atmosfera do lugar. Pesquisas em livrarias, guias, na Internet e em publicações oficiais fornecerão os dados e números necessários para servir de apoio à criatividade do texto.

978-85-7241-733-4

Reportagens Ilustrativas

O impacto das imagens na mente dos leitores não pode ser subestimado. As imagens dramáticas e chocantes do ataque terrorista ao World Trade Center, em Nova York, em setembro de 2001, foram muito mais influentes na formação da opinião pública do que qualquer palavra. Reportagens ilustrativas subseqüentes utilizaram várias imagens do momento do impacto, do colapso das duas torres, do caos que se seguiu e das tentativas de resgate aliadas ao depoimento de várias testemunhas, curiosidades, entrevistas com oficiais dos serviços de emergência e do governo e à reação mundial. Na verdade, as imagens costumam modelar o conteúdo e o estilo das reportagens. De forma similar, a maioria das revistas, sejam de interesse geral ou especializadas, conta com as ilustrações para complementar o texto e vender a publicação. Revistas de esportes e boa forma, culinária, jardinagem, viagens e turismo valem-se de reportagens ilustrativas para produzir bons resultados. O termo "ilustrações" também se aplica a gráficos, mapas e tabelas utilizados para explicar e "colorir" informações estatísticas. Ilustrações podem ser obtidas tanto de agências de imagens, produzidas pela própria empresa, encomendadas a *freelancers*, quanto de *friebies* de empresas comerciais, departamentos do governo e de agências ou particulares. É claro que alguns jornalistas são competentes para tirar suas próprias fotos e, se elas tiverem boa qualidade para impressão, fornecerão uma fonte de material de primeira mão. A máxima de todos os redatores é sempre ter uma câmera em mãos ao realizar pesquisa para um artigo.

978-85-7241-733-4

Informes Publicitários

Os informes publicitários são comuns em revistas e jornais, especialmente em periódicos gratuitos e suplementos especiais com títulos como "Casamentos", "Restaurantes" ou "Volta às Aulas". Podem ser definidos como um bloco de texto que combina o estilo editorial com o objetivo de promover produtos, lugares ou eventos. Para isso, o texto deve ser projetado em estilo jornalístico, mas evidenciando que possui fins publicitários. Além disso, a agência de relações públicas ou o cliente pagará pelo bloco ou pelo menos pelo anúncio que o acompanha. Isto pode algumas vezes levar a um conflito entre os departamentos editorial e publicitário ou quem realmente escreve o texto. Às vezes, o bloco é escrito pela agência de publicidade, por redatores especializados em relações públicas ou pelo departamento de publicidade e propaganda do próprio jornal ou revista; isso é mais comum em publicações maiores. Muitas vezes, em revistas locais, jornais ou periódicos gratuitos, pode-se solicitar que um jornalista escreva esse tipo de texto. Seja qual for a fórmula, deve-se enfatizar que o editor é o responsável final pela inclusão do texto na publicação. O conteúdo do informe publicitário sempre vai realçar os elementos positivos do produto, lugar ou evento. Procurará atrair o leitor com uma introdução vigorosa, utilizando linguagem comunicativa antes de intensificar e explicar os benefícios do produto, lugar ou evento. O texto deve também conter informações suficientes e exatas referentes a preços, disponibilidade, locais, datas, horários, etc. Freqüentemente, em informes publicitários sobre restaurantes, o jornalista relatará em primeira mão sua visita ao estabelecimento, fazendo comentários sobre localização, ambiente, decoração, qualidade da comida, variedade do *menu*, serviços e valores. Normalmente há uma foto do interior ou da fachada do restaurante associada a um anúncio, que fornece detalhes como horário de funcionamento, telefone, etc. Uma das dificuldades para os leitores é diferenciar esse tipo de reportagem de uma resenha crítica sobre restaurantes. Por isso, o informe publicitário deve ter um "título" declarando "Informe Publicitário", "Anúncio" ou simplesmente "Publicidade". Se escrito em tamanho pequeno, esse título pode passar despercebido pelo leitor casual.

Resenhas

As resenhas costumam ser relacionadas com crítica, mas essa definição pode ser equivocada à medida que, na maioria dos casos, o objetivo da resenha é elogiar quando as coisas vão bem e emitir uma opinião construtiva quando as coisas vão mal. Sob o risco de generalização, pode-se dizer que fazer resenhas para um jornal local ou revista de pequena circulação refere-se principalmente a atividades cotidianas do teatro local, orquestra, coral, comunidades, escola e outros grupos de interesse especial, bem como apresentações de bandas e artistas locais. Os críticos de arte tendem a produzir resenhas em jornais nacionais e revistas especializadas acerca dos principais eventos performáticos, artistas nacionais e internacionais, exibições artísticas, lançamentos de livros, etc. Muitos resenhistas, como Brian Sewell, crítico de arte do *London Evening Standard*; A. A. Gill, crítico de televisão e de restaurantes do *Sunday Times*; e Jaqui Stephens, crítico de novelas do *Daily Mail*, ganharam *status* ou notoriedade de celebridades, dependendo do ponto de vista de alguém das colunas nacionais. Isso não significa que um jornal local não incluirá resenhas de programas de televisão ou rádio nacionais e outros eventos importantes, porém a ênfase será dada à cena local. Muitos jornais locais, jornais gratuitos, revistas semanais e mensais não têm resenhistas especializados em tempo integral, mas utilizam redatores de meio período, que possuem experiência considerável sobre temas artísticos, ou seus próprios repórteres, que podem ter talento especial ou interesse em determinada arte. Poucos jornais regionais de grande circulação que cobrem vários teatros profissionais, salas de cinema, grandes galerias de arte, museus e casas de concertos podem ter um especialista de tempo integral, mas pressões econômicas impedem isso em muitos jornais locais. As orientações a seguir para os *trainees* concentram-se na produção de resenhas para jornais e revistas locais que são diferentes das produzidas para jornais semanais de circulação nacional e revistas especializadas em artes publicadas semanal, mensal ou trimestralmente.

978-85-7241-733-4

978-85-7241-733-4

A primeira coisa a ser estabelecida é o resumo, incluindo público-alvo, objetivo da resenha e *deadline*. No formato mais simples, uma resenha pode fornecer informações básicas sobre uma atividade artística, mantendo os leitores atualizados em eventos e opiniões, mesmo que não possam estar presentes a esses eventos. Em segundo lugar, os leitores lêem resenhas para tentar formar suas próprias opiniões sobre peças, filmes, concertos, programas de televisão, etc. Isso garante ao jornal ou revista uma participação valiosa do leitor, que pode enviar cartas ao editor oferecendo uma perspectiva diferente do evento. Terceiro, especialmente no que se refere aos grupos amadores ou comunitários, a resenha de um evento local fortalece os laços entre o jornal e os leitores. Nesse sentido, o jornal tem um papel a desempenhar na vida artística da comunidade, ao divulgar eventos e grupos locais em suas resenhas. Isso não fica mais tão evidente ao fazer resenhas de eventos locais de teatro e música, os quais seriam o ponto de partida dos repórteres em treinamento.

Eventos Artísticos Locais

A maioria das comunidades do Reino Unido tem diversos grupos de teatro amador, corais, grêmios, orquestras, bandas de metais, conjuntos, associações escolares e universitárias, grupos de leitura de poesia e bandas populares, os quais podem ser formais ou informais, participar de festivais de música ou teatro, ser sazonais, temporários ou permanentes, mas contribuem para o lazer e a vida artística da comunidade. Em uma era de magia digital, muitas comunidades ainda se apegam aos valores tradicionais das representações natalinas, festivais artísticos de verão, "Batalha das Bandas", semana de leitura e poesia. Espera-se que o jornal local, o periódico gratuito ou a revista da comunidade realizem a cobertura dos eventos e registrem algumas dessas apresentações com fotos para a posteridade. É nesse ambiente que o resenhista em treinamento adquirirá experiência em tal trabalho.

Como é de se esperar, muitos novatos consideram a tarefa bastante entediante. Embora apreciem alguma apresentação ou estilo de música, eles acham difícil analisar ou criticar os eventos, sobretudo quando precisam distinguir entre grupos amadores e semiprofissionais. A questão fica mais complicada se a apresentação se destinar a uma instituição de caridade, envolver crianças, grupos minoritários ou desprivilegiados. Como um resenhista pode criticar essas atividades, correndo o risco de se indispor tanto com os grupos quanto com os leitores? A resposta simples é tratar todos os grupos da mesma forma, com honestidade, ou ser bajulador e escrever resenhas completamente favoráveis. Alguém poderia argumentar que, exigindo-se pagamento da entrada, se espere que o grupo ofereça atividades semiprofissionais e seja criticado adequadamente. Porém, se o valor de entrada for apenas simbólico e destinado a instituições de caridade, a questão mais uma vez fica obscura. Em última análise, a política editorial do jornal ou revista decidirá o que fazer, mas se costuma aceitar que pequenas e grandes peças teatrais e concertos escolares sejam tratados como eventos, devendo-se informar quem apareceu, o que aconteceu e por quê, diferentemente de uma crítica.

A dificuldade aparece quando um grupo local de teatro, música, dança, orquestra ou coral atinge uma reputação que o torna semiprofissional. Há grupos que regularmente participam de musicais em algum teatro regional ou casa de espetáculo conhecida, para milhares de pessoas, numa jornada semanal. Da mesma forma, muitos grandes grupos de cantores locais participam de turnês e festivais nacionais e internacionais, fazem gravações comerciais e apresentam trabalhos importantes durante o ano. Um grupo musical local pode ter lançado um disco e continuar se apresentando em várias regiões. Nesses casos, é desejável que esses grupos sejam julgados pelos padrões profissionais; além disso, muitos deles, orgulhosos de suas habilidades, podem ficar ofendidos caso não o sejam. Nesse caso, a resenha deve se equilibrar entre resumo e crítica. Tome-se por exemplo a resenha de uma produção teatral local.

A primeira questão a ser considerada é se o resenhista deve pesquisar sobre a peça, repertório ou enredo antes da apresentação. Isso depende, é claro, do tempo e dos recursos do resenhista, de suas habilidades e interesses e se é desejável assistir à produção como um membro "mediano" da platéia ou como um *expert*. Os leitores certamente esperam uma resenha informativa, portanto algumas informações prévias auxiliam o resenhista. É claro que os repórteres podem precisar da sinopse de enredo e personagens para orientá-los, e muitos utilizam essas informações em detrimento de uma resenha analítica e inteligente. Conta-se a história de um conhecido resenhista de grupos amadores locais que comparecia a uma produção em sua primeira apresentação, era muito bem-tratado, assistia ao primeiro ato e então desaparecia, voltando ao jornal com o programa para escrever a resenha até as 22h para a edição matinal do dia seguinte. Certa noite, esse resenhista, como sempre, saiu após o primeiro ato e sua resenha na edição na manhã seguinte concluía que o final da peça era "agitado e etéreo". No entanto, já a primeira página estampava a notícia de que houvera um incêndio na casa de espetáculos durante o segundo ato, e a peça havia sido interrompida. Esse é um exemplo extremo, mas serve como alerta. O certo é que existem detalhes básicos que devem ser fornecidos quando se fala sobre um evento, como:

- Nome completo da peça, do autor e do local.
- Nome da companhia/grupo e do diretor.
- Datas, horários e duração da produção.
- Valor de entrada, se houver.

Sendo essas orientações incluídas, o resenhista deve adicionar o conteúdo e a estrutura da apresentação e a performance atual. O leitor que não conhece a peça precisará de informações sobre o enredo e os personagens para ter vontade de continuar lendo e também de assistir à apresentação. É recomendável contar apenas o suficiente do enredo para instigar, mas deixar pontos interessantes e provocar curiosidade para incentivar os leitores a verem por

978-85-7241-733-4

eles mesmos. Obviamente, leitores familiarizados com uma peça conhecida conhecem seu desfecho. De qualquer forma, a maioria dos grupos de teatro amador tende a montar clássicos para atrair o público. O restante do texto deve descrever e comentar elementos da produção como direção, interpretação, objetivo do dramaturgo, bastidores, cenário, figurinos, elenco, iluminação, dificuldades encontradas e cobertura, impressão geral e reação da platéia. Pode-se comparar a montagem atual com outra anterior do mesmo grupo ou questionar a adequação da produção ao público-alvo, o talento do elenco e a viabilidade dos recursos para uma montagem bem-sucedida. Seja qual for o ângulo desenvolvido, certas orientações básicas devem ser seguidas.

Deve-se:

- Reconhecer o "gênero" da peça para deixar o público ciente da natureza da produção.
- Fornecer um resumo básico do enredo sem revelar tudo.
- Comentar o desempenho do elenco, se valer a pena (bem ou mal).
- Justificar seu ponto de vista referindo-se a aspectos específicos da interpretação de um ator.
- Mencionar itens técnicos como cenário, iluminação, figurino, efeitos especiais e sonoplastia, caso enriqueçam ou degradem a representação.
- Fazer críticas construtivas, equilibradas e claras, com base em exemplos tangíveis.
- Fazer referências a outros trabalhos do autor ou outras montagens da peça, como forma de comparação.
- Tentar fornecer uma impressão geral da peça, referindo-se à intenção original do autor e à intervenção do diretor, o que deve envolver uma abordagem inovadora.
- Avaliar a reação da platéia.
- Escrever para o leitor leigo, porém "não o menosprezar" nem adotar um estilo "arrogante" para impressionar – deixar que o leitor forme sua própria opinião.

Não se deve:

- Supor que os leitores conheçam a peça e que, portanto, não haja necessidade de explicações sobre o gênero e o enredo.
- Utilizar excessivamente palavras como "magnífico", "convincente", "maravilhoso", a menos que seu uso seja justificado por exemplos.
- Limitar-se a um adjetivo por membro do elenco, mas sim definir como cada ator retratou seu personagem em termos de realismo, movimento, gestos, voz e empatia com a platéia.
- Citar os atores se não houver nada de mais a ser dito sobre eles.
- Utilizar expressões padronizadas como "está de parabéns", "foi bem orientado" ou "é gratificante notar que".
- Ter medo de fazer críticas construtivas quando elas forem oportunas e puderem ser comprovadas.

978-85-7241-733-4

A maioria das orientações anteriores também se aplica a produções musicais. Porém, outros fatores envolvem uma resenha musical de, digamos, uma apresentação de uma orquestra local, coral, banda ou grupo popular. Essas apresentações poderiam representar um desafio considerável para um jornalista novato, acostumado com *rap*, *hip-hop*, *garage*, *indie* ou *sca*. A idéia de se sentar diante da inimaginada *performance* anual de "Messiah", de Handel, pode provocar uma congestão ao iniciante. Da mesma forma, o resenhista de música clássica poderia ficar abalado com a idéia de comentar um *show* da banda local de *heavy metal* em pequenos hotéis da cidade.

Normalmente o bom senso prevalece e os editores tendem a enviar repórteres novatos para esses locais, sabendo que eles produzirão uma resenha mais bem elaborada. Assim como nas resenhas de produções teatrais, informações corretas sobre nome, data, horários e local do concerto, recital ou apresentação são importantes. Um exemplo notável dessa necessidade de exatidão ocorreu anos atrás, quando, por falta de informação, um *show* do grupo "The Police" foi confundido com um coral masculino da polícia local. Outros fatores a se considerar ao escrever resenhas musicais são:

- Obter informações prévias sobre o estilo de música e/ou dos integrantes, ouvindo seu trabalho, lendo *releases*, procurando em arquivos ou perguntando ao organizador do evento. Se for um grupo local, deve haver resenhas de apresentações anteriores que podem indicar o que se deve esperar.
- Se, no evento, a música não for familiar, deve-se tentar descrever a atmosfera do ambiente em vez de discorrer sobre méritos técnicos ou da música. Vale utilizar a platéia como base.
- Mencionar alguém que contribuiu para o evento, como o solista, o vocalista, o grupo *backing vocal*, o diretor musical, o engenheiro de som, etc.
- Citar aspectos que possam ter prejudicado o evento, como sinalização inadequada, falta de ventilação, acústica e retorno ruins. Todos esses fatores podem afetar tanto o artista quanto o público.
- Se, como pode acontecer em um coral infantil amador, a canção estiver fora do tom, não houver projeção de voz, trechos forem esquecidos e faltar noção de tempo, é bom mencionar isso de forma moderada, mas tentar apontar onde e quando tudo aconteceu em vez de criticar toda a apresentação. Porém, se o coral ou grupo for semiprofissional, palavras mais incisivas podem ser utilizadas, sobretudo se o público tiver pago para entrar. Muitos grupos ensaiam meticulosamente a fim de evitar esses incidentes.
- Empregar linguagem apropriada para descrever diferentes tipos de apresentação. Linguagem própria ao se referir a tipos de músicas como *garage* ou *trance* será compreendida e esperada por seus devotos. Da mesma forma, amantes de música clássica compreenderão a terminologia de seu gênero preferido.
- Tentar criar uma impressão geral de todo o ambiente da apresentação, o estilo de música, a reação do público, o significado da ocasião, realçando os momentos memoráveis em detrimento dos comuns.

978-85-7241-733-4

Filmes

O tipo de publicação geralmente determina o estilo, a estrutura e o conteúdo de uma resenha de cinema. Escrever uma resenha desse tipo para uma revista especializada é muito diferente de escrever para a página de entretenimento do jornal local. A primeira demandará uma análise profunda e especializada dos elementos estilísticos do filme, cenário, gênero e técnicas de produção; a última demandará uma breve sinopse em termos de enredo, narrativa, personagens, efeitos e entretenimento. Muitos jornalistas sentem-se à vontade ao resenhar filmes e adquirem excelentes conhecimentos sobre astros, diretores, produtoras e distribuidoras. Muitas vezes, o jornalista assistirá à pré-estréia de um filme que está para entrar no cinema local e comporá uma pequena resenha, utilizando um *release* dos distribuidores, fornecendo a maioria das informações relevantes do filme, incluindo elenco, direção, equipe de produção e detalhes técnicos. Assim como acontece em outras formas de entretenimento, é importante fornecer informações básicas como local e datas das sessões, bem como a classificação etária do filme. De muitas maneiras, resenhas de filmes em guias de entretenimento são prévias que permitem decidir se vale a pena assistir ao filme ou não. Resenhas mais completas são publicadas em suplementos de arte de jornais locais e nacionais e em revistas especializadas e contêm, além das informações básicas, comentários críticos e analíticos. Seja qual for o tipo de resenha, é necessário considerar as seguintes questões ao produzir um texto:

- O filme tem um gênero específico, como *western*, musical, suspense, ficção científica ou é um *mix* de gêneros?
- Qual é o público-alvo do filme? Destina-se a adultos, famílias, crianças, culturas específicas ou uma combinação de alguns ou todos esses?
- Qual é o tema do filme? Amor, coragem, suspense, etc.
- De que trata o filme e que tipo de reação se espera do público? Assim como resenhas teatrais, é necessário descrever alguns trechos do enredo para despertar o interesse do leitor, mas não é recomendável revelar tudo.
- O roteiro é convincente, original, humorístico, arrogante, mundano, baseado em alguma obra ou fato real?
- Como é a atuação do elenco?
- Se há trilha musical, ela ajuda ou prejudica o diálogo?
- Há efeitos especiais? Com que propósito?
- A fotografia é marcante?
- É um longa ou curta-metragem? Como isso afeta seu resultado?
- A direção é apropriada ao tema? Se o diretor é bastante conhecido, como se saiu em relação aos trabalhos anteriores?
- Você recomenda esse filme ao leitor?

Livros

O estilo e conteúdo de uma resenha literária depende muito do tipo de publicação para a qual ela é escrita. Em um jornal local, ela deve ser ligeiramente

978-85-7241-733-4

curta, com o mínimo de detalhes. Em um suplemento literário ou revista especializada deve haver uma descrição muito mais profunda, além de análise e comentários. Porém, em ambos os formatos, devem ser fornecidas informações básicas como nome do autor, título, editora e preço do livro. Também se deve fazer referências a trabalhos anteriores do autor ou de outros autores com estilo ou tema similar. Pesquisa é essencial ao resenhar livros e, para o jornalista novato, aconselha-se ler os mais diferentes livros, tanto de ficção quanto de não-ficção. Ao resenhar ficção, as orientações seguintes serão úteis:

978-85-7241-733-4

- Mencionar o gênero do livro: é uma história policial, de amor, de aventura?
- Descrever o(s) tema(s) da história: está relacionado com traição, lealdade, ambição, amor, moralidade ou medo?
- Fornecer informações suficientes sobre o enredo para interessar ao leitor, mas não mais que o necessário, e jamais revelar o desfecho.
- Comentar o estilo de linguagem: é concisa, evocativa, descritiva, metafórica ou sutil?
- Fazer comentários sobre os personagens: são "cativantes" e prendem a atenção do leitor? São convincentes ou caricaturais? São bem delineados na narrativa?
- Tentar descrever a "sensação" dos lugares e do tempo.
- Mencionar passagens mais fortes e explicar seu impacto e sua importância.
- Ao final, dar uma opinião geral sobre o livro: ele interessará ao leitor mediano? Vale a pena pagar por ele? Você o recomendaria como uma boa leitura?

Livros de não-ficção incluem autobiografias, relatos de viagens, comentários políticos, lazer, história, etc. Quando se faz uma resenha desse tipo de livro, é essencial checar a exatidão das informações oferecidas antes de formar e escrever sua opinião, além de:

- Pesquisar arquivos, bibliotecas, Internet e outras fontes sobre o assunto para adquirir conhecimento básico sobre o conteúdo da resenha.
- Se o livro aborda algum aspecto da história local ou foi escrito por algum autor local, visite o lugar ou tente entrevistar o autor para descobrir as razões pelas quais foi escrito; fotos do autor proporcionarão autenticidade à resenha; pode haver uma retranca adicional com o perfil do autor, que poderia ser desenvolvido em uma matéria subseqüente.
- Compare esse livro com outros de gênero similar ou de outros autores.
- Forneça fatos suficientes que possam interessar ao leitor, mas não o sobrecarregue com dados estatísticos em detrimento de comentários e opiniões associados a ilustrações e citações relevantes.
- Por fim, dê sua opinião, honesta e equilibrada, a respeito do livro, levando em conta conteúdo e estilo, exatidão de informações, apelo e preço.

Um Breve Comentário...

Editorial

O editorial é um espaço regular em jornais locais, nacionais e regionais, bem como em revistas especializadas. Geralmente reconhecidos como a "voz do jornal", os editoriais em jornais não costumam ser escritos por repórteres iniciantes e, em muitos casos, nem mesmo pelo editor, mas pelo repórter sênior, preparado para escrever sob um ponto de vista predeterminado. Não adianta comentar uma questão atual a menos que o redator, após discutir o caso, relacionar alternativas e fornecer informações precisas, adote uma postura definida. É claro que, muitas vezes, essa postura é influenciada pelos proprietários do jornal e sua lealdade política. Porém, quaisquer que sejam as considerações políticas, éticas ou sociais do veículo, o editorial, independentemente de sua relevância, deve se referir a questões atuais e a reportagens publicadas naquela edição. A linguagem deve ser vigorosa, precisa e clara, mostrando opiniões bem fundamentadas que estimulem o leitor. A primeira linha deve ser incisiva a fim de capturar sua atenção e a conclusão não o deve deixar em dúvida acerca do ponto de vista expresso. Os comentários devem ser feitos de boa-fé, calcados em informações precisas e de interesse público. As leis de direito caem pesadamente sobre os editoriais.

978-85-7241-733-4

Colunas Diárias

Muito do que foi dito concerne às colunas diárias, que trazem opiniões sobre questões sociais, econômicas, políticas, morais e éticas de um ponto de vista individual. Muitos jornalistas do ramo, como Nigel Dempster, Katherine Whitehorn, Julie Burchill e Lynda Lee-Potter, têm leitores cativos e fornecem informações sobre ricos e famosos, embora a título de "fofocas". Contudo, é exatamente isso que seus leitores querem – uma fuga de suas vidas cotidianas para o mundo da fantasia. Algumas colunas podem ser mordazes demais e, como nos editoriais, conhecer os ditames da lei é de suprema importância. No entanto, a maioria delas, em jornais regionais ou nacionais, fornece uma refrescante variação das notícias de primeira página e estimulam os leitores a escreverem, expondo suas próprias idéias sobre algum assunto ou pessoa. Assim como nos editoriais, o jornalista novato deve estar ciente das convenções e adquirir experiência produzindo colunas para uma pequena revista independente, jornal comunitário ou fanzine.

Esportes

O número de jornalistas iniciantes que desejam escrever reportagens sobre esportes é imenso. Porém, em muitos casos, cobrir eventos esportivos é como cobrir grandes notícias, no que diz respeito à atenção aos detalhes, exatidão e *deadlines*. A principal diferença é que, no primeiro caso, algumas formas de comentário ou opinião são permitidas e podem envolver sectarismo, entrevistas com jogadores, treinadores, diretores de clubes, comparações com encontros anteriores, reações de fãs. Também é importante observar que matérias esportivas podem incluir perfis pessoais, reportagens investigativas, textos e comentários humorísticos. É importante manter uma boa agenda de contatos, um diário de eventos futuros, um arquivo contendo dados estatísticos atualizados e recortes de outras publicações. Visitas regulares a *sites* de clubes oficiais e não-oficiais podem fornecer materiais excelentes e, às vezes, controversos. Com relação à linguagem, aconselha-se evitar o uso de hipérboles e não empregar linguagem que evoque as paixões dos leitores, seja o time júnior de futebol ou a equipe nacional de rúgbi.

Fanzines

Os fanzines desempenham um papel importante no desenvolvimento de um estilo de texto alternativo, em especial sobre ficção científica, cultura *pop* e futebol. Embora tenham se estabelecido nos Estados Unidos pelos fãs de ficção científica no início da década de 1950, eles só surgiram no Reino Unido em meados da década de 1970, com o advento da música *punk* e um notável sentimento de repúdio da "juventude" à música popular tradicional. O veterano jornalista Colin Farmery, diretor de mídia da St. Vincent College, em Gosport, autor e editor de três *sites* sobre futebol profissional, tem sólidas opiniões sobre as razões de tal desenvolvimento:

> Acuado pela presença, mesmo que superestimada pela mídia, de *hoolingans* dentro e ao redor dos estádios de futebol, um governo antipático inclinou-se a introduzir medidas rigorosas de policiamento, como esquemas para torná-los membros de uma torcida organizada ou clube que os via apenas como fonte de renda fácil, o que comprovou ser um ambiente perfeito para o florescimento de uma "imprensa alternativa".

Com baixo custo de produção e ainda trazendo *insights* incisivos da cultura do futebol, os fanzines decolaram. Eram vendidos fora dos campos, oferecendo aos torcedores uma perspectiva mais "realista" sobre seu clube favorito em comparação com os comentários anódinos e padronizados das fontes oficiais, como o programa diário de jogos oficiais ou do jornal local. Colin Farmery participou da produção do fanzine do *Portsmouth Football Club* nas décadas de 1980 e 1990. A mensagem era mais importante que a apresentação; a Figura 4.2 ilustra a simplicidade da revista aliando processadores de texto e técnicas de colagem.

A cultura dos fanzines de futebol provavelmente atingiu seu apogeu no início da década de 1990 e o advento do *software* profissional DTP resultou em uma produção cada vez mais sofisticada. Títulos como o *When Saturday Comes* consolidaram-se no mercado das revistas de futebol. Com os avanços em segurança e conforto para os torcedores, desde o desastre de Hillsborough, houve um declínio no número de títulos publicados, embora haja uma tendência crescente desses títulos na Internet. O sucesso fenomenal das redes de fãs, como a Rivals.net, indica que esse mercado alternativo permanece intacto. O *site* mostrado na Figura 4.3 é uma versão moderna do fanzine da Figura 4.2.

The Pompey fanzine that's not afraid to chime in!

January 3, '88

WE CAN STILL MAKE THE PLAY-OFFS!

	P	W	D	L	F	A	Pts
Barnsley	0	0	0	0	0	0	0
Birmingham	0	0	0	0	0	0	0
Charlton	0	0	0	0	0	0	0
Crystal Palace	0	0	0	0	0	0	0
Derby	0	0	0	0	0	0	0
Grimsby	0	0	0	0	0	0	0
Huddersfield	0	0	0	0	0	0	0
Ipswich	0	0	0	0	0	0	0
Leicester	0	0	0	0	0	0	0
Luton	0	0	0	0	0	0	0
Millwall	0	0	0	0	0	0	0
Norwich	0	0	0	0	0	0	0
Oldham	0	0	0	0	0	0	0
PORTSMOUTH	0	0	0	0	0	0	0
Port Vale	0	0	0	0	0	0	0
Reading	0	0	0	0	0	0	0
Sheff Utd	0	0	0	0	0	0	0
Southend	0	0	0	0	0	0	0
Stoke	0	0	0	0	0	0	0
Sunderland	0	0	0	0	0	0	0
Tranmere	0	0	0	0	0	0	0
Watford	0	0	0	0	0	0	0
West Brom	0	0	0	0	0	0	0
Wolves	0	0	0	0	0	0	0

It's in our own hands, says Fenwick.

Figura 4.2 – Capa de um fanzine.

978-85-7241-733-4

Atividades Sugeridas

1. Faça uma entrevista cara a cara com um colega de sala que você não conheça. Discuta a estrutura básica da entrevista, que deve focalizar os pontos de vista do entrevistado sobre um tópico em particular, e não em um bate-papo geral. Realize a entrevista e escreva um perfil de 250 palavras (você pode então trocar de lado e tornar-se o entrevistado).
2. Selecione três matérias do jornal de sua comunidade e analise se os textos escolhidos satisfazem à fórmula padrão das seis perguntas clássicas. Escreva suas observações e as utilize como base para discussão com seu professor e colegas de sala. Discuta se a estrutura de um dos textos escolhidos é lógica. A introdução fornece os principais pontos da matéria? Ela poderia permanecer separada, sem o restante do texto? Há um tema lógico desenvolvido na matéria? São fornecidas informações suficientes ou em excesso? Caso sejam utilizadas citações, elas são esclarecedoras ao leitor? A conclusão amarra todo o texto? A matéria é "legível"?
3. Você foi solicitado para escrever uma matéria sobre a crescente utilização de câmeras nas maiores vias de sua região. A fim de encontrar a informação mais atualizada, telefone para a delegacia mais próxima e marque um dia e horário para retornar a ligação e fazer uma entrevista por telefone com a pessoa apropriada. No dia marcado, entreviste a pessoa e faça anotações

978-85-7241-733-4

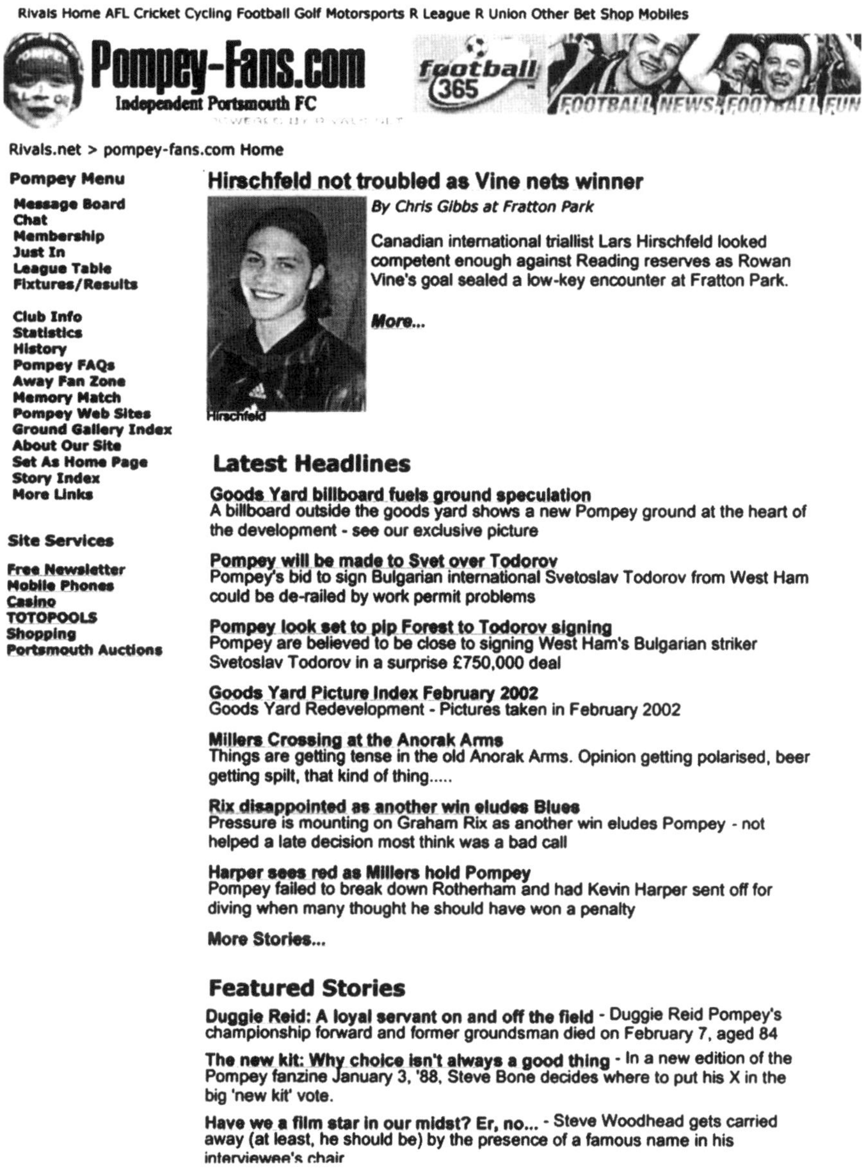

Rivals Home AFL Cricket Cycling Football Golf Motorsports R League R Union Other Bet Shop Mobiles

Pompey-Fans.com
Independent Portsmouth FC

football 365
FOOTBALL NEWS FOOTBALL FUN

Rivals.net > pompey-fans.com Home

Pompey Menu

Message Board
Chat
Membership
Just In
League Table
Fixtures/Results

Club Info
Statistics
History
Pompey FAQs
Away Fan Zone
Memory Match
Pompey Web Sites
Ground Gallery Index
About Our Site
Set As Home Page
Story Index
More Links

Site Services

Free Newsletter
Mobile Phones
Casino
TOTOPOOLS
Shopping
Portsmouth Auctions

Hirschfeld not troubled as Vine nets winner

By Chris Gibbs at Fratton Park

Hirschfeld

Canadian international triallist Lars Hirschfeld looked competent enough against Reading reserves as Rowan Vine's goal sealed a low-key encounter at Fratton Park.

More...

Latest Headlines

Goods Yard billboard fuels ground speculation
A billboard outside the goods yard shows a new Pompey ground at the heart of the development - see our exclusive picture

Pompey will be made to Svet over Todorov
Pompey's bid to sign Bulgarian international Svetoslav Todorov from West Ham could be de-railed by work permit problems

Pompey look set to pip Forest to Todorov signing
Pompey are believed to be close to signing West Ham's Bulgarian striker Svetoslav Todorov in a surprise £750,000 deal

Goods Yard Picture Index February 2002
Goods Yard Redevelopment - Pictures taken in February 2002

Millers Crossing at the Anorak Arms
Things are getting tense in the old Anorak Arms. Opinion getting polarised, beer getting spilt, that kind of thing.....

Rix disappointed as another win eludes Blues
Pressure is mounting on Graham Rix as another win eludes Pompey - not helped a late decision most think was a bad call

Harper sees red as Millers hold Pompey
Pompey failed to break down Rotherham and had Kevin Harper sent off for diving when many thought he should have won a penalty

More Stories...

Featured Stories

Duggie Reid: A loyal servant on and off the field - Duggie Reid Pompey's championship forward and former groundsman died on February 7, aged 84

The new kit: Why choice isn't always a good thing - In a new edition of the Pompey fanzine January 3, '88, Steve Bone decides where to put his X in the big 'new kit' vote.

Have we a film star in our midst? Er, no... - Steve Woodhead gets carried away (at least, he should be) by the presence of a famous name in his interviewee's chair

Figura 4.3 – Um fanzine na *Web*. Reproduzido com a permissão da Rivals Europe Limited e Pompey-Fans.com.

das informações dadas. Utilize essas informações, além de outras que você conseguir e escreva uma matéria de 300 a 350 palavras em estilo aceitável.

4. Assista a um documentário na televisão e faça uma resenha para o suplemento de artes do final de semana do jornal local. Siga as orientações dadas neste capítulo. Sua resenha deve ter de 500 a 550 palavras.

5. Veja os artigos de várias revistas de gêneros diferentes e observe o conteúdo e estilo de escrita de cada um deles. Escolha um gênero de revista e um tópico para o artigo, que é de livre escolha. Faça uma pesquisa utilizando várias fontes. Escreva um artigo de aproximadamente 1.000 palavras. Sugira ou adicione imagens ou gráficos que devem ser utilizados para ilustrar o texto.
6. Obtenha cópias recentes de um tablóide, um jornal de grande circulação e um jornal da comunidade. Cada um deles terá um editorial. Leia essas páginas e faça uma breve descrição de como elas diferem em conteúdo, tamanho e estilo de escrita. Utilize estas observações:
   (i) Escreva uma primeira página sobre acontecimento recente no estilo e na linguagem do tablóide escolhido.
   (ii) Escreva um texto de 350 palavras sobre *o mesmo* acontecimento no estilo e na linguagem do jornal de grande circulação escolhido.
   (iii) Escreva um texto de 200 palavras sobre uma importante questão local para o jornal da comunidade.

   Apresente os três textos e componha uma manchete para cada um deles.
7. Encontre exemplos de anúncios em jornais e revistas, observe seu estilo e conteúdo. Utilizando as orientações dadas no capítulo, escreva um anúncio de 500 palavras que enfatizem os benefícios de um produto em particular, a facilidade ou riscos de sua escolha. Selecione imagens apropriadas para acompanhar o artigo.
8. Imagine que você é um repórter *trainee* de um jornal local, *The Heaven Times*. As observações abaixo foram obtidas por você, de várias fontes, sobre incêndio em um hotel da região nesta manhã e não estão em ordem de importância. Utilizando algumas ou todas as informações, incluindo as citações, escolha um ângulo e escreva uma notícia factual de 200 palavras, de acordo com convenções aceitas para uma edição noturna do jornal.

   - Quatro pessoas foram levadas ao Hospital St. Mary, de ambulância.
   - O fogo começou às 7h45 da manhã, no Hotel Seagull, em Eastport.
   - Um casal foi resgatado pelos bombeiros, com sérias queimaduras.
   - O fogo começou na cozinha principal e se espalhou rapidamente via cabo do "elevador".
   - As chamas foram vistas do posto da Guarda Costeira, que fica a cerca de três quilômetros de Westport.
   - A primeira ambulância levou para o hospital o *chef* assistente Alan Edwards.
   - A segunda levou o proprietário do hotel, Alan Laing, sua esposa e uma hóspede, a Srta. Irene Smollett, de Axebridge.
   - A Sra. Laing estava em estado de choque e havia inalado fumaça; foi liberada mais tarde.
   - Alan Edwards permaneceu no hospital, com queimaduras nas mãos, no abdome e na face.

978-85-7241-733-4

- Srta. Smollett e Sr. Laing morreram ao chegar no hospital.
- O chefe oficial do Corpo de Bombeiros, David Granville, disse: "O oficial George Stephens encontrou o Sr. Laing e a esposa no final de corredor do quarto andar. Ele resgatou os dois pouco antes do teto ceder. Não há esperanças de salvar o prédio, uma vez que o cabo do elevador funcionou como um condutor natural para as chamas."
- A recepcionista do hotel, Karen Broughton, disse: "Alan estava trabalhando na cozinha quando o óleo para fritar pôs-se em chamas. Ele tentou levar tudo para fora do hotel, mas foi impedido pela ferocidade das chamas. Ele cambaleou na recepção, e eu telefonei para os bombeiros antes de percorrer o hotel para avisar os hóspedes. Fizemos uma chamada no gramado e descobrimos que a Srta. Smollett não estava conosco. O Sr. Laing retornou para dentro do hotel que já estava todo tomado pelo fogo e foi quando os bombeiros chegaram."
- *Background*: o Seagull Hotel foi construído em 1921. A família Laing o administra há 30 anos. Alan Laing tem 63 anos; sua esposa Amy, 58. Eles têm dois filhos que não moram na região. A idade da Srta. Smollett, uma hóspede regular, não é sabida. O chef Alan Edwards tem 27 anos e mora na Walpole Place, número 8, em Eastport. Ele é solteiro.

9. Selecione e leia um livro de sua escolha e faça anotações. Escreva uma resenha, com 650 a 850 palavras, para publicação no suplemento de artes de um jornal nacional de domingo.
10. Escolha um tópico adequado para uma matéria de interesse social de sua comunidade ou faculdade. Faça pesquisa primária e secundária. Escreva um texto de 500 palavras para ser publicado em uma revista do *campus* ou da comunidade.
11. Acompanhe um acontecimento esportivo local, faça anotações e escreva uma reportagem sobre o evento. O texto deve ter entre 300 e 450 palavras. Adicione imagens, se necessário e faça uma *headline* para o texto.
12. De sua leitura de jornais e revistas nacionais, escolha um colunista que trabalhe em algum deles e que você admire ou deteste. Leia a coluna em várias edições e faça anotações sobre seus pontos de vista, linguagem utilizada, estrutura, estilo, etc. Utilizando essas informações, escreva uma resenha crítica e analítica sobre o autor, ilustrando o texto com citações relevantes ou exemplos de seu trabalho. A resenha deve ter de 750 a 1.000 palavras.
13. Você foi solicitado a contribuir com um artigo para um fanzine popular sobre música. Escolha um tema adequado e escreva um texto polêmico de 350 a 500 palavras, sobre um aspecto controverso da atual cena musical.
14. Acompanhe um evento artístico local, como peça de teatro, concerto, leitura de poesia ou *show* e escreva uma resenha de 500 palavras sobre o acontecimento, para ser publicada em uma revista de arte local distribuída gratuitamente. Adicione imagens, se disponíveis.

978-85-7241-733-4

FONTES E REFERÊNCIAS

Harris, G. and Spark, D. (1997) *Practical Newspaper Reporting* (3rd edition). Oxford: Focal Press.

Hennessy, B. (1996) *Writing Feature Articles* (3rd edition). Oxford: Focal Press.

Hennessy, B. and Hodgson, F.W. (1995) *Journalism Workbook: a manual of tasks, projects and resources.* Oxford: Focal Press.

Hines, J. (1987) *The Way to Write Magazine Articles.* Hamish Hamilton. Hodgson, F.W. (1996) *Modern Newspaper Practice* (4th edition). Oxford: Focal Press.

Keeble, R. (1998) *The Newspapers Handbook* (2nd edition). London: Routledge.

Spark, D. (1999) *Investigative Reporting. A study in technique.* Oxford: Focal Press.

Wells, G. (1997) *The Craft of Writing Articles* (2nd edition). Allison and Busby.

978-85-7241-733-4

5 *Layout* de Impressão e Produção

- Introdução
- Principais elementos do *layout* de impressão
- Etapas da produção de um produto impresso básico
- Atividades sugeridas
- Fontes e referências

Introdução

O *design* de jornais e revistas modernos pode ser considerado uma forma de embalagem por meio da qual o conteúdo é aprovado pelo leitor. O *design* deve projetar com êxito o conteúdo no qual o jornal ou a revista se especializa visando ao tipo de mercado que busca atingir. Em essência, o conteúdo determina a projeção; portanto, o *design* deve olhar para o conteúdo e o mercado leitor para a sua inspiração. Na área do jornal impresso, o que funciona para um tablóide popular seria inadequado para o jornal vespertino de uma cidade, com suas muitas edições regionais, embora a abordagem do tablóide seja cada vez mais comum na primeira página de alguns jornais locais. De maneira similar, o que funciona para o jornal *The Financial Times*, com sua simples austeridade, seria inapropriado para o *The Sunday Times*, com seus diversos suplementos coloridos. As revistas, populares ou para empresas e profissionais, são cada vez mais projetadas para refletir o público-leitor e os interesses específicos dos diferentes segmentos e estilo de vida da população. A necessidade de produzir um *design* atraente aos olhos, com a utilização de material ilustrativo, letras diferentes, *boxes*, cores, manchetes em negrito, etc., resultou numa revolução que o leitor aguarda com expectativa como se fosse obrigatória, em grande parte graças ao uso da tecnologia digital.

978-85-7241-733-4

O impacto dessa tecnologia e a mudança nas práticas de trabalho na indústria de jornais e revistas evidencia-se claramente no uso de computadores e *softwares* na produção de jornais e revistas. Atualmente a maioria dos jornalistas digita o texto em programas de computadores próprios para publicações impressas, que depois são utilizados para editar o *design*, o *layout* e o processo de impressão automático da publicação. Porém, espera-se também que jornalistas de publicações menores projetem o *design* e o *layout* de uma página inteira, em especial se eles forem os únicos autores daquela página, que pode conter reportagens sobre viagem, entretenimento, esporte ou automobilismo. Um exemplo desse último caso é a experiência de um jornalista de um jornal regional que começou escrevendo uma resenha semanal sobre um novo modelo de carro e acabou planejando e realizando o *design* e o *layout* de todas as páginas do suplemento de automóveis. Os métodos variam de publicação para publicação, mas editoras nacionais e internacionais ainda empregam *designers* gráficos especializados devido à natureza e diversidade de seus produtos. Boletins informativos e revistas para comunidades menores, revistas especializadas gratuitas e fanzines costumam ser trabalhos realizados por uma ou duas pessoas utilizando simples pacotes *Desktop Publishing* (DTP), como *Microsoft Publisher* ou *Claris Works*. De fato, o fanzine exposto na Figura 4.2, no capítulo anterior, foi produzido em um simples processador de texto, recortado e colado pronto para ser impresso.

Nesse contexto, os dois principais pacotes profissionais DTP são o *Quark XPress* e o *Adobe Pagemaker*. Não há intenção aqui de comparar os dois programas, pois cada um tem seus próprios méritos; porém, o *Quark* se assemelha mais ao padrão industrial na área de publicação. No entanto, muitos estudantes e *trainees* que têm acesso apenas ao *Pagemaker* são capazes de produzir publicações profissionais, especialmente se a faculdade possuir equipamentos periféricos como *scanners* e impressoras. Um exemplo citado mais adiante mostra o que pode ser produzido utilizando esse programa.

Assim sendo, não é intenção deste capítulo ensinar aos *trainees* todas as complexidades e habilidades especializadas de um *designer* gráfico; contudo, com a necessidade cada vez maior de versatilidade, é prudente que o *trainee* que trabalha em jornal ou revista tenha conhecimentos básicos acerca de objetivos e técnicas de criação de páginas, *layout* de impressão e produção. Infelizmente, muitos estudantes e *trainees*, quando confrontados com a perspectiva de criar uma página de jornal com múltiplas grades (*mult-grid*), agarram-se à oportunidade para utilizar os diferentes dispositivos tipográficos e o produto final se torna uma combinação malsucedida de textos e gráficos que é ininteligível e irritante para o leitor. Da mesma forma, fontes e blocos de textos extravagantes jamais esconderão um texto jornalístico que é, em primeiro lugar, ruim. Por outro lado, um bom texto perderá seu atrativo se for apresentado de maneira pobre. O *design* dessa página deve dar a impressão de estar "vivo", com imagens que estabeleçam relação com o leitor, espaço adequado para notícias principais e secundárias, cobrindo uma série de tópicos, e manchetes informativas. Os padrões de leitura natural medidos pelo movimento e pela pausa dos olhos muitas vezes influenciam o *design* da página. Por exemplo, ao examinar uma página, os olhos geralmente focalizam primeiro o centro óptico da página, que está levemente acima e à esquerda do centro mecânico. O movimento dos olhos percorrerá, em seguida, da esquerda ao canto inferior direito da página, em forma de Z. Muitas vezes uma ilustração chamativa é colocada no canto inferior direito a fim de fixar os olhos na página. Em muitas publicações, essa é a área mais cara para um anunciante. A pausa dos olhos indica a quantidade proporcional de tempo que os olhos se fixam em uma área específica da página. Se a página fosse dividida em quatro quadrantes, os olhos pousariam 60% nos dois quadrantes superiores e 40% nos dois inferiores. Na verdade, a mudança no *layout* dos tablóides, de um estilo vertical para horizontal, influenciou os *designers* de jornais *standard*, os quais adotaram o adágio "o poder abaixo da dobra" e reconheceram que a parte inferior da página é tão importante quanto a superior. Desse modo, técnicas modernas, como o uso de manchetes em colunas contrapostas na parte inferior da página, prendem os olhos do leitor e mantêm seu interesse até o fim da página.

Principais Elementos do *Layout* de Impressão

Os principais objetivos do *layout* de impressão são:

- Atrair a atenção do potencial leitor criando um aspecto visual atraente.
- Indicar as diferentes notícias e sinalizar sua relativa importância.
- Estabelecer um caráter visual identificável.

Evidentemente, muitos elementos tipográficos, imagens, cores, espaços em branco, blocos de texto e manchetes contribuem para a criação de um *layout* de página com múltiplas grades. O que se segue é uma breve descrição desses elementos essenciais.

978-85-7241-733-4

Estilos de Fontes

Um dicionário definiria tipografia como "a arte e o estilo de imprimir", o que inclui o *design* e a seleção de estilos de fontes. Existe uma miríade de diferentes fontes, cada uma com estilos e tamanhos característicos. Na verdade, a palavra "fonte" substituiu o termo "faces de tipos" nos processadores de texto e pacotes DTP. Seja qual for o termo utilizado, cada fonte define-se por ter ou não ter serifas. As fontes com serifas possuem traços que embelezam o início e o fim de cada letra, como a *Times New Roman*. As fontes sem serifas, como a *Arial*, não possuem qualquer tipo de adorno e são freqüentemente usadas para sugerir uma abordagem mais moderna em um bloco de texto. Compare a seguinte introdução escrita em *Times New Roman*:

> É um lugar explosivo, mesmo quando as condições são favoráveis – portanto, é apropriado que o museu *Explosion!* seja o cenário de grandes exibições de fogos de artifícios.

e em *Arial*:

> É um lugar explosivo, mesmo quando as condições são favoráveis – portanto, é apropriado que o museu *Explosion!* seja o cenário de grandes exibições de fogos de artifícios.

e até mesmo em *Friz Quadrata*:

> É um lugar explosivo, mesmo quando as condições são favoráveis – portanto, é apropriado que o museu *Explosion!* seja o cenário de grandes exibições de fogos de artifícios.

Evidentemente, muitas publicações misturam e combinam fontes com serifas e sem serifas. Por exemplo, às vezes a manchete principal de um jornal é configurada em fonte sem serifas, enquanto o corpo de texto é serifado, mas isso depende de objetivo, conteúdo e público-alvo da publicação. As revistas utilizam ampla variedade de fontes para criar o efeito visual necessário para prender a atenção dos leitores. Estes passaram a reconhecer estilos específicos e sentem-se à vontade com eles. As letras, em suma, estão lá para ser lidas. Elas também podem ter diversos tamanhos para se adaptar a diferentes situações. O sistema anglo-americano padrão de medição de tipos utiliza o sistema de "pontos", no qual cada ponto mede 0,35mm, com aproximadamente três pontos por milímetro. Todo tipo é medido da parte superior da "linha ascendente" para a parte inferior da "linha descendente", com a "altura-x" sendo a distância entre a "a linha de base" e a "linha média", conforme apresentado na Figura 5.1.

O texto pode ser em caixa alta ou baixa, normal ou **negrito**, *normal itálico* ou ***negrito itálico***, para criar um efeito ou enfatizar a importância das palavras como na manchete. Uma característica comum em revistas, suplementos e jornais é o uso de letra capitular, quando a primeira letra da primeira palavra de um parágrafo é mais baixa, mais larga e encorpada para atrair a atenção do leitor (Fig. 5.2).

Vários outros efeitos podem ser conseguidos com programas dos pacotes DTP. O texto pode ser sublinhado, ter efeito de sombra, contornos ou ser formatado em diferentes estilos, em linhas onduladas ou curvilíneas. Vale a pena fazer experiências com as diversas ferramentas disponíveis nos pacotes, mas é bom lembrar que, em vários casos, "menos é mais". Muitos *trainees* utilizam efeitos com tal freqüência que podem irritar o leitor. A principal ênfase deve ser tornar o texto agradável aos olhos. Como ajuda, a maioria dos pacotes DTP possuem recursos automáticos de *kerning* e *leading*. O *kerning* controla a quantidade de espaço entre letras e palavras; as configu-

Figura 5.1 – Elementos de um estilo de fonte.

> Uma multidão foi solicitada a dar apoio ao museu – e ter acesso gratuito à atração turística.
> Está sendo lançado *Friends of Explosion!* para apoiar os esforços dos funcionários do museu de mesmo nome de Priddy's Hard.

Figura 5.2 – Uso de letra capitular.

rações do computador normalmente são adequadas – caso contrário, existe um recurso de controle manual para que o espaço possa ser alterado. O *leading* refere-se à quantidade de espaço em branco ou distância vertical entre as linhas. Ele impede a união dos descendentes e ascendentes e, desse modo, auxilia no processo de leitura. A maioria dos pacotes de programas possui configurações automáticas, as quais também podem ser controladas de acordo com as exigências.

Blocos de Textos e Justificação

Os pacotes DTP invariavelmente usam blocos para dispor o texto na publicação. São recursos valiosos e simples que permitem o posicionamento do texto na página. O alinhamento do texto nesses blocos também é muito útil. Muitos estudantes e *trainees* imaginam que todo o texto deve ser centralizado; embora isso possa ser verdade no que se refere aos créditos de um filme ou em algumas reportagens de revistas, simetricamente o texto pode parecer estático e muito formal. Há três outros modos de alinhar o texto (Fig. 5.3):

- *À direita*: o lado direito do texto é alinhado na margem direita.
- *À esquerda*: o lado esquerdo do texto é alinhado na margem esquerda.
- *Justificado*: o texto é alinhado nas margens esquerda e direita.

> Uma multidão foi solicitada a dar apoio ao museu – e ter acesso gratuito à atração turística. Está sendo lançado *Friends of Explosion!* para apoiar os esforços dos funcionários do museu de mesmo nome de Priddy's Hard.
>
> *Alinhamento centralizado*
>
> Uma multidão foi solicitada a dar apoio ao museu – e ter acesso gratuito à atração turística.
> Está sendo lançado *Friends of Explosion!* para apoiar os esforços dos funcionários do museu de mesmo nome de Priddy's Hard.
>
> *Alinhamento à direita*
>
> Uma multidão foi solicitada a dar apoio ao museu – e ter acesso gratuito à atração turística. Está sendo lançado *Friends of Explosion!* para apoiar os esforços dos funcionários do museu de mesmo nome de Priddy's Hard.
>
> *Alinhamento à esquerda*
>
> Uma multidão foi solicitada a dar apoio ao museu – e ter acesso gratuito à atração turística. Está sendo lançado *Friends of Explosion!* para apoiar os esforços dos funcionários do museu de mesmo nome de Priddy's Hard.
>
> *Justificado*

Figura 5.3 – Alinhamentos de texto comuns.

978-85-7241-733-4

Espaço em Branco

Compor páginas com espaços em branco reforça a mensagem do texto ao focalizar a atenção do leitor nas palavras e idéias. Da mesma forma, a quantidade de branco entre os parágrafos facilita a leitura e pode enfatizar a importância do texto. Como já mencionado, o *leading* é uma parte importante do *layout* do texto. Publicações distintas requerem diferentes quantidades de espaço em branco, tendo as revistas, proporcionalmente, mais espaços em branco que os jornais. Deve-se observar que pouquíssimo espaço em branco resultará em uma apresentação confusa do texto, sobretudo se forem utilizados estilos, tamanhos e medidas de fontes divergentes. Pelo contrário, muitos espaços em branco podem diminuir o valor da mensagem textual e fazê-la parecer superficial.

Cores

O uso criterioso das cores pode refletir na mensagem comunicada. Cores vivas indicam entusiasmo; cores suaves conferem dignidade. No entanto, vale resistir à tentação de usar muitas cores na página. *Boxes* preenchidos com uma cor de fundo podem ser muito atraentes para os olhos e, embora isso seja comum em revistas, há uso crescente dessa técnica em jornais. Evidentemente, texto branco em fundo preto é eficaz se utilizado com moderação.

978-85-7241-733-4

Ilustrações

Leitores primeiramente atraídos a uma página pela ilustração podem, se o tempo for curto, passar os olhos somente nos artigos principais. Se tiverem mais tempo, poderão ler a página inteira. Uma ilustração acompanhada de legenda adequada funciona como *teaser* (*flash* de uma notícia para despertar a curiosidade do leitor) a fim de que o leitor se sinta atraído a ler o texto e compreenda melhor a reportagem. Outras ilustrações podem ser autônomas e conter uma breve explicação da imagem. Ilustrações coloridas hoje predominam em todos os jornais e revistas e atraem os potenciais leitores; se a imagem da capa for instantaneamente reconhecida, a isca foi mordida. Quem consegue esquecer as imagens do ataque terrorista em Nova York em setembro de 2001, da situação dos refugiados nos países de terceiro mundo, da Princesa Diana, da tragédia no estádio de futebol de Hillsborough? Todas essas fortes lembranças são o resultado do poder da imagem. As fotos podem ser recortadas, dimensionadas e retocadas por diversas razões, mas sua utilização em qualquer publicação acrescenta outra dimensão à mensagem textual. Para os *trainees*, a tecnologia digital revolucionou a aquisição de imagens provenientes de câmeras, *scanners* ou da Internet, bem como a manipulação dessas imagens para a inclusão no texto ou em publicações da *Web*.

Manchetes

As manchetes expressam a importância dos textos aos quais se referem, e a ordem em que aparecem na página, bem como seu tamanho, contém uma mensagem para o leitor. As manchetes se dividem nas categorias descritas a seguir.

Manchete Principal

A manchete principal é aquela que aparece com letras garrafais e em negrito na primeira página e faz com que o jornal seja vendido. Os tablóides com manchetes principais de uma ou duas palavras, expostos nas bancas, ficam tão evidentes que chamam a atenção do público transeunte. Não há limite máximo para o tamanho da manchete principal e, na prática, algumas são formatadas em fonte 60; porém, o limite mínimo não deve ser inferior a 12 pontos a fim de contrastar com a média do tamanho do corpo do texto, de 8 a 10 pontos. As manchetes principais, em sua maioria, são escritas em negrito com o objetivo de dar ênfase, podendo estar justificadas, conforme demonstrado a seguir, para se adaptar ao estilo e ao propósito da publicação. Algumas manchetes principais ficam totalmente em caixa alta, conforme segue:

FORÇAS AMERICANAS ENTRAM NO AFEGANISTÃO

Outras usam caixa alta e baixa:

Forças americanas entram no Afeganistão

Deve-se evitar iniciar cada palavra em caixa alta:

Forças Americanas Entram No Afeganistão

Linha Fina

Usada em conjunto com a manchete principal ou outros títulos principais, a linha fina, composta de uma única linha (frase ou período), aparece acima ou abaixo da manchete e fornece um breve resumo suplementar, idéia ou foco do título principal e da matéria. Costuma ser configurada em tamanho de fonte bem menor e freqüentemente em estilo de fonte diferente da manchete principal, como em:

Helicópteros deixam tropas especializadas em Cabul para ataque matutino

Forças americanas entram no Afeganistão

Crédito (*Tag Line*)

O crédito é usado abaixo do título principal para indicar o lugar, o tipo de reportagem ou a fonte, como "Reuters" ou "Economia".

Subtítulos

Os subtítulos podem ser "antetítulos" (*side heads*) ou "intertítulos" (*crossheads*) e são importantes para relacionar a manchete ao texto do corpo

978-85-7241-733-4

da matéria. Os antetítulos, conforme o termo sugere, são colocados acima do título principal, alinhados à esquerda, e são mais comuns em revistas que em jornais. Podem ser acompanhados de asteriscos ou marcadores para maior ênfase. Os intertítulos são amplamente utilizados em jornais e revistas como forma de quebrar a monotonia de extensos blocos de texto e manter o interesse do leitor; possuem especial importância em reportagens longas. Ficam centralizados na coluna e freqüentemente em negrito. Sua quantidade e posição depende do estilo e conteúdo do artigo: o excesso irritará o leitor e a falta fará com que ele perca o interesse. Colocar um intertítulo a duas linhas do final de um artigo é um despropósito. Alguns são colocados em visíveis blocos de texto e outros sublinhados. O intertítulo pode ser uma citação direta retirada do texto ou uma indicação de uma ou duas palavras dos pontos principais dos parágrafos subseqüentes.

978-85-7241-733-4

Créditos (*By-lines*) e Datas (*Date lines*)

Todo jornalista sonha conseguir o primeiro crédito – o seu nome acima da reportagem. O anonimato relativo dos títulos "Do correspondente" ou "Da reportagem local" é substituído pelo nome e, às vezes, pela função do autor do texto. Desse modo, créditos como "John Smith, Redator" ou "Alan Brown, Redator-chefe de futebol" conferem a devida atribuição ao autor. Na verdade, muitos jornais e revistas nacionais também publicam o *e-mail* do autor no final dos artigos. Muitas vezes, como em artigos de revistas, além do autor, o fotógrafo também é mencionado no crédito, como segue:

Reportagem: David Johnson. Fotos: Bill Kenyon

De maneira similar, o crédito pode conter a essência da matéria, conforme segue:

John Hill relata o plano secreto da *International Wine Convention* em Bordeaux

Em relação ao texto, o crédito deve ser formatado no mesmo tamanho, ou um pouco menor, do texto do corpo da matéria, de preferência em fonte diferente. Em geral, o nome do autor é em negrito.

As linhas da data são importantes componentes das notícias de última hora e daquelas em desenvolvimento, visto que identificam a urgência do texto; nas revistas, podem estar relacionadas com atividades sazonais. Muitas vezes, elas ficam junto do crédito para informar a época e o local do texto, conforme segue:

Julia Henderson descreve as festividades da virada de milênio em Sydney. 1º de janeiro de 2000.

As mesmas considerações em relação ao texto se aplicam aos créditos.

Cabeçalho

O cabeçalho, embora não seja exatamente o título, é uma das características mais importantes de um jornal ou uma revista. Ele também pode ser considerado o título e é o aspecto decisivo para identificação por parte do público-alvo. Nos últimos anos, o jornal *The Guardian* mudou o estilo de seu cabeçalho duas vezes para representar o antigo e o novo, utilizando fontes com e sem serifas no título. O jornal *Daily Telegraph*, ao contrário, manteve o cabeçalho original. Em essência, o cabeçalho e o logotipo que o acompanha identificam a publicação e reforçam sua imagem e seu estilo característicos – especialmente as caras revistas de papel brilhante. O leitor potencial ou regular de uma revista ou de um jornal será atraído às prateleiras pelo título da publicação. Por essa razão, o cabeçalho deve ter tamanho adequado e um tipo de fonte que atraia o público-leitor pretendido. No capítulo anterior, o cabeçalho do agora extinto fanzine dos apoiadores do Portsmouth Football Club está assim:

January 3, '88

Isso não significa nada para o leitor em geral, mas para os fãs do *Pompey* esse é o momento decisivo para o clube, assim como a data na qual eles derrotaram seu principal rival, o Southampton Football Club, longe de casa. Enfim, seja qual for o estilo e a composição do cabeçalho em jornais e revistas, não devem detrair as manchetes principais e precisam ser adequados ao estilo e à imagem da publicação.

Legendas

As legendas são usadas para ligar imagens ao texto e devem fornecer informações breves, porém suplementares. Uma legenda abaixo da foto de uma pessoa, junto de uma reportagem, pode apenas mencionar o nome da pessoa. Uma legenda colocada abaixo de uma imagem que está situada em algum ponto da reportagem deve fornecer um breve resumo que explique a imagem e sua ligação com a matéria, porém não deve narrá-la por inteiro para não aborrecer o leitor que lê a reportagem. Às vezes, utiliza-se uma única palavra, em caixa alta e negrito, seguida de uma breve expressão em caixa baixa regular. Além disso, imagens independentes, que não estão associadas a uma reportagem, possuem legendas mais longas, de 20 a 30 palavras, que atuam como mini-relato do que e onde está acontecendo e por quê.

Etapas da Produção de um Produto Impresso Básico

Etapa 1

Supondo que se tenham obtido todas as matérias, gráficos e fotos, deve-se escolher o *design* do produto para que se adapte ao conteúdo e ao público-

978-85-7241-733-4

alvo. Determinando-se isso, uma grade precisará ser elaborada. As grades para revistas tendem a ser mais complexas que aquelas feitas para boletins informativos, as quais consistem simplesmente em colunas (Figs. 5.4 e 5.5).

Jornais de tamanho *standard* normalmente utilizam sete ou oito colunas, enquanto um jornal comunitário pode utilizar três ou quatro. Os pacotes DTP possuem controles de configuração de colunas de fácil utilização que configuram os parâmetros de forma automática ou manual. Nessa etapa, é aconselhável esboçar um rascunho de colunas para facilitar a próxima etapa.

Etapa 2

A grade da página resultante deve ser impressa e um "boneco" deve ser esboçado manualmente a caneta ou, de preferência, a lápis. Esse "boneco" deve conter um rascunho rudimentar ou em "miniatura" da página proposta e incluir as posições de anúncios, gráficos, imagens, títulos, blocos de texto acompanhados de detalhes como tamanhos de fontes, medidas, uso de cores, etc. A execução exata dessas instruções pode mudar o desenvolvimento do processo, mas o rascunho "rudimentar" é um elemento inestimável do processo de pré-produção.

978-85-7241-733-4

Etapa 3

Estabelecido o *design*, a próxima etapa é abrir um novo arquivo no computador e configurar as colunas necessárias. Como essas serão a base da página final, elas não devem ser removidas, pois não aparecerão na cópia impressa.

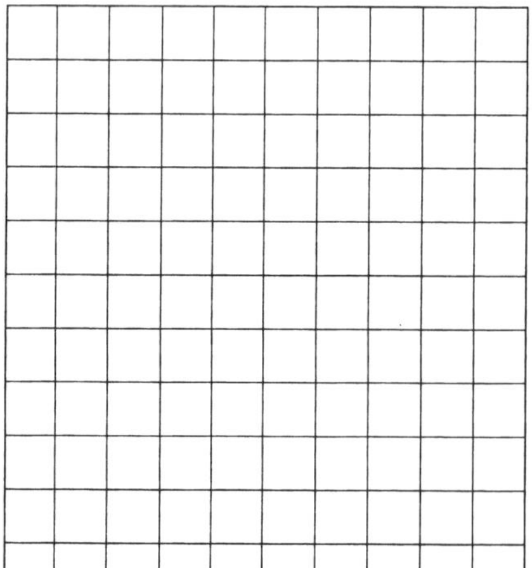

Figura 5.4 – *Layout* de grade para uma revista.

Figura 5.5 – *Layout* de grade para um boletim informativo.

Etapa 4

Cabeçalho e logotipo adequados já terão sido escolhidos e devem ser colocados na área escolhida da página. Outros elementos, como os anúncios, devem ser introduzidos nesse momento.

Etapa 5

O texto, proveniente de um arquivo, disquete ou CD, é inserido nas respectivas colunas, manualmente ou com ajuda do comando "autofluxo" (*auto-flow*). Da mesma forma, o material ilustrativo será recortado, dimensionado e inserido nas áreas selecionadas com legendas adequadas. Adicionam-se então a manchete principal, os antetítulos e intertítulos apropriadamente ajustados. Diversos efeitos textuais e visuais podem também ser utilizados nessa etapa.

Etapa 6

A página é impressa e a cópia é revisada. É muito mais fácil revisar um texto impresso do que na tela do computador. É recomendável realizar essa tarefa demorada com mente limpa e, naturalmente, fazer um intervalo antes de começar o trabalho. Além das verificações óbvias de ortografia, gramática e pontuação, revisar a prova requer atenção aos detalhes, como exatidão de fatos e números, uso correto de abreviações, referências cruzadas, adequação de legendas e ilustrações, paginação, etc. As correções costumam ser marcadas em vermelho, tanto no texto como na margem, utilizando-se marcas próprias de revisão. A Figura 5.6 mostra uma seleção de algumas das marcas mais comuns.

978-85-7241-733-4

Marca na margem	Significado	Marca no texto
|,	inserir vírgula	|
|.	inserir ponto final	|
|#	inserir espaço	|
|	eliminar espaço	|
|x	deletar	|
|(|)	inserir parênteses	||
|-	inserir hífen	|
|:	inserir dois pontos	|
|;	inserir ponto e vírgula	|
|'	inserir apóstrofo	|
|"	inserir aspas simples	|
|"|"	inserir aspas duplas	||
|⊔⊓	inverter elementos	⊔⊓
negrito	mudar para negrito	
itálico	mudar para itálico	
cb	mudar para caixa baixa	
sublinhar	sublinhar palavra	
CA	mudar para letras maiúsculas	

Figura 5.6 – Exemplos de marcas de revisão.

Etapa 7

Nessa etapa, podem ser necessárias mudanças a fim de corrigir e melhorar aspectos que não tenham ficado evidentes na tela do computador. Feitas as alterações, o documento deve ser salvo e impresso. (É recomendável salvar o documento em intervalos freqüentes durante o processo de produção.)

Observação

Como exigência do curso da *City and Guilds Diploma in Media Techniques: Journalism and Radio**, os estudantes e *trainees* devem produzir um boletim informativo simples de quatro páginas utilizando um pacote DTP, que deve incluir o material do *portfolio* jornalístico pessoal. Shaun Allaway era um jovem jornalista *trainee* desse curso em St. Vincent College, Gosport, Hampshire, em 2001. As ilustrações das atividades sugeridas foram tiradas do boletim informativo produzido por ele e demonstram os avanços tecnológicos ocorridos na capacitação de *trainees* em produzir trabalhos para publicação.

Atividades Sugeridas

1. Escolha um tablóide e um jornal *standard* publicados no mesmo dia e compare o *layout* da primeira página quanto a manchetes, matérias, ilustrações, tipografia, utilização de espaço em branco, uso de cores, etc. Analise as diferenças no *layout* e o possível impacto sobre os leitores. Discuta suas conclusões com o professor e outros colegas.
2. Escolha uma revista popular nacional e analise a proporção do editorial e do informe publicitário na publicação, o conteúdo, a utilização de diferente tipologia, o uso de cores, a quantidade de espaço em branco, a legibilidade, a adequação do pacote como um todo ao público-alvo, etc. Discuta suas opiniões com o professor e outros colegas.
3. Acesse o pacote DTP em um computador e selecione as fontes disponíveis. Digite as palavras "*Deadline*: hoje" e experimente usar:

- Diferentes tipos de fonte.
- Diferentes tamanhos de fonte.
- Caixa alta e caixa baixa.
- Fonte regular e em negrito.
- Fonte com serifa e sem serifa.
- Fonte em itálico.
- Efeitos especiais como sombra, sublinhado, hachura e versalete.

Imprima os resultados obtidos, anote-os e guarde em uma pasta para futura consulta.

978-85-7241-733-4

---

* **N. do T.** – *City and Guilds* é um dos principais órgãos de certificação profissional da Grã-Bretanha.

THE GOSPORT GAZETTE

30p Friday May 4, 2001

BRINGING YOU UP TO DATE

Kids eat free at Gunwharf Quays!

Gunwharf Quays

SEE PAGE THREE

FIRST BUS LEAVES STUDENTS STRANDED

■Plans to withdraw the local fleet of double deckers have left Gosport's students seething.

By Shaun Allaway

First Provincial have revealed plans to phase out their fleet of double-deckers, leaving St Vincent students facing overcrowded journeys home.

The move is part of the company's vision of the future which includes new 'mega-deckers' to serve the Fareham and Gosport region.

First Provincial currently has five double-deckers in its fleet and these will not be replaced at the end of their lifespans. The company say that double-deckers are no longer an attractive form of bus travel.

"It's a case of the industry having to face up to what the passenger wants," said Area Director Mike Smith.

However, the plans have angered students at the college, who are already unhappy at the overcrowding on college bus services.

Nineteen-year-old Ben Salmon, a science student at St Vincent, is particularly angry about the 72A service covering Locks Heath, Titchfield, Stubbington and Lee-on-the-Solent.

"They (First Provincial) already have our money from our bus passes. They don't care how we get home," he said.

But Mr Smith defended the company's plans.

"Students have to rely on the commercial side of our service," he said.

"It isn't always what they want, but the service has to be within what we can afford to run as a business.

"There can be overcrowding but what we look to do is to invest in our fleet to bring in larger and longer vehicles. The new 'mega-deckers' can hold the same number of people as a double decker, but on one level," he added.

Mr Smith also had a message for members of the public unhappy at sharing their buses with St Vincent students.

"We're living in a society where we should learn to live with each other. There has to be tolerance on both sides."

CROWDED: Students say buses like this one aren't big enough

Children say pants to poverty

By Shaun Allaway

Children from Stubbington went out onto the streets yesterday to raise money for charity – by exposing their underwear to the public!

The children, all pupils at Crofton Anne Dale Junior School, collected money from shoppers in the Village Green area of Stubbington in aid of the BBC's Comic Relief appeal.

"Comic Relief were using the 'Say Pants to Poverty' idea, so we thought we'd use it too," explains Mark Allaway, 11. "We all wore a pair of pants over the top of our other clothes, which were red," he added.

The fundraisers spent about an hour collecting loose change after school, and collected almost £20 in total. But as Mark points out, every penny counts.

"That money can now help poor children in places like Africa, so it was definitely worth it, even if we did freeze!"

Jesus Christ Superstar hits Mayflower Theatre

Jesus Christ Superstar takes centre stage at the Mayflower Theatre, Southampton this week as part of a nationwide tour by the Really Useful Theatre Company.

The production uses the original score written by Andrew Lloyd Webber and lyricist Tim Rice, and runs until Friday.

Theatre-goers are advised to book early to avoid disappointment as the show is expected to be almost as popular as the original West End production.

REVIEW: PAGE 2

POSH WINDOWS AND CONSERVATORIES

FOLLOW THE BLUES WITH *THE GOSPORT GAZETTE*! CREWE MATCH REPORT ON BACK PAGE

Figura 5.7 – Capa de um boletim informativo.

978-85-7241-733-4

Gazette Sport

FOLLOWING THE BLUES!

POMPEY CREW DEFEAT ALEXANDRA

By Shaun Allaway
Chief sports correspondent

■**Controversy dogs Fratton Park clash as Ref awards two penalties and shows the red card**

Portsmouth 2-1 Crewe

Portsmouth fans watching the match at Fratton Park last night will be relieved that their side came away with all three points from this scruffy encounter with Crewe.

Pompey had the better efforts on goal in a dreary first half with Mike Panopoulos going close on the half-hour.

This was as good as it got in a half that saw three yellow cards. Crewe's Paul Tait was booked after illegally challenging Russell Hoult and Steve Claridge followed later for dissent.

Pompey controlled the second half but it was Crewe who took the lead on the hour when Shaun Smith converted an undeserved penalty.

Crewe were hampered when Paul Tait received his marching orders after raising an arm.

A Pompey equaliser then seemed inevitable and duly arrived through Thomas Thogersen's shot from the edge of the box.

The Pompey winner arrived after Justin Edinburgh was brought down in the box and Steve Claridge tucked away the penalty.

The attendance of 14,621 was above average for a midweek fixture due to the club's offer of discounted tickets for students, who were admitted for just £2.

Overall Portsmouth deserved the win even though it was messy at times. The top half of the table now beckons for this improving Pompey side.

BATTLE FIELD: Mike Panopoulos (right) competes for the ball last night

Pompey Line-up and ratings:

Russell Hoult (6.5):
Calm and reliable when called upon to make a save, but was rarely tested.

Linvoy Primus (7):
Strong at the back and was rarely beaten. Nullified the Crewe threat.

Justin Edinburgh (6.5):
Had a quiet game. Responsible for winning late penalty, though.

Shaun Derry (8.5):
Man-of-the-match. Typical strong and combative display. Passed the ball effectively.

Darren Moore (7):
As usual a defensive rock, although many of his clearances fell to the opposition (Replaced by David Waterman, 66).

Mike Panopoulos (7):
A good game in his first start since January. Worked hard and had a hand in the equaliser.

Steve Claridge (8):
Held the ball up well and link-up play with Panopoulos was excellent. Another vital goal, too.

Lee Bradbury (7):
He just needs a goal or two to restore some confidence (Replaced by Luke Nightingale, 90).

Nigel Quashie (8):
Went close and passed the ball well. A better goal return will make him a coveted player.

Thomas Thogersen (7):
Bad error when his attempted volley missed the ball. Redeemed himself with the equaliser.

Scott Hiley (7):
An inspired decision to bring him back into the frame. Played well in both defense and attack.

Referee: Mr SG Tomlin (5): Annoyed both sets of supporters with awarding of needless free kicks.

Super gran has the Wright stuff

By Shaun Allaway

Running a marathon would be a daunting prospect for most people, but Fareham pensioner Shirley Wright can't get enough of them!

Shirley, a semi-retired health visitor, has taken part in the London Marathon five times in the last ten years, and says she has enjoyed every minute of it.

"I've always liked London due to the crowd's support," said Shirley, of Fisher Close, Stubbington.

Support, claims 64-year-old Shirley, was a key factor in her achievement of finishing in all five attempts, with her best effort breaking the five hour barrier by eight minutes.

Indeed, Shirley believes it may be harder to support than it is to run!

"Last time I ran my husband Frank was cycling around London to give me drinks and support. He helps me with my training

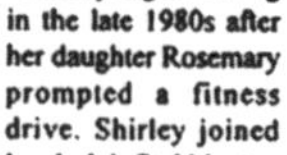

Shirley Wright

programme too and also runs with me sometimes."

Shirley began running in the late 1980s after her daughter Rosemary prompted a fitness drive. Shirley joined local club Stubbington Green Runners shortly after, when she decided to attempt her first marathon.

"I thought my husband would think I was crazy the first time. I'd never run anything like marathon distance and I was 54 years old!" she laughed.

Super gran Shirley has also raised money for charities such as the Imperial Cancer Research Fund and the St. John's Ambulance group, but remains undecided about adding to her total of eight marathons.

Last night's results

FA Carling Premiership

Arsenal 5-0 Soton
Aston Villa 0-2 M'boro
Everton 1-3 Liverpool
Leicester 1-1 Bradford
Man Utd 2-3 Leeds Utd
Newcastle 2-0 Man City

Nationwide Lge Div 1

Barnsley 1-1 Stockport
Birmingham 3-1 Wolves
Blackburn 1-1 Sheff Utd
Bolton 2-1 Wimbledon
Norwich 1-0 Grimsby
Notts Forest 2-0 QPR
Portsmouth 2-1 Crewe
Preston 1-1 Gillingham
West Brom 2-2 Watford
Huddersfield 1-1 Tranmere
Sheff Weds 1-1 Burnley

FA Cup 2nd Rnd Replay

Kidderminster 2-1 Yeovil

Figura 5.8 – Contra-capa da mesma publicação.

978-85-7241-733-4

4. Redija uma introdução para um artigo de moda e elabore uma manchete apropriada. Experimente diferentes tipos e tamanhos de fontes, cores e efeitos para a manchete. Imprima uma seleção e avalie a adequação de cada um.
5. Selecione duas fotos diferentes para ilustrar uma crítica de um concerto popular realizado em um parque. Redija uma legenda para uma das fotos que será colocada ao lado da manchete principal. Redija outra legenda para a foto que ficará sozinha em outra página.
6. Em um pacote DTP, explore diferentes *layouts*, margens, orientações de página, guias de coluna, etc., a fim de familiarizar-se com as opções disponíveis para a produção de produtos impressos.
7. Digite um breve artigo noticioso de 75 palavras a ser publicado na segunda página de um boletim informativo. Alinhe o texto à esquerda, à direita, centralizado e justificado. Imprima os resultados obtidos e decida que tipo de alinhamento é mais apropriado. Grave as cópias em uma pasta para futura consulta.
8. Prepare um "boneco" da primeira página de um boletim informativo comunitário utilizando as instruções fornecidas neste capítulo.
9. Planeje e produza uma longa reportagem de duas páginas para uma revista popular dirigida a adolescentes. Escolha e pesquise um assunto. Redija a reportagem. Selecione imagens e gráficos. Faça o *design* do *layout* e prepare um "boneco" de página dupla. Produza o *layout* no computador e imprima o produto.
10. Planeje e produza a capa e as páginas de uma revista comunitária sobre artes e ofícios.
11. Faça o *design* e produza um boletim informativo de quatro páginas utilizando o programa DTP adequado. Você pode incluir um texto da seção de atividades do capítulo anterior.
12. Elabore e produza a capa e a contra-capa de um fanzine de música popular ou de esportes.

FONTES E REFERÊNCIAS

British Standards Institution. BS 5261: Part 2: 1976 (1995). Available at: http://www.bsi.co.uk (accessed 20 September 2001).

Butcher, J. (1992) *Copy Editing* (3rd edition). Cambridge: Cambridge University Press.

Colher, D. and Cotton, B. (1989) *Design for Desktop Publishing*. London: Headline.

Dimbleby, N., Dimbleby, D. and Whittington, K. (1994) *Practical Media. A guide to production techniques*. London: Hodder and Stoughton.

Evans, H. (1974) *Handling Newspaper Text*. Oxford: Heinemann.

Genette, G. (1997) *Paratext*. Cambridge: Cambridge University Press.

Giles, V and Hodgson, F.W. (1996) *Creative Newspaper Design* (2nd edition). Oxford: Focal Press.

Hodgson, F.W. (1993) *Subediting*. Oxford: Focal Press.

McLean, R. (1980) *The Thames and Hudson Manual of Typography*. London: Thames and Hudson.

6 Jornalismo *Online*

- Introdução
- Um breve guia para *Web Design*
- São as palavras, estúpido!
- Estudo de caso: *Trinity Digital Media*
- Resumo do que se deve ou não fazer em jornalismo *online*
- Atividades sugeridas
- Fontes e referências

Introdução

A Internet e a *World Wide Web* têm desempenhado papel significativo no jornalismo desde, pelo menos, 1994, quando, como vimos no Capítulo 1, o *Daily Telegraph* tornou-se o primeiro jornal do Reino Unido a manter seu conteúdo disponível *online*. Bilhões de outras páginas estão disponíveis ao público (Quinn, 2001:156), as quais podem ser acessadas por meio de ferramentas comerciais de "busca", como o *Google*. Cada página tem um "endereço" único e individual, chamado de *Unique Resource Locator* (URL).

Embora a Internet, por sua natureza, não permita a obtenção de números precisos, uma minoria substancial – talvez 10% – parece possuir conteúdo jornalístico amplo. Hall (2001:2) observa que a Reuters preenche 27.000 páginas de dados a cada segundo, todos os dias, para um mercado potencial de mais de 200 milhões de usuários regulares. Certamente, notícias e informações são duas das principais razões para as pessoas utilizarem a Internet, com um levantamento mostrando que 40% dos usuários utilizam o meio para conseguirem mais informações a respeito de uma matéria, além das que teriam sido disponibilizadas pela imprensa ou alguma assessoria (ibidem:36).

Infelizmente, nem mesmo o maior servidor da *Web* pode conter a demanda por notícias quando surge uma importante reportagem de última hora. Isso aconteceu no dia dos ataques terroristas aos Estados Unidos em setembro de 2001. A maioria das pessoas não tem acesso a rádio ou televisão no local de trabalho, portanto a Internet se torna a mídia mais acessada.

O uso da Internet em casa também está se expandindo rapidamente. De acordo com levantamento realizado pela Oftel, em maio de 2001, cerca de 40% dos lares possuíam acesso à Internet – um crescimento de 4 milhões em apenas 12 meses – e as pessoas estariam passando mais de 7h por semana "navegando" em casa (Oftel, 2001). Além disso, muitos daqueles que recentemente passaram a acessar a Internet optaram por um esquema de acesso ilimitado – o que significa que eles podem permanecer *online* por quanto

978-85-7241-733-4

tempo quiserem sem o acréscimo de taxas extras. Não é de surpreender que a maioria das principais empresas envolvidas com jornalismo esteja empenhada em investir dinheiro e em funcionários necessários aos serviços da Internet.

Mas como o jornalismo deve se apresentar na Internet? Seria simplesmente um caso de transferência de material impresso, por vezes referido de modo pejorativo como "ultrapassado", para a nova mídia, ou a Internet deve ser vista como um meio completamente novo, que exige padrões novos e diferentes, porém próximo de seu antecessor?

Embora tenha existido, sem dúvida, muito "barulho" em torno da Internet e do fornecimento de notícias, a nova mídia altera fundamentalmente a relação entre jornalista, fonte e leitor.

Primeiro, há a questão da interatividade: ao contrário do rádio e da televisão, o usuário da Internet não pode ser passivo – ele deve tomar decisões e fazer escolhas sempre que estiver navegando, até mesmo mais do que em relação à mídia impressa, quando precisa decidir (geralmente) o que comprar e, em seguida, o que ler, quando ler e em que ordem fazê-lo. Porém, diferentemente da mídia impressa, o leitor de notícias *online* não está limitado a ver apenas o que é mostrado. Uma das diferenças mais óbvias é que ele pode chegar às primeiras fontes. Serviços antes disponibilizados apenas para as redações e alguns hotéis e empresas estão agora disponíveis para todos: as notícias podem ser vistas "como acontecem" – com erros, imprecisões, etc.

Contudo, outras fontes primárias também estão disponíveis – *releases* da assessoria do governo, relatórios oficiais, entre outros. Como podemos ver no estudo de caso, isso é considerado um fator "a mais" pelas organizações jornalísticas. Deveria, em tese, aumentar a credibilidade do jornalismo – se o usuário comum pode chegar à "verdade", deveria tornar-se mais resistente a *spams*, publicidade e mensagens preconceituosas. Ademais, uma das mudanças fundamentais engendradas pela Internet é que o papel tradicional do jornalista – atuar como guardião, ao acessar fontes e informações de confiança, filtrar e verificar a exatidão antes da publicação – é deixado de lado. O único aspecto prejudicial da Internet é que o desequilibrado, o irresponsável e o grosseiro têm o mesmo espaço no sistema que o equilibrado, o responsável e o saudável. Porém, alguns dos mais organizados provedores de notícias – como o *Drudge Report* – podem ser relacionados com a imprensa de oposição da década de 1960 ou com a imprensa radical do século anterior: eles colocaram em domínio público fofocas, escândalos e especulações que ninguém ousaria publicar. No entanto, algumas dessas matérias são descobertas, checadas e, caso vistas como substanciais, legitimadas e publicadas pelos meios de comunicação tradicionais – exemplo disso foi a exploração das aventuras sexuais do Presidente Bill Clinton.

A mídia pode fornecer *links* para cada fonte das suas principais páginas de notícias – embora alertando não ser responsável pelo conteúdo de outros *sites*. Desse modo, uma reportagem sobre protestos ambientais pode incluir material filtrado "racional" e "responsável", apesar de relacionado com grupos

978-85-7241-733-4

de pressão, protesto e congêneres. Uma reportagem sobre um partido político pode conter *links* com *sites* oficiais dos partidos envolvidos. O leitor de notícias – sobretudo o engajado – poderá acessar um *link* para ver o que "o seu" lado está dizendo sobre uma controvérsia – pura esfera pública (ver Cap. 1).

Além do mais, o usuário pode personalizar e escolher sua cobertura de notícias por assunto e outros meios, até criar seu próprio jornal ou noticiário virtual. O perigo disso é fazer com que os leitores tenham acesso mais limitado à informação do que se utilizassem um meio tradicional, perdendo, de fato, alguma informação que o poderia interessar. Em vez de expandir a compreensão e a tolerância, a *Web* pode reforçar o preconceito.

Mais positivamente, o usuário pode personalizar as notícias para ver o que elas significam para ele – como a Bolsa de Valores afeta a renda da minha família? Que efeitos a política de novos padrões educacionais exerce no desempenho dos meus filhos na escola? Quais locais da região onde vivo podem desenvolver focos de febre aftosa?

A Internet fornece novas possibilidades para os jornalistas apresentarem e propagarem seu "próprio" trabalho, ao invés de contarem com organizações existentes. Para as organizações comerciais, há a questão principal: como fazer com que a Internet se torne um meio lucrativo? Além disso, uma vez que se disponibiliza tudo o que é produzido gratuitamente, por que o público continuaria gastando dinheiro comprando o mesmo material em outras versões, como jornais e revistas?

Considerando algumas das principais questões que rodeiam o jornalismo *online*, este capítulo abordará os aspectos práticos da mídia – as técnicas e convenções que têm sido aplicadas ao novo meio. Como exemplo de como um grupo de algum meio convencional adaptou-se e desenvolveu seu material das formas mais "tradicionais" de jornalismo em jornais pagos e gratuitos, analisaremos o caso da *Trinity Mirror Digital*. Veremos que a maioria dos jornalistas, no caso, não precisou conhecer a fundo os mecanismos de *design* de páginas para uso *online*. As várias técnicas conhecidas como autorais são hoje criadas por *softwares* e modelos utilizados nas redações. Longe ficaram os dias em que alguém que desejasse estar envolvido no "desafiador" novo mundo *online* tinha de conhecer as dificuldades do *Hyper Text Markup Language* (HTML) e afins.

Portanto, este capítulo fará, primeiramente, uma breve consideração sobre alguns dos principais programas e técnicas para criação de páginas. Pelo menos, o jornalista não empalidecerá ao se ver diante dos jargões de tais técnicas!

978-85-7241-733-4

Um Breve Guia para *Web Design*

Para visualizar as páginas da *Web*, o usuário precisa que seu computador tenha um *software* chamado de *browser*. Os mais populares são o *Internet Explorer*® e o *Netscape*® – ambos, atualmente, fazem parte do "pacote" gratuito de cada computador vendido. O padrão desenvolvido pelo grupo que criou a *World Wide Web*, que permite que informações de todos os tipos sejam transmitidas pela Internet, é chamado de HTML. Esse padrão comum certifica que a página criada em um computador seja reproduzida como a original no computador receptor – *What You See is What You Get* (WYSIWYG) – ou talvez, nesse caso, fosse melhor dizer *What You See is What Someone Else Gets*! Sem o HTML, existiria apenas uma sucessão de palavras sem espaçamento, pontuação e formatação, com estruturas vazias (*boxes*), mapas, tabelas, etc. A unidade básica de HTML que pode gerar resultados de si própria é chamada de *lexia*.

O HTML é dividido em *tags* que descrevem o tipo de texto ou outros elementos na linha da página da *Web*. Essas *tags* sempre aparecem entre parênteses angulares (< >). Em geral, o nome da *tag* é uma abreviatura de sua função, o que facilita o aprendizado. Por exemplo, para a descrição deste livro na linguagem HTML, poder-se-ia escrever:

Este é um <I>belo</I> livro.

em que I representa a função itálico. A barra que segue (/) mostra que o efeito deve terminar após essa palavra.

Algumas *tags* contêm atributos que dão mais informações sobre sua ação; por exemplo, o local onde a palavra deve estar na página. O HTML também pode especificar a cor do texto ou de outro material, utilizando as cores-padrão vermelho, verde e azul (RGB, *Reds Greens Blues*) traduzidas em um número hexadecimal – embora, felizmente, elas também possam ser descritas por seus nomes.

Outro elemento importante do HTML são os *links*, *tags* que mostram a relação entre um documento e outro. As *metatags* também são importantes à medida que fornecem palavras-chave utilizadas pelos mecanismos de busca – muito importantes para conduzir outros internautas às informações da sua página.

O XML é uma forma desenvolvida do HTML utilizada, em geral, pelas páginas de jornalismo e pelos modelos especiais de publicação em *browsers*, incluindo *NewsML* e *News Industry Text Format* (NITF). Para o crescente protocolo *Wireless Application Protocol* (*Wap*) dos telefones celulares, há o formato *Wireless Markup Language* (WML).

Embora este capítulo enfatize a importância das palavras ou do texto no jornalismo *online*, não há dúvidas de que algo que não seja simplesmente um texto é desejável na maioria das páginas da *Web*, tanto para atrair usuários como até para inspirar ou entreter o leitor. Uma das maiores maravilhas da digitalização é que, uma vez transferida a informação em seqüências de zeros e uns, não há barreiras para o tipo de informação transmitida – que pode estar em texto, imagens (em movimento ou não), gráficos, áudio ou uma combinação destes. Basta desenvolver os programas, *hardware* e *software*, para digitalizar essas formas a partir de suas versões originais ou ainda criá-las em códigos digitais.

978-85-7241-733-4

Para efeitos mais elaborados que os produzidos por HTML, existe uma linguagem denominada *Javascript*®, que permite gráficos simples e interatividade. O *Java* é uma ferramenta independente escrita na forma de *applets* – pequenas aplicações autônomas.

Uma das maneiras mais comuns de distribuir gráficos na *Web* é o *Graphic Interchange Format* (GIF). Uma das razões para a popularidade desse programa é que ele pode ser criado e visto em qualquer plataforma – PC ou MacIntosh. Arquivos GIF podem conter mais de 256 cores. Eles são comprimidos; portanto, embora a imagem descomprimida (quando o usuário efetua o *download*) envolva certa perda de qualidade, para a maioria das pessoas ela tem efeito muito bom – ainda que, para aparecer com tamanho correto em tela, a resolução tenha de ser reduzida. O GIF é melhor para desenhos com linhas onduladas ou logos e, ao contrário do JPEG, pode ser animado.

Um dos mais conhecidos e utilizados *softwares* para criação de arquivos GIF é o *Adobe Photoshop*®.

É provável que o formato de arquivo mais utilizado para publicação de fotos na *Web* seja o JPEG – assim chamado por ter sido desenvolvido pela Joint Photographic Experts Group. Imagens criadas por meio desse sistema contêm até 24 bits de cores em RGB e podem converter imagens em tons de cinza. Isso resulta em imagens de altíssima qualidade. O esquema de compressão determina perda de alguma informação durante o processo, mas nada é detectado aos olhos humanos. Os JPEG precisam ser descompactados antes de ser exibidos e o *browser* do usuário demora muito para baixar uma imagem nesse formato. Tudo isso é suportado por *browsers* do sistema HTML. A maioria deles também suporta outro formato chamado *Portable Network Graphics* (PNG).

O próximo passo em relação a gráficos, fotos, etc., é contar com *displays* animados. Os mais utilizados são os desenvolvidos pela *Macromedia*®, que utiliza arquivos compactados que podem ser adquiridos de forma relativamente rápida na *Web*. Para criar esses arquivos, é necessário comprar o *software Macromedia* e possuir um *player* adequado instalado no computador.

Páginas da *Web* realmente audaciosas podem comportar arquivos de áudio e vídeo para apresentações multimídia completas. Quase todos os computadores possuem o *Real Player*® básico ou o *Windows Media Player*®, de forma que muitos usuários conseguem ouvir ou assistir a esse tipo de arquivo. Para criá-los, é preciso comprar um *software* como o *Real Producer*®. Há dois modelos principais de arquivos multimídia enviados pela Internet – *streaming* e *non-streaming*. *Streaming* significa que o usuário visualiza o arquivo "ao vivo" – está continuamente sendo produzido de sua fonte –, embora haja um *buffering* para assegurar que o arquivo seja executado tão bem quanto possível até mesmo se houver alguma interrupção. O arquivo pode ser visto e ouvido logo após iniciado (antes de o *download* estar completo). Porém, o computador não grava o arquivo. Transmissões podem ter arquivos *streaming* – tipicamente o usuário vê e ouve as transmissões cerca

978-85-7241-733-4

de um minuto após elas terem sido lançadas pelos transmissores de rádio e televisão. Milhares de emissoras de rádio disponibilizam esse modo pela Internet, criando uma comunidade global de ouvintes. *Sites* de notícias e esportes da rede BBC, como a *Radio 5 Live*, oferecem uma combinação dessas técnicas – os mais recentes boletins de notícias e esportes são *streamed*, com *links* para as principais páginas de notícias da BBC, para matérias de áudio e vídeo, e a transmissão da emissora é continuamente ao vivo. Regionalmente, a BBC Radio Lancashire foi muito elogiada tanto pela riqueza de conteúdo quanto pela interatividade de seu *site*, levando a Internet "para o povo" por meio de uma Central Aberta em seu estúdio em Blackburn e também de um ônibus que percorre cidades e vilarejos.

Por outro lado, áudio e vídeo *non-streaming* permitem que o material seja armazenado como um arquivo, mas para isso é necessário realizar seu *download* completo. O arquivo mais comum para esse padrão é o WAVE (.wav). Ele não requer *software* especial, mas os arquivos podem demorar muito para baixar. Uma solução melhor é o padrão MPEG – assim chamado por ter sido criado pelo Moving Pictures Expert Group –, que pode ser *streaming* ou *non-streaming*. Arquivos MPEG mantêm excelente qualidade de som utilizando taxa de compressão muito alta. Vários aparelhos utilizam o formato MP3, como The Psion *Wavefinder*®, que recebe rádio (DAB) em alta qualidade digital e pode gravar arquivos em MP3 no disco rígido.

978-85-7241-733-4

Evidentemente, o usuário ficará muito irritado com arquivos que demorem muito para baixar e, como sempre, deve existir um comprometimento entre os resultados de alta qualidade e a velocidade do *download*. Isso é, na maioria das vezes, determinado pelas taxas de *bit* e amostragem. Ambas precisam ser mais altas para arquivos de música e voz de alta qualidade.

Um dos pacotes de *software* mais aclamados pela crítica para criação e edição de vídeo – tanto em *MacIntosh* quanto em PC – é o *AfterEffects*® da *Adobe*. O *QuickTime*® – também compatível com *MacIntosh* e PC – é uma ferramenta multimídia há muito utilizada.

Além do *Real Player* e do *Windows Media Player*, o usuário pode executar áudio e vídeo por meio do *QuickTime Movie*®. Os arquivos de áudio são tão grandes que a compressão é essencial, e todos os sistemas utilizam *codecs* – algoritmos de compressão e descompressão. Os arquivos de vídeo são ainda maiores e, por conseguinte, podem demorar muito para baixar. Mais uma vez, a taxa de *bites* é crucial, assim como a profundidade da cor, a taxa e o tamanho do *frame*. Muitos especialistas concordam não ser aconselhável produzir vídeos em tela cheia se a quantidade de dados exigidos para a execução de imagens desse tamanho for extremamente alta. Já para o áudio, a duração é um fator mais importante.

São as Palavras, Estúpido!

Surpreendentemente, várias pesquisas confirmaram que a maioria das pessoas que utilizam a Internet, sempre considerada uma mídia visual, têm maior interesse pelo mundo das palavras. Isso é bom para os jornalistas! Numa época em que há tanta concentração na mídia visual, essa é a confirmação de que as palavras ainda fazem a diferença.

O projeto Stanford-Poynter – assim chamado por ser organizado pela Universidade de Stanford em conjunto com o Instituto Poynter, nos Estados Unidos – é um dos estudos mais fascinantes realizados na região. O levantamento sugere que, em comparação com uma pesquisa semelhante realizada em 1996, em todas as partes, as pessoas entrevistadas demonstraram redução no consumo de jornais e revistas e na audiência de telejornais, embora mantivessem a audiência aos noticiários de rádio. Porém, mais significativamente, os serviços de notícias da Internet teriam "trazido os leitores de volta ao velho hábito da leitura" (Stanford-Poynter, 2000).

A parte mais original e inovadora da pesquisa mostrou exatamente como as pessoas utilizam os serviços de notícias da Internet. Os pesquisadores implantaram dispositivos especiais de vídeo nas cabeças dos pesquisados a fim de demarcar não apenas as páginas às quais os leitores olhavam e por quanto tempo, mas para onde seus olhos olhavam em cada página e por quanto tempo. Os resultados desse estudo foram (naturalmente!) disponibilizados *online* (ver Fontes e Referências no final deste capítulo), mas seguem algumas das conclusões mais importantes:

- Após dar uma olhada geral na página, os olhos dirigem-se primeiro aos textos, não às imagens ou aos gráficos.
- Muitas fotos são vistas, porém apenas por poucos segundos!
- Os leitores *online* lêem ampla, mas superficialmente; *contudo*, lêem seus artigos favoritos com profundidade.

Esse estudo teve como base pesquisas anteriores sobre o uso da Internet, as quais indicaram que a maioria das pessoas tende a dar uma olhada numa página procurando por palavras e frases que lhes chamem a atenção, e então lêem o texto mais detalhadamente ou clicam em um *link* que forneça mais informações e comentários sobre os tópicos que mais lhes interessam. A partir disso, conclui-se que o material escrito para jornalismo *online* deve estar em blocos curtos, facilmente assimiláveis e com títulos para dividir o texto. É claro que jornalistas e subeditores da mídia tradicional tendem a fazer isso em suas reportagens. Assim sendo, trata-se de "aproveitar" o estilo normal em vez de criar outro completamente novo.

Assim, o texto apresentado na tela deve ter, no máximo, 250 palavras, retiradas da versão original (impressa). Em vez de simplesmente "cortar o final", como geralmente acontece nas (sub)edições da mídia tradicional, o jornalista *online* deve certificar-se de que todas as informações essenciais estão na primeira página. Portanto, o que deve permanecer? Só é possível fornecer uma visão geral, mas um dos aspectos mais positivos da Internet para os jornalistas é que o usuário pode clicar nos *links* a fim de encontrar informações das quais precise para entender ou aprofundar-se em determi-

978-85-7241-733-4

978-85-7241-733-4

nados aspectos da matéria. Isso, evidentemente, está em nítido contraste com a mídia tradicional, em que os jornalistas precisam fazer certas suposições acerca dos conhecimentos de seus leitores. Eles costumam fornecer todo o conteúdo necessário a alguém que é "novo" na notícia, irritando aqueles que já estão familiarizados com o conteúdo, transmitindo muitas informações que eles já conhecem. O jornalista *online* não sofre tanto com essas preocupações – a informação principal pode ser apresentada e quem desejar saber mais pode utilizar *links* para outras páginas. Isso desafia a tão bem estabelecida forma de escrita jornalística do modelo da pirâmide invertida, com pequenos trechos de informação gradualmente expandidos em mais detalhes.

É necessário ter prudência nesses casos, pois estudos mostram que os usuários da *Web* se frustram bastante – e até mesmo desistem – quando as informações que procuram estão a mais de três cliques de distância. O discurso direto deve ser restrito ao mínimo possível, a menos que seja essencial à compreensão da matéria. Outra boa razão para concentrar-se no texto e não nas imagens elaboradas e noutras possíveis apresentações visuais é que elas tendem a aumentar o tempo necessário para o *download* da página.

É necessário lembrar que muitos navegadores utilizam *modem* com velocidade máxima de 56 quilobytes por segundo (kbps). Trata-se de um valor máximo; na realidade, muitos terão velocidade de conexão em torno de 35 e 45Kbps. Além disso, muitos dos *sites* mais populares baseiam sua velocidade de *download* em 28kbps – metade do potencial de muitos *modems* utilizados no início do século XXI. Uma página, no entanto, deve ser desenvolvida de maneira atraente e conter material altamente criativo, porém os usuários tendem a ser muito impacientes quando utilizam a Internet e desistem facilmente se a página levar mais de 30s para baixar. É evidente que, se isso acontecer, todo o esforço terá sido perdido.

Isso não significa que as páginas devam ser rigidamente textuais, sem outros recursos. Alguns gráficos e pequenas ilustrações simples, porém atraentes (as quais os usuários podem procurar em mais detalhes se quiserem), são bem-vindos. Assim como na página impressa, a virtual deve estar repleta de "espaços em branco" que permitam ao usuário encontrar as informações com facilidade. Para grupos de transmissão (rádio e televisão) e de mídia impressa, existe o potencial de disponibilizar textos em áudio e vídeo por meio de *links* na tela. O melhor exemplo disso talvez seja o *Web site* da BBC, que a qualquer hora mantém dezenas de matérias divididas em diferentes seções – política, esporte, entretenimento, etc. –, mas com uma "primeira página" mostrando as principais notícias do momento. Órgãos transmissores também têm o potencial de *live stream* para seu noticiário de rádio ou televisão. Há implicações envolvendo direitos autorais para todos esses casos. Alguns *sites*, incluindo emissoras de rádio da BBC, comprometeram-se a disponibilizar seu boletim mais recente e fornecer *links* fáceis para os principais *sites* nacionais e internacionais da emissora. O preço de *softwares* e *hardwares* para produção e *download* desse tipo de material vem sofrendo considerável redução nos últimos anos.

O grupo *Telegraph* orgulha-se de seu *site*. Ele instituiu radicalmente sua presença na *Web* em 2001 e mostrou sua experiência com os leitores *online* (*Telegraph*, 2001). Acredita-se que os fatores mais significativos para seu sucesso sejam:

- Fornecimento de *links* em todas as matérias, tanto para seus próprios arquivos como para *sites* externos relevantes.
- Fornecimento de conteúdo detalhado, como artigos sobre questões atuais, e desenvolvimento de material interativo, como pesquisas e votações.
- Utilização dos arquivos do grupo para contextualizar acontecimentos contemporâneos – o mini-*site* sobre a Copa do Mundo de 1998, por exemplo, continha notícias de todas as edições do evento desde a sua instituição.
- A mudança mais óbvia, do ponto de vista do usuário, é que a *home page* desenvolveu-se a partir do equivalente *online* de uma primeira página de jornal e evoluiu para o que se tornou uma vasta rede de pesquisa de informação e entretenimento, organizada em uma série de canais específicos.
- *Menus* no topo direito de todas as páginas para facilitar a mobilidade entre os canais do *site*.
- Utilização da página de acesso a fim de oferecer apenas um clique de acesso a todos os níveis de todos os canais. Tornar a profundidade e a extensão do conteúdo tão acessíveis quanto possível tem sido o fator mais importante em mudanças na navegação.
- Possibilidade de o usuário personalizar as páginas de acordo com suas próprias necessidades. Por exemplo, os usuários podem selecionar notícias sobre o clima entre qualquer um dos 3.500 boletins existentes em arquivo, os quais são exibidos automaticamente na *home page* do telegraph.co.uk assim que se realiza o *log in*.

Porém, a quantidade de material a ser disponibilizada na *Web* dependerá dos recursos disponíveis e da política, que variam entre a totalidade do conteúdo de um jornal, incluindo palavras cruzadas, desenhos, etc., e apenas poucas matérias diárias. O que está claro é que qualquer material utilizado na *Web* deve ser adaptado para esse meio, e não simplesmente transferido de outra fonte. Idealmente, algum material original (feito para a *Web*) também deve ser incluído – o que poderia ser chamado de *Added Web Value*.

Estudo de Caso: *Trinity Digital Media*

Background

Trinity Mirror é o maior grupo de publicações do Reino Unido, o segundo maior da Europa e, certamente, o maior em termos de jornais regionais do país – totalizando aproximadamente 18 milhões de exemplares em circulação semanal, 75% mais que seu rival *Newsquest* (Peak e Fisher, 2001:19). Alguns de seus títulos mais conhecidos são: *Western Mail* (Cardiff), *The*

978-85-7241-733-4

Journal (Newcastle a Tyne) e *Evening Mail* (Birmingham). Em 1999, 1,5 bilhão de libras esterlinas foi arrecadado com o famoso *Mirror Group*, responsável por jornais maiores, incluindo *Scottish Daily Record*, *Sunday Mail* e *Racing Post*. Todos pertencem àquele que é considerado o mais antigo jornal de língua inglesa do mundo – o *Belfast Newsletter*, fundado em 1737. O grupo também conta com sistema de canais a cabo e um bem estabelecido esquema de treinamento para jornalistas. Diante disso, parece ser uma boa empresa para se investigar como vem desenvolvendo seu *site*, em conjunto com os jornais "impressos" tradicionais, gratuitos ou não, regionais e nacionais. Como o meio jornalístico mais antigo pode conviver com o mais novo?

Em sua sede, em Liverpool, o *Trinity Mirror* possui dois jornais diários (segunda a sábado) bem-sucedidos: o matutino *Daily Post* e o vespertino *Liverpool Echo* (Fig. 6.1). O grupo possui vários jornais locais gratuitos e não gratuitos distribuídos pela região, além do canal a cabo *Channel One*, com sede também em Liverpool.

Por que Explorar o Meio Online?

Steve Harrison, gerente de conteúdo da marca *Trinity Mirror Digital* (TMD) para o *icnorth-west*, afirma que a motivação principal para a empresa originalmente investir na mídia *online* foi defensiva: "Se não protegêssemos nossa base de propaganda, teríamos pessoas vindo procurá-la, e nossos anunciantes

978-85-7241-733-4

Figura 6.1 – O *Trinity Mirror Digital* utiliza *softwares* para adaptar os principais destaques das edições "impressas" de seus jornais para os *sites* da empresa. Cortesia de Robin Collins.

poderiam decidir migrar para o meio *online*. Se não tivéssemos uma plataforma *online*, eles não anunciariam mais, digamos, na *Echo*".

Kath Evans, gerente de desenvolvimento do *icnorth-west*, completa: "A outra razão foi a utilização dos recursos existentes. Se você não fizer um portal extra de notícias, terá apenas um vazio extra".

Steve explica que, até o início de 2001, cada jornal do grupo tinha seu próprio *site* e não havia consistência em sua estrutura, identidade ou conteúdo. A empresa percebeu que, comercialmente, não fazia sentido espalhar diferentes marcas pelo país, decidindo então difundir a já estabelecida marca *icLiverpool*, *icNorthWales* etc.

Os profissionais que trabalhavam com conteúdo digital foram reunidos em uma única subsidiária, a TMD, no início de 2001. Uma das vantagens foi confirmar a existência de ferramentas comuns para criar os *sites*. No caso da TMD, isso foi chamado de *Content Management System* (CMS), que, entre outras coisas, criou os moldes para o *Web design* do grupo. Assim como produzir uma "cara" identificável, a principal vantagem desse sistema é que os jornalistas não precisam aprender novas técnicas para utilizar o portal. Kathy afirma: "É muito inovador – você pode literalmente explorar o portal em seu primeiro dia de trabalho". Ela observa que todos os jornalistas devem dominar informática nos dias de hoje, de forma que não costuma haver um choque de cultura quando se trabalha com *Web sites*.

978-85-7241-733-4

Steve afirma que existe certa resistência por parte de alguns jornalistas, mas ela se quebra gradualmente: eles percebem que, desenvolvendo *sites*, a empresa está desenvolvendo seus negócios – e protegendo seus empregos. Não há compulsão ou pressão para que os jornalistas sejam flexíveis com o serviço *online*.

Existem cerca de 50 pessoas trabalhando em *sites* digitais na região noroeste do país (metade em Liverpool), incluindo os que estão envolvidos com desenvolvimento de conteúdo, publicidade, vendas, etc. A empresa não faz distinção entre jornalistas e outros profissionais que trabalham com os *sites* – todos são chamados de produtores de conteúdo. "Alguns não têm experiência em jornalismo, outros são altamente qualificados, cursaram jornalismo na faculdade ou como curso técnico no colégio. Alguns não têm experiência em jornalismo, mas são ótimos escritores e podem gerar conteúdo. Portanto, não se trata de pessoas vindas exclusivamente do meio jornalístico tradicional, mas de uma grande mistura de experiências", afirma Steve.

Essa prática pode levar a problemas se aqueles que não têm treinamento jornalístico tiverem permissão para produzir matérias sobre política. Porém, Steve garante que há um subeditor que revisa todos os textos produzidos, inclusive aqueles escritos por jornalistas mais experientes.

Os profissionais envolvidos na criação de conteúdo para matérias da *Web* tendem a gastar cerca de metade de seu dia revisando material produzido originalmente para versões impressas de jornais e outros veículos. Na época em que este capítulo foi escrito, em meados de 2001, não havia tecnologia suficiente para que todas as partes de um jornal impresso fossem reproduzidas em um *site* – mesmo que se desejasse. Transferir textos, gráficos e imagens pela CMS era, como disse Steve, "braçal". Normalmente, apenas 40 a 50 matérias de cada dia do *Liverpool Echo* e do *Daily Post* eram colocadas na *Web*. No entanto, decisões sobre o que deve ser incluído nos *sites* devem ser tomadas a cada dia ou, até mesmo, a cada hora.

Steve afirma que suas pesquisas mostram claramente que as matérias mais populares – as que recebem o maior número de comentários ou "ataques" – são (talvez isso não seja surpreendente numa região apaixonada por futebol) as que tratam dos times de futebol de Liverpool e de Everton. Steve gostaria de acrescentar as seções de Nascimentos, Casamentos e Falecimentos no *site*, pois existe demanda particular por tais dados por comunidades que acessam o *site* de outras partes do mundo.

Em meados de 2001, a empresa estava lançando seu *site* de North Wales e, para isso, encomendou uma pesquisa sobre o que o público da região mais gostaria de ver – empregos e entretenimento foram os *tops* da lista. Os sócios da empresa (com três outros grupos de jornais), os *sites fish4* e, portanto, seus classificados de empregos, imóveis, etc., foram potencializados por um *link* para os *sites fish4*. Cada artigo aumenta o que é conhecido por páginas "adesivas", que são visitadas freqüentemente, em busca de informações atualizadas e detalhadas.

Mídia Impressa versus *Mídia* Online

Steve não acredita que exista grande diferença entre o tipo de texto exigido para jornais tradicionais e para o jornalismo *online*. "As pessoas dizem que o texto para a *Web* deve ser curto e objetivo, porém os textos escritos para o *Echo* são curtos e objetivos. Você raramente encontra artigos com mais de 300 palavras, exceto destaques".

Steve considera uma decisão inovadora colocar as principais matérias do dia para Liverpool e para o noroeste na página principal e não acredita que apenas textos pequenos possam ser utilizados no meio *online*. "Se um artigo é interessante – e alguns artigos interessantes tendem a ser longos – não o mantemos em três ou quatro parágrafos. O que tentamos é quebrar o texto, dividindo-o após sete ou oito parágrafos, que devem preencher três telas de texto".

Portanto, quão elaborados são os *sites* da *Web*? Steve concorda que o elemento mais importante é o texto? "Se eu pudesse escolher, colocaria apenas textos – mas isso fica tão entediante! Eu acrescento pequenas ilustrações para tornar o *site* atrativo – mas, quando você vai para o texto principal, os artigos em geral não comportam imagens".

Ele tem medo de que imagens grandes levem muito tempo para baixar e então o usuário possa desistir. Os usuários podem apagar imagens em seu *browser* individual, mas Steve não quer que eles façam isso – pois não conseguiriam visualizar os anúncios!

Steve diz que um dos aspectos mais valiosos da *Web* é que reportagens detalhadas produzidas por órgãos oficiais podem estar relacionadas com matérias da *Web*. Notícias que estouram após o fechamento das edições dos jornais também são colocadas no *site* e, quando se sabe que a notícia vai estourar no final da tarde – tarde demais para ser incluída na versão impressa –, o jornal indicará um endereço da *Web*.

Contudo, ao contrário de alguns jornais dos Estados Unidos, Steve não pensa que sua empresa de páginas na *Web* utilizará conteúdo jornalístico que foi retirado da versão impressa tradicional por falta de espaço. "Em geral, o jornalista não produz um texto de 5.000 palavras porque não tem tempo para escrevê-lo".

Os *sites* da *Web* também trazem resenhas originais de teatro, etc., disponibilizadas em sua maioria nos *sites* antes de serem publicadas em algum jornal. Elas são oferecidas aos jornais, que algumas vezes as publicam, com créditos para a fonte *online*. Outra idéia é utilizar as facilidades do canal a cabo *Channel One*, da *Trinity*, para produzir vídeos especiais para a *Web*. Além disso, existem planos de disponibilizar na *Web* pacotes produzidos pela empresa de televisão, em especial seus programas de esportes. No passado, isso acontecia com a *Radio Merseyside*, mas a emissora BBC, assim como outras emissoras de rádio locais, está desenvolvendo seu próprio conteúdo na *Web* e, portanto, utiliza material de seus próprios serviços *online*.

Steve admite que os *sites* ainda não geram lucros. A maior parte da receita provém dos anúncios. Os *sites* também oferecem assinaturas da revista oficial do time Everton de futebol, que pertence ao grupo e para a qual existem *links* nas páginas principais. Naturalmente, em uma cidade apaixonada por futebol, a empresa também produz uma revista (não oficial) para o Liverpool!

Tendo em vista que a empresa possui uma série de jornais locais gratuitos (puramente à base de anúncios) ao lado de seus títulos diários não gratuitos, deve haver alguma suspeita de que os *sites* também contenham publicidade – levemente disfarçada de notícia – em vez de conteúdo jornalístico "propriamente dito". Entretanto, para qualquer qualquer pessoa convencida de que a integridade jornalística não pode ser determinada pelas demandas da *Web* e pelos padrões em transformação do consumo de notícias, Steve tem algumas palavras:

> O que funciona na Internet é a qualidade do conteúdo e isso é o que você vai encontrar nos jornais não gratuitos. Se nós apenas preenchermos tudo com anúncios, será o fim... as pessoas apenas procurarão outro lugar. Eu ainda acredito no critério da independência editorial. Continuamos dizendo aos nossos vendedores que "precisamos ter um conteúdo confiável porque, do contrário, não seremos úteis aos anunciantes porque as pessoas não virão até nós". O critério da independência editorial, que esperamos ensinar a cada jornalista iniciante, é exatamente o mesmo para o jornalismo *online*. Não há diferenças aqui.

Resumo do que se Deve ou Não Fazer em Jornalismo *Online*

- Manter o texto simples e dividido em pequenas partes.
- Certificar-se de que haja *links* (hipertexto) para páginas que contenham informações de apoio e arquivos, mas:
  - Lembrar-se da regra dos "três cliques" para não frustrar os usuários.
  - Dividir os textos longos em algumas páginas.
  - Certificar-se de que cada página contenha gráficos ou outros recursos visuais – mas manter a maioria das fotos em tamanho reduzido.
  - Testar o tempo de *download* em um *modem* com velocidade de conexão média (aproximadamente 45kbps).
  - Dividir as páginas em seções bem determinadas e facilmente navegáveis.
  - Assegurar-se de que tudo está agradável, interessante e acessível.

Atividades Sugeridas

1. Comparar a versão impressa de um jornal com sua versão *online*. Como, em geral, são o texto, a edição e a apresentação de cada uma delas?
2. Selecione uma matéria abordada em ambas as mídias. Conte as palavras, compare a linguagem, o uso de títulos, etc.
3. Quais as principais semelhanças e diferenças? Por que você as considera diferentes?
4. Como são os *links* (hipertexto) utilizados? Por que eles são utilizados?
5. Em um pequeno grupo, desenvolva um modelo para uma página na *Web*. Mostre as diferentes seções. Explique e justifique suas decisões.
6. Baixe algum *software* e crie seu próprio jornal *online*. Pense em qual seria o "leitor" adequado para ele.

978-85-7241-733-4

FONTES E REFERÊNCIAS

Devx.com (2000) HTML Web Tips - *a quick guide to great Website design*. http://www.projectcool.com/developer/tips/designOl tips/index.html (accessed 6 July 2001).

Hall, J. (2001) *Online Journalism - a criticai primer.* London: Pluto Press.

Newsport. 10 Points to Web Design. http://www.newsport.org/syllabus/10_points_ to_web design.htm (accessed 5 July 2001).

Niederst, J. (1999) *Web Design in a Nutshell.* Cambridge: O'Reilly.

Oftel (2001) *Consumers' Use of Internet: Oftel residential survey Q5 May 2001* http://www.oftel.org/publications/research/2001 (accessed 24 February 2002).

Peak, S. (ed.) (2002) *The Guardian Media Guide 2003.* London: Atlantic Books. Quinn, S. (2001) *Digital Sub-editing & Design.* Oxford: Focal Press.

Rawlinson, A. (2001) CAR park UK. http://www.rawlinson.co.uk (accessed 29 September 2001).

Stanford-Poynter (2000) *Stanford-Poynter Project-Eye Tracking Online News.* www.poynter.org/eyetrack2000/ (accessed 8 July 2001).

Scott, K. (2001) *The Internet Writer's Handbook.* London: Allison & Busby.

Telegraph (2001) Site Index. http:// www.portal.telegraph.co.uk/portal/main.jhtml?menuld=732&menultemld=- 1 &view=SITEINDEX&grid=P9&targetRule= (accessed 23 September 2001).

Ward, M. (2002) *Journalism Online.* Oxford: Focal Press.

7 Rádio

- Introdução
- Tipos de radiojornalismo
- Redação radiofônica
- Redação de roteiros
- Leitura e apresentação de notícias
- Em estúdio
- Boletim de notícias
- Entrevistas
- Edição
- Reportagem especial/pacote
- Programa de notícias
- Chamadas e promoções
- Atividades sugeridas
- Fontes e referências

978-85-7241-733-4

Introdução

Os princípios básicos de um bom radiojornalismo são similares aos da mídia impressa e de outros meios de comunicação. Este capítulo concentrar-se-á nos aspectos do jornalismo que são específicos ao rádio como meio de comunicação e deve ser lido em conjunto com os capítulos sobre pesquisa e reportagem, bem como sobre as informações culturais e históricas do radiojornalismo apresentadas nos Capítulos 1 e 2, sobre regulamento no Capítulo 14 e questões legais discutidas no Capítulo 13.

Tipos de Radiojornalismo

O radiojornalismo está disponível em muitas formas. É importante identificar os vários tipos e sua adequação às diferentes necessidades, bem como entender o jargão utilizado nas redações das emissoras de rádio. A Tabela 7.1 descreve essas diversas formas.

Redação Radiofônica

Parece irônico haver, em um capítulo dedicado ao radiojornalismo – que envolve necessariamente a palavra *falada* –, um tópico relacionado à palavra *escrita*. O fato é que a maior parte do radiojornalismo é escrita antes de ser transmitida. É evidente que alguns tipos de radiojornalismo são "improvisados" – ou, mais comumente, narrados a partir de anotações –, porém ainda é justo dizer que, com exceção das entrevistas (ver a seguir), a maior parte do radiojornalismo origina-se e baseia-se na palavra escrita.

Tabela 7.1

Nº	Tipo	Descrição
1	Notícia "de última hora"	Usada quando as primeiras informações sobre o que parece ser a matéria principal estão disponíveis. Pode ser incluída no início de um boletim ou noticiário ou, se for muito significativa, pode interromper a programação normal
2	Manchetes/resumo	Apanhados das principais matérias daquele momento – em geral, resumo com uma ou duas frases
3	Boletim de notícias	Resumo regular das principais reportagens daquela hora; apresentado em horários regulares e constantes (usualmente "na hora exata"). Dependendo do formato e público-alvo da emissora, consiste em quatro a seis matérias, várias das quais acompanhadas de áudio (reportagens, trechos de entrevistas, etc.)
4	Programa de notícias	Mais longo que o boletim de notícias – normalmente de 15 ou 30min. Costuma ser transmitido na hora do almoço e no começo da noite. Consiste em reportagens mais longas, reportagens especiais e entrevistas, além de outros tipos de radiojornalismo incluindo esporte, notícias financeiras, etc.
5	Apenas texto	Lido pelo apresentador do boletim ou programa de notícias. Pode ser a matéria completa ou uma forma resumida como no item 2. Usado em boletins e programas para as matérias menos importantes ou para aquelas em que não houve novidades significativas e recentes, ou simplesmente quando não há áudio disponível. Deve ser curto (no máximo 20s)
6	Comentário gravado – "comentarista"	Proferido por um jornalista diferente do apresentador do boletim ou programa de notícias. Pode ser transmitido do estúdio ou da locação. Muito apropriado quando há mais informações sobre a matéria, quando ela é mais importante que as matérias de texto e/ou quando o jornalista está no local da reportagem e pode relatá-la em primeira mão
7	Comentário resumido (*mini wrap*)	Contém trechos curtos de áudio – em geral de entrevistas
8	*Q & A* (pergunta e resposta)	Entre o apresentador principal (quase sempre no estúdio) e outro jornalista designado para cobrir a matéria, que pode estar no estúdio ou (mais comumente) no local da reportagem, fornecendo informações em primeira mão. Muitas vezes inclui trechos de áudio
9	Entrevista	Entre o apresentador e um não-jornalista (especialista, celebridade, político ou público em geral). Pode ser feita no estúdio ou em locação, ao vivo ou gravada. Deve trazer à tona opiniões, reações, emoções – não meramente informações
10	Trechos de entrevistas (sonoras)	Geralmente produzidos a partir do item 9 e utilizados nos itens 3, 7, 8 e 12
11	Enquete (*Vox pop* – voz do povo)	Série de opiniões, curtas e rigorosamente editadas, do público em geral sobre temas atuais. Deve ser realizada com pessoas de diversas idades, profissões, etc., mas (ao contrário da mídia impressa) os nomes dos participantes não são fornecidos
12	Pacote (reportagem especial)	Programa multidimensional com diversos entrevistados, reportagem, narração, realidade ("som real" gravado em locação) e música. Normalmente utilizado no item 3
13	Mesa redonda	Debates presididos por um jornalista, com vários participantes que têm diferentes pontos de vista sobre a matéria
14	Comentário pessoal/ conversa	Fornece ao jornalista a oportunidade de dar mais descrição, informação e contexto que na reportagem "direta" e é muito mais subjetivo. Geralmente se concentra em questões de interesse humano. Atualmente considerado muito "antiquado", com problemas legais e éticos relacionados com essa falta de objetividade

Detalhes adicionais sobre os números 2 a 12 serão fornecidos posteriormente neste capítulo.

978-85-7241-733-4

A quantidade de palavras disponíveis para narrar uma reportagem é bem menor que aquela utilizada na mídia impressa – certamente, nos jornais *standard* ou de qualidade. Os princípios mais importantes para uma boa redação radiofônica são:

- *Ser conciso*: a quantidade de palavras disponíveis para narrar uma reportagem é bem menor que aquela utilizada na mídia impressa. Assim, cada palavra deve ter o máximo impacto.
- *Mexer com a imaginação do ouvinte*: descrever os acontecimentos para que o ouvinte possa "ver" o que está sendo narrado. A nossa imaginação contém milhares de imagens que o bom redator de rádio pode explorar. Isso é especialmente verdadeiro quando tentamos descrever o tamanho de algo e tornar números "reais" – o que deve sempre ser utilizado de forma moderada no rádio. Por exemplo, em vez de escrever ou falar que algo possui tantos metros quadrados, dizer que é do "tamanho de um campo de futebol", ou "tão alto como o *Empire State Building*". A maioria das pessoas acha que números grandes, como aqueles referentes aos gastos públicos, ficam sem sentido fora de contexto. Portanto, traduza esse tipo de informação em algo concreto, como: "isso equivale a 20 novos hospitais; 5.000 novos enfermeiros", etc. (Ver a seguir como indicar números em textos radiofônicos.)
- *Redigir para ler em voz alta*: tendemos a utilizar linguagem menos formal quando falamos do que quando escrevemos, e o texto radiofônico deve refletir essa diferença de estilos. A linguagem utilizada pode ser mais informal do que para mídia impressa. Não há necessidade de sempre se apegar às rigorosas regras gramaticais e de sintaxe. Redigir de modo que certamente assustaria um editor de mídia impressa pode ser perfeitamente aceitável em rádio. A principal regra é: "se soar bem aos ouvidos, provavelmente estará bom". No entanto, isso não significa dar o "sinal verde" ao abandono geral do bom português. Deve sempre existir concordância nas orações, nos tempos verbais e no uso do singular e do plural. Os jornalistas são instados a evitar jargões, sobretudo quando redigem para rádio. O radiojornalismo é também notório por estar repleto de clichês: tente evitá-los como se fossem pragas! Evite seqüências de palavras difíceis de pronunciar (trava-línguas) ou palavras com diferentes significados que soem similares ou sejam realmente complicadas ou simplórias. Por exemplo: *a polícia disse ter observado dois homens agindo obscenamente.*
- *Ser simples, claro e não ambíguo*: isso não significa que a escrita deva ser simplista ou condescendente – os ouvintes certamente não querem sentir que se está falando com eles como se não fossem capazes de entender. Mas o jornalista de rádio precisa ter sempre em mente que o ouvinte *tem apenas uma chance* de entender o que está sendo dito. O ouvinte não pode repassar as palavras do mesmo modo que pode reler um texto. A principal falha na redação radiofônica é o uso de desnecessárias frases complicadas. Cada frase deve ter apenas uma oração ou um sujeito e o redator de rádio deve evitar o modelo de inversão de orações, comum na mídia impressa.

978-85-7241-733-4

- *Utilizar estilo linear*: o jornalista de mídia impressa pode dar-se ao luxo de escrever *Gastos escolares irão aumentar em 20% no próximo ano, de acordo com o Primeiro Ministro*, à medida que o leitor pode assimilar a frase inteira. Porém, o ouvinte só consegue assimilar as informações ao tempo em que elas são fornecidas. Portanto, o jornalista de rádio deve escrever: *O Primeiro Ministro diz que os gastos escolares irão aumentar...* Desse modo, o ouvinte sabe imediatamente *quem* está afirmando o que se seguirá e é, então, capaz de entender e situar as informações no contexto. Da mesma forma, os jornalistas de rádio devem evitar iniciar o texto com discurso direto (citações) – na verdade, como veremos, o uso do discurso direto deve ser estritamente limitado – a menos que seja possível ouvir a pessoa falando. Outro detalhe importante é que, em reportagens, a idade da pessoa deve ser mencionada antes de seu nome, não depois. Portanto, enquanto o jornalista de mídia impressa geralmente escreve: *A Sra. Jennie Newsome (57) disse que...*, o jornalista de rádio escreveria: *A senhora de 57 anos Jennie Newsome disse que...* Uma das razões disso é que o jornalista de rádio não pode colocar parênteses em sua fala. Na verdade, como veremos, os parênteses são usados, no texto radiofônico, para indicar uma instrução ou recomendação que *não* deve ser lida em voz alta enquanto se está no ar.
- *Usar verbos na voz ativa e no presente (em vez de na voz passiva e no passado)*: o jornalista de mídia impressa pode escrever *A Câmara dos Vereadores lançou o novo projeto do estacionamento integrado aos transportes públicos na segunda-feira de manhã.* Se a notícia for transmitida na manhã da segunda-feira, o jornalista de rádio escreverá: *A Câmara dos Vereadores lança o novo projeto do estacionamento integrado aos transportes públicos nesta manhã. A Câmara espera...*
- *Usar abordagem pessoal, de relacionamento*: ao dirigir-se aos ouvintes, o jornalista não os deve tratar como um grupo anônimo. Tente sempre escrever como se estivesse se dirigindo a uma única pessoa – "você" é muito melhor que "ouvintes" ou "pessoal". Freqüentemente, isso significa reescrever em forma de conversa o que está contido nos *releases*, etc. Tente sempre imaginar que está escrevendo aquela matéria ou roteiro (introdução para a matéria – ver a seguir) para uma pessoa que você conhece razoavelmente bem, mas que talvez não seja seu melhor amigo ou alguém muito íntimo.

Em resumo, qualquer coisa que atrapalhe a comunicação verbal deve ser mudada ou erradicada. A técnica mais simples e óbvia para se conseguir isso é ler todo o texto em voz alta antes de levá-lo ao ar.

Vejamos agora como essas técnicas e abordagens podem ser utilizadas para cobrir a mesma matéria em desenvolvimento em um único dia. Imagine que, no momento em que o noticiário matutino está em andamento, às 6h30 de uma certa manhã, ocorra uma explosão de gás em uma escola local, situada numa área residencial. O editor deve redigir uma matéria que contenha apenas texto para o boletim das 7h, algo semelhante à Figura 7.1.

978-85-7241-733-4

Note que, na parte superior do roteiro, antes do texto da notícia, há algumas instruções em letras maiúsculas e negrito. São muito similares ao cabeçalho do texto utilizado pelo jornalista de mídia impressa. Começando da esquerda, há um *catch line*: uma descrição única da notícia, geralmente constituída de uma ou duas palavras. Em seguida vem a data do texto e, de forma crucial para o rádio – especialmente em notícias de última hora ou em rápido desenvolvimento que provavelmente sejam atualizadas muitas vezes –, o *horário* do boletim produzido pela primeira vez. Logo após há o *sobrenome* de quem redigiu. Por fim, no canto direito, encontra-se a informação que revela de imediato se é um texto "autônomo" ou se há áudio que o acompanha. No caso em questão, como se trata de uma notícia de última hora, não há áudio; portanto, o redator indica "apenas texto".*

Abaixo dessas informações, encontra-se centralizada na próxima linha a *duração* do texto. Mas como saber quanto tempo o apresentador levará para ler o texto? Mais uma vez, os computadores vêm socorrer-nos! A maioria dos sistemas de notícias com base em ferramentas computacionais mede automaticamente o tempo de duração do roteiro somando o número de palavras e dividindo o total por três – a fim de obter a média de velocidade de leitura de três palavras por segundo. Caso você não possua tal sistema ou programa, um processador de texto – se selecionar o texto do roteiro (somente a parte que será lida em voz alta) – contará a quantidade de palavras (esse recurso geralmente fica no menu "Ferramentas" e denomina-se "Contar palavras"). Em seguida, terá de usar a sua matemática para dividir o total por três. No exemplo em questão, o número de palavras do roteiro é 55 (o programa engenhosamente ignorou o guia de pronúncia, visto que está en-

EXPLOSÃO	7h/05.11.01	DAVIES	APENAS TEXTO

[19″]

Houve uma explosão perto do centro de Netherfield.

Os serviços de emergência estão no local – mas não há informações se há alguém ferido.

Os moradores dizem que ouviram um estrondo vindo da Escola Primária de Saint Christopher localizada na Avenida Swainburn [SWIN-BURN] logo após as seis e meia desta manhã.

Voltaremos assim que tivermos mais informações.

Figura 7.1

* **Nota:** Exemplo e "elenco" inteiramente fictícios criados para este livro; a "Central Radio" e os funcionários mencionados neste contexto também foram criados para o capítulo. Qualquer semelhança com lugares, pessoas e acontecimentos reais é mera coincidência.

978-85-7241-733-4

tre colchetes). Divida esse número por três e chegará ao resultado de 18,333s. Arredonde frações para mais ou para menos.

Neste caso, você perceberá que quaisquer instruções – palavras que *não* serão lidas no ar – devem ser claramente diferenciadas daquelas que serão transmitidas: colocadas entre parênteses, em letras maiúsculas ou negrito – de preferência os três. No texto radiofônico nunca se deve usar qualquer dessas opções para as palavras que serão lidas no ar; dessa forma, nunca haverá confusão entre o que será lido em voz alta e o que é informação ou instrução para o apresentador de notícias.

Qualquer texto ou roteiro impresso ou exibido no monitor *deve* estar em espaço duplo. Isso torna a leitura mais fácil do que se estivesse em linhas simples ou com espaçamento 1,5, permitindo também que se façam correções e alterações, no caso da cópia "impressa".

Se houver risco de dúvida ou hesitação sobre pronúncia, um guia deve ser incluído no roteiro. Isso se aplica até mesmo quando o nome é bem conhecido – a mente tem o infeliz hábito de "dar um branco" quando se está no estúdio "ao vivo" e realmente não vale a pena correr o risco de passar por embaraços ou humilhações. Você perceberá, nesse exemplo, que a rua onde ocorreu a explosão, embora se escreva "Swainburn", é chamada de "Swinburn". As emissoras locais *devem* sempre pronunciar os topônimos locais da maneira correta – o contrário será realmente imperdoável e poderá minar a credibilidade de todo o serviço de notícias.

Observe que o guia de pronúncia é colocado entre colchetes, em letras maiúsculas e negrito após a ortografia "normal". Isso serve para assegurar que o apresentador não leia o nome duas vezes. A soletração fonética é uma habilidade em si mesma, mas o jornalista de rádio felizmente não precisa aprender essa arte; basta usar o bom senso e seguir as regras básicas de substituir as letras "reais" por aquelas que indiquem como o nome deve ser pronunciado. Separar as palavras em sílabas mostra onde o acento tônico deve incidir nas palavras. Números com mais de três algarismos inteiros devem ser escritos por extenso – em especial se incluírem casas decimais e/ou símbolos de moedas. O lema deve ser: *em caso de dúvida, escreva por extenso.*

Passemos para o próximo provável desdobramento da reportagem feita pela emissora da rádio local sobre a explosão de gás em Netherfield. Há um espaço às 7h15 para as manchetes e, evidentemente, algo sobre a explosão precisa ser incluído. Na verdade, "manchetes" é um termo incorreto para rádio. Muitas vezes, os *trainees* utilizam o termo da mesma forma como o fazem para o jornal – um breve, eficaz e, às vezes, cômico grupo de palavras, porém não gramatical. Em rádio, o que quase sempre se chama de "manchetes" são "resumos de duas ou três frases das principais matérias".

A seguir, há o primeiro comentário a ser redigido e gravado pelo jornalista enviado ao local da explosão. A repórter, Sally Makegood, poderia escrever o texto em um bloco de anotações ou em seu *laptop*. Ela deve coletar os principais fatos e desdobramentos para uma reportagem de 30 a 40s e de um modo que pareça interessante. A Figura 7.2 mostra o texto do comentário gravado por ela.

Cerca de 60 pessoas que moram nesta rua movimentada tiveram de deixar suas casas e agora esperam do lado de fora – muitos de pijama – e há uma mistura de susto, alvoroço e preocupação. Ainda não está claro se há alguém ferido. Acredita-se que a explosão tenha acontecido logo depois que a faxineira da manhã entrou na Escola Primária de Saint Christopher, cuja frente se encontra com uma grande quantidade de tijolos caídos e vidros quebrados. Embora ainda não se saiba a causa da explosão, pelo menos um morador local contou-nos ter sentido cheiro de gás pouco antes do estrondo. Acredita-se que uma faísca proveniente dos circuitos do sistema de alarme possa ter provocado a explosão. A polícia cercou a rua inteira com um cordão de isolamento temendo a possibilidade de uma nova explosão.

Sally Makegood, Central Radio, Netherfield

Figura 7.2

Observe que as últimas palavras do relatório tomam a forma de um *standard out cue* (SOC)*. Toda emissora possui um formato ou estilo padrão, mas neste caso é *Sally Makegood, Central Radio, Netherfield.* Isso significa: o nome do repórter seguido pelo nome da emissora e o local de onde a notícia foi transmitida. Algumas emissoras não usam SOC – ou só os utilizam em determinadas circunstâncias, como em reportagens "ao vivo" – senão as palavras do *out* seriam as últimas da reportagem (ver a seguir). Para introduzir essa notícia, será necessário um roteiro.

Redação de Roteiros

Um roteiro possui três funções principais:

- *Prender a atenção do ouvinte.* Isso não significa ser "exagerado", sensacionalista ou utilizar o estilo de linguagem característico das manchetes dos jornais tablóides. Porém, é preciso se esforçar para convencer o ouvinte de que vale a pena ouvir a notícia que segue.
- *Fornecer ao ouvinte informação e contexto suficientes* para que a notícia tenha sentido. Essa talvez seja uma das partes mais complicadas da elaboração do roteiro. Grande parte do jornalismo tem interesse no desdobramento de matérias com as quais o ouvinte já está familiarizado. Além disso, o jornalista de rádio deve supor que o ouvinte conheça, pelo menos, alguns dos principais políticos e figuras públicas.
- *Levar naturalmente* ao texto seguinte, para que o ouvinte esteja preparado para as informações ou comentários que virão depois. Deve-se, entretanto, evitar usar os mesmos dizeres de trechos da reportagem ou entrevista. A Figura 7.3 mostra como seria o roteiro do nosso exemplo.

* **N. do T.** – O *standard out cue* (SOC) é utilizado para que o término de uma produção pré-gravada seja facilmente reconhecido, e sinaliza o início do próximo elemento do programa.

978-85-7241-733-4

978-85-7241-733-4

EXPLOSÃO/COMENTÁRIO 05.11.01/7h30 MAKEGOOD/DAVIES

Uma explosão destruiu a frente de uma escola primária em Netherfield. Os moradores próximos da escola – na Avenida Swainburn [SWIN-BURN] – disseram que um grande estrondo abalou a rua inteira logo depois das seis e meia desta manhã.

Conforme Sally Makegood informa do local, acredita-se que a explosão tenha sido provocada por um alarme... disparado quando uma faxineira entrou na escola.
[ENTRA O ÁUDIO]

EXPLOSÃO/FIELD – ENPS: 302
DUR: 45″
OUT: SOC
[DUR. TOTAL: 1′04″]

Figura 7.3

Observe que a última frase do roteiro – a linha de "introdução" – informa quem transmitirá a notícia e sintetiza o fato principal da matéria. Como já abordado, é preciso assegurar-se de que o ouvinte – que provavelmente não consegue dar total atenção à notícia de rádio – não perca esclarecimentos vitais. Por essa razão, algumas informações são fornecidas duas ou mais vezes, mas redigidas de forma um pouco diferente cada vez que são transmitidas. Em um roteiro para um comentário gravado, seria perfeitamente aceitável escrever: "Sally Makewood informa...", mas o exemplo fornecido também prepara o ouvinte para o que ele irá ouvir. Além disso, é um pouco repetitivo introduzir os "comentaristas" com: "Paul Smith informa...". Tente "Paul Smith tem os detalhes..." ou "Paul Smith tem mais...", "Paul Smith está acompanhando a reportagem" (caso Paul não tenha estado pessoalmente no local da reportagem; se esteve, faça questão de dizer: "Paul Smith estava no tribunal...", "Paul Smith está no local", etc.).

Note que a informação "não transmitida" fornecida no roteiro apenas texto na Figura 7.1 é também fornecida na parte superior do roteiro: o *catch line*, data e hora (este último dado é muito importante para matérias de desenvolvimento rápido a fim de evitar a utilização inadvertida de material desatualizado) e o nome do repórter – acompanhado de outro nome, que se refere à pessoa que escreveu o roteiro na emissora (mesmo que provavelmente tenha sido ditado pelo repórter que fez o comentário gravado). Em caso de quaisquer dúvidas ou problemas, é vital que todas as matérias sejam encaminhadas aos jornalistas que as redigiram.

A expressão [ENTRA O ÁUDIO] após o texto é opcional, embora faça parte do *layout* padrão da BBC. Ela não é realmente necessária por ser óbvia – graças às informações fornecidas na parte superior do roteiro e pelo fato de haver detalhes sobre áudio na parte inferior –, uma vez que esse exemplo se refere a um roteiro para áudio. Há informações adicionais na parte inferior do roteiro, que devem combinar exatamente com as informações exibidas no áudio. Algumas emissoras insistem que a deixa de entrada ou as primeiras palavras utilizadas no áudio devem ser escritas no roteiro, porém as quatro informações fornecidas neste exemplo são essenciais.

Para evitar qualquer confusão, *cada áudio deve conter um único catch line*, que deve ser escrito na seção seguinte do próprio roteiro e *copiado de forma exata* no áudio. Além do *catch line*, há um número após as iniciais ENPS – que significa *Electronic News Production System*, nome genérico dado pela BBC ao seu sistema de distribuição de texto e áudio às suas diversas afiliadas. Em geral, esses sistemas geram um número, que é simplesmente sua localização na seqüência de matérias arquivadas naquele dia ou semana. Trata-se de uma verificação adicional para que o roteiro "correto" combine com o áudio "correto". Mais importante ainda, ele mostra onde o áudio pode ser encontrado – sobretudo se uma emissora utilizar diversos sistemas diferentes para criar e executar seu áudio: por exemplo, pode ser que haja alguns em disco rígido, outros em MiniDisc e assim por diante.

A *duração* (DUR) é importante tanto para que o apresentador de notícias saiba a duração do áudio e, conseqüentemente, quando irá terminar, como para que o editor/produtor (se forem pessoas diferentes) se assegure de que todo o boletim ou programa tenha a duração correta.

O *OUT*, ou últimas palavras, deve ser incluído para que o apresentador saiba quando o áudio termina e, conseqüentemente, quando prosseguir com o boletim ou programa. Evidentemente, o tempo restante do áudio produzido em formatos digitais pode ser exibido no monitor em frente do apresentador de notícias. Entretanto, é uma boa política sempre incluir as últimas palavras no roteiro. Caso não se trate de um SOC, pelo menos as últimas três ou quatro palavras devem ser utilizadas para que o apresentador seja claro quando a reportagem tiver terminado. Não é necessário incluir a frase inteira; porém, uma ou duas palavras é muito pouco. É preciso cuidado caso as palavras do *out* sejam também utilizadas no início do roteiro. Se isso acontecer, escreva (segunda vez) após os dizeres. Por exemplo, *Out*: *É repugnante (segunda vez)*. É mais provável que isso aconteça em entrevistas, clipes e cortes – ver a seguir.

A *duração total* (TOTAL DUR) é a quantidade total de tempo em que a matéria permanece no ar – que é crucial para o cálculo do tempo total de um boletim, uma vez que a duração do boletim ou programa deve ser exatamente aquela – em segundos – estabelecida para ele. Neste exemplo, a quantidade de palavras no roteiro é 55. Portanto, adicionamos 18s à duração do áudio – 45s – para uma apresentação com duração total de 1min e 4s.

978-85-7241-733-4

Leitura e Apresentação de Notícias

A apresentação é uma arte e uma técnica específica que exige atenção cuidadosa e prática constante. Embora haja poucos jornalistas trabalhando na rádio da rede BBC e para o World Service da corporação, que nunca precisam ler textos ou reportagens no ar, a maioria desses profissionais ficará envolvida em ler e apresentar notícias até certo grau. Mesmo que não tenham de apresentar boletins ou programas noticiosos, terão de ler suas próprias reportagens ou a de outros. Portanto, a apresentação de notícias é uma habilidade vital para todos os jornalistas de rádio.

A apresentação da notícia é o elo final – e para o ouvinte o mais importante – entre o esforço jornalístico e sua transmissão pelo veículo de comunicação. Desse modo, o processo e a técnica para a realização de uma boa apresentação da notícia devem constituir a mais alta prioridade para *trainees*, estudantes e professores de rádio.

A primeira coisa a determinar – mesmo que possa parecer completamente óbvio – é que *o locutor ou apresentador deve entender o que está lendo*! Se não entender, não poderá esperar que o ouvinte o faça. É por isso que o locutor ou apresentador deve sempre ler o texto noticioso antes de apresentá-lo no ar e, de maneira ideal, ter a oportunidade de reescrevê-lo ou, no mínimo, marcá-lo, para que fique completamente feliz com o resultado. Somente assim poderá obter êxito em transmitir a palavra escrita de modo compreensível e alcançar uma elocução interessante.

Mas, precisamente, o que faz com que a apresentação ou elocução de notícias radiofônicas seja clara e interessante? A resposta pode ser dividida em três áreas principais – os três "C".

Clareza

As palavras que são ditas devem ser compreensíveis. Isso envolve a pronúncia clara e precisa das palavras e boa respiração para que as frases não "percam a força" no final nem fiquem indistintas. No entanto, é preciso cuidado para não exagerar na pronúncia ou a elocução soará artificial. O segredo para uma boa leitura do noticiário, embora isso envolva muito trabalho, é que ela deve *soar natural*. O mais importante é o ouvinte prestar atenção no que está sendo dito, não em como está sendo dito.

A primeira técnica é certificar-se de que você *abre a boca adequadamente.* Os músculos do maxilar e da face devem ser bem trabalhados para que as sílabas sejam articuladas de forma clara e precisa. Assegure-se de que sua garganta e suas vias respiratórias estejam limpas antes de entrar no ar – sobretudo se estiver fazendo a primeira transmissão da manhã. Cantar e sussurrar complementam os exercícios dos músculos faciais. Você nunca deve ir ao ar antes de "aquecer" a voz.

Outro fator muito importante é *respirar corretamente.* O som é causado por vibrações no ar. Se controlar a respiração, você não apenas terá uma voz mais ressonante e rica, como também será capaz de chegar ao final das frases sem perder a força ou, de forma mais desastrosa, ter de fazer uma pausa forçada em uma frase e, por conseguinte, quebrar e destruir seu sentido.

Respirar, como qualquer outra atividade física, é algo que pode ser aperfeiçoado com a prática. Respire fundo pelo nariz, certificando-se de não curvar os ombros para frente, visto que fazer isso restringe o diafragma e outros músculos envolvidos na respiração. Em seguida, conte em voz alta e veja até onde consegue agüentar antes de ficar sem ar. Se praticar isso regularmente, descobrirá que é capaz de aumentar sua contagem e, assim, aperfeiçoar suas habilidades de leitura das notícias.

Compreensão

O sentido das palavras deve ser claro: isso envolve o destaque ou a ênfase correta e a articulação exata das palavras, para que o sentido seja claro e não ambíguo. Embora comumente falemos em *leitura* da notícia, um termo mais adequado seria *articulação* da notícia, pois a melhor maneira de comunicar as palavras colocadas em uma página (ou tela) é *separá-las em expressões*, cada qual contendo uma informação ou idéia que possa ser facilmente absorvida pelo ouvinte. No início deste capítulo, ao discutir sobre a redação de notícias radiofônicas, vimos que não é preciso aderir aos tipos de frases que seriam necessárias na mídia impressa. É por isso que os roteiros radiofônicos muitas vezes contêm pontos e travessões para que o leitor ou apresentador de notícias possa transmitir a matéria de forma oral.

Uma boa apresentação de notícia envolve *saber quais palavras enfatizar*. Enfatizar as palavras erradas pode tornar absurdo até mesmo o texto mais bem escrito. Tente não seguir o ritmo ou padrão de um discurso – que coloca A ênfase EM todas AS palavras erradas POR enfatizar uma palavra quer ELA deva ou não SER enfatizada! Isso não apenas soa artificial, como também tira o verdadeiro sentido do que está sendo dito. Enfatize o que considera ser as palavras-chave aumentando suavemente o volume ou destacando essas palavras. Não exagere ao fazer isso e, é claro, nunca GRITE!

Sublinhe o que considere ser as palavras-chave. Coloque em seu texto sinais de pontuação que indiquem pausa inserindo uma única barra (/) para pausa curta e uma barra dupla (//) para pausas mais longas. Faça isso especialmente quando tiver de ler frases longas que não tenham pontuação suficiente – vírgulas e pontos finais. Pausar suavemente antes e após as palavras também lhes propicia ênfase adicional. Você também deve usar essas pausas adicionais ao ler citações diretas em voz alta – elas são o áudio equivalente à fala ou aspas.

Convencimento

Envolve boa *modulação* ou *vitalidade* para que seja interessante ouvir o que é dito. Uma das coisas estranhas acerca da transmissão radiofônica é que, apesar de serem utilizados equipamentos muito sofisticados e caros – incluindo microfones de estúdio –, de alguma forma a voz parece perder muito de sua energia natural e vitalidade. Por essa razão, é necessário empenhar-se mais que o normal para fazer sua voz soar interessante! Isso significa que os padrões de fala natural da maioria das pessoas deve ser exagerado ou, até certo grau, enfatizado demais.

Tente variar o ritmo do que está lendo; acelere a leitura nos trechos menos importantes e diminua a velocidade suavemente nos mais relevantes.

978-85-7241-733-4

Certifique-se de indicar verbalmente o término da leitura de uma notícia e o início da próxima. Basta finalizar a matéria em tom mais lento, fazer uma pausa e, em seguida, iniciar a seguinte em tom levemente mais alto. O padrão normal de fala é, na verdade, iniciar em uma nota levemente mais alta e, então, diminuir próximo do final. Certifique-se de não diminuir demais o tom de modo que a fala se torne inaudível. Use seus músculos faciais para ajudar a mudar o tom e estilo da pronúncia. Franzir as sobrancelhas produz, na realidade, uma voz mais grave, séria e sonora; sorrir ajuda a erguer a voz e torná-la "mais feliz".

Em estúdio, assegure-se de ter água ao seu alcance para beber aos poucos antes e durante a transmissão ou gravação. Evite comer doces – mesmo aqueles supostamente refrescantes, como os de hortelã –, visto que qualquer coisa que contém açúcar engrossa a saliva e causa problemas. Pela mesma razão, deve-se evitar todo tipo de bebida doce, bem como qualquer coisa que contenha leite, pois a lactose também tende a prejudicar a voz. Evite qualquer espécie de efervescente, visto que pode ter um efeito desastroso! Água continua sendo o melhor.

Em Estúdio

Não importa quão emocionante ou inédita seja a divulgação da notícia, o apresentador nunca deve correr para o estúdio – o total controle da respiração é vital! Além de estar "em pânico", é provável que você cometa erros técnicos e de apresentação. Atualmente, a maioria dos boletins "normais" de emissoras de rádio locais e regionais é "autodirigida" – o apresentador de notícias opera todos os equipamentos.

Estúdios para transmissão de notícias (muitas vezes chamados de cabines) são mantidos tão simples quanto possível – admite-se que a maioria dos jornalistas não se transforme em técnicos naturais! Contudo, os jornalistas de rádio freqüentemente precisam operar as mais complexas mesas, às vezes denominadas *boards* (painel de controle). Em geral, assim como os equipamentos portáteis, os estúdios podem ser divididos entre estruturas analógica e digital. Se analógica, é provável defrontar-se com uma série de controles com *sliders* ou *faders* para controlar a saída de volume de cada canal. Cada um desses canais refere-se a uma fonte de som independente – microfones, *disc players*, etc. – e normalmente ficam no nível mais reduzido (inaudível) quando estão para baixo, aumentando quando empurrados para cima. Porém, na maioria dos estúdios da BBC, esse processo funciona de modo inverso!

Na parte superior de cada *fader* existem vários outros botões ou chaves. Cada *fader* de canal deve ter seu próprio controle de nível de *pré-fade* (*PFL, pre-fade level*). Empurrá-lo ou mudá-lo de posição permitirá ouvir o som naquele canal sem estar no ar (ou em uma gravação). Ao utilizar o PFL é possível não apenas ouvir uma informação, controlar o nível de seu próprio microfone, etc., antes de entrar no ar, como também ajustar o nível correto.

Dessa forma, ao abrir o *fader* para colocar aquele canal no ar, ele estará no nível correto. Isso é realizado ajustando-se um controle de nível independente – geralmente denominado controle de ganho ou *trim* – localizado na parte superior de cada *fader*. Mas como saber se o canal está no nível de som exato? Definitivamente, *não* por escutar pelo alto-falante ou fone de ouvido, monitorando-os e ajustando-os caso o canal soe muito alto ou muito baixo, uma vez que todos os estúdios profissionais (e equipamentos portáteis) possuem níveis independentes de monitoramento, transmissão e gravação. O locutor verifica e ajusta os níveis – que indicam a quantidade de decibéis, o padrão utilizado para medir o som – observando os medidores. Usualmente, esses são os *Peak Programme Meters* (PPM), que mostram a variação de decibéis em um arco de 180° – de 0 a 6, etc. Nas mesas mais básicas pode haver medidores de unidade de volume (VU, *volume unit*), voltímetros que utilizam uma escala especial. Os engenheiros de rádio consideram esses tipos de medidores inferiores aos PPM – apelidando-os de medidores *virtually useless* (praticamente inúteis) – porque mostram todas as variações e oscilações insignificantes no nível de som, o que torna a tarefa de ajustar e manter o nível exato muito difícil. Os locutores ficam muitíssimo preocupados com o ajuste dos picos do nível do som. Portanto, os PPM, que conforme o nome em inglês sugere mostram os volumes de pico, são os preferidos.

Antes de entrar no ar, deve-se conferir no PPM se cada ponto está entre 4, que é 0dB e 6 (+8dB). Na verdade, a maior parte da fala deve estar entre 5 e 6 (ver "Reportagem Especial/Pacote", adiante). Evidentemente, haverá algumas oscilações nos níveis dos pontos – tudo bem, desde que os níveis não caiam abaixo de 4 (muito baixo) ou aumentem acima de 6 (muito alto, provocando modulação excessiva e distorção).

978-35-7241-733-4

As mesas mais sofisticadas possuem controles de equalização (eq) acima de cada canal, os quais mudam o balanço de tom aumentando ou reduzindo determinadas séries de freqüências. Elas são muito úteis se um trecho soar muito "claro" ou "nítido", ou muito "inaudível" ou "abafado".

Mesas digitais tendem a ter poucas partes móveis, se houver. A mais alta tecnologia conta com a tela de toque: o apresentador de notícias escolhe a partir dos *menus* que aparecem no monitor e medidores irão parecer diferentes e operar em outra escala. Essas mesas costumam ter uma espécie de diodos emissores de luz (LED, *light emitting diode*) planejados. Alguns estúdios digitais, entretanto, mantêm as características bem conhecidas das mesas "tradicionais", exibindo os níveis verticais e horizontais, geralmente com quantidades crescentes de luzes verdes indicando a quantidade de dB "seguro", mudando para vermelho quando se chega aos níveis de modulação excessiva e distorção. Realizam também, até certo grau, leituras de pico, à medida que o nível mais alto atingido é apontado pelo diodo apropriado, permanecendo aceso por 1 ou 2s.

Depois de verificar todos os itens e o seu próprio microfone, você estará pronto para entrar no ar. Porém, verifique se o seu assento está ajustado para se sentir o mais confortável possível e poder operar todos os equipamentos com facilidade (Fig. 7.4).

Figura 7.4 – Segundos antes de o boletim entrar no ar, a apresentadora de notícias da *BBC Radio Merseyside* Linda McDermott faz as checagens de última hora na cabine de transmissão da emissora. Trechos de áudio podem ser selecionados e reproduzidos pelo computador. Foto: Robin Collins.

978-85-7241-733-4

Boletim de Notícias

O boletim é a dieta básica de notícias da maioria das emissoras de rádio. Nas emissoras comerciais, a duração total dos boletins e a duração do texto e dos trechos de áudio nesses boletins foi reduzida de forma significativa nos últimos anos. Evidentemente, cada emissora tem o seu próprio estilo e sua política editorial; porém, em geral, os seguintes princípios se aplicam:

- As notícias são ordenadas em uma hierarquia – a mais importante primeiro, muitas vezes concluindo com uma matéria "leve".
- A primeira matéria, o *lead*, costuma ser a mais longa e deve sempre conter áudio (comentário gravado ou trecho de entrevista). A única exceção é quando se trata de uma notícia de "última hora".
- Deve haver diversidade de durações e modelos de matérias – isso ajuda a manter o interesse do ouvinte. Por exemplo, uma matéria com áudio pode ser seguida de um trecho de "apenas texto"; se forem utilizadas duas matérias consecutivas com áudio, experimente ter uma como "comentário gravado" e outra como um trecho de entrevista.

1. Introdução da notícia (nível alto de 4″, então diminuir, ler as manchetes sobrepondo o volume baixo da música): 12″
2. Matéria *lead* – explosão: roteiro + comentário. Total: 50″
3. Matéria nacional apenas texto (manifesto político): 20″
4. Matéria local sobre protesto contra um novo aterro sanitário: roteiro mais trecho de entrevista. Total: 35″
5. Matéria internacional apenas texto (enchente na Índia): 15″
6. Matéria local e "conclusão": dono de bar local em apuros após ensinar a seu papagaio linguagem imprópria. Roteiro mais "comentário resumido" destacando trecho de papagaio mal-educado com palavrões censurados com efeito sonoro, e enquete com fregueses. Total: 45″
7. Destaques do esporte (chamando a atenção para a apresentação, mais tarde, do boletim completo de esportes): 18″
8. Previsão do tempo: 15″

TOTAL: 3′30″

Figura 7.5

A Figura 7.5 mostra como poderia ser, em nosso exemplo, a ordem de apresentação de um boletim das 8h.

Entrevistas

Grande parte do material que se ouve em radiojornalismo é produzida a partir de entrevistas. Nos típicos boletins de apenas alguns minutos apresentados de hora em hora, esse tipo de material raramente aparece em forma de entrevista – isto é, com respostas a perguntas feitas por um jornalista. Em vez disso, são utilizados curtos segmentos de entrevistas – conhecidos na BBC como clipes, no setor comercial como sonoras e pelos leigos como "breves comentários" –, os quais podem ser retirados de entrevistas originalmente transmitidas "ao vivo" ou, mais provavelmente, de uma versão editada de uma entrevista originalmente preparada para uma notícia mais longa ou um programa. Entrevistas podem ser realizadas em diversas circunstâncias – mais tipicamente: cara a cara, por telefone ou via telefone fixo em um estúdio distante ou outro lugar onde haja equipamento ISDN (telefone digital otimizado).

978-85-7241-733-4

Assim como o jornalista de mídia impressa almeja incluir em sua matéria as mesmas palavras usadas pelo entrevistado, o jornalista de rádio deseja permitir que o ouvinte ouça não apenas o que a pessoa entrevistada disse, mas *como* ela disse. Há outra diferença muito importante entre entrevistas realizadas por jornalistas de rádio e aquelas produzidas por seus colegas da mídia impressa. Em geral, ouvimos a entrevista *como* uma entrevista – várias respostas a perguntas, em vez de apenas respostas; desse modo, o tom e o estilo do jornalista são revelados. O ouvinte, portanto, não estará apenas julgando e avaliando as respostas, mas também o modo como as perguntas são formuladas.

Embora todas as entrevistas devam ser realizadas sem que se demonstre temor ou favoritismo, os jornalistas de rádio devem se adaptar ao estilo de questionamento de acordo com a pessoa que está sendo entrevistada e as informações básicas da entrevista. Em um extremo estão os políticos experientes sendo questionados sobre questões controversas (eles podem ter sido treinados em técnicas de mídia, instruídos por seus assessores e estar muito acostumados ao estilo rigoroso de questionamento); em outro, pessoas "comuns", envolvidas de forma inesperada em uma matéria, muitas vezes associada a algum tipo de tragédia. Tato e sensibilidade devem estar aliados ao bom jornalismo.

Preliminares

O restante deste tópico abordará as técnicas de entrevistas cara a cara gravadas.

Antes de combinar a data e a hora da entrevista, assegure-se de que será capaz de chegar a tempo – sobretudo se utilizar transporte público. Também certifique-se de que o equipamento necessário estará disponível naquele horário.

Faça sua pesquisa preliminar, conforme descrito no Capítulo 3 – você precisará saber tudo que for possível sobre a matéria e o entrevistado para ser capaz de considerar todos os possíveis "ângulos".

Em seguida, pegue um bloco de anotações e escreva suas perguntas, quase todas as quais devem começar com as seguintes palavras, que são como um mantra para entrevistadores: *quem*, *o quê*, *onde*, *quando*, *por quê*, *como*.

Prepare-se para a entrevista anotando suas perguntas de modo lógico e conciso, que lhe proporcione o máximo de conforto e confiança; porém, com a maior flexibilidade possível caso o entrevistado apareça com uma declaração que requeira pelo menos uma pergunta suplementar. *Contudo* – e isso é realmente um pouco difícil –, você deve conduzir a entrevista com apenas alguns "tópicos" para ajudá-lo a lembrar as perguntas.

É muito comum que entrevistados solicitem antecipadamente a lista de perguntas – às vezes antes de concordarem em fazer a entrevista. As Normas de Procedimento dos Produtores da BBC e os códigos de transmissão de notícias e assuntos atuais da *Radio Authority* (ver "Fontes e referências" no final do capítulo) são taxativas sobre isso. Essa lista não deve ser fornecida, visto que fazer isso cede a ele o controle editorial. A menos que o entrevistado esteja muito acostumado a fazer entrevistas para o rádio ou você esteja sob grande pressão de tempo, é uma boa idéia fazer um "aquecimento" com ele começando com uma pergunta "fácil" – na verdade, é razoável o entrevistado querer saber qual é a sua primeira pergunta e esta ser fornecida verbalmente, antes do início da gravação. Isso os ajuda a concentrar-se e é interessante tanto para o entrevistador como para o entrevistado que a entrevista flua bem.

Outra coisa que *nunca* deve ser permitida é o entrevistado ler respostas preparadas. Mesmo um ator altamente qualificado se esforçaria em fazer

978-85-7241-733-4

com que isso soasse natural e, pior, o ouvinte notará o que está acontecendo e concluirá que tudo é uma "montagem", de modo que você perderá toda a credibilidade.

Muitas vezes, os entrevistados pensam erroneamente que você precisará de um lugar muito silencioso para gravar a entrevista – isso geralmente não acontece. Uma das principais razões da saída para um ambiente externo, a fim de fazer a entrevista, é haver alguns lugares com sons de fundo que ajudam o ouvinte a "fazer um quadro mental" de onde você está, sobretudo quando esse ambiente contribui para contextualizar a matéria. Em nosso exemplo, podemos querer captar o som do corre-corre enquanto as pessoas deixam suas casas. É evidente que, se o som for muito alto, desviará a atenção da entrevista – embora isso possa ser parcialmente reduzido mantendo-se perto do entrevistado (você precisa se certificar de escovar os dentes e usar um bom desodorante nos "dias de entrevista").

Antes da entrevista, você deve *sempre* realizar um teste completo e fazer suas verificações visuais do equipamento. Quando estiver pronto para gravar "de verdade", *deve* procurar obter um "nível" tanto de você mesmo como de seu sujeito (entrevistado). Obter os níveis corretos de seu gravador portátil é de extrema importância. Embora alguns ajustes possam ser feitos durante o processo de edição e mixagem, é muito melhor obter os níveis corretos durante a gravação, visto que isso evitará desperdício de tempo e aborrecimentos posteriores! *Não* peça ao entrevistado para "apenas dizer qualquer coisa" como se as pessoas nunca fossem capazes de pensar em algo para dizer! A melhor forma é pedir para que ele descreva seu trajeto ao trabalho ou a qualquer outro lugar aquela manhã. Isso costuma fornecer a fala suficiente tanto para determinar o nível como para verificar todo o equipamento. Peça para o entrevistado usar seu tom de voz normal e manter o microfone a cerca de 10cm da boca, porém, levemente "fora do centro" – isso evitará "sons explosivos" como "P", "B", etc. Não o deixe segurar o microfone. Ajuste o nível de gravação para que o som atinja o ponto máximo exatamente antes do ponto *Red* ou *Over* no medidor de nível de gravação. Em seguida, determine o seu próprio nível.

Se estiver gravando a entrevista com um microfone, terá de lembrar-se de posicionar o microfone em diferentes pontos distante de você mesmo e do entrevistado, para que haja um nível de gravação similar para ambos. Você terá de ficar razoavelmente perto do entrevistado; caso contrário, haverá muitas idas e vindas com o microfone. Se estiver sentado, utilize uma mesa, sente em ângulo reto ao entrevistado e coloque o gravador sobre a mesa, diante de você.

Reproduza o "teste" e terá uma outra chance de verificar o nível e certificar-se de que "soa" bem. Agora você está pronto para começar.

Antes de realmente iniciar a entrevista, porém, certifique-se de gravar o nome e a profissão do entrevistado. Durante a entrevista você deve manusear o microfone com cuidado e firmeza. Não puxe o fio do microfone – além do perigo de ocasionar uma conexão frouxa ao longo do cabo ou nos conectores,

978-85-7241-733-4

isso provoca um ruído de "atrito metálico". Enrole *folgadamente* o fio do microfone em volta do seu antebraço para que, ao puxá-lo, esteja puxando apenas aquela parte e não a conexão. *Não* mova o microfone para cima e para baixo, pois isso pode causar um "atrito metálico". Tenha especial cautela se usar um anel na mão que segura o microfone.

Retire qualquer fone de ouvido e tenha confiança de que tudo sairá tecnicamente bem. Não fique olhando para o gravador, medidor, etc., senão deixará o entrevistado ansioso e isso, em geral, irá distraí-lo. Além disso, você está acenando com a cabeça enfaticamente para encorajar o entrevistado, não está? Permita-se, talvez, um breve lance de olhos para baixo. Por outro lado, se você checou todo o equipamento de forma satisfatória, deverá sair-se bem!

Enquanto grava a entrevista, não se esqueça das exigências finais da sonora e de que você precisará editá-la. Deixe uma pequena pausa no final de cada resposta, incluindo a conclusão, e não interrompa. Evite os "tiques" da fala, como "hum" e "uau". Não complique o seu próprio trabalho tornando a edição mais difícil do que ela é.

Antes de finalizar a entrevista, dê uma breve olhada em seus "tópicos" para assegurar-se de que cobriu todas as questões principais.

No final da entrevista, *antes de "deixá-lo ir"* (ou antes de finalizar), reproduza uma pequena parte da gravação ("para uma verificação técnica"!), se possível, pelo fone de ouvido. Se houver algum problema técnico, a maioria das pessoas entenderá e permitirá que você grave novamente. Se só descobrir o problema mais tarde, as probabilidades de refazer a entrevista serão remotas (além de ser extremamente embaraçoso). É essencial, porém, não deixar o entrevistado ouvir sua verificação – se ele cismar que pode ouvir novamente o trecho, vai querer fazer isso, o que pode causar todos os tipos de problemas – além de gastar tempo precioso.

Portanto, faça a verificação utilizando fone de ouvido, agradeça ao entrevistado por sua atenção, diga-lhe que era "exatamente o que você precisava" e que foi "realmente bom" (mesmo que não tenha sido!); em seguida, diga que precisa ir embora e retire-se. No entanto, por pior que seja, lembre-se de que não é culpa do entrevistado – ele não era obrigado a conceder-lhe uma entrevista, dedicou seu tempo e não é responsabilidade dele dar uma "boa" entrevista.

Após a Entrevista

É convenção em rádio que entrevistas gravadas sejam sempre transmitidas com as gentilezas – olá, obrigado, até logo, etc. – para que a entrevista editada sempre comece e termine com a voz do *entrevistado.* Isso reflete a convenção social; se estivesse relatando uma conversa a uma terceira pessoa, normalmente não incluiria o fato de ter dito o primeiro "olá", ou "obrigado/até logo" no final! Uma entrevista gravada é, na verdade, a recordação de uma conversa, porém as entrevistas editadas e gravadas apenas deixam impressões "na carne".

O roteiro para uma entrevista ou trecho de entrevista deve relatar os fatos principais da reportagem. A principal característica dos roteiros é poderem ser facilmente atualizados assim que chegam novas informações – ou serem reescritos, ainda que com as mesmas informações, para serem mantidos atuais para subseqüentes transmissões – mas o áudio pode permanecer o mesmo. Entrevistas que duram mais de 90s, quando são transmitidas, devem ter também um *back anno* (anúncio). A Figura 7.6 mostra como pode ser o roteiro da nossa entrevista editada.

Tendo conseguido pelo menos uma entrevista, seria possível para Sally, nossa repórter, elaborar um novo comentário, desta vez contendo um trecho curto da entrevista – um comentário resumido. Vários trechos curtos poderiam ser produzidos tanto por Sally quanto no estúdio, cada um com um roteiro independente. Eles pareceriam muito similares ao roteiro para a entrevista, exceto pelo fato de não conterem a voz do repórter (fazendo uma pergunta ou reagindo de algum modo); o nome do repórter é omitido. Além

HEAD/INT	05.11.01/NAN	MAKEGOOD

O diretor de uma escola em Netherfield – que foi extremamente danificada por uma explosão no início desta manhã – diz que levará meses até que as aulas voltem ao normal.

Acredita-se que havia um vazamento de gás, e um alarme... disparado quando uma faxineira entrou na escola... provocou o que os moradores descreveram como um enorme estrondo, logo após as seis e meia da manhã. Ninguém ficou ferido, embora a faxineira – que ainda não foi identificada – tenha recebido cuidados médicos pelo impacto da explosão.

Aproximadamente 100 moradores da Avenida Swainburn [SWIN-BURN] deixaram suas casas e foram levados para um centro comunitário local, visto que as equipes de emergência temiam uma nova explosão.

As aulas para os cerca de 300 alunos da Escola Saint Christopher, com idade entre 7 e 11 anos, foram canceladas até o final da semana. A diretora Alice Burnley disse a nossa repórter Sally Makegood que a escola ficou tão danificada que as aulas terão de ser realizadas em salas provisórias até, pelo menos, o final do semestre...

HEAD/INT-ENPS:461

DUR: 3′57″

SAÍDA: .... Será extremamente difícil (2º tempo)

[DUR TOTAL: 1′04″]

<u>BACK ANNO</u> (anúncio)

Esta foi Alice Burnley, diretora da Escola Saint Christopher em Netherfield, conversando com nossa repórter Sally Makegood sobre a explosão de gás desta manhã.

Figura 7.6

978-85-7241-733-4

disso, como o texto da entrevista será curto, um *back anno* não é necessário. Ao contrário dos roteiros para entrevistas, é muito comum a duração desses roteiros ser consideravelmente maior que o trecho que apresentam. Isso acontece porque esses roteiros devem "narrar a reportagem" – não há repórter para preenchê-lo em detalhes, portanto ele deve conter todas as informações essenciais. A sonora tem por objetivo fornecer um ponto de vista ou uma resposta emocional – *não* informações.

Sally poderia também fazer uma atualização "ao vivo" da matéria em uma sessão de "*Q & A*/mútuas" com o apresentador principal de notícias no estúdio, na qual poderia divulgar alguns trechos da entrevista de uma unidade móvel ou do estúdio. Fazer um *Q & A* convincente requer habilidade e experiência. É necessário ser espontâneo em vez de "roteirístico", porém, o repórter e o apresentador precisam estar, de antemão, de acordo com as perguntas – ou, pelo menos, com a idéia principal e geral delas. Os jornalistas não gostam que seus colegas façam perguntas para as quais não sabem as respostas!

Todos esses tipos de radiojornalismo envolvem editar o material de áudio. Hoje em dia, isso é quase sempre executado em máquinas de minidiscos e/ou utilizando programas digitais de computador – o que pode ser feito em locações com um *laptop*.

978-85-7241-733-4

Edição – ou "O Corte mais Adorável de Todos"

Uma pergunta fundamental: para que editar? A resposta é:

a. Para eliminar o material desnecessário.
b. Para reduzir a quantidade de material a fim de adequar-se ao tempo de transmissão permitido.
c. Para reorganizar o material a fim de atribuir a ele uma estrutura mais lógica e coerente.
d. Para permitir utilização mais "criativa" do material disponível.

Considerações Éticas e Legais

Caso se sinta tentado a editar o material a fim de que o entrevistado diga algo mais "interessante" ou "sensacional", *não faça isso*! Por mais que corte, você deve sempre se ater à idéia ou ponto principal das respostas e ser fiel ao contexto no qual os comentários foram feitos.

Exemplo Aceitável de Edição

(Seções e acréscimos editados estão entre parênteses)

Situação: O diretor administrativo de uma operadora de concessão ferroviária reage a um novo relatório da "fiscalização ferroviária" que critica severamente o serviço da companhia. As partes entre parênteses mostram onde foram feitas as edições.

> Estou muito desapontado com o relatório (...eh, ahem), estamos realmente (nos esforçando... quero dizer) nos esforçando de forma desesperadora... em (er) melhorar nossos serviços aos passageiros e lamento muito tê-los deixado chateados. Estamos (tomando os passos necessários para melhorar nossos serviços) investindo mais de (treze milhões... perdão, que deve ser) trinta milhões de (dólares... quero dizer) libras (...) para melhorar a situação de nosso material rodante. Estamos confiantes de que nossos serviços apresentarão significativa melhora nos próximos seis meses (e isso se refletirá em nosso próximo relatório tosse, limpa garganta... tem dito que sim,) [pausa] há uma dúvida com relação à performance de um ou dois de nossos gerentes. Se precisarmos fazer mudanças [pausa] (em nossa equipe administrativa) então faremos isso, (e sim) é possível que tenhamos de dispensar um ou dois deles... embora eu diga que não demitiremos qualquer pessoa em particular.

Isso é uma edição perfeitamente aceitável porque tudo que aconteceu foi "arrumado"; erros óbvios foram eliminados e o trecho está mais coerente e lógico para se ouvir. Observe como as pausas foram editadas – utilizando o som ambiente ou *wild track* (ver a seguir), em vez de silêncio, que pode ser produzido por um programa de edição digital mas soa natural e "óbvio" – de forma que frases desconexas no original podem ser juntadas, mas disfarçam uma provável mudança de inflexão ou ritmo.

Exemplo Inaceitável de Edição

> Estou muito desapontado com o relatório... demitiremos nossa equipe administrativa... há uma dúvida com relação aos nossos serviços nos próximos seis meses. Estamos em situação desesperadora. Lamento muito.

Trata-se de um comentário importante e é "o que ele disse" no sentido de que ele falou todas essas palavras; acontece apenas que as passagens significativas foram excluídas e a edição reorganizou a gravação de tal modo que alterou completamente o sentido do que o entrevistado disse. É possível fazer a mesma coisa em mídia impressa, mas ouvir de fato as palavras ditas por esse gerente confere maior credibilidade do que apenas ler as palavras no papel.

Em "Fontes e referências" no final deste capítulo, veja *links* da BBC e *sites* de rádios comerciais que fornecem detalhes e comentários completos sobre as principais dicas do que fazer ou não.

Como Editar Trabalhos

Editar trabalhos enganando o ouvido. Você pode, em princípio, cortar o material no ponto que quiser, mas é provável que a edição fique claramente audível. Embora os sistemas de edição digital – que superaram o antigo sistema de corte e emenda de fita magnética – possam parecer um tanto diferentes, todos eles funcionam da mesma forma. O áudio é gravado em um sistema de computador e exibido no monitor em forma de ondas. O material é aquele mais distante da linha central ou inferior na tela, o mais alto ou mais modulado. A edição é realizada destacando-se o material e, em seguida, deletando-o ou copiando-o em uma seção diferente. Trata-se de um procedimento similar à manipulação de textos, mas evidentemente é preciso ouvir as representações do som da tela (Fig. 7.7).

A maioria das pessoas demora um pouco para se acostumar a "ver" o som e só será possível tornar-se proficiente com a prática. Com o tempo, porém, o início e o final das palavras – e até mesmo diferentes sílabas – podem ser distinguidos, sobretudo quando as palavras começam ou terminam com consoantes fortes – p, b, etc. Todos os sistemas permitem ampliar a seção vista no monitor. Quanto mais *zoom*, mais detalhes são vistos e a seção que se está ouvindo fica bem menor, possibilitando cortes mais precisos.

O principal da edição digital é que, ao contrário da fita, ela é indestrutível: contanto que se guarde uma cópia do "original", é possível fazer muitas versões do material – e cometer muitos erros! – como quiser. O "original" ainda está lá!

Seja qual for o sistema utilizado, entretanto, o ponto mais importante é que a edição não deve ficar evidente. O que disfarça o corte, acima de tudo, é um bom e nítido som. É fato que editar é mais fácil para algumas pessoas

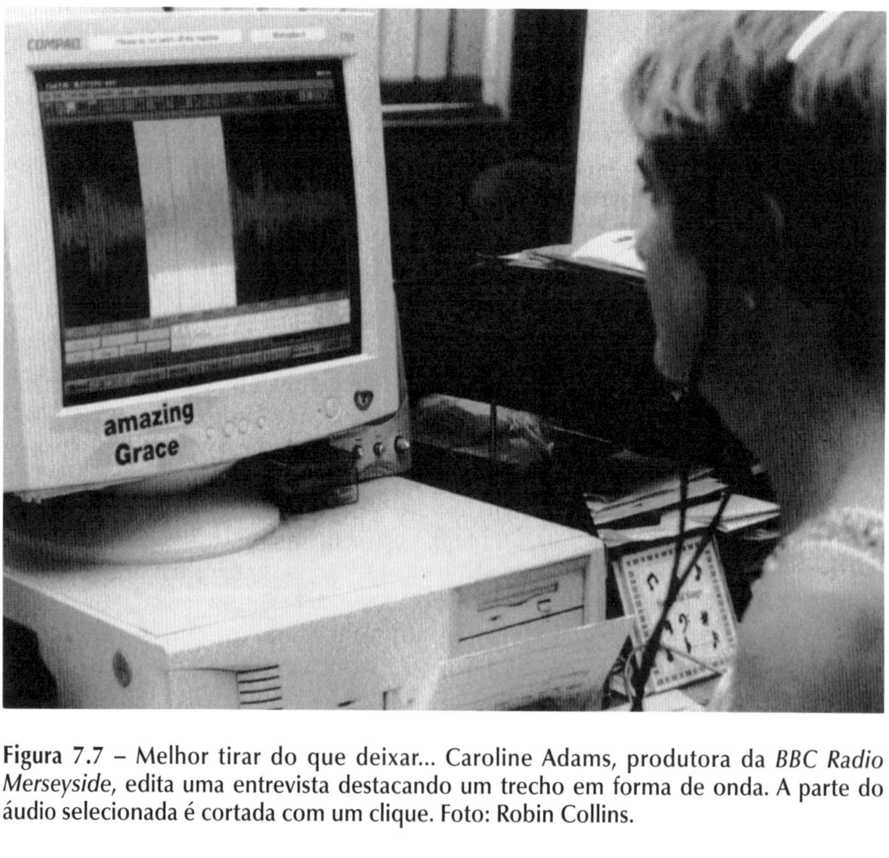

Figura 7.7 – Melhor tirar do que deixar... Caroline Adams, produtora da *BBC Radio Merseyside*, edita uma entrevista destacando um trecho em forma de onda. A parte do áudio selecionada é cortada com um clique. Foto: Robin Collins.

978-85-7241-733-4

do que para outras. Isso tem muito a ver com a velocidade de elocução e a enunciação. É também possível, se você for realmente hábil, cortar um som longo na metade. Uma boa e acentuada tomada de fôlego costuma ser um lugar bastante seguro para editar. Com relação a tosses, "ums", "ers" e respiros indesejáveis, os mesmos conceitos sempre se aplicam: procurar o início do som.

Um dos erros mais comuns cometidos pelos "iniciantes" é editar de forma muito comprimida. As pessoas precisam respirar, e uma edição muito comprimida soa artificial! É muito importante manter o "ritmo" natural da fala. Outro fator fundamental, que não ocorre com a edição de texto, é que as entonações devem "igualar-se". Se alguém estiver falando com inflexão ascendente e houver edição para um trecho com inflexão descendente, a edição ficará absolutamente óbvia e os ouvintes perceberão isso; todavia, se a mesma edição soasse natural, ela poderia ser aceita.

Há um tipo de edição de entrevista que viola a maioria dessas regras: a enquete ou *vox pop* – abreviação de *vox populi* –, que fornece uma resposta imediata de diferentes opiniões sobre um tema atual. Ela nunca deve ser descrita como uma "pesquisa de opinião" ou por alguma indicação de que constitua uma visão representativa do povo sobre qualquer área – ela não é! Neste momento, não estamos interessados em tentar disfarçar o fato de que a edição continua – muito pelo contrário! Na verdade, se a edição é realizada de modo suave, ela soa mais natural. Para grandes extensões, o "desbaste" na edição – cortes durante entonações, remoção de sons de respiração e, acima de tudo, um caleidoscópio de "cortes bruscos" de ruídos de fundo – é necessário para aumentar a impressão (realidade?) de que você realmente viajou por todos os lugares para alcançar a maior variedade de pessoas e opiniões!

978-85-7241-733-4

Reportagem Especial/Pacote

De diferentes formas, a reportagem especial ou pacote (assim denominado por conter muitos elementos diferentes) é o apogeu da arte do jornalista de rádio. As técnicas abrangem todo tipo de reportagens, entrevistas e atualidades, com a opção de incluir trilha sonora e trechos de arquivo junto com edição e mixagem hábeis. Os pacotes ou reportagens especiais possuem diversas formas e durações e, na verdade, as técnicas aqui apresentadas podem ser expandidas para incluir um documentário tamanho padrão de meia hora ou mais. O objetivo é utilizar ao máximo todos os aspectos positivos do radiojornalismo. Os programas de edição digital permitem que alguns pacotes bastante complexos, sofisticados e criativos sejam reunidos pelos jornalistas "no campo da prática" de forma comparativamente rápida. Estudantes e *trainees* podem se dar ao luxo de ter mais tempo, incluindo aquele gasto na mesa de mixagem do estúdio. As principais orientações, entretanto, são as mesmas.

978-85-7241-733-4

- Antes de iniciar quaisquer gravações para o pacote, esboce um plano de trabalho. Sobre o que trata a matéria? O que ela está tentando alcançar? Em que direção ela está indo? Isso é útil para manter-se no rumo certo e não perder o foco, mas não deve representar uma "camisa de força": às vezes, a matéria "muda" à luz de informações e entrevistas coletadas ao longo do caminho. (Mantenha o editor ou produtor atualizado acerca dos desdobramentos da matéria: essas pessoas geralmente possuem uma idéia muito clara sobre o que querem da reportagem e não apreciam receber algo muito diferente do seu conceito original.)
- Seja o mais criativo possível, nos limites de tempo e orçamento disponíveis. Aprecie as possibilidades especiais fornecidas pelos pacotes comparadas com as reportagens "diretas".
- Grave, em cada locação – mesmo escritórios e outros lugares com acústica ruim –, cerca de 30s de *wild track*: esse é o som do ambiente que pode ser utilizado para diversos propósitos na mixagem e edição da reportagem, incluindo transições entre diferentes locações, ocultar edições "defeituosas" e mixar sob sua voz *links* de voz gravados posteriormente em estúdio. (Esta última técnica não é uma fraude; você dá a impressão de que gravou o *link* na locação mas, contanto que realmente não diga que gravou, considera-se uma técnica de produção aceitável).
- Experimente *iniciar os pacotes com algo que não seja a sua voz "nua e crua"*. Lembre-se de que o pacote será introduzido por um apresentador de notícias independente, portanto não é muito interessante – e pode ser até confuso – ouvir uma voz seguida de outra. É bem melhor começar com algum som da vida real que você tenha gravado ou uma trilha sonora. Isso também permite ao ouvinte compreender o contexto do pacote e elaborar aquele quadro mental mencionado no início do capítulo. As primeiras palavras ouvidas no pacote devem ser de um entrevistado ou do repórter apresentando o primeiro *link*. Os *links* constituem, simplesmente, maneiras de conduzir o ouvinte de um elemento do pacote para outro. Eles podem ser feitos no estúdio ou – em geral muito melhor – na locação, gravados no estúdio ou no gravador portátil para uma etapa posterior e mixados com o som da locação para dar a impressão de terem sido gravados na locação.
- Tente não fazer edições ou cortes diretos de uma sonora para outra, mas *mixar o som sob os links* para que se misturem e diminuam mais naturalmente.
- É essencial que, na etapa da edição ou produção e mixagem, os *níveis de som sejam mantidos em uma faixa razoavelmente compatível*. A locução precisa ser mixada em um nível mais alto que a música, pois possui uma faixa dinâmica mais baixa. Portanto, mesmo que se desejasse fazer um *mix* 50/50 entre locução e música, seria necessário ajustar a locução a um nível mais alto que o da música – em geral entre 5 e 6 no PPM. A maioria dos sistemas de edição digital permite fazer quase tudo que poderia ser realizado no estúdio em um computador ou *laptop* – incluindo *multitracking*, mixagem, equalização e muitos outros efeitos, como eco/reverberação,

mudança do ambiente acústico e até mesmo aceleração ou diminuição da velocidade do material.

Embora existam técnicas muito complexas utilizadas na produção de pacotes, os repórteres não devem considerá-las hábeis demais e acabar confundindo o ouvinte. Em especial, toda fala, seja qual for a fonte, deve ser cristalina e não ser abafada por música ou outros elementos. Lembre que, embora possa mixar seu pacote em um sofisticado estúdio *multitrack* e ouvir os melhores locutores, a maioria dos ouvintes ouvirá o seu trabalho em um equipamento muito inferior e com ruído que distrai a atenção. Por isso, é importante usar seus ouvidos (para avaliar o balanço e, sobretudo, o efeito da mixagem e edição) e seus olhos (para observar o indivíduo e, em especial, os níveis de som).

- O pacote deve *manter e desenvolver o interesse do ouvinte pela matéria incluindo diversas fontes de som* – englobando, quando apropriado, entrevistas, ambiente, música, material de arquivo, tudo sendo associado pelo jornalista. Esses elementos devem ter várias durações e os trechos de entrevista, por exemplo, devem ser divididos para que não se utilizem grandes trechos de um entrevistado seguidos de um bloco extenso do repórter, etc. Também é uma prática comum não haver duas sonoras consecutivas do mesmo entrevistado. É preciso cuidado, porém, para não incluir muitas vozes, em particular se os entrevistados emitirem sons similares. É necessário identificar os entrevistados e, se voltar para a sonora de um entrevistado após já tê-lo apresentado, é preciso dizer novamente ao ouvinte quem ele é. Isso pode ser um pouco cansativo. Acima de tudo, não perca o assunto da matéria.
- Antes de retomar o trabalho demorado de edição, mixagem e gravação de seu pacote, esboce uma ordem de apresentação ou lista de edição. Indique onde serão encontradas as sonoras que você planeja utilizar. Transcreva as durações, entradas e saídas de todas essas sonoras. Em seguida, escreva o roteiro e grave quaisquer *links* de voz. Tenha todo o material à mão antes de iniciar o trabalho de edição e mixagem no computador ou no estúdio. Em nosso exemplo, a primeira parte do roteiro do pacote poderia ser parecida com a Figura 7.8.

Detalhes sobre direitos autorais devem ser fornecidos para qualquer música utilizada, mesmo que a trilha esteja registrada como *copyright free*. Essa informação deve ser incluída no roteiro, além do artista, compositor, etc. e o tempo de música utilizado.

Programa de Notícias

A maioria das emissoras locais da BBC, as *BBC Radios 1, 4* e *5* de rede nacional, e alguns dos principais serviços comerciais possuem boletins de notícias prolongados ou programas completos pelo menos uma vez por dia útil – em geral na hora do almoço e/ou no início da noite. Esses programas

978-85-7241-733-4

[RÁPIDO FADE IN* NO CENTRO COMUNITÁRIO WT NÍVEL ALTO DE 4", FADE** – MAS MANTER COMO PANO DE FUNDO NO LINK1:]

Para mais de cem moradores da Avenida Swinburn, o despertar do sono não aconteceu com a ajuda do rádio-relógio, mas com o barulho de uma enorme explosão na Escola Saint Christopher, localizada no final dessa rua silenciosa. Pouco tempo depois, todos os moradores deixaram suas casas, visto que as autoridades temiam que pudesse ocorrer uma nova explosão.

[RÁPIDO MIX À SONORA 1- MORADOR FOX:]

ENTRADA: Foi impressionante, eu estava justamente...

DUR: 13"

SAÍDA: ...apenas conseguindo voltar ao normal

[LIGEIRO FADE OUT, MIX AO WT 2, ESCOLA. MANTER COMO FUNDO:]

LINK 2: Para o morador Jim Mason, foi certamente um dia dramático e causou algumas inconveniências. Mas para a faxineira Mary Webb poderia ter sido muito pior. Considera-se que a Sra. Webb tenha, inconscientemente, provocado a explosão ao entrar na escola. Os bombeiros acreditam que uma minúscula faísca elétrica produzida pelo sistema de alarme foi suficiente para provocar a explosão, em conseqüência do vazamento de gás. Felizmente a Sra. Webb sofreu apenas o impacto da explosão e foi medicada no Hospital Hope, próximo da região. O oficial do Corpo de Bombeiros John Quincy informou que a Sra. Webb poderia ter ficado gravemente ferida...

[MIX À SONORA 2-QUINCY:]

ENTRADA: Esse tipo de explosão poderia...

DUR: 16"

SAÍDA: ...muito mais sério.

* N. do T. – *Fade in:* elevação do volume do som.

** N. do T. – *Fade* ou *fade out*: diminuição do volume do som.

Figura 7.8

incluem reportagens mais longas, em especial entrevistas e pacotes. Em nosso exemplo, o programa da hora do almoço faz um apanhado geral dos destaques da manhã, incluindo um pacote de notícias. Esses programas costumam ter seu próprio editor e/ou produtor, que podem utilizar os amplos recursos da redação da emissora, bem como o material gerado por seus provedores de notícias nacionais e internacionais. Além disso, às vezes, possuem repórteres trabalhando exclusivamente para esse programa (Fig. 7.9).

O objetivo é fornecer um resumo abrangente de notícias, esporte, finanças e, talvez, entretenimento, para que o ouvinte se sinta completamente informado. Deve-se também reconhecer, entretanto, que muitos ouvintes – em particular aqueles que ouvem rádio em seus carros, no caminho para casa – não ouvirão todo o programa. Por isso, os resumos das notícias são encaixados em vários pontos fixos no "horário do relógio".

978-85-7241-733-4

Figura 7.9 – A redação na *BBC Radio Merseyside* prepara-se para a edição do noticiário noturno *Merseyside Tonight.* Embora a emissora utilize um sofisticado sistema de computador, os jornalistas ainda fazem anotações em quadros brancos para que sejam visíveis "num relance" detalhes dos contatos, das chamadas de verificação e, o mais importante de tudo, *idéias* para matérias e programas de notícias. Foto: Robin Collins.

978-85-7241-733-4

O editor e/ou produtor, portanto, devem assegurar-se de que o programa satisfaz tanto quem acompanha o programa inteiro como o ouvinte "superficial" – realmente um desafio. É necessário haver "luz" e "sombra" – várias técnicas utilizadas para divulgar diferentes reportagens – e, às vezes, alguns dos métodos descritos neste capítulo para divulgar a mesma reportagem; por exemplo, um pacote seguido de uma entrevista "ao vivo", bem como informações com diferentes durações. Por conseguinte, isso significa tanto uma boa produção de rádio quanto um bom jornalismo.

O programa difere do boletim normal visto que, pela natureza complexa da operação, os apresentadores de notícias muitas vezes ficam separados da sala de controle, onde ficam o editor, o produtor e o(s) operador(es) técnico(s). Boa comunicação é, portanto, essencial. Haverá um *talk-back* (intercomunicador) entre o estúdio (no jargão da BBC, o cubículo) e aqueles na área de controle – um vidro à prova de som separa essas duas áreas. O apresentador ouvirá as instruções por meio de seu fone de ouvido. Pode haver também um monitor no qual o produtor ou editor envia instruções, informações ou sugestões sobre perguntas da entrevista, etc. O apresentador pode ter disponível uma luz sinalizadora verde, que o operador técnico acende, como "advertência", quando uma informação está chegando ao fim. Quase sempre há uma luz vermelha indicando "no ar" dentro e fora do estúdio, para que todos saibam quando os microfones estão ligados e não entrem na hora errada!

Toda a equipe trabalhará com um roteiro com a ordem de todas as informações, *catch-lines* e tempos de todo o material de áudio. Alguns itens – por exemplo, notícias de esporte, viagem e previsão do tempo – estarão em pontos fixos e já inseridos no roteiro no começo do dia. As outras reportagens entrarão durante todo o dia; porém, o roteiro muitas vezes é atualizado mesmo enquanto o programa está no ar!

O apresentador de notícias precisa fazer sinais visíveis com a mão para o(s) operador(es) técnico(s) – basta apontar com o dedo ao ler a última palavra do roteiro para que o áudio daquela matéria possa ser iniciado no ponto exato. A equipe da sala de controle dirá então ao apresentador para "ficar de prontidão" quando a informação estiver chegando ao fim. É necessário desenvolver uma rotina e disciplina para que ninguém seja pego desprevenido. A principal idéia é que a comunicação do(s) apresentador(es) com a sala de controle é visual, ao passo que a da sala de controle com o apresentador é verbal.

978-85-7241-733-4

Também constitui uma boa prática, ao apresentar uma informação, conferir se a informação seguinte é a "correta". Poucas coisas são mais embaraçosas ou traumatizantes do que um apresentador introduzir ou sinalizar brilhantemente uma notícia para ser seguido apenas por silêncio ou, pior ainda, pela sonora errada! Atenção a detalhes e abordagem disciplinada são vitais para que o programa seja bem-sucedido e não estressante!

Analisemos o roteiro de um programa imaginário na Figura 7.10 – transmitido às 13h do dia da explosão de gás em Netherfield.

Nº	TIPO	*CATCH-LINE*	FONTE	DUR	TEMPO
1	Tema/Destaques	NAA/Tema Principal	MD2, T1/1B	0'50"	13:00:00
2	Pacote	Pacote da explosão/ Makegood	ENPS 4081	4'20"	13:00:50
3	*Q & A* ao vivo	Roteiro de Makegood	1B/Carro da rádio	2'30"	13:05:20
4	Resumo das notícias	Da redação	Cabine de transmissão	4'00"	13:07:50
5	Int. ao vivo *Counc. Dearing*	Roteiro *"live-pres"*	1B	3'15"	13:11:50
6	Destaques	NAA/Destaques das notícias	MD2, T2/1B	1'00"	13:15:05
7	Esporte	Vários/*sport pres'*	Cabine de transmissão	3'00"	13:16:05
8	Rede	Pacote do terremoto/ Jonhson	ENPS 4062	3'10"	13:19:05
9	Finanças/ Geoff Newton	Ao vivo	1B/ISDN Centro de Notícias de Londres (verificar)	2'30"	13:22:15
10	Rec. Int.	FSB/Milligan	ENPS 5144	3'20"	13:24:45
11	Previsão do tempo	Roteiro *pres'*	ISDN/ *Finton Weather Centre*	1'00"	13:28:05
12	Destaques do encerramento	Redação	MD2, T3/Destaques do encerramento	0'55"	13:29:05
					13:30:00

Figura 7.10

Chamadas e Promoções

Após todo esse esforço, a equipe de notícias naturalmente deseja que o maior número possível de pessoas ouça o programa. Para isso, utiliza a emissora de rádio a fim de promovê-lo (a rádio comercial tende a utilizar o termo "promo" – forma abreviada de promoção; a BBC utiliza *trails*). Trata-se, efetivamente, de seus próprios anúncios e, como sempre, eles devem ser elaborados a fim de obter o máximo impacto no menor tempo. As chamadas e promoções classificam-se em três categorias principais:

- Geral e não-específico, para programas regulares (diários/semanais).
- Específico, para programas exclusivos ou especiais.
- Uma mistura dos dois primeiros, para um programa regular que possui material relevante e específico para determinada edição.

Neste tópico, concentrar-nos-emos no terceiro tipo. Imagine que estamos produzindo uma chamada no meio da manhã para o noticiário da hora do almoço. Com a edição digital, ela pode ser facilmente gravada, editada, mixada e preparada para a transmissão. O acordo é ter início e final padrão, com uma seção central ou ponte que possa ser modificada a cada dia. As deixas de entrada e saída podem ser as mesmas todos os dias – talvez gravadas por um narrador profissional. É importante haver uma "base" musical que possa estar em nível alto no início e no final, mas mantida (mixada) como fundo no meio (existem excelentes relações de CD produzidos especialmente para esse propósito), ou utilizar um trecho instrumental de uma trilha comercial e editá-la ou repeti-la para que possa ter duração indefinida. É melhor não escolher algo muito conhecido, senão o ouvinte poderá prestar mais atenção à música do que aos dizeres!

978-85-7241-733-4

Ao preparar e roteirizar a chamada, coloque-se no lugar do ouvinte: o que o faria querer sintonizar essa emissora? Experimente também incluir vários elementos diferentes que possam atrair diferentes audiências. Mas cuidado para não abarrotar de tantos elementos a ponto de parecer uma lista de compras. O roteiro de nossa chamada seria parecido com a Figura 7.11.

Atividades Sugeridas

1. Grave e analise uma um programa de rádio sobre atualidades de pelo menos meia hora. Tente classificar as informações de acordo com a tipologia do início deste capítulo. Há alguma informação que não parece se encaixar em alguma das categorias? Neste caso, como você as descreveria ou as classificaria?
2. Selecione uma notícia de jornal e reescreva-a em "estilo de rádio". Preste especial atenção ao uso de citações (discurso direto) e à construção das frases.
3. Em grupo, elabore um modelo para uma notícia radiofônica (apenas) *texto* e assegure-se de que todos a tenham em arquivo.

CHAMADA PARA O *CENTRAL REPORT.* 05/11/01

[ENTRADA: 4" MÚSICA EM NÍVEL ALTO, EM SEGUIDA MANTIDA COMO FUNDO PARA:]

REC V/O INTRO (À uma da tarde, em *Central Reports,* todas as notícias e informações importantes do dia.)

[MÚSICA DE FUNDO]

V/O (APRESENTADOR): Hoje, junte-se a mim, Tim Speakright, para ouvir a cobertura completa da trágica explosão de gás que ocorreu esta manhã em Netherfield

TRECHO DE ÁUDIO DA EXPLOSÃO DE GÁS (de Sally Makegood). Dur: 6"

V/O (APRESENTADOR): E mais... o que está por vir para o *bad boy* do Netherfield Wayne Carr, e por que esse pássaro deve ser pego pelo bico...

(SONORA: PAPAGAIO: 4")

REC V/O FINAL: (Negócios, viagens e previsão do tempo. O resumo das notícias no seu horário de almoço, *Central Report,* hoje à uma da tarde.)

(ENCERRAMENTO 4" DE MÚSICA EM NÍVEL ALTO)

TOTAL DUR: 44"

Figura 7.11

4. Produza um guia de pronúncia para nomes de lugares de sua região e outro para nomes e lugares incomuns ou difíceis, de origem nacional e internacional, comumente usados nos noticiários.
5. Crie um modelo de *roteiro*, salve-o em arquivo e compartilhe-o com o seu grupo.
6. Escolha uma matéria de jornal e reescreva-o para o rádio, imaginando que será apresentada por um repórter como um "comentário". Redija o roteiro e o texto do comentário utilizando os *layouts* anteriormente descritos.
7. Faça anotações no texto do "comentário", utilizando as marcas de pausa descritas anteriormente, e sublinhe as palavras e expressões-chave.
8. Redija o roteiro e o texto para os "comentários" das duas matérias, tendo você como repórter. Uma deve ser reescrita a partir de uma reportagem nacional publicada em um *Web site*, e a outra deve ser reescrita a partir de um *press release* proveniente de uma autoridade local, da polícia, etc.
9. Grave e analise um boletim de notícias de uma emissora local. Transcreva a ordem de apresentação para aquele boletim – as matérias, como elas foram enfocadas (texto, comentário, etc.) e a duração aproximada de cada informação.
10. A partir de um boletim noticioso de rádio, transcreva um roteiro tanto para um comentário gravado como para um trecho de entrevista. De que modo o estilo variou entre os dois tipos de roteiro?

978-85-7241-733-4

11. Faça alguns exercícios de respiração: respire fundo pelo nariz; certifique-se de não curvar os ombros para frente enquanto faz isso. Em seguida, conte em voz alta e veja até onde consegue agüentar antes de ficar sem ar.
12. Prepare uma entrevista com outro membro de seu grupo. Peça que ele escolha como assunto um acontecimento incomum ou dramático de sua vida: algo que ele possa falar por cerca de pelo menos 5min! *Não* prepare um "bate-papo" geral de sua vida – essa entrevista deve ser sobre uma "história".
13. Em grupos de três, revezem-se para gravar as entrevistas que vocês prepararam, sendo cada membro alternadamente o entrevistador, o entrevistado e o observador. Antes de fazer isso, seria conveniente compilar um *check-list* com base nas dicas do que fazer ou não. Apresente um ao outro um *feedback* após as entrevistas – lembre-se de que a próxima vez pode ser uma entrevista "de verdade"!
14. Edite a entrevista que você fez com o outro estudante para uma duração de 3min – você deve ter como objetivo ficar em dois segundos para mais ou para menos. Em seguida, redija um roteiro para a entrevista.
15. Esboce um "plano de trabalho" para transformar duas reportagens especiais de um jornal local ou regional em uma reportagem especial para rádio. Quem você precisaria entrevistar (se não tiver nomes reais, anote os tipos de pessoas que você desejaria entrevistar); aonde você iria para gravar som ambiente; que trilha sonora usaria?

FONTES E REFERÊNCIAS

BBC (2000) *Producer's Guidelines* (online). Available at: http://www.bbc.co.uk/info/editorial/prodgl/ (accessed 3 September 2001).

Boyd, A. (2001) *Broadcast Journalism – techniques of radio and television news* (5th edition). Oxford: Focal Press.

Chantler, P and Harris, S. (1997) *Local Radio Journalism* (2nd edition). Oxford: Focal Press.

Crook, T. (1998) *International Radio Journalism.* London: Routledge.

Gage, L. (1998) *A Guide to Commercial Radio Journalism* (2nd edition) (eds L. Douglas and M. Kinsey). Oxford: Focal Press.

McLeish, R. (1999) *Radio Production* (4th edition). Oxford: Focal Press.

Radio Authority (1994) *News and Current Affairs Code* (online). Available at: http://www.radioauthority.org.uk/downloads/newscode.pdf (accessed 3 September 2001).

Reese, D. and Gross, L. (1998) *Radio Production Worktext* (3rd edition). Boston: Focal Press.

Reese, D., Beadle, M. and Stephenson, A. (2000) *Broadcast Announcing Worktext – performing for radio, television, and cable.* Boston: Focal Press.

Talbot-Smith, M. (1999) *Sound Assistance* (2nd edition). Oxford: Focal Press.

Wilby, P. and Controy, A. (1994) *The Radio Handbook.* London: Routledge.

8 Televisão

- Introdução
- Entrevistas
- Reportagens curtas
- Noticiários
- Enquadramentos utilizados em reportagem e produção para televisão
- Atividades sugeridas
- Fontes e referências

Introdução

No Reino Unido, a porcentagem média de telespectadores é virtualmente a mesma que a de ouvintes de rádio. No entanto, de acordo com números oficiais divulgados pelo *Institute of Practitioners in Advertising* (IPA) no segundo trimestre de 2001, o número de telespectadores da ITV caiu 1,4%, da BBC1 diminuiu 0,3% e da BBC2, 0,8% em relação ao trimestre correspondente do ano 2000. É interessante que, no segundo trimestre de 2001, em média, os telespectadores assistiam à BBC, ITV, *Channel Four* e *Channel Five* apenas 2,72h por dia, a média mais baixa desde a primeira pesquisa realizada pelo IPA, em 1985. Do mesmo modo, em um ano, o número total de horas gastas assistindo à televisão caiu de 3,49 para 3,46 por dia. Porém, essa pesquisa também revelou que, em um pacote multicanal para toda a família, 20% da programação escolhida é de canais via satélite. O estudo anual do *Independent Television Commission* (ITC) do ano 2000 estabeleceu que mais de 30% dos lares têm acesso à televisão digital, em oposição a 60% de acesso a telefones celulares e 33% à Internet. Essa pesquisa também afirmou que o movimento da ITV para o remanejamento de dois noticiários noturnos, das 17h40 para 18h30 e das 22h para as 23h, promoveu o resultado oposto, reduzindo a audiência em quase 14%, especialmente quando a BBC remanejou seus programas noturnos das 21h para as 22h. Seguindo a direção anterior da ITC e uma pesquisa promovida pela ITV, esses programas voltaram para as 22h, de segunda a quinta-feira, o que resultou em aumento dos índices de audiência. Sejam quais forem os temas dos debates dos noticiários noturnos, é certo que a maioria da população assiste ou ouve noticiários por rotina. É interessante observar que constatações a partir de pesquisas independentes comissionadas pela ITC, em 2001, revelaram que pessoas que lêem tablóides são mais adeptas a assistir a noticiários, ao passo que aquelas que lêem jornais maiores tendem a ouvir noticiários de rádio.

978-85-7241-733-4

Evidentemente, existe uma discussão sobre a apresentação de notícias na televisão. Alguns estúdios afirmam que uma notícia deve ser completamente pesquisada e produzida pelos padrões tradicionais e ter qualidade técnica. Em oposição, alguns julgam que o principal objetivo é capturar um acontecimento por qualquer meio possível, independentemente de limitações técnicas e editoriais. O que é melhor: mostrar ao mundo uma pequena seqüência das represálias das autoridades chinesas no Tiananmen Square filmada por uma câmera oculta ou esperar por imagens "oficiais"? O crescente uso de videofones na cobertura da guerra do Afeganistão em 2001 significou que coberturas ao vivo feitas por jornalistas em áreas remotas eram acessíveis às redes de notícia e, conseqüentemente, aos telespectadores de todo o mundo.

Na demanda por notícias de última hora acompanhadas de imagens, em nenhuma área o conceito de cobertura de notícias mudou tanto quanto no videojornalismo. Na década de 1990, a *Associated News Papers*, em seu canal a cabo de Londres, *Channel One*, contratou Michael Rosenblum, da Rosenblum Associates, para treinar videojornalistas para conseguirem notícias utilizando pequenas câmeras digitais, editando o material em *laptops*. Sem a tradicional equipe de produção! Rosenblum acreditava que um repórter munido de uma câmera digital com microfone embutido poderia capturar e editar notícias e produzi-las de modo tecnicamente superior àqueles que utilizam os métodos tradicionais e potencialmente mais lentos. De fato, uma pesquisa não confirmada, realizada em agosto de 2001, revelou que a BBC considerava a contratação de Rosenblum, por curto prazo, para instruir repórteres regionais e produtores sobre o uso de câmeras digitais manuais para filmar e editar notícias. Porém, qualquer que seja a discussão, como mostra a possível mudança de critério para aquisição, produção e edição de notícias para televisão, o repórter iniciante deve ser bem orientado para aprender as tarefas básicas de seu trabalho; a primeira delas é a arte de entrevistar para televisão.

Entrevistas

A arte de realizar entrevistas para jornais, revistas e rádio foi amplamente descrita nos capítulos anteriores, e muitas das suas convenções e de seus preparativos se aplicam igualmente à televisão, com a exceção óbvia de que na televisão o entrevistado é visto realmente. Seguem-se, portanto, outros fatores que não são comuns nas entrevistas para jornais e para o rádio. O primeiro deles é que, muitas vezes, personalidades públicas, embora contentes em dar entrevistas ao rádio ou a um jornal, ficam tímidas diante das câmeras e se recusam a ser filmadas, principalmente se pegas de surpresa em uma *vox pop*. Obviamente, porta-vozes dos serviços de emergência e de outros órgãos oficiais, assessores de imprensa, políticos e celebridades tendem a responder de modo mais favorável a uma solicitação de entrevista. O segundo fator é ser praticamente impossível realizar uma entrevista para televisão sem a assistência de uma equipe de produção. Enquanto o jornalista de rádio ou de mídia impressa pode trabalhar sozinho, o repórter de televisão depende de, pelo menos, outra pessoa. Nos últimos anos, equipes de produção têm sido limitadas ao mínimo possível, o que pode simplesmente significar um repórter e um cinegrafista, que também monitora o som e a iluminação, se necessário. De fato, a iluminação pode ser um problema. Entrevistas para rádio e mídia impressa não dependem de iluminação e podem ser realizadas em vários lugares, a qualquer hora do dia ou da noite. Entrevistas para televisão à noite apresentam diversos problemas e editores, produtores e repórteres devem estar cientes disso ao escolherem hora e local para o encontro proposto. Outro fator importante em uma entrevista para televisão é o modo de se vestir do repórter. Já se mencionou que repórteres de rádio e mídia impressa devem se vestir de acordo com a ocasião, mesmo que não sejam vistos por um grande público. É até mais importante que o repórter de televisão se vista de modo apropriado para a situação. De fato, alguns repórteres adquiriram um estilo próprio em determinadas situações, como Katie Adie, que utiliza jaquetas lisas quando está em zonas de guerra; Jennie Bond, que utiliza vestidos elegantes durante a cobertura de notícias do Parlamento; e John Sergeant, de terno e sobretudo, na Downing Street. A explosão do chamado "estrelato" nos filmes resultou em muitos repórteres literalmente "passando dos limites" quando tentam entrevistar celebridades nas *premières* e festas em geral. Na prática, o repórter iniciante na televisão deve dar alguma atenção ao seu modo de se vestir e à sua apresentação, sem exagerar na formalidade ou na informalidade. *Jeans* e camiseta certamente são aceitáveis para o Glastonburry Festival, mas nem tanto para a Henley Regatta. Por fim, é essencial assegurar-se de que o entrevistado esteja à vontade em uma possível situação intimidadora, vestir-se de modo que não vá se indispor com ele e que esteja de acordo com o evento.

Há várias categorias de entrevistas para televisão, como segue.

Entrevista Coletiva

A entrevista coletiva tende a ser menos satisfatória para repórteres habilidosos empenhados em descobrir alguma informação mais profunda, pois na maioria das vezes são planejadas por governos, clubes esportivos, instituições financeiras, agências de publicidade, etc. Se o assunto for de maior importância, a entrevista será realizada em uma grande sala e assistida por vários repórteres provenientes de todos os tipos de mídia, em geral acompanhados de equipes de som e filmagem e até mesmo fotógrafos. A mistura resultante de perguntas feitas aos gritos, diversos *flashes* e sons de *zoom* de câmeras pode levar o repórter a conseguir respostas ruins em termos de qualidade de som e imagem ou até, em casos piores, a não conseguir terminar uma pergunta. Às vezes, a organização predetermina quais perguntas serão permitidas e de quem; um ex-primeiro ministro do partido conservador do Reino Unido era muito adepto dessa prática. Da mesma forma, o repórter pode amenizar uma situação potencialmente perigosa simplesmente evitando uma pergunta que gere polêmica.

978-85-7241-733-4

O procedimento normal é o porta-voz da organização apresentar as orientações por meio de uma declaração cuidadosamente redigida sobre questões específicas, como crises nacionais, transferência de um jogador de futebol, nomeação para um cargo importante de uma organização ou lançamento de uma droga revolucionária para o tratamento de uma doença considerada incurável. Então as perguntas são feitas para esclarecer certos pontos. Em seguida ao ataque terrorista no World Trade Center em Nova York, em setembro de 2001, Jack Straw, ministro das Relações Exteriores do Reino Unido, compareceu a uma entrevista coletiva do governo para falar sobre a reação da Grã-Bretanha ao ataque. Após uma declaração inicial do ministro, os repórteres fizeram perguntas pertinentes, algumas das quais foram respondidas com detalhes e outras foram descartadas e consideradas "indiscutíveis" no momento. Uma das principais dificuldades nessas entrevistas coletivas é que, como os microfones ficam apontados diretamente para o entrevistado, algumas perguntas são perdidas em meio ao vozerio geral, tornando as respostas quase ininteligíveis. Em outros casos, é o som que deve ter prioridade; portanto, o microfone deve ter a capacidade de transmitir a voz da pessoa com clareza, até mesmo se as imagens estiverem obscuras em razão do equipamento ou de outras pessoas. Por fim, é responsabilidade do repórter e da equipe encontrar câmera, microfones e posições mais adequadas a fim de maximizar o potencial da situação.

Vox Pop

Orientações sobre técnicas para gravar *vox pop* em rádio já foram discutidas no Capítulo 7. Assim, como já mencionado, o registro de *vox pop* para televisão pode ser mais trabalhoso se o público em geral não quiser ser visto. Porém, o princípio geral afirma que esse tipo de entrevista tende a ganhar um *insight* no ponto de vista do público em uma questão determinada. As mesmas perguntas são feitas e as respostas gravadas. Assim como no rádio, a voz do repórter não é necessária e, na televisão, nem sua imagem. Por essa razão, a maioria das *vox pop* é registrada pela câmera que fica atrás e ligeiramente à esquerda ou à direita do repórter. Esse método é chamado de "enquadramento sobre os ombros", o qual se concentra na pessoa a ser entrevistada e não no repórter. Às vezes, o ombro do repórter é incluído no enquadramento da câmera, daí o nome. Em condições precárias de iluminação, o cinegrafista ilumina o entrevistado com um grande foco de luz. Evidentemente, isso pode ser trabalhado na edição, a fim de adequar diferentes pontos de vista, e alguns editores e produtores questionam a validade das respostas dadas, embora a tradição de manter as reações dos entrevistados nas ruas ao vivo satisfaça as expectativas da audiência.

Testemunha Ocular

Entrevistas de testemunhas oculares interessam aos editores de jornais quando ocorre algum incidente ou desastre. Normalmente, o repórter e sua equipe são enviados o mais rápido possível para o local a fim de captar reações do instante do acontecimento. Os entrevistados devem ser membros do serviço de emergência, público em geral, porta-vozes da organização envolvida ou até vítimas. Em muitos casos, o objetivo é "colorir" a notícia adicionando breves relatos de participantes e observadores. Assim como nas *vox pop*, costuma-se utilizar enquadramento sobre os ombros. Em geral, no caos da situação, as respostas tendem a ser desarticuladas, abafadas ou sem sentido como resultado do trauma; portanto, é responsabilidade do diretor decidir sobre a eficácia e validade de cada relato, levando em conta também aspectos morais, éticos e legais. Muitas dessas entrevistas curtas envolvem situações emocionais e o repórter deve proceder de forma sensível ao fazer as perguntas. No entanto, essas reações devem conferir aspecto dramático ao acontecimento, o que infelizmente é esperado pelos telespectadores em uma era em que as notícias são, em muitos casos, vistas como entretenimento.

Door Stepping

Door stepping, como o nome em inglês sugere, consiste em repórter e cinegrafista esperarem por uma pessoa do lado de fora da sua casa, do hotel, do teatro, do restaurante ou da danceteria, geralmente em vão, na esperança de capturar uma imagem e alguns comentários sobre um tema atual, que pode ser um divórcio, uma fraude, um escândalo, um ganhador da loteria, o resultado de uma aplicação, etc. No caso de figuras públicas conhecidas nacional e internacionalmente, alguns videojornalistas e fotógrafos esperam horas e até mesmo dias com o objetivo de captar uma imagem rápida ou algumas palavras da personalidade em questão, que pode ser pega desprevenida e responder rapidamente a algumas perguntas feitas aos gritos. George Best, ex-jogador do Manchester United, era freqüentemente procurado dessa maneira, assim como são outras pessoas. No entanto, esperar do lado de fora de uma danceteria em uma noite muito fria de inverno não é uma idéia comum a todos os jornalistas, embora a recompensa de um relato "improvisado" gere sua devida compensação.

Entrevista Formal

Esse tipo de entrevista é também chamado, em televisão, de entrevista em *set*, na qual se obedece a convenções como local, ângulos de câmera, composição de filmagem, tipos de enquadramento e estilo de entrevista. A entrevista, cara a cara entre duas pessoas, pode ser gravada em vários lugares, como o local de trabalho do entrevistado, em casa, ao ar livre ou em um estúdio de televisão. Este último caso pressupõe todas as facilidades de um estúdio, incluindo cenário com várias câmeras, iluminação, microfones, mixagem de som, equipe de produção e diretor. Isso facilita a operação, uma vez que três câmeras filmam a entrevista; além disso, é possível aumentar ou emendar trechos, propiciar iluminação extensiva e receber instruções do diretor. Tudo deve correr de modo tecnicamente perfeito; entretanto, entrevistas em estúdio também podem tomar rumos inesperados quando determinadas perguntas são feitas pelo entrevistador ou quando os convidados esperam muito

978-85-7241-733-4

tempo antes de entrarem em cena; trechos bem documentados das entrevistas de Michael Parkinson com o campeão de pesos pesados Mohammad Ali e o ator Oliver Reed constituem lendas sobre o que pode dar errado. No entanto, o objetivo deste tópico é concentrar-se em técnicas e procedimentos de uma entrevista cara a cara com uma única câmera à luz do dia.

Entrevista Cara a Cara com uma Única Câmera no Local

Assim como para todos os tipos de entrevista, a pesquisa é essencial para um resultado satisfatório, mas outros fatores técnicos são igualmente importantes nesse caso. Como o termo *set* sugere, o entrevistado deve estar de acordo com o tema da entrevista, o local, a hora e a duração. Em geral, o repórter terá resumido as questões que podem ser levantadas durante a entrevista, durante um primeiro contato, e o entrevistado terá aceitado essas condições e concordado em aparecer. Subseqüentemente, o repórter deve planejar a maneira como introduzirá o assunto, seja ele de maior seriedade ou não, sempre lembrando que o entrevistado que é importante, não ele próprio. Na verdade, pode-se fazer isso no estágio de pós-produção, quando é possível ver e ouvir o entrevistado caso tenham sido feitas perguntas adequadas e abertas, ele citando respostas completas e significativas. Como discutido em outros capítulos, não é necessário ou adequado escrever as questões a serem respondidas, porém é preferível escrever a pergunta de abertura e então anotar alguns pontos para indagações futuras com o desenrolar da entrevista. Alguns repórteres escrevem a última pergunta, mas isso não costuma ser necessário à medida que repórteres experientes tendem a utilizar a pergunta padrão: "Você deseja dizer mais alguma coisa?".

978-85-7241-733-4

Para o propósito deste roteiro, supõe-se que a entrevista seja realizada em um banco no jardim da casa do entrevistado, ao meio-dia. Normalmente o repórter e o entrevistado se encontram e têm uma conversa informal fora do *set*, na qual se explicam os procedimentos de filmagem e se discute como a entrevista deverá ser conduzida. Ao mesmo tempo, o cinegrafista avaliará o local em termos de ambiente, luz, som e visão, fazendo uma gravação trivial de 30s de *wild track*, a qual poderá ser utilizada posteriormente pelo produtor de vídeo. Nesse estágio pode ser necessário reposicionar o banco para evitar que o enquadramento seja feito contra a luz do sol ou com fundo inadequado. Se estiver chovendo ou houver excesso de barulho no local, deve-se considerar reposicionar a equipe dentro da casa do entrevistado. No entanto, se o local for adequado, os participantes tomam suas posições e se efetua uma checagem de áudio. Após a confirmação de que tudo está em ordem, a entrevista se inicia.

Estágio 1

O entrevistador tem um microfone manual conectado por um cabo à câmera e deve enrolar um pedaço do cabo em sua mão, para prevenir que ele balance durante a filmagem. Deve também remover acessórios de sua mão a fim de evitar barulhos metálicos durante a entrevista. É essencial que o entrevistador segure o microfone com a mesma mão durante todos os estágios da entrevista; caso contrário, sem edição cuidadosa, o microfone aparecerá pulando de uma mão para outra durante a transmissão.

A câmera é colocada a distância, atrás e por cima do ombro do entrevistador, em direção ao entrevistado. O enquadramento deve ser um *close up* médio ou plano médio (Fig. 8.1).

Após a contagem regressiva e o sinal, o repórter começa a entrevista. O entrevistado responde as questões da melhor forma possível e, se falhar em algum momento, a câmera continua gravando até que a questão seja refeita. Gravadas todas as respostas, a filmagem é interrompida e os participantes permanecem em suas respectivas posições.

Estágio 2

O cinegrafista moverá a câmera para trás do entrevistado, apontando por cima do ombro do entrevistador. Novamente o enquadramento deve ser *close up* médio ou plano médio (Fig. 8.2).

Em estúdio, é possível combinar o tamanho da imagem do entrevistado com a do entrevistador por sobreposição, por exemplo, colocando uma imagem sobre a outra e pedindo que o cinegrafista ajuste o enquadramento. Na locação, a perícia do cinegrafista garantirá um resultado parecido. Quando o cinegrafista estiver contente com a composição, a contagem regressiva será dada e o entrevistador repetirá as questões feitas, porém sem as respostas do entrevistado. Em alguns casos, se um assistente de produção estiver no local, ele conferirá as palavras do original; caso contrário, o repórter terá de lembrá-las. A filmagem será interrompida depois de todas as perguntas terem sido gravadas.

Figura 8.1 – Estágio um: posicionamento da câmera e plano médio.

978-85-7241-733-4

Figura 8.2 – Estágio dois: posicionamento da câmera e plano médio.

Estágio 3

Com os participantes em posição, o cinegrafista fará um *close up* da face do entrevistador e pedirá que o entrevistado comente rapidamente as questões previamente feitas. Ele então gravará, sem som, as reações ou expressões do entrevistador (Fig. 8.3). Elas parecerão falsas ou até mesmo ridículas e serão utilizadas como cortes durante a entrevista, a fim de cobrir pedaços ou defeitos na continuidade visual. Invariavelmente, é o editor quem decide sobre a necessidade desses pedaços e, embora eles tenham algo de grotesco, o iniciante deve usá-los em casos de entrevistas desconexas, as quais costumam ser resultado de uma preparação inicial ruim.

Figura 8.3 – Estágio três: expressões do entrevistador.

Estágio 4

Com os participantes ainda em suas posições originais, o estágio final destina-se a focalizar uma imagem "estabilizada" da entrevista em plano geral. Isso envolve simplesmente posicionar a câmera a certa distância do banco e gravar uma seqüência sem som das duas pessoas conversando, como se a entrevista estivesse acontecendo (Fig. 8.4). Isso ajuda a estabelecer a atmosfera, o ambiente e o local da entrevista, e também pode ser utilizado pelo editor para cobrir uma falta de continuidade e introduzir imagens para variar a monotonia ou cobrir grandes cortes.

Estágio 5

O cinegrafista verifica a gravação revendo a fita. Se estiver satisfeito, informa aos participantes que a entrevista está pronta e começa a desmontar e guardar o equipamento. Enquanto isso, o entrevistador agradece ao entrevistado pela contribuição, porém deve evitar confirmar se a entrevista será ou não transmitida ou o que deve ser cortado ou mantido na edição; essas decisões devem ser tomadas pelo produtor e podem depender da duração real e do modo como a entrevista progrediu. O repórter deve então escrever a introdução e a conclusão para a edição e, por fim, a transmissão da entrevista.

Estágio 6

A gravação é levada à ilha de edição, onde será decidido o que será ou não cortado. É importante notar que a maioria das entrevistas em locações é gravada em seqüência, como descrito anteriormente, a fim de permitir edição fácil e ágil. Concluída a edição, a entrevista é inserida no momento adequado do programa apropriado.

Figura 8.4 – Estágio quatro: posicionamento da câmera e plano geral.

978-85-7241-733-4

Reportagens Curtas

Reportagens curtas, também conhecidas como pacotes, são freqüentemente inseridas nos noticiários regionais. Elas podem transmitir informações adicionais sobre uma notícia recente, enfatizar uma questão local ou evento da comunidade ou simplesmente funcionar como "tapa-buraco" ou matéria mais leve quando há poucas notícias disponíveis. Na verdade, a maioria dos programas regionais incluirá mais elementos de cunho emocional como forma de satisfazer o "bem-estar" dos espectadores. A inspiração para esses pacotes pode vir de jornais ou rádios locais, anúncios, folhetos gratuitos da comunidade, do público local ou de contatos artísticos da região. O repórter iniciante normalmente terá a sua própria área de atuação na região e, em geral, uma das funções mais agradáveis é a procura por matérias incomuns que possam render reportagens interessantes.

É uma prática comum dos estudantes de jornalismo e de técnicas de mídia produzir pelo menos um desses pacotes como parte de seu treinamento. O objetivo é ensinar não apenas a escrever para televisão, mas também as técnicas básicas para operar câmeras, som, iluminação e edição a fim de competir com sucesso em uma indústria cada vez mais interessada em habilidades múltiplas. As reportagens costumam ter dois a cinco minutos de duração e envolvem um repórter no local entrevistando pessoas sobre um tema ou acontecimento específico, acompanhado de material visual para ilustrar e enfatizar a narrativa. Eles não pretendem produzir minidocumentários, mas requerem pré-produção cuidadosa e detalhada e planejamento a fim de garantir um resultado final satisfatório. As orientações a seguir demonstram os principais elementos do planejamento, enquadramento, roteiro e edição do pacote, pressupondo que a filmagem seja realizada em um dia.

Pré-produção

Assim como todo trabalho de produção para televisão, um bom planejamento no primeiro estágio deve garantir um produto final satisfatório. Isso é especialmente verdadeiro nesse tipo de trabalho. A primeira tarefa é decidir sobre a proposta e a validade do pacote proposto. Será interessante para seu público-alvo? É interessante por si só? Os participantes contam com uma matéria boa e diferente e podem fazer isso em uma entrevista filmada? Eles cobrarão algum tipo de pagamento para aparecer? Qual é o *deadline*? Estabelecido o roteiro, o próximo passo é realizar uma pesquisa sobre o tema ou a pessoa em questão. A pesquisa pode ser simples ou mais aprofundada, dependendo de sua natureza. Porém, conhecimento prévio apropriado é essencial, a fim de que o repórter possa entrevistar as pessoas e elaborar a reportagem de modo informal (como visto no Cap. 3). Realizada toda a pesquisa relevante, o estágio seguinte é redigir o "primeiro tratamento" do roteiro, um esboço básico de como deverá ser o pacote final e dos possíveis meios de executá-lo. Observe que o roteiro não é escrito "em pedra" e, portanto, podem ocorrer mudanças durante a produção em razão de logística, idéias inovadoras, inviabilidade de entrevistados ou ambiente escolhido. Em termos gerais, esse roteiro deve incluir:

- Um título (não necessariamente definitivo).
- Duração prevista.
- Resumo das questões principais.
- Fontes de informações incluindo possíveis locações, entrevistados, material de arquivo, material de áudio e vídeo existente, etc.
- Relação dos elementos a serem acrescentados, como entrevistas, *vox pop*, fotografias, tamanho do arquivo, gráficos e filmagens.
- Duração das filmagens.
- Orçamento.

Muitas vezes, em se tratando de pacotes de notícias de eventos imediatos, não é possível ou nem mesmo desejável escrever um roteiro aprofundado, mas o iniciante deve conhecer sua estrutura e conteúdo, pois ele é sempre utilizado para matérias longas como documentários e cobertura de catástrofes. Do mesmo modo, o próximo estágio na cobertura de catástrofes deve ser produzir um *storyboard*. Mais uma vez, isso não é necessário em pequenos relatos factuais. Basta dizer que não se exigem práticas artísticas para fazer um *storyboard*, que consiste simplesmente na representação pictórica de filmagens seqüenciais e da transição entre elas. Desenhos de pessoas em quadros com legendas, instruções de enquadramento, sons e transições são plenamente adequados para dar ao diretor uma noção da continuidade e das exigências da filmagem.

O passo seguinte no planejamento é fazer o reconhecimento do(s) local(is) indicado(s). Assim como com o roteiro, o tipo de reconhecimento para cada visita depende do tipo e do conteúdo do pacote. Usualmente, para um pacote simples, o local será avaliado em um dia de filmagens pelo cinegrafista e pelo repórter. Uma matéria mais complexa pode envolver o repórter, acompanhado pela equipe, visitando vários locais com antecedência e anotando detalhes que possam influenciar a filmagem. Em termos gerais, o reconhecimento abrange os aspectos a seguir, a fim de avaliar a adequação do local proposto:

978-85-7241-733-4

- Condições de iluminação.
- Condições de áudio.
- Condições de filmagem.
- Provisão de recursos como eletricidade e água.
- Logística de acesso e estacionamento de veículos que contenham equipamentos e membros da equipe.
- Segurança para a equipe e seu equipamento.
- Saúde e segurança para incluir na avaliação de risco (ver Cap. 10).
- Comodidades como proximidade de sanitários e instalações para alimentação.
- Contatos e telefone dos serviços de emergência mais próximos, como polícia, ambulâncias, hospitais, bombeiros e guarda costeira.
- Permissão para filmar autoridades, proprietários de terras, polícia, empresas, etc.
- Quaisquer considerações especiais que possam se aplicar à situação, como objetos inoportunos à vista, trânsito, horário, locação de equipamento, vestimentas de proteção, etc.

Visitado e escolhido o local, prepara-se um plano de filmagem com informações detalhadas sobre a reportagem proposta:

- Título do programa.
- Título do pacote.
- Número do pacote e da fita.
- Datas e horários de gravação.
- Nome do diretor, do assistente de produção, do apresentador, do cinegrafista, do sonoplasta e do assistente geral (se necessário).
- Equipamento.
- Telefone da empresa de produção, da empresa de transporte, de serviços de emergência e de contato no local.
- Local(is), itinerários e estratégias sobre possíveis mudanças (se necessário), estacionamento.
- Tempo de chamada da equipe, tempo de gravação e filmagem.
- Acomodação e serviços de bufê (se necessário).

As Figuras 8.5 e 8.6 mostram um exemplo de plano de filmagem produzido por um jornalista iniciante para um pacote para televisão, sobre o fechamento de um cinema local, seu impacto sobre o público da cidade e uma comparação com o cinema multiplex mais próximo, que fica a quilômetros dali.

Plano de filmagem

Data da filmagem:	18 de setembro de 2001
Título do pacote:	Putting off the Ritz
Programa nº:	TMD 18/09/01
Diretor:	Mark Biggs Tel.
Assistente de produção:	Kieragh Brady Tel.
Apresentador:	Matt Tomlin Tel.
Equipe:	
Câmera	Alan Cummings Tel.
Iluminação	Gemma Knight Tel.
Som	Brian Grant Tel.
Equipamentos:	Camcorders digitais Microfone Microfone sem fio Microfone de lapela Kit redhead
Contatos:	Cinema Ritz Vereador local Cinema Port Solent Multiplex

Figura 8.5 – Plano de filmagem: página um.

978-85-7241-733-4

Plano de filmagem

Locação 1. Cinema Ritz. Gosport.

Orientações. Siga pela M27 até Fareham e pela A32 até o centro de Gosport. É possível parar no estacionamento municipal próximo às principais lojas. O tempo aproximado de percurso, saindo dos estúdios, é de uma hora, mas há trânsito intenso e engarrafamentos na A32 pela manhã.

8:30	RV	Apresentador, produção e equipe se encontram no Cinema Ritz
9:15	FILMAR	Passagem, entrevista com morador, *vox pop* e tomadas do local
10:15	DE-RIG	Dirigir-se à locação 2. Cinema Port Solent Multiplex. Cosham. Tempo de percurso de aproximadamente meia hora pela A32 e A27. Estacionamento gratuito no local.

Locação 2. Cinema Port Solent Multiplex. Cosham.

11:00	RV	Chegada ao cinema Port Solent Multiplex.
11:45	FILMAR	Entrevista com o gerente do cinema, *vox pop*, tomadas do local e passagem.
10:15	WRAP	O apresentador deve partir às 13:45.

Recursos

Bons restaurantes em Port Solent Marina. Hotéis nas redondezas.

Figura 8.6 – Plano de filmagem: página dois.

978-85-7241-733-4

Produção

Quando todos os elementos forem confirmados pela equipe de produção e pelos participantes, a filmagem pode começar. Como já mencionado, essas orientações relacionam-se com um dia de gravação e envolvem tipicamente um repórter, um cinegrafista e, possivelmente, um sonoplasta e um assistente de produção. Porém, na era dos videojornalistas, a equipe pode ser constituída apenas de um repórter e um cinegrafista, sendo útil nessas circunstâncias que o repórter tenha conhecimento básico das técnicas de gravação em vídeo. Em tal situação, o procedimento normal seria o repórter conduzir as discussões preliminares com os participantes e reafirmar o objetivo da gravação e o que é necessário. Esse processo pode abranger uma breve verificação se a pesquisa está correta, explicar os mecanismos da entrevista, apresentar os entrevistados, verificar seus nomes e informá-los o quanto a gravação vai demorar. Enquanto isso, o cinegrafista monta seu equipamento a fim de aproveitar o local e obter os ângulos mais interessantes. Eles avaliará os requisitos de iluminação e som, escolhendo os fundos mais adequados para a entrevista e considerando a filmagem de material adicional que ilustrará e enfatizará o trabalho a ser realizado. Caso seja um trabalho complexo, um plano de filmagem relacionando cada enquadramento deve ser escrito após o reconhecimento; contudo, na maioria dos casos, o cinegrafista deverá dominar a realização de um pacote simples e trabalhar por experiência. No entanto, também é uma boa prática para o repórter "captar" a atmosfera, sobretudo se a equipe não tiver feito o reconhecimento do local nem contribuído para sua escolha. Portanto, ainda que os aspectos técnicos sejam fundamentalmente responsabilidade do cinegrafista, há várias razões para o repórter considerar qual é o local mais apropriado para gravar a entrevista ou *vox pop,* o tipo de material adicional para os "cortes" e a utilização do som ambiente. É também bom que o repórter reconheça os diferentes tipos de enquadramento utilizados em pequenas matérias e como eles interagem para garantir progressão lógica e continuidade de ação (Fig. 8.7). Além disso, compreensão rudimentar das técnicas de filmagem ajudará na redação do comentário que acompanha o pacote e também a decidir a estrutura completa e a forma do trabalho. Observando e ouvindo um cinegrafista competente e experiente, um repórter iniciante pode angariar conhecimentos sobre as técnicas e convenções desse gênero. Da mesma forma, com a proliferação dos cursos relativos a essa profissão, muitos iniciantes terão acumulado valiosa experiência "prática" na faculdade, universidade ou em outros estabelecimentos de ensino.

As técnicas gerais de entrevista para televisão foram discutidas desde o início deste capítulo, mas é importante observar alguns pontos ao fazer entrevistas para uma matéria curta. Em muitos casos, tudo que será exigido para o trabalho final serão trechos ou "pedaços da fala" dos participantes, ao contrário de uma entrevista longa como a efetuada no *set*, descrita anteriormente. As orientações a seguir podem ser úteis em situações desse tipo.

978-85-7241-733-4

- Evite posicionar o entrevistado contra um fundo chamativo, como uma grande placa; a logomarca de alguma empresa, a menos que o entrevistado seja da empresa em questão; alguém realizando atividade frenética; excesso de movimento ou barulho, a não ser que a atmosfera exija.
- De modo oposto, evite posicionar o entrevistado diante de um muro de tijolos à vista.
- Sempre peça para o entrevistado dizer seu nome e sobrenome ao ser filmado.
- Às vezes, também é recomendável exibir título, profissão e posição oficial do entrevistado.
- Faça perguntas claras, sem ambigüidades e "abertas" que dêem margem a respostas inteligíveis e sem grosseria.
- Embora sua voz não seja ouvida na versão final, fale com clareza, sobretudo em situações nas quais haja muito barulho.
- Mantenha contato visual com o entrevistado, olhe com interesse enquanto ele está falando, dê-lhe tempo para responder e ouça a resposta a fim de decidir qual será a pergunta seguinte.
- Não se envolva em uma discussão.
- Mesmo que o entrevistador não seja focalizado pelo cinegrafista, não é de bom tom inclinar a cabeça.
- Lembre sempre que o entrevistado é a pessoa mais importante, sendo a imagem dele e as suas declarações requisitadas pelos espectadores, não as do entrevistador.

Paradoxalmente, a maioria dos pacotes curtos contém o onipresente *stand upper* ou passagem, adorado pelos repórteres. Existem opiniões conflitantes acerca da importância de o repórter introduzir ou encerrar uma matéria para

Figura 8.7 – Enquadramentos utilizados em reportagem e produção para televisão. (*A*) Plano geral. (*B*) Plano americano. (*C*) Plano médio. (*D*) *Close up* médio. (*E*) Primeiro plano (*close up*). (*F*) Primeiríssimo plano.

televisão. Na melhor das hipóteses, isso pode reassegurar um rosto familiar aos telespectadores, em especial quando se trata de um repórter regional fazendo um trabalho no local. Essas imagens podem ser utilizadas para preencher a falta de material visual, explicar certas facetas da matéria que possam não estar aparentes em seu corpo principal, resumir e reforçar os pontos principais na matéria. Como regra, a menos que a passagem possa contribuir para a compreensão do trabalho, deixe-a de fora. Em muitos casos, um *standard out*

978-85-7241-733-4

cue (SOC) como um *voice over* (VO) em uma imagem em *close* é suficiente; porém, uma vez que os telespectadores se acostumaram a ver o repórter, é recomendável que o iniciante observe o seguinte:

- Certifique-se de que a mensagem está sendo transmitida em frente ao local que reflita a realidade da matéria e, assim como na entrevista, não o detrate com palavras; de todas as formas, integre a passagem à atmosfera do local, mesmo em se tratando de um local barulhento ou agitado, porém lembre sempre que as palavras devem ser ouvidas acima de tudo.
- Vista-se de modo apropriado para a ocasião.
- Adote uma atitude confiável, olhando diretamente para a câmera, falando com clareza e enfatizando os elementos-chave da matéria.
- Certifique-se de que os *links* para o que vem a seguir ou o que precedeu são válidos; não simplesmente "recheie" a matéria com eles.
- Ao produzir a passagem, memorize o texto, utilize anotações (embora só recorra a elas ocasionalmente durante a gravação) e recorra a um ponto eletrônico, se necessário; evite repetir palavras pré-gravadas em um gravador ou disco, pois essa prática em geral resulta em uma apresentação "entediante".

Pós-produção

Com a equipe de volta à base, o próximo estágio na seqüência da produção é decidir como selecionar, editar e apresentar a informação. Se a pré-produção e a produção tiverem sido cuidadosamente planejadas e executadas, o estágio de pós-produção não apresentará grandes problemas. Portanto, se obtido material suficiente e relevante, a edição deve ser relativamente simples. Dificuldades podem surgir quando foram gravadas cenas demais, deixando o repórter, ao lado do editor de vídeo, com a nada invejável tarefa de examinar a maioria do material inutilizável, na tentativa de construir uma matéria viável para transmissão. Se um assistente de produção acompanhar a filmagem, ele registrará a seqüência das cenas, observando nesse momento todo o material utilizável, todo o material inutilizável e algumas retomadas necessárias. Estas últimas podem incluir o entrevistado "afundado" numa questão sem compreensão, chegando a ponto de aborrecimento ou simplesmente demonstrando emoções descontroladas, como choro ou gargalhadas, no meio de uma resposta. Da mesma forma, o repórter deve relacionar as cenas boas ou ruins a fim de referir-se a elas na edição, acelerando assim o processo de seleção. É preciso ter em mente que uma reportagem curta deve causar impacto imediato e, portanto, reter o interesse do espectador. Assim sendo, entrevistas longas, seqüências demoradas e trechos inúteis devem ser evitados. A ênfase deve estar no ritmo e na temática que deve fluir da matéria, de forma a provocar no espectador o desejo de saber mais sobre a questão em particular. É importante examinar o material com cuidado e decidir uma provável lista de cenas. Selecionando-a em termos de interesse, informação, precisão, adequação, apelo da audiência e qualidade técnica, o repórter começará a escrever o roteiro. É importante referir-se constantemente à lista de cenas em termos de conteúdo e duração de cada trecho, o que determinará o estilo, a duração e a estrutura da matéria. Observe que a regulação de ritmos pode ser diferente de uma máquina para outra, de modo que o uso de um cronômetro também é desejável. A norma é adotar o princípio do rádio de que três palavras faladas correspondem a um segundo. O repórter deve escrever o roteiro conforme essa premissa, tendo em mente que, ao contrário do rádio, não é necessário preencher cada segundo com palavras, pois as imagens podem falar por si. Como guia básico:

- Use o menor número de palavras possível para transmitir a mensagem.
- Permita que as imagens narrem a matéria.
- Adote um estilo informal.
- Relacione o comentário ao que está realmente sendo mostrado, mas não descreva em detalhes o que os espectadores podem ver por si.
- Acima de tudo, certifique-se de que o comentário está claro, adequado, livre de ambigüidades e que o uso da linguagem é compreensível ao público em geral.

O repórter pode ter de escrever a "introdução" e a "conclusão" do pacote. Vale fazer com que elas sejam tão curtas quanto possível e certificar-se de que, no caso da introdução, a frase final conduza naturalmente à seqüência de abertura da matéria, e a primeira frase da conclusão amarre a reportagem. A Figura 8.8 mostra parte do roteiro de um comentário escrito para acompanhar a edição de acordo com o plano de filmagem mostrado anteriormente.

tmd

Roteiro de comentário

Título do trabalho: Putting off the Ritz
Duração: 3 minutos
Introdução: Apresentador em estúdio. Inserir imagem congelada do Cinema Ritz.
Roteiro

Seqüência	Duração	Comentário
1. Matt para a câmera do lado de fora do Ritz	16s	O dia de hoje marca o fim de uma era porque o Cinema Ritz fecha suas portas para sempre. Apesar de uma petição, proprietários decidiram que o cinema já não é mais um estabelecimento viável. O prédio será demolido e dará lugar a um supermercado.
2. Imagem de arquivo com *voice over*	30s	Houve grande excitamento quando o recém-construído Cinema Ritz abriu suas portas pela primeira vez... com a maior tela do país, os espectadores compareceram para uma noite fantástica junto às imagens.
3. Matt. Entrevista com vereador	25s	Aqui comigo está o vereador John Harris, que elaborou a petição para tentar salvar o cinema. John, hoje deve ser um dia muito triste para os amantes de cinema desta região. Por que você acha que os proprietários tomaram essa decisão? «Bem, inúmeros fatores contribuíram para o fechamento do cinema... espera-se que o supermercado incentive as pessoas a fazerem compras no centro da cidade e não em lojas fora dela».

Figura 8.8 – Roteiro de comentário.

978-85-7241-733-4

Noticiários

Boletins, *flashes*, notícias de última hora, noticiários diários de âmbito nacional ou local, noticiários via satélite, documentários, programas sobre o cotidiano, discussões e debates relacionam-se total ou parcialmente com notícias definidas como "relatos de acontecimentos recentes" ou "algo que ninguém nunca ouviu antes". Notícias para televisão, assim como para o rádio, possuem um aspecto imediato que não é valido para jornais e revistas, havendo competição crescente entre transmissores via satélite e via antena e serviços públicos e comerciais de transmissores para estar à frente de uma notícia de última hora. Os grandes avanços da tecnologia resultaram em notícias instantâneas vindas do mundo inteiro, contendo imagens vívidas que o telespectador aceita como regra. As notícias internacionais são tão facilmente acessíveis quanto as regionais e a demanda por ação levou, de muitas maneiras, a uma cultura de notícias como entretenimento e informação. Há tantos tipos diferentes de programas de televisão com um elemento de notícia inserido que não é possível analisar todos eles em um espaço tão curto. Esta parte do capítulo vai, portanto, concentrar-se nas exigências, na produção e nas técnicas de apresentação de um noticiário regional exibido no início da noite.

978-85-7241-733-4

Noticiários Regionais

Em geral, o conteúdo de um noticiário regional segue a estrutura tradicional, na qual as notícias mais importantes e recentes da região são colocadas no início do programa. Elas podem então ser seguidas por reportagens de menor importância, um resumo das notícias nacionais, previsão do tempo, viagem, esporte, entretenimento, reportagens curtas, entrevistas e um resumo das principais notícias locais para encerrar o programa. Um dos principais objetivos do programa é adotar uma fórmula de conteúdo e apresentação que seja familiar ao telespectador. A estrutura só será alterada para incluir mais detalhes de cobertura, como reportagem no local ou *links* a redes de notícias nacionais, em casos de notícias de grande importância local, como uma pane em avião num aeroporto próximo ou uma tragédia nacional. Nesses casos, deve haver ainda um resumo de outras notícias locais do dia, porém menos reportagens secundárias que possam ser transmitidas em outra hora. Embora existam diferenças entre os serviços públicos e comerciais de noticiários regionais, como estilo, conteúdo e apresentação, muitos seguem convenções aceitas, como as que se seguem.

Seqüência de Abertura

O telespectador espera uma seqüência de abertura reconhecível. Trata-se, geralmente, de uma "montagem" contendo o tema de abertura, caracteres, a logomarca da emissora e o título do programa exibidos rapidamente. Muitas vezes, apresentam-se curtos videoclipes das notícias narrados pelo apresentador. O(s) apresentador(es) pode(m) enfatizar as principais matérias. Assim como uma promoção no rádio, isso seguirá um formato padrão e usará uma frase típica como "a seguir" seguida por "em primeiro lugar, as principais notícias da noite".

Cenário

Assim como a seqüência de abertura, o *design* do programa precisa ser reconhecido rapidamente pelo telespectador. Há um movimento significativo nos últimos anos para criar cenários abertos para a apresentação de notícias. No passado, uma simples mesa com *close up* médio do apresentador era suficiente, sendo ainda utilizado na leitura de boletins. Porém, muitos noticiários regionais são cercados de muitas cores e utilizam diversas luzes e efeitos digitais para causar impacto. A mesa permanece, mas ganhou formas modernas e utiliza novos materiais. Grandes telas são utilizadas para exibir imagens de fora, *links* ao vivo, blocos de notícias, gráficos e previsão do tempo por meio de *chroma-key*. A utilização de áreas separadas no cenário, geralmente utilizando mobília casual para discussões ou coberturas esportivas, é preferida por muitos produtores e diversifica a apresentação. Às vezes, empregam-se efeitos de luz projetados em um "ciclorama" na abertura e no encerramento do programa, embora a silhueta dos apresentadores pareça *passé*. Seja qual for o método adotado, o objetivo é criar uma atmosfera na qual a notícia possa ser transmitida em estilo progressivo. Os tradicionalistas consideram que, em geral, o cenário depõe contra a seriedade das notícias, porém o telespectador moderno espera esse tipo de apresentação com toda a magia tecnológica que ela transmite.

Apresentação

Nos noticiários regionais, o formato "dupla âncora" – com dois apresentadores, um homem e uma mulher – é invariavelmente utilizado, o que diversifica a apresentação. Cabe ao âncora ler as notícias, conduzir entrevistas ao vivo – tanto no estúdio como com repórteres em locações –, acompanhar as notícias de última hora que são retransmitidas pelo ponto eletrônico, mediar debates no estúdio, introduzir repórteres como os da previsão do tempo, o comentarista de esportes, o comentarista financeiro, correspondentes políticos e de entretenimento, etc. Dirigidos pela sala de controle e pelo diretor de pauta, eles relacionam todos os elementos da forma mais harmônica possível. A transmissão apropriada de informação é uma parte importante do trabalho e, para isso, o apresentador é auxiliado por um *teleprompter* – aparelho conectado à câmera que lhe permite acompanhar o roteiro. Modelos mais antigos utilizavam uma tira de papel na qual o roteiro era colado, sustentado manualmente por um operador em uma tela localizada abaixo da câmera. Com um espelho de duas faces, a imagem era refletida à câmera de modo que o leitor podia olhar diretamente para ela e dar a impressão de falar diretamente à audiência. A versão de papel há muito foi substituída por sistemas computadorizados que também permitem ao apresentador controlar a velocidade de rolamento da tela por controle re-

978-85-7241-733-4

moto. O apresentador também possui uma cópia do roteiro em mãos para casos de falha do *teleprompter*. Até mesmo os apresentadores mais experientes podem se perder quando isso acontece, em geral com resultados embaraçosos. É dispensável dizer que uma postura confiável, boa dicção, rapidez de raciocínio e capacidade de reagir positivamente às mudanças são essenciais para o bom desempenho de um apresentador. Aparência e trajes também interferem na apresentação do programa e, mesmo que não haja tanta formalidade na apresentação das notícias, em particular nos canais a cabo ou via satélite, muitos apresentadores se vestem de modo elegante e formal para atribuir credibilidade à mensagem que estão transmitindo. No caso do homem, a ordem é vestir terno e gravata, embora esta tenha se tornado dispensável nos últimos anos. O principal objetivo é que a aparência do apresentador não prejudique a informação do telespectador.

978-85-7241-733-4

Muitos apresentadores são jornalistas, mas alguns adquirem *status* de celebridade e se interessam por outros programas de televisão, como documentários, narração de viagens e cerimônias de premiação. Pode-se solicitar ao iniciante, no decorrer do treinamento, que apresente um noticiário ou, pelo menos, leia um boletim de frente para a câmera, o que envolverá a utilização de um roteiro ou até mesmo um ponto eletrônico. Isso pode constituir uma experiência entediante, sobretudo se acontecer em um estúdio completamente equipado com cenário, várias câmeras, luzes, microfones e equipe de produção. As orientações a seguir são úteis para apresentar um boletim de notícias:

- Antes de ir para o cenário, leia todo o roteiro para certificar-se de que o compreendeu; conferir a pronúncia correta de palavras incomuns, expressões estrangeiras, nomes de pessoas e lugares; acertar o tempo em que estará em foco ou não; verificar a duração de itens individuais e do boletim inteiro.
- Se existirem pontos particulares que devam ser enfatizados ou possam causar dificuldade, marque-os para consulta posterior.
- Não entre no estúdio enquanto a equipe estiver se instalando, embora possa lhe ser solicitado um teste de voz; sentar-se diante de iluminação intensa por algum tempo pode provocar desconforto físico como tontura, irritação ocular ou dores de cabeça, sobretudo se você também estiver nervoso.
- Antes de tomar seu lugar, beba um copo d'água e verifique sua aparência e roupas, as quais devem estar adequadamente formais para a ocasião, mesmo que seja apenas um treinamento; um bom professor insistirá para que você adote uma atitude profissional em todos os momentos.
- No cenário, sente-se confortavelmente em uma cadeira fixa e não giratória; em qualquer ocasião, assuma posição ereta que o deixe em altura suficiente acima da mesa; evite movimentos em excesso provocados pelo nervosismo, os quais podem distrair os telespectadores, em especial se for utilizado *chroma-key* para exibir imagens à sua esquerda ou direita e parte de você, inadvertidamente, desaparecer de visão.

- Coloque o roteiro sobre a mesa, fora de vista, e olhe diretamente para as câmeras, as quais exibirão o mesmo roteiro no *teleprompter*; esteja ciente de que, com notícias de última hora, pode haver mudanças feitas eletronicamente no roteiro para levar a última informação ao telespectador; alguns professores podem mudar o roteiro propositalmente para ver como você reagiria em uma situação real.
- Ao usar o *teleprompter*, não adote uma postura fixa ou congelada e nunca siga as palavras com seus olhos; dê uma olhada no roteiro, mas sempre olhe para a câmera no início de uma reportagem para restabelecer contato com os telespectadores; se precisar de óculos para lê-lo, esqueça a vaidade e use-os ao invés de esforçar-se excessivamente para enxergar as palavras na tela; acima de tudo, tente "amar a câmera" narrando a notícia como se fosse para alguém especial e mostre expressões faciais adequadas para refletir o teor da matéria sem parecer excessivamente dramático.
- Fale com clareza e em ritmo de conversa; respire normalmente e permita pausas naturais no discurso, as quais devem variar de acordo com o tipo e a importância da matéria e manter o interesse do espectador; enfatize palavras-chave e frases para auxiliar na compreensão; não fale muito rápido nem avance o roteiro (muitos iniciantes ficam maravilhados pensando que apresentaram um boletim de três minutos em apenas dois!).
- Quando estiver terminando, não baixe o tom de sua voz na última frase e permaneça em seu lugar até que o diretor dê a instrução "fora do ar".

Conteúdo

Invariavelmente, o conteúdo de um noticiário regional irá concentrar-se nas notícias da região, com a reportagem mais importante no início. Evidentemente, as decisões editoriais podem significar que uma emissora regional encare determinada notícia como a principal, enquanto outra concorrente pode utilizar uma reportagem diferente e posicionar a rival num patamar mais baixo de sua estrutura hierárquica. Pode haver boas razões para isso em termos de política editorial; porém, isso também pode significar simplesmente que foi coletado material insuficiente sobre a matéria por um canal ou que o material chegou muito tarde para edição. Seja qual for a matéria principal, o programa tende a corresponder a um padrão reconhecível de conteúdo. Isso pode incluir:

- Resumo das principais notícias da região apresentado à câmera com cenas relevantes.
- Blocos de interesse geral pré-gravados.
- Entrevistas ao vivo ou em estúdio pré-gravadas.
- *Links* com um repórter ao vivo ou pré-gravados.
- Imagens em movimento ou congeladas com narração.
- Informações sobre a comunidade local.
- Reportagens especializadas como esportes, entretenimento, lazer, patrimônio local, etc.

978-85-7241-733-4

- Breve resumo das notícias nacionais.
- Previsão do tempo.
- "E, finalmente..."

A produção acompanhará músicas, legendas, gráficos e efeitos digitais a fim de manter o interesse do telespectador e diversificar a transmissão de notícias. Há, obviamente, uma linha tênue separando a apresentação de notícias formais e casuais. É muito difícil para um telespectador assistir a uma notícia trágica seguida por uma cômica.

A televisão comercial matutina tende a adotar uma postura amigável e relaxada dos apresentadores, porém é comum haver um conflito de emoções por parte do telespectador se, por exemplo, uma notícia grave é seguida por uma mais leve sobre as preferências da moda de um *pop star*. Alguém pode afirmar que tristeza, destruição e morte não têm espaço em um programa matutino regional; porém, é preciso manter um equilíbrio entre a formalidade e a informalidade e, em geral, o bate-papo combinado entre os apresentadores no final do programa pode ser inapropriado para o que veio antes.

Roteiro do Boletim de Notícias para Televisão

Assim como no rádio, existe um formato padrão para a redação de roteiros de boletins de notícias para televisão. Neste caso, há a complicação adicional de assegurar que o roteiro combine com as imagens. As orientações anteriores sobre a redação de um comentário se aplicam à redação de um roteiro de notícias. Em essência, busque:

- Exatidão.
- Clareza e concisão.
- O nível correto de compreensão.
- Ritmo de conversa.
- Apelo.

Aceita-se que o roteiro de notícias para televisão, ao contrário de um roteiro de filme, seja dividido em duas colunas, com as informações sobre as imagens à esquerda e as palavras ou sons à direita. A coluna da esquerda contém instruções para a equipe de produção e o apresentador, incluindo quantidade de seqüências e composição, números de câmeras, quem está em foco em qual momento (especialmente importante quando há dois apresentadores), inserção e duração de qualquer material proveniente de sistema eletrônico de captação de imagens (ENG, *electronic news-gathering*) e legendas. A Figura 8.9 mostra os principais elementos de um roteiro que apresenta o pacote descrito neste capítulo. Observe o uso do termo BETA, formato no qual o pacote foi previamente gravado. "ENTRADA" são as primeiras palavras faladas pelo repórter na versão gravada. "SAÍDA" são as últimas palavras da reportagem e indicam ao apresentador que ele deve estar pronto para o próximo *link* ao vivo. "SUPER" indica que a legenda com os nomes do repórter e dos entrevistados será colocada ao vivo na tela no momento indicado. DURAÇÃO fornece o tempo da introdução do apresentador, o período da reportagem pré-gravada e o tempo total do bloco.

Produção em Estúdio para Televisão

Este capítulo não pretende estudar com profundidade as técnicas de produção em estúdio de televisão, uma vez que muitas outras publicações explicam essas técnicas em detalhes. Porém, é válido para o iniciante ter conhecimento básico das práticas e dos profissionais envolvidos na produção de um noticiário regional.

A equipe de produção para televisão é formada por produtor, diretor, assistente de produção, editor de vídeo, sonoplasta, supervisor-chefe, operadores de câmeras, iluminador e supervisor de operações técnicas.

- O produtor pode ser um produtor executivo para toda a rede ou o produtor de um programa em particular, porém detém o controle total do planejamento e das operações da produção.

tmd

Roteiro para estúdio

Item nº	Assunto	Apresentador	Câmera	Página
06	Fechamento do Ritz	Katy	2A	017

Terça-feira, 18 de setembro, 15:19

PRES IN VIS + CAP WINDOW (VIS) Um cinema que atendeu à comunidade local nos últimos 70 anos fechou hoje. O Ritz, em Gosport, recebeu milhares de cinéfilos, mas por fim sucumbiu às ações do tempo e da concorrência comercial, como mostra Matt Tomlin.

UP BETA (FITA Nº 38) (BETA)

ENTRADA: "O dia de hoje marca o fim de uma era...

SUPER: TOMLIN 8"
HARRIS 52"

SAÍDA: "De Gosport, Matt Tomlin, para o TMD Today"

DURAÇÃO: 14 (intro) + 3,01 (beta) = 3,25

Figura 8.9 – Roteiro para estúdio.

978-85-7241-733-4

- O diretor, que também pode ser o produtor, é responsável pela leitura do roteiro preparado, transmitindo instruções aos profissionais envolvidos no estúdio, via supervisor-chefe, do começo ao fim do programa, confirmando as mudanças de enquadramento para os cinegrafistas, informando ao apresentador alguma provável mudança no roteiro em decorrência de notícias de última hora e lidando, ao lado do assistente de produção, com as mudanças de enquadramento e duração cumulativa da transmissão. Instruções padrão fornecidas incluem "Roda VT", "Silêncio estúdio", "Avança" e "Corta".
- O assistente de produção é responsável por seguir o roteiro rigorosamente, verificar o tempo, alertar o diretor sobre a quantidade de seqüências e redigir o relatório de produção ao fim da transmissão.
- O editor de vídeo opera a mesa de edição e faz os cortes das imagens captadas pelas câmeras seguindo as orientações do diretor. Cada diretor tem sua própria forma de passar essas instruções, porém um método tradicional e eficaz é alertar o editor de vídeo dizendo "ir para 2" (sendo 2 o número da câmera) e então, no momento preciso, dizer "e 2". Isso permite ao diretor de vídeo o tempo adequado para projetar o próximo enquadramento em outra câmera e evita "espaços pretos", impedindo cortes entre enquadramentos no mesmo bloco.
- O sonoplasta é responsável pelas checagens de som antes da transmissão e estabelece os níveis de voz, música e efeitos. Durante a transmissão, monitora e ajusta todas as fontes de som necessárias para a produção.
- O supervisor-chefe costuma ser visto como a pessoa mais importante, depois do diretor, visto que detém o controle completo do estúdio. Ele é responsável por todos os aspectos do estúdio, incluindo cenário, a saúde dos funcionários e segurança dos equipamentos. Nenhuma produção terá início sem que o supervisor-chefe verifique se os cinegrafistas, o som, a iluminação e os apresentadores estão prontos para ir ao ar. Se estiver satisfeito, ele informará ao diretor. Também lhe cabe dar orientações não-verbais na forma gestos aos apresentadores. Ele repassa as instruções do diretor para a equipe e os apresentadores e, se a gravação não é ao vivo, ordena novas seqüências, se necessário, antes de pedir o esvaziamento do estúdio, a limpeza do cenário e a elaboração do relatório de produção.
- Os cinegrafistas produzem os enquadramentos exigidos de acordo com o roteiro da produção e seus "cartões-câmera", os quais listam os enquadramentos exigidos por suas câmeras. Estabelecem seu enquadramento de abertura individual e então seguem o roteiro e as instruções do diretor para cenas subseqüentes.
- A equipe de som, iluminação e cena é responsável pela verificação de suas respectivas áreas antes da transmissão, com ênfase vital em práticas de trabalho seguras e avaliação de risco.
- O supervisor de operações técnicas é responsável pela qualidade técnica total do som, iluminação e aspectos visuais da produção, incluindo ENG, efeitos digitais de vídeo, gravações específicas e equipamento de transmissão.

978-85-7241-733-4

Identificadas as funções individuais da equipe de produção, vale considerar as práticas de produção aceitas ao se gravar um programa de notícias em uma situação de treinamento. Supondo que todos os aspectos preliminares, como construção do cenário, cabos de luz, checagem de som e vídeo, foram executados com sucesso, os estágios seguintes são:

- O diretor verifica se todas as estações e funcionários da sala de controle estão prontos. É usual chamar cada um e receber uma resposta afirmativa ou negativa antes de prosseguir.
- O diretor pergunta então ao supervisor-chefe, via *talk-back*, se a equipe e os apresentadores estão prontos.
- O supervisor-chefe pergunta a cada apresentador se está pronto e confirma isso ao diretor.
- O diretor pede ao supervisor de operações técnicas ou ao assistente para rodar o VT, se o programa tiver de ser gravado. Uma vez confirmado que a fita está rodando, o diretor diz "silêncio estúdio".
- Ao receber essa instrução, o supervisor-chefe ergue sua mão direita para garantir silêncio absoluto no cenário.
- O diretor diz "som" e, em seguida, "luz". Observe que existe uma convenção segundo a qual o som precede a luz no início do programa, quando normalmente haverá uma seqüência de abertura previamente gravada ou uma montagem, como descrito anteriormente. Sendo ela transmitida, o diretor pede ao assistente de produção que faça a contagem regressiva de dez segundos para o supervisor-chefe.
- O supervisor-chefe repetirá a contagem regressiva em sete segundos para a equipe e os apresentadores e então fará gestos para denotar os últimos três segundos antes de dar o sinal de "ação" para os apresentadores. Às vezes, o supervisor-chefe se posiciona próximo à câmera que contém o *teleprompter* e coloca sua mão direta abaixo do nível das lentes. No sinal de ação, a mão é erguida e o apresentador estará olhando diretamente para a câmera para iniciar o programa.
- O programa prossegue, com o diretor controlando os procedimentos pelo roteiro de produção e com auxílio da equipe.
- Ao final da transmissão, o diretor anuncia "corta" e agradece ao supervisor-chefe e à equipe de produção.
- O supervisor-chefe sai do estúdio e agradece ao diretor, à equipe e aos apresentadores.

Observe que o espaço do estúdio é domínio do supervisor-chefe e a sala de controle é domínio do diretor. É uma prática normal de cada um pedir permissão ao outro para entrar nas respectivas áreas.

Embora haja variações nas práticas descritas, é útil ao iniciante compreender e estudar os procedimentos para produção em estúdio, os quais constituirão boa base de conhecimento se ele aspirar à carreira de apresentador de televisão.

978-85-7241-733-4

Atividades Sugeridas

1. Com uma filmadora e um tripé, em dupla, explore as seguintes técnicas básicas de filmagem:
   a. Verifique se todo o equipamento está funcionando e se está seguro para uso.
   b. Coloque a câmera no tripé.
   c. Familiarize-se com o *zoom* da câmera e, com as mãos, eleve-a e incline-a no tripé. O microfone embutido na câmera será ativado durante a gravação, portanto anuncie o nome de cada cena que gravar. Peça que seu parceiro permaneça diante de uma paisagem apropriada e componha e grave utilizando os seguintes enquadramentos comumente utilizados em produções para televisão: plano geral, plano americano, plano médio, *close up* médio, primeiro plano e primeiríssimo plano.
   Consulte o tópico anterior deste capítulo para ajudá-lo na composição. Troque de função e faça o mesmo exercício. Levem a fita para seu professor e avaliem os resultados.
2. Em trio, planeje e grave *vox pop* na rua. As três funções são entrevistador, cinegrafista e assistente de produção; escolha o papel de acordo com suas habilidades. Você pode trocar de função. Selecione um tema e faça uma pesquisa prévia. Escolha uma ou duas perguntas. Observe se o equipamento está funcionando adequadamente e seguro para uso e grave cinco minutos de *vox pop*. Volte, faça uma lista de edição e edite a gravação para três minutos. Avalie o produto final em termos de conteúdo, adequação ao objetivo proposto e qualidade técnica (de áudio e visual).
3. Assista a uma entrevista realizada por alguém como David Frost ou Michael Parkinson. Faça anotações durante a transmissão e elabore uma análise descritiva de conteúdo, das técnicas utilizadas, das reações do entrevistado, da validade das notícias e do estilo geral da entrevista. Discuta suas opiniões com outros membros do grupo e com seu professor e estabeleça orientações para uma boa prática profissional para entrevistas de televisão.
4. Você deve entrevistar o reitor da universidade ou o supervisor de treinamento sobre seus pontos de vista a respeito dos cursos de comunicação de estabelecimentos educacionais. Em trio, seguindo as orientações deste capítulo, produza e grave uma entrevista. A entrevista editada deve ter cinco minutos de duração.
5. Este exercício dá a você a oportunidade de estar diante da câmera. Foi solicitado um texto de cerca de um minuto (180 a 270 palavras) para ser apresentado diante da câmera. A escolha do assunto é inteiramente sua; um poema, um caso polêmico, um boletim de notícias, etc. Você precisará trabalhar com um cinegrafista e informá-lo do enquadramento que deseja. Pode utilizar um roteiro ou *teleprompter*. Se tiver ambos, faça duas gravações usando ambos os métodos. Você pode comparar seu desempenho em cada um deles.
6. Escolha assunto para uma matéria de um minuto e meio para televisão. Pesquise-o e escolha imagens. Utilizando uma câmera, grave as seqüências

978-85-7241-733-4

necessárias para ilustrar o pacote. Quando as imagens estiverem prontas, selecione as mais adequadas e escreva um texto para acompanhá-las. Se um estúdio estiver disponível, apresente a matéria diante das câmeras inserindo as imagens no momento apropriado.

7. Em trio, planeje e produza um pacote de três minutos para o noticiário do *campus* (ver adiante). Escolha um assunto que complemente o estilo do programa. Leve em consideração as orientações dadas neste capítulo para ajudá-lo nessa tarefa. Por fim, o pacote deve incluir:

   - Trechos de, pelo menos, duas entrevistas.
   - *Vox pop*.
   - Passagem.
   - Imagem "papel de parede".

   Em grupo, você deve produzir também a seguinte documentação escrita:

   - Um roteiro.
   - Evidência de pesquisa.
   - Descrição de local e avaliação de risco.
   - Plano de filmagem.
   - Comentário escrito e uma lista de enquadramentos.
   - Roteiro com a introdução e a conclusão para o apresentador do estúdio.

8. Assista a um noticiário nacional recente e a um noticiário regional. Compare-os em termos de:

   - Conteúdo.
   - Valores da notícia.
   - Estrutura.
   - Apresentação.
   - Controle editorial.
   - Expectativas da audiência.
   - Aspectos técnicos.

9. Em grupo, planeje e produza um programa de 15 a 20min de duração. Escolha o estilo e o conteúdo do programa por consenso do grupo. É sensato incluir os tópicos mencionados na atividade 7. Espera-se que o grupo:

   - Elabore uma pauta e um roteiro para o programa.
   - Realize pesquisa, seleção e planejamento do conteúdo.
   - Elabore uma planilha de produção.
   - Redija um roteiro.
   - Planeje um estúdio básico.
   - Apresente e produza o programa.
   - Avalie o êxito do programa em termos de conteúdo, estilo, adequação ao objetivo, apresentação, produção e aspectos técnicos.

978-85-7241-733-4

FONTES E REFERÊNCIAS

Alkin, G. (1997) *Sound Recording and Reproduction* (3rd edition). Oxford: Focal Press.

Alkin, G. (1989) *Sound Techniques for Video and TV* Oxford: Focal Press.

BBC (1996) *Producers' Guidelines.* London: BBC Publications.

Boyd, A. (2001) *Broadcast Journalism - techniques of radio and television news* (5th edition). Oxford: Focal Press.

Croton, G. (1986) *From Script to Screen.* London: BBC Television Training Manuais.

Fairweather, R. (1998) *Basic Studio Directing.* Oxford: Focal Press.

Grant, T. (2001) *Audio for Single Camera Operation.* Oxford: Focal Press.

Lyver, D. (2001) *Basics of the Video Production Diary.* Oxford: Focal Press.

Lyver, D. and Swainson, G. (1999) *Basics of Video Production* (2nd edition). Oxford: Focal Press.

Millerson, G. (1992) *Video Production Handbook.* Oxford: Focal Press.

Millerson, G. (1994) *Effective TV Production* (3rd edition). Oxford: Focal Press.

Millerson, G. (1994) *Video Camera Techniques* (2nd edition). Oxford: Focal Press.

Musburger, R.B. (1998) *Single Camera Video Production* (2nd edition). Oxford: Focal Press.

Ward, P. (2000) *TV Technical Operations. An introduction.* Oxford: Focal Press.

White, T. (2001) *Broadcast News Writing, Reporting and Producing.* Oxford: Focal Press.

Yorke, 1. (1997) *Basic TV Reporting* (2nd edition). Oxford: Focal Press.

Yorke, I., ed., Alexander, R. (2000) *Television News* (4th edition). Oxford: Focal Press.

978-85-7241-733-4

9 Jornalismo *Freelancer*

- O que é um *freelancer*?
- Nosso "painel de especialistas"
- Isso é para mim?
- Para começar
- De que equipamentos preciso para iniciar um negócio próprio?
- O que sei sobre *freelance*?
- Como conseguir o primeiro "trabalho"?
- As idéias
- Eles querem o meu trabalho; e agora?
- Seja humilde e adquira experiência sólida
- Os problemas do sucesso
- Os perigos da complacência
- Para onde vou agora?
- Dez dicas principais
- Atividades sugeridas
- Fontes e referências

O que É um *Freelancer*?

Jornalistas *freelancers* são aqueles que não possuem vínculo empregatício e, portanto, não recebem um salário regular de um único empregador.

É impossível obter uma estatística exata da quantidade de jornalistas que trabalham como *freelancers*. Muitos são associados do principal sindicato do Reino Unido, o Sindicato Nacional dos Jornalistas (NUJ, *National Union of Journalists*), que afirma ter mais de 6.000 membros que pagam a taxa de contribuição de *freelancers*. Porém, deve-se admitir que existam muitos mais não associados ao sindicato.

Os jornalistas *freelancers* podem ser divididos em três categorias principais:

- *"Pau-para-toda-obra"*: o típico *freelancer* que "vai a qualquer lugar, trabalha como repórter e faz qualquer coisa", muitas vezes trabalhando para diferentes mídias, mas provavelmente se especializando em uma só.
- *Trabalhador por turnos de produção*: freqüentemente trabalhando a longo prazo em sistema de turnos em edição, reportagem, produção ou nas funções destinadas à preparação de impressão e publicação, como revisão. Pode trabalhar principalmente para um ou dois empregadores – mas isso pode causar problemas com a Inland Revenue – ver adiante.

978-85-7241-733-4

- *Meio-período*: possui um trabalho principal e executa algumas tarefas para ganhar um dinheiro extra, para "não perder a prática" ou ambos. Muitas vezes especializa-se em um assunto, área geográfica (próxima de casa) ou em meios de comunicação, como revistas especializadas ou outras publicações.

Percebe-se, portanto, que as razões, motivações e atitudes gerais dos *freelancers* variam bastante – assim como seus níveis de habilidade e talento para o trabalho. Existem também enormes diferenças entre os jornalistas contratados; porém, há outras importantes distinções entre esses dois principais grupos de jornalistas. A Inland Revenue – que arrecada o imposto de renda –, junto com seus pares do National Insurance, tratam aqueles que recebem salário proveniente de cargos administrativos de forma distinta daqueles que são autônomos. Há algumas vantagens fiscais em estar no que é conhecido como Escala D – a categoria do autônomo –, visto que tais pessoas podem compensar alguns encargos decorrentes de seu trabalho com as taxas tributárias. Isso se dá porque um empregado normalmente utiliza as instalações e os serviços do empregador em seu trabalho – telefones, eletricidade, correio, etc. –, ao passo que o autônomo tem de financiar essas despesas de seu próprio bolso. As mudanças tributárias acarredadas pela autotributação significam que algumas dessas vantagens foram reduzidas: o imposto agora deve ser pago no ano tributário seguinte. A Inland Revenue também tornou mais rigorosa a sua definição do que constitui um *freelancer* para fins de imposto: por exemplo, se realizar trabalho de turno regularmente para o mesmo empregador, não será considerado sujeito aos regulamentos da Escala D. A vantagem é que, devido a recentes mudanças na lei trabalhista, mesmo que o trabalho seja irregular, o profissional provavelmente tenha direito a férias e licença para tratamento de saúde. A questão do imposto é, de fato, um assunto complexo e aconselha-se aos leitores que procurem ajuda profissional. Vale a pena "comparar os preços" a fim de encontrar a escala de honorários mais competitiva e perguntar a outros jornalistas quais empresas eles utilizam. Os honorários cobrados variarão consideravelmente dependendo da complexidade de suas ocupações – e do quanto o profissional tem se esforçado em manter os registros exatos de seus rendimentos, despesas, recibos, extratos bancários, etc.

O modo de o *freelancer* trabalhar é mais comum em alguns tipos de jornalismo. Tende a se ajustar mais ao tipo de trabalho que pode ser realizado por uma única pessoa – como reportagens especiais – do que, por exemplo, à reportagem para televisão, que em geral requer uma equipe composta de várias pessoas, embora haja diversos cinegrafistas que trabalham com um único repórter. Outros fornecem o "filme bruto", junto com o comentário acrescentado nos principais estúdios. Em geral, parece haver relativamente poucos *freelancers* trabalhando como repórteres de "notícias factuais", exceto em agências que cobrem tipos específicos de reportagem, em particular as de tribunais de justiça. Para a mídia impressa não compensa, em termos de custo, "contratar pessoal" para cobrir causas judiciais que possam durar várias semanas. Desse modo, um jornalista especializado ou uma agência fornecerá a matéria para diversos órgãos da imprensa à base de adiantamento de honorários (pagamento por serviços que são executados quando se tornam necessários). É provável que os fotógrafos formem o maior grupo de *freelancers*, e muitos deles são empregados de uma empresa que ganham dinheiro extra com *freelances*. As revistas oferecem amplas oportunidades para a colaboração de *freelancers* tanto para o fornecimento de matérias escritas como fotos. O trabalho no rádio – sobretudo em nível nacional – também oferece oportunidades para a realização de reportagens especiais ou pacotes.

Muitas vezes, conseguir o primeiro trabalho em jornalismo é o mais difícil e, embora o número de órgãos da imprensa tenha crescido enormemente nas últimas décadas, o jornalismo ainda tende a ser um mundo muito fechado e "incestuoso": com freqüência os jornalistas são contratados porque o editor ou diretor os conhecia de uma empresa anterior ou por terem sido recomendados por um conhecido.

Para muitos aspirantes a jornalistas, a principal motivação em se estabelecer como *freelancer* é conquistar credibilidade tendo um trabalho divulgado ou publicado e, o mais importante, fazendo contatos esperando que, quando realmente surgir um trabalho permanente, haja boas chances de conquistar a vaga. Para muitos outros, porém, a capacidade de trabalhar individualmente como *freelancer* traz benefícios que vão muito além do nível de "principiante".

978-85-7241-733-4

Nosso "Painel de Especialistas"

A variedade de formações, experiências e ocupações dos membros de nosso "painel" ilustra o amplo espectro abrangido pelo jornalismo *freelancer*. Eles trabalharam com êxito em jornais, revistas e emissoras de rádio e televisão em nível local, regional e nacional, bem como no jornalismo *online*. Apesar das formações variadas, há grande similaridade em seus perfis – calcados em uma sólida experiência.

Sandy Felton: premiada professora de jornalistas, Sandy é coordenadora de jornalismo na *Liverpool Community College*. Começou no jornalismo *freelancer* "por acidente". Ela estava trabalhando como secretária da Força Policial de Lancashire, Inglaterra, quando o superintendente-chefe pediu-lhe para escrever um artigo sobre a história do posto policial para a revista *Police*. Isso a encorajou a oferecer artigos sobre a história local para o jornal da região. Além de lecionar, Sandy continua trabalhando para diversas publicações.

Mike Hally: formado em engenharia, foi engenheiro de aeronaves por 17 anos. Mike engajou-se politicamente na década de 1980, percebeu que seu trabalho era incompatível com suas convicções e começou a trabalhar com a imprensa para vários grupos voluntários e autoridades locais. Ele retornou à faculdade por um ano para estudar jornalismo e graduou-se na *Open University**. Ele fixou seu interesse em fazer *freelancers* para rádio e começou trabalhando em sistema de turnos na rádio local, o que posteriormente o conduziu ao trabalho de reportagem e produção para a rede de rádio da BBC. Mike também é fotógrafo profissional de esportes automobilísticos. Exemplos de seu trabalho e outras informações podem ser vistos em seu *site* (www.mike-hally.com).

Martin Kelner: habilitado como jornalista de mídia impressa pelo Conselho Nacional para o Treinamento de Jornalistas (NCTJ, *National Council for the Training of Journalists*) em sistema preparatório de um ano e, em seguida, como *trainee* contratado em um jornal local. Seu primeiro trabalho em rádio foram reportagens especiais para a divisão de rádio da *Central Office of Information* (COI). Isso o levou a realizar trabalhos nas redações das rádios locais e, dali, para a apresentação de programas gerais tanto na BBC como em emissoras comerciais, onde seu peculiar estilo "excêntrico" tornou-se conhecido pelos diretores da rede BBC. Por vários anos, Martin foi locutor de rádio "substituto" de apresentadores regulares e apresentador de seu próprio programa nas tardes de sábado. Ao mesmo tempo, trabalhou como colunista e autor de reportagens especiais sobre vários assuntos para diversos jornais nacionais. Seu atual trabalho regular inclui a coluna de esportes *Screen Break*, na contracapa do jornal *The Guardian*, e um programa diário de rádio com a participação do público por telefone na *BBC Radio Leeds*. Seu trabalho jornalístico e de rádio pode ser visto como "amostra" em seu *site* (www.martinkelner.com).

Penny Kiley: seu amor pelo teatro e pela música (na era *punk*!) a inspirou a escrever resenhas e outros artigos para publicações regionais e nacionais, incluindo *Melody Maker*, *Smash Hits* e *Plays and Players*. Penny adquiriu larga experiência cobrindo artes para o *Liverpool Daily Post*, bem como para organizações de Relações Públicas que trabalham com artes. Hoje ocupa a maior parte de seu tempo como revisora, além de editar uma revista *online* de catálogos (www.pool-of-life.co.uk). Seu *site* é www.dakin-kiley.co.uk.

Isso É para Mim?

Com certeza o mundo do jornalista *freelancer* não é para pessoas que se intimidam facilmente. Embora muitos jornalistas, assim como outros empregados, possam se queixar do chefe, do pagamento e das tarefas que devem cumprir, eles podem pelo menos contar com um salário no final do mês, férias remuneradas, licença-maternidade e paternidade remunerada e não

* **N. do T.** – Universidade britânica que oferece cursos universitários a distância.

remunerada (quando necessário). O jornalista *freelancer* não conta com tais "benefícios". Apesar de alguns dos valores diários mínimos pagos a *freelancers* parecerem bastante razoáveis quando comparados ao pagamento *pro rata* de um funcionário contratado, vale lembrar que os empregados, na verdade, trabalham bem menos de dois terços dos dias do ano. Eles ainda são pagos por finais de semana, férias anuais e feriados públicos – ganham dinheiro não fazendo nada. Os "funcionários contratados" podem ficar em casa com seus familiares no Natal e em outras ocasiões, sem se preocupar se seus salários serão depositados na conta bancária; suas contas serão pagas, mesmo quando o empregador ficar doente. Além disso, o empregador pagará os fundos de pensão e, desse modo, talvez o empregado possa aposentar-se quando ainda estiver relativamente jovem e escrever um romance (os jornalistas quase invariavelmente planejam escrever um romance!).

Os jornalistas *freelancers* não possuem qualquer desses benefícios e garantias. Se não trabalharem, não recebem pagamento – é simplesmente assim. Portanto, os *freelancers* precisam providenciar e pagar seu próprio plano de saúde e de previdência e organizar seus impostos e pagamentos de contribuições. Ninguém mais é responsável por qualquer aspecto de suas vidas. Os jornalistas *freelancers* são especialistas contratados temporariamente e recebem pagamento apenas pelo que produzem. Embora seja verdade que eles não são forçados a trabalhar para editores ou outros diretores dos quais não gostem, podendo até mesmo desprezar ou assumir um trabalho que não desejem fazer, de maneira similar, e com muito mais freqüência, nenhum editor ou diretor é obrigado a arranjar-lhes trabalho.

O lado positivo é que muitos consideram estimulante e energizante saber administrar seus recursos limitados, nunca saber onde poderão estar ou o que estarão fazendo em alguns dias. Quem resiste à rotina e não vê a hora de terminar o expediente pode achar o estilo de vida do *freelancer* altamente coerente com seu temperamento. Muitos apreciam o fato de não estarem presos a um trabalho – e a um chefe! *Freelancers* "natos" – ou por opção – tendem a ser pessoas que detestam rotina, gostam da variedade e dos desafios que o trabalho *freelancer* muitas vezes oferece e sentem-se entusiasmadas por não saberem qual será o próximo trabalho, onde o irão conseguir, quem irão encontrar e o que terão de fazer.

Mike Hally explica que a falta de rotina e o fato de nenhum dia ser igual ao outro foram algumas das principais razões de ele querer ser um *freelancer*:

> Uma das coisas que me atraiu ao trabalho *freelancer* foi não ser rotineiro. A maioria dos *freelancers* não trabalha das 9 às 17h, de segunda a sexta. Eu queria poder escolher a dedo o trabalho que desejasse fazer.

A natureza imprevisível da vida do *freelancer* pode parecer ir contra aqueles que têm responsabilidades e precisam estar em certos lugares ao mesmo tempo a cada dia – buscar as crianças na escola, por exemplo. Mas, paradoxalmente, Sandy Felton afirma que o trabalho *freelancer* pode se adaptar a

978-85-7241-733-4

essas rotinas domésticas bem melhor que os trabalhos fixos com vínculo empregatício.

> **O trabalho *freelancer* é muito atraente para pessoas que precisam cuidar dos filhos e não podem necessariamente trabalhar em um local distante do lar. Com a Internet, os *freelancers* possuem virtualmente tudo de que precisam e realmente não precisam sair de casa, a não ser para entrevistar alguém.**

Se você for um *freelancer*, provavelmente terá de ser até mesmo mais articulado do que se fosse um funcionário contratado, pois não poderá contar com os contatos e convites que surgirão para o funcionário de uma redação. Tornar-se *freelancer* requer mais confiança e *audácia* do que é necessário para um funcionário contratado e, visto que muitas pessoas se tornam *freelancers* no começo da carreira – quando a confiança e a experiência tendem a ser bem menores –, isso pode ser um problema. Além disso, confiança não é algo que possa ser ensinado; ela tende a vir com a experiência e a maturidade. Penny Kiley acredita que é preciso ser um pouco extrovertido para sobreviver e ter sucesso no trabalho de repórter – e estar preparado para aproveitar todas as oportunidades. Ela acha que isso não faz parte de sua "natureza" e admite que, quando começou, deu um salto para o desconhecido; ela não sabia como "estabelecer uma rede de contatos":

> **Naquela época eu realmente não fazia a menor idéia. Eu não tinha experiência alguma. Não tinha nem mesmo cartão de visita. Na década de 1980, fiz um curso de autodesenvolvimento para mulheres. Valeu a pena e isso me ensinou todos os tipos de coisas úteis, como apresentar-me, fazer uma rede de contatos. Tudo isso são coisas que, a menos que alguém lhe diga, você simplesmente não sabe.**

Você tem de ser um pouco extrovertido. Tem de sair e encontrar pessoas que não conhece o tempo todo e ser aceito, e isso nem sempre é fácil.

No entanto, alguns *freelancers* acreditam que muitos jornalistas bem-sucedidos são naturalmente introvertidos – de algum modo, porém, eles trabalham para superar a timidez e adotam uma personalidade mais confiante e extrovertida quando estão "dedicados ao trabalho".

Para Começar

Suponhamos que você decidiu que o *freelance* é a melhor opção, pelo menos por um período.

A primeira tarefa é fazer um levantamento pessoal. Quais são suas habilidades? O que você precisa fazer para aperfeiçoá-las?

Quem oferece trabalho espera que você venha com um "conjunto de qualidades" completo. Se houver um orçamento para treinamento, é quase certo que será gasto no desenvolvimento profissional: eles esperam que *você* seja completamente treinado e competente. Evidentemente, seus requisitos dependerão do tipo de trabalho ao qual pretende se dedicar – e em que mídia. No mínimo, porém, você precisará ter algum conhecimento sobre as leis dos meios de comunicação (ver Cap. 13). É improvável que os editores o deixem sozinho na realização de qualquer tarefa, a menos que se sintam seguros de que seu trabalho não resultará em um processo judicial ou em uma audiência no tribunal. Martin Kelner afirma que, mesmo no que se refere ao seu trabalho de apresentação em rádio – no qual apenas uma interpretação liberal pode ser descrita como "jornalismo" –, ele é muito grato pelo treinamento que recebeu sobre a lei:

> É muito importante. Pelo menos, quando alguém é acusado de um crime, você não diz: "veja, esse é o assassino!". Um dias desses você pode querer apresentar diferentes programas, então a formação jornalística é muito útil. Aprender as técnicas de redação também é muito útil, bem como saber redigir introduções.

Há diversas opções, desde cursos de tempo integral, incluindo os intensivos de curta duração, a cursos de meio-período.

Uma habilidade que qualquer pessoa interessada em jornalismo de revista deve considerar é fotografia. Sandy Felton explica que quase todas as revistas contam com os *freelancers* para incluir fotos em suas matérias. Para aqueles que estão retornando ao jornalismo, talvez após um intervalo para aumentar a família, o NUJ e outros ministram cursos de "atualização". Certamente, qualquer um que tenha estado "fora" por alguns anos precisará adquirir habilidades de tecnologia de informação, edição digital ou editoração eletrônica utilizadas nas atuais redações. Isso nos leva à pergunta de quais equipamentos são necessários.

De que Equipamentos Preciso para Iniciar um Negócio Próprio?

Quais equipamentos e recursos são necessários para o *freelancer* iniciante começar? Nossa equipe sugere, no mínimo, o seguinte:

- Uma sala reservada que pode ser chamada de "escritório"*, incluindo:
  - Telefone e secretária eletrônica/serviço de atendimento telefônico (pode ser conectado ao computador por meio de um *software*).
  - Computador (para jornalistas de mídia impressa, prefere-se o MacIntosh) com o máximo possível de memória RAM e espaço no disco rígido – sobretudo se utilizar *softwares* multimídia.

---

* Embora possa haver implicações no que se refere a taxas empresariais, imposto de renda, etc., se parte da casa for considerada de uso exclusivo para fins comerciais, pode ser melhor manter alguns enfeites próprios do ambiente doméstico.

978-85-7241-733-4

978-85-7241-733-4

- Internet e *e-mail* – de preferência com provedor de serviços que ofereça acesso ilimitado 24h.
- Impressora.
- Material de escritório e cartões de visita (estes podem ser produzidos com computador e impressora).
- Obras de referência básicas – incluindo um dicionário.
- Assinatura de revistas da área de comunicação, como *Press Gazette* e *Writters' News**.
- Carro (e possuir carteira de habilitação).

Para *freelancer* de revistas:

• Uma boa câmera – é ideal ter tanto o modelo "tradicional" como o digital.
• *Software* de editoração.

Para o *freelancer* de radiodifusão, também se sugere:

• Um minigravador com microfone (mono) e qualidade de transmissão.
• *Software* de edição digital (o computador deve ter uma boa placa de som).
• Uma linha ISDN (sigla em inglês para Rede Digital de Serviços Integrados) para materiais gravados ou "ao vivo", com *mixer* adequado, etc.

Além dos gastos com esses principais itens, haverá inevitavelmente algumas despesas gerais. Como mencionado no início deste capítulo, os encargos que de fato incidem de forma integral, obrigatória e exclusiva sobre o trabalho são dedutíveis do imposto. Em outros casos, por exemplo, o uso do telefone e do carro parcialmente para fins particulares e/ou domésticos, deve-se declarar apenas a porcentagem relativa ao trabalho.

A situação é complicada pelo fato de que itens de uso diário, como materiais de escritório, postagem, chamadas telefônicas, etc., serem declarados como um custo anual que, sem dúvida, pode variar, mas o abatimento do imposto para os itens do imobilizado, como computadores, é distribuído em vários exercícios. Naturalmente, cada gasto do *freelancer* será diferente, mas segue um exemplo das despesas dedutíveis do imposto:

• Carro (declara o uso de 50%): £400 a 800.
• Viagem (passagens, etc.): £150 a 300.
• Telefone/Internet (declara 90% de uso): £300 a 500.
• Materiais de escritório e postagem: £50 a 150.
• Jornais, revistas, etc.: £200.
• Contribuição ao NUJ: £140.

* **N. do T.** – No Brasil, uma das mais conhecidas é a Revista Imprensa.

Infelizmente, é preciso "especular para acumular" – será inevitável gastar dinheiro para iniciar um negócio próprio antes de começar a ganhar qualquer coisa. Mas assegure-se de que a distância entre um e outro não seja tão grande! Os benefícios fiscais do *freelance* só serão vantajosos se puderem, de fato, ser compensados com alguns lucros! O melhor modo de começar a fazer isso é determinar onde estão seus pontos fortes.

O que Sei sobre *Freelance*?

A maioria dos *freelancers* começa oferecendo material sobre temas pelos quais têm especial interesse e conhecimento. Portanto, faça uma lista – em que áreas você possui contatos e informações? Em seguida, relacione todas as publicações e transmissões que cobrem os temas que você identificou como seus "assuntos especializados" – o *Guardian Media Guide* alista todas as mídias conhecidas, com endereços, números de telefone, etc. Então, procure conhecer essas publicações como a palma da sua mão. Pegue uma revista: qual é o público-alvo? (Uma boa dica é olhar os anúncios; os anunciantes não desperdiçam dinheiro – eles conhecem o público leitor.) Quão extensos são os artigos? Qual é o estilo? Como eles utilizam entrevistas e citações diretas? Muitas revistas fornecem diretrizes para o trabalho dos *freelancers*. Consiga uma cópia – e apegue-se a ela ao empenhar-se no trabalho. Faça o mesmo quanto a transmissões de rádio e televisão: familiarize-se com os programas. Mike Hally afirma que isso é vital – os editores desdenham aqueles que se aproximam e parecem não ter ouvido falar do programa (alguns até mesmo admitem que não!).

> Eles realmente precisam ser analíticos nessa questão. Eu não sou bom nisso. Preciso sentar com caneta e papel e me forçar a analisar o programa. Há coisas simples para se ficar alerta, por exemplo, no programa *Today** eles nunca mantêm a mesma pessoa em dois clipes sucessivos. Você realmente precisa estar atento a esse tipo de coisa.

Como Conseguir o Primeiro "Trabalho"?

Isso provavelmente é o mais difícil de tudo. É aquela velha história: você não consegue trabalho até ter experiência e credibilidade – mas como conseguir essa experiência? Não é possível nem mesmo afiliar-se ao NUJ, principal sindicato do Reino Unido, até provar possuir algum rendimento proveniente do trabalho em jornalismo – embora o profissional possa ser um membro estudantil se freqüentar um curso aprovado pelo NUJ. (Conforme mencionado anteriormente, o NUJ promove diversos excelentes cursos de curta duração e encontros nas filiais – denominados *chapels* –, ótimos lugares para fazer contato com outros jornalistas.)

978-85-7241-733-4

* **N. do T.** – Programa de televisão norte-americano.

É vital fazer contato com a pessoa certa, aquela que toma decisões no órgão da imprensa que você escolheu. Em geral, trata-se do editor de notícias ou de reportagens especiais.

Penny Kiley explica que o *freelancer* iniciante de arte deve esforçar-se em obter entradas para pré-estréias:

> Haverá, em geral, cerca de meia dúzia de jornalistas cobrindo a exibição e, no intervalo, você fica no meio de um amontoado de pessoas em uma sala pequena com uma taça de vinho e o assessor de imprensa. Obviamente, então, você conversa sobre a exibição. Eu reconheci alguns jornalistas das fotografias de suas colunas. Então, simplesmente me dirigia a eles e me apresentava. Isso pode ser difícil, mas as pessoas geralmente fazem concessões.

A maioria dos *freelancers* possui esse tipo de relato de como "começaram". Quase sempre eles dirão: "uma coisa leva à outra".

As Idéias

As idéias são a moeda de ouro no jornalismo. Os editores – em especial aqueles que trabalham para o mesmo órgão de imprensa há algum tempo – costumam estar muito cansados de analisar o mesmo tipo de trabalho. Portanto, se você puder apresentar algo original, pode ser bem-sucedido. Há muitas maneiras de fazer isso, mas uma boa idéia é ter um bloco de anotações e um arquivo de recortes onde você coloca idéias e recortes de jornais de possíveis matérias – sobretudo aquelas que aparecem no jornal local – pelas quais revistas nacionais e programas de rádio possam se interessar. A maioria dos jornalistas de um jornal local está ocupada demais para propor essas matérias. É uma boa idéia manter essa prática de anotar e arquivar mesmo quando começar a surgir trabalho. É quase certo que haverá altos e baixo no trabalho – o que Martin Kelner chama de "abundância e escassez": são aqueles períodos sem trabalho em que seu bloco de anotações e o arquivo de recortes pode ser um salva-vidas, conforme Mike Hally explica:

> As idéias iniciais surgiram de coisas que encontrei por acaso na rádio local, que eu sabia que não haviam sido cobertas em nível nacional e que eram de interesse de programas como o *You and Yours**. Você precisa procurar coisas que irão se adaptar a programas específicos, que poderá ter, então, como alvo. É quase certo que será um desperdício de tempo examinar jornais nacionais, visto que a equipe do programa fará isso.

A próxima tarefa é aproximar-se da equipe editorial daquela produção com sugestões concretas. Em relação à radiodifusão, Mike Hally explica

---

* **N. do T.** – Programa da *BBC Radio 4*.

que o segredo é fortalecer o relacionamento com produtores, editores e suas equipes para descobrir quais programas e aspectos estão para surgir nos meses seguintes e, então, começar a contribuir com idéias para esses programas. Todos os membros do nosso painel concordaram que, ao fazer isso, é muito importante não superestimar o que pode produzir. Caso receba a tarefa na base de "cruzar os dedos" para ter acesso a fontes e contatos que, então, não consegue, você certamente será tratado como um idiota e entrará na "lista negra". Os editores não gostam de ter seu precioso tempo desperdiçado com "sonhadores". Fazendo uso da linguagem coloquial: *caia na real.*

Idéias para matérias, reportagens especiais ou programas são chamadas de sugestões de pautas, e muitos "manuais" descrevem como elas devem ser apresentadas em detalhes. A experiência dos membros do nosso painel, porém, sugere que isso não só é desnecessário, como também pode ser prejudicial. Sandy Felton declara:

> Sempre telefone para descobrir quem é o editor de notícias ou o editor de reportagens e diga que você tem tal idéia – estão interessados? Eu nunca faço uma sugestão de pauta por escrito porque, fazendo isso, alguém pode roubar a idéia e usá-la – a menos que seja alguém que já tenha contatado antes, mas ainda assim trata-se de uma discussão verbal. É preciso saber o que cada órgão da imprensa deseja... o estilo, o tamanho e assim por diante. Às vezes eles precisarão de algo "excêntrico". É 50/50. Você deve encontrar algo incomum, algo que uma ou várias revistas aceitarão prontamente; e pode ser que não sejam as revistas que você imaginava.

978-85-7241-733-4

Mike Hally concorda quanto às sugestões de pauta serem muito detalhadas:

> Isso pode ser bastante contraproducente porque é muito difícil elaborar um estilo convincente, a menos que você conheça bem o programa. É melhor telefonar para o programa ou enviar por *e-mail* ou *fax* um parágrafo simples e conciso dizendo qual é a idéia e, se houver uma ou duas pessoas-chave que você tenha certeza de que podem colaborar, mencionar o nome delas e dizer que sabe que eles estão disponíveis; mas, realmente, simplifique. Em geral, esses assuntos são analisados com base nesse parágrafo ou de acordo com a conversa por telefone.

Eles Querem o Meu Trabalho; e Agora?

Você ultrapassou um importante obstáculo quando conseguiu que "mordessem a sua isca" pela primeira vez – alguém, na verdade, quer o seu trabalho: muito bem! Infelizmente, seus problemas apenas começaram. Além da tarefa de produzir o que prometeu, você está agora em uma situação delicada (e muito embaraçosa) de ter de combinar o preço. Ou talvez devesse oferecer o primeiro trabalho gratuitamente? Afinal, você está tentando estabelecer-se e a pessoa que lhe confiou o trabalho está se arriscando – é um voto de confiança. Sandy Felton adverte veementemente contra esse tipo de visão de "trabalhar gratuitamente":

Não faça isso. Você tem de deixar claro que está em um negócio e quer ser remunerado. Quanto será pago realmente dependerá da publicação, e não é bom discutir isso. Às vezes, quando você os conhece bem, eles negociam. Mas eles possuem esses valores e se apegarão a eles. Se não o conhecem e você diz: "Ok, agora eu quero £190, não mais £150", eles dirão: "tudo bem, então!" e você perde o trabalho. Tudo bem que o NUJ e outros digam para não trabalhar por um preço muito baixo, mas há uma sutil diferença entre ganhar dinheiro por um trabalho e não conseguir o trabalho de forma alguma. Quando o assunto é dinheiro, os princípios de muitas pessoas saem pela janela porque elas precisam comer.

Penny Kiley recomenda ter uma visão pragmática similar:

Terá sorte de receber a remuneração vigente ao começar – isso é apenas um aviso. Basicamente, é necessário determinar de quanto você precisa para viver. É uma questão matemática. É preciso ter equilíbrio nesse assunto.

O NUJ é firmemente contra trabalhar de graça ou até mesmo por menos que a "remuneração vigente". Compreensivelmente, ele argumenta que fazer isso desvaloriza todos os jornalistas e favorece os empregadores gananciosos ou inescrupulosos. Certamente, se (*não, quando!*) você for um *freelancer* bem estabelecido, não gostará que outros cobrem um valor inferior ao seu.

O NUJ fornece o valor mínimo de uma ampla variedade de trabalhos e setores da mídia em sua tabela anual de *piso salarial para freelances*. Os números fornecidos na Tabela 9.1 foram extraídos da tabela de 2001-02. Esse resumo é de responsabilidade do autor e o leitor deve conferir as informações mais recentes na Internet – ver detalhes no final deste capítulo.

Tabela 9.1

	Reportagens especiais (por 1.000 palavras)	Revisão (por 1.000 palavras)
Grupo A – revistas de grande circulação e de "alta qualidade", como *Marie Claire*, *GQ* ou publicações especializadas de prestígio, como *Management Today*, *New Scientist*	£450	£120
Grupo B – revistas de pequena circulação, como *Time Out*, *The Face* ou revistas especializadas de menos prestígio, como *Money Wise*	£325	£125
Grupo C – revistas de negócios e grande circulação e alguns títulos especializados, como *Accountancy Age*, *Personal Computer World*	£250	£145
Grupo D – revistas de negócios e especializadas de pequena circulação, como *Nursing Times*	£180	£120

Fonte: NUJ.

978-85-7241-733-4

O NUJ divide os setores da mídia em diferentes categorias, em geral de acordo com o tamanho do público e a circulação. Os valores para o setor de revistas variam bastante, de acordo com os preços dos anúncios, a lucratividade e/ou o público-alvo.

Observe que os valores na Tabela 9.1 são preços mínimos ilustrativos e variam consideravelmente entre os títulos, até mesmo no mesmo setor. Os valores para revisão também variam muito. Apresenta-se aqui apenas uma tabela simples. O NUJ afirma que o valor diário para repórteres deve ser de £130.

Note, porém, que os valores para revisão nas diferentes categorias aparecem quase na proporção inversa daqueles para redação.

A Tabela 9.2 apresenta exemplos de outros valores mínimos recomendados em outras mídias.

O NUJ também traz precauções e medidas de proteção bastante pertinentes a serem tomadas ao negociar com os editores, etc.:

- Certifique-se de saber o nome da pessoa com quem você está fazendo o acordo para fornecer o material, o cargo dela na empresa e se ela tem autoridade para encarregar-lhe do trabalho.
- Estabeleça os detalhes: quantas palavras, imagens, etc., você deve fornecer, o *deadline* e outras condições, sobretudo *quando você receberá o pagamento – e como* (itálico do autor). Você também precisa combinar um pagamento adicional para despesas e uma taxa de cancelamento – caso, ao ter sido incumbido de realizar o trabalho, o editor decida não o utilizar.
- Caso o cliente garanta o trabalho com um contrato escrito ou uma carta de comissionamento (e o tempo permitir), verifique se tudo está de acordo com o que foi combinado verbalmente. Se não houver tempo, garanta o seu acordo verbal com uma confirmação por escrito, enviando-a ao cliente pelo correio, *fax* ou *e-mail* (neste caso, envie pelo correio uma cópia impressa do *e-mail*) (NUJ, 2001a:3,5,7).

978-85-7241-733-4

Não se preocupe que isso o faça parecer "atrevido" ou "meticuloso" – se você mantiver uma abordagem inteiramente profissional desde o início, terá mais chances de ser tratado de maneira profissional e não ser "enrolado".

Mesmo fazendo tudo "por escrito", há ainda boa chance de ser deixado esperando pelo pagamento em cheque ou transferência bancária – e ainda terá de viver nesse meio tempo! Sendo assim, quanto tempo deverá esperar? O NUJ declara que o pagamento "ideal" deve ser realizado até 30 dias após a emissão da nota fiscal de serviço. Não se esqueça de que cabe a você cobrar o pagamento. Não espere que ele seja realizado automaticamente, a menos que isso seja prometido e registrado em seu acordo inicial. Muitas vezes, porém, você não receberá o pagamento até que seu trabalho seja publicado – o que, no caso das revistas, pode levar alguns meses. Nesses casos, o NUJ recomenda tentar receber o pagamento *dentro de um mês* após a entrega do trabalho.

Tabela 9.2

	Reportagens noticiosas	Reportagens especiais	Revisão	Produção	Fotografia
Jornais nacionais	£230 por 1.000 palavras	£220 – 500 por 1.000 palavras para jornais *standard*; para tablóides pode-se pagar o dobro, mas para reportagens especiais será bem menos!	£125 – 270 (dependendo da duração do turno)		£150 por dia; £170 por trabalho
Jornais regionais	£2 – 3 por linha (4 palavras) para as primeiras 10 linhas; 20 – 30 centavos de libras por linha subseqüente		£100		£50 por dia – "muito baixo, o NUJ não recomenda que esse trabalho seja realizado"
Rádio nacional	£185 (turno de 12h)	£206 por pacote editado, até 7min em programas noticiosos; £178,50 para não-noticiosos		£140 – 150	
Rádio local	De £65 por dia para "principiantes" a £90 para "experientes"			Conforme "reportagens noticiosas"	
Televisão nacional	£185 por dia			£150 por dia	
Televisão regional	£120 por dia			Conforme "reportagens noticiosas"	
Online	£140 por dia/£230 por 1.000 palavras	Conforme "reportagens noticiosas"	£140 por dia		

Fonte: NUJ.

978-85-7241-733-4

Apesar de ser completamente profissional em suas negociações e tomar todas as precauções, você pode ainda ser "passado para trás". Se estiver contando com o pagamento do cliente para pagar suas contas – e, em geral, para poder viver! –, isso pode ser um assunto sério. Se isso acontecer, deverá telefonar para a pessoa que contratou o seu trabalho e reforçar com uma carta. Se o pagamento ainda não estiver disponível – ou você sentir que está sendo "ignorado" –, precisará de ajuda! Quase todos os *freelancers* têm histórias horríveis sobre pagamentos muito atrasados ou a falta deles. A recomendação do nosso painel de especialistas é unânime: recorra ao NUJ*. Ele tenta solucionar esses casos, se necessário por intermédio da Justiça, como parte dos serviços prestados aos seus associados. Eis outro excelente motivo para afiliar-se ao sindicato o mais rápido possível! Alguns *freelancers* solucionaram causas judiciais com êxito sem representação legal (o tribunal da comarca fornece vários excelentes folhetos de orientação), mas outros têm tido experiências menos satisfatórias. Sandy Felton tem uma experiência desagradável a esse respeito – mas também se conforma com o fato de que, às vezes, você é "logrado":

> Uma vez me deviam £1.000. Eu levei o cliente ao Tribunal de Pequenas Causas e consegui arrancar dele £25 – isso me custou £300 ou £400, além dos honorários do advogado. Então, você contrai uma dívida irrecuperável e é algo com que tem de conviver.

Mesmo combinando o valor, ainda restará a questão sobre quais direitos você irá manter ou terá de ceder. O tópico sobre "Direitos autorais" no Capítulo 13 aborda a situação legal de quem possui o quê e por quanto tempo, principalmente da perspectiva do jornalista que utiliza material com direitos autorais de outros. Agora a situação se inverteu, e é quase certo que exigirão que você desista de seus direitos para se beneficiarem e fazerem uso de seu próprio trabalho. Nos últimos anos, isso tem sido um problema especialmente no que se refere à utilização de conteúdo eletrônico disponível na Internet/*World Wide Web*. Os *freelancers* serão, muitas vezes, pressionados a simplesmente ceder todos os seus direitos à organização que encomendou o trabalho. O NUJ é categórico nesse assunto:

> Resista a isso. Muitos *freelancers*, individuais ou em grupos, foram bem-sucedidos ao agir assim. Manter o direito autoral é mais do que um princípio – o material pode ser vendido para outras publicações ou mídias eletrônicas por honorários vantajosos (às vezes mais vantajosos que o valor contratado originalmente). (NUJ, 2001a:8.)

Na maioria dos casos, os valores apresentados anteriormente são o mínimo recomendado e, à medida que se tornar estabelecido como *freelancer*,

* **N. do T.** – Ou ao sindicato de sua região.

978-85-7241-733-4

você será capaz de negociar um pagamento mais alto – e talvez despesas mais generosas. Alguns, porém, são relativamente inflexíveis – como os valores da BBC para reportagens especiais e seus valores diários para reportagem e produção. Esses valores têm sido negociados com o NUJ.

Para quem está iniciando a carreira e gastou vários anos em treinamento profissional ou prestando serviços voluntários em rádio, a perspectiva de receber £170 por uma reportagem especial parece ser boa. Mas Mike Hally pode garantir, por experiência própria, que esse valor não é exatamente suficiente, considerando-se que essa reportagem especial levará vários dias para ser produzida, incluindo pesquisa, entrevista, gravação, preparação do roteiro e edição. Mike avalia que, levando tudo isso em consideração, seria difícil – mesmo com pagamentos regulares – ganhar um sustento decente a partir desse único trabalho:

> Se gastar mais de um dia e meio nisso, você sai perdendo, e se estiver apenas começando terá sorte de fazer uma reportagem especial para a *Radio 4* em menos tempo que isso. É por isso que as pessoas tendem a achar que não podem se sustentar produzindo apenas reportagens especiais; ou elas conseguem um sócio para ajudá-las, ou terão de fazer mais alguma coisa em meio período.

Seja Humilde e Adquira Experiência Sólida

Pode haver várias etapas a serem cumpridas antes de estar qualificado e pronto para realizar o "trabalho de seus sonhos". Entusiasmo, persistência – e um pouco de audácia – podem fazer milagres para abrir as primeiras portas e conseguir os primeiros contatos. Há poucas dúvidas de que, a menos que o profissional tenha muita, mas muita sorte, não conseguirá realizar seu trabalho preferido desde o "início". Você precisará executar muitas tarefas que pessoalmente não aprecia ou que não são satisfatórias. Quem lhe contrata os serviços não está preocupado com a sua satisfação pessoal e seu plano de vida. Eles o contratam porque se convenceram de que você é capaz de executar o trabalho de que eles precisam e porque você é a melhor pessoa disponível para isso. E você deve executá-lo com um sorriso – mesmo quando o encarregado é um completo idiota. Martin Kelner tem um conselho objetivo:

> Como *freelancer*, você deve ser supersimpático e certificar-se de não fechar as portas da oportunidade. Se lhe pedirem para fazer algo que considera abaixo de sua dignidade, faça. Mesmo sabendo que precisa trabalhar duro e que é muito mais bem informado que as pessoas que lhe pediram para cumprir a sua parte. Você nunca sabe quando eles irão aparecer de surpresa em diferentes situações. A pessoa mais humilde pede para que faça a coisa mais estúpida, e você fará, com um sorriso, porque nunca sabe quando ela aparecerá de surpresa novamente. Você é um especialista contratado para realizar um trabalho temporário e quer assegurar-se de ser contratado novamente. Não seja "apático". Você deve ser interessado... quase embaraçosamente interessado e não ficar emba-

> raçado de ser interessado. Simplesmente "coloque a mão na massa" sempre que "colocar a mão na massa" for necessário. Você realmente precisa rebaixar-se. É triste, mas tem de ser assim.

A importância de "ser aceito" não pode ser superestimada. Seja como for, você não saberá se gosta de algo ou se é bom nisso (geralmente são a mesma coisa) até experimentar. Por exemplo, você pode desejar ser produtor de rádio. Mas é altamente improvável que, de imediato, alguém lhe dê um trabalho nesse nível. É provável que precise primeiro estabelecer sua credibilidade como repórter. De qualquer modo, Mike Hally afirma que as habilidades para reportagem serão muito úteis para o trabalho de produção. No entanto, ele reconhece que alguns dos mais atraídos pelo trabalho em estúdio podem achar a reportagem uma experiência penosa:

> Recomendo veementemente que os *freelancers* gastem seu tempo trabalhando como repórteres, pois isso realmente ajuda; mesmo que tenha por objetivo ser um produtor, é realmente útil trabalhar com reportagem e conhecer essa faceta do trabalho. Quando um produtor realmente não domina o trabalho de reportagem, ele nem sempre compreende as possibilidades e os problemas daquela matéria. Para o trabalho de reportagem é necessário gostar de sair e entrevistar pessoas para conseguir a matéria, inclusive na rua para o temido *vox pop*, e estar disposto a ir à casa e ao local de trabalho de diversas pessoas. Alguns percebem logo que prefeririam estar no escritório ou estúdio e concentrar-se na produção.

Os Problemas do Sucesso

Você pode ter a impressão de que levará muito tempo, mas com sorte logo irá defrontar-se com mais trabalho do que consegue lidar. Para o *freelancer*, dizer "não" é um negócio arriscado: o cliente pode nunca mais procurá-lo. Por outro lado, todos precisam de algum tempo para descansar e relaxar – para recarregar as baterias e buscar algum estímulo, como ler um livro ou ir ao cinema –, o que pode, por si, levar a novas idéias para futuros projetos. Às vezes, uma breve pausa ajuda a determinar onde você está e aonde quer ir. Além disso, os cônjuges e filhos têm o direito de usufruir um pouco de seu tempo! Martin Kelner admite que, apesar de ser bem estabelecido em diversas áreas, ainda acha difícil recusar uma oferta de trabalho. Na semana em que foi entrevistado para este livro, ele estava especialmente sobrecarregado. Na quarta-feira, estava preocupado porque "a semana estava acabando". Sua lista de tarefas continha:

- Coluna *Screen Break* para o *Guardian* de segunda-feira (*deadline*: domingo à tarde).
- Cinco programas de rádio com a participação do público por telefone para *BBC Radio Leeds.*
- Resenha da *Radio Choice* para o *Daily Mail* (150 palavras × 6).
- Coluna *Star Quest* para o *Guardian* de quinta-feira.

978-85-7241-733-4

- Narração do documentário *Close-up North* na televisão regional da BBC.
- Apresentação gravada em Leeds para o *100 Greatest Sporting Moments* a ser exibido em cadeia nacional pela BBC.
- Apresentação ao vivo como "convidado erudito" no programa noturno *Fi Glover* na *Radio 5 Live* da BBC (o que significa viajar de seu local de trabalho, em Yorkshire, para Londres, e uma noite de estada).
- Entrevista por telefone no *talkSPORT* sobre a liga de rúgbi.
- Artigo especial para o *Guardian* sobre o *RL Raw* da YTV Show (1.000 palavras).

É necessário certificar-se de ter tempo suficiente quando você está extremamente ocupado trabalhando para organizar o próximo projeto. Tenha em mente que pode ser que não veja um centavo dos pagamentos provenientes do trabalho que vem realizando há meses – e de que terá de viver nesse meio tempo. As contas têm de ser pagas, o alimento tem de ser colocado na mesa e o combustível no carro. Ademais, as crianças crescem tanto que as roupas não lhes servem mais, mesmo quando você não está ganhando nada! Desse modo, procure pensar duas, três ou quatro etapas adiante. A cada semana, dedique algum tempo às tarefas enfadonhas, mas vitais, de procedimentos administrativos: emitir notas fiscais, verificar os pagamentos (e cobrá-los, se necessário), e guarde todos os recibos para o imposto de renda.

Os Perigos da Complacência

É fácil envolver-se em uma rotina confortável e entrar em estado de complacência. Você tem seus clientes fixos, o trabalho é razoavelmente bem pago e não tão difícil. De fato, é quase como tivesse um emprego de verdade! Então, *crash*! As coisas mudam – às vezes literalmente da noite para o dia. A pessoa que contrata os seus serviços ou lhe oferece turnos sai (demite-se ou é demitida), e a nova pessoa – ansiosa para justificar sua nomeação – decide que você não é mais "adequado": "muito obrigado" (se tiver sorte) e "adeus". A política editorial e suas habilidades não são mais apropriadas. A organização também pode ser assumida por outra (e, quase inevitavelmente, há corte de pessoal), simplesmente ir à falência ou sofrer queda nas receitas.

Os *freelancers* são as pessoas mais fáceis de se livrar pelo motivo de, por definição, a organização não ter responsabilidade alguma em relação a eles. Quase todos os *freelancers* já passaram por esses momentos de grande tensão quando lhes dizem que não são mais necessários: às vezes isso nem mesmo é dito – o trabalho simplesmente acaba. Nenhuma explicação é dada – o *freelancer* não tem direito a uma explicação e as gentilezas comuns não são observadas; não há retorno das ligações telefônicas. Então, finalmente, o profissional entende o que está acontecendo.

Desse modo, assegure-se de ter várias fontes de trabalho – e seja flexível. Em geral, trata-se de uma questão de adaptar-se ou desaparecer. Não conte com um único cliente. Contudo, o *freelancer* multicompetente e adaptável freqüentemente está em melhor situação que um funcionário que é demitido. Martin Kelner observa que o ponto positivo é que, ao perder um emprego, outros podem surgir. Quando um novo diretor assumiu o comando, o programa de sábado de Martin na *Radio 2* foi cancelado e, posteriormente, ele foi "dispensado" de seu programa matinal da *Jazz FM*. Em ambos os casos: "Eu não me desesperei porque é possível reconstruir as coisas a partir de uma base diferente. A grande vantagem é não precisar arriscar tudo em um só lugar".

Para onde Vou Agora?

À medida que adquirir experiência e aumentar sua rede de contatos, muitas outras portas irão abrir-se para você – desde que esteja preparado para dar-lhes um grande pontapé! Por exemplo, uma vez conhecido por fornecer reportagens especiais para a rede de rádio da BBC, poderá fazer uma proposta para programas completos, uma série ou linhas de programas, como produtor independente. Isso costuma ser, no entanto, um processo problemático e difícil, e apenas aqueles que já estão estabelecidos têm uma perspectiva realista de se tornar reconhecidos como "independentes" e, mesmo que consigam, a maior parte de suas idéias não serão aceitas. Mike Hally afirma que a BBC não gosta de lidar com profissionais autônomos. A emissora prefere lidar com pequenas empresas, das quais pelo menos uma já é estabelecida como provedora de reportagens especiais (a maior parte para as rádios *Radio 4 Live* e *Radio 5 Live*). O segredo é entrar para uma lista de aprovados. Então, é possível oferecer trabalho por meio do processo de avaliação. O Quadro 9.1 explica como isso funciona.

Quadro 9.1
PROCESSO DE AVALIAÇÃO DA BBC (programas factuais de rádio)
Duas vezes por ano, na primavera e no outono, há um processo de seleção de programas para o ano seguinte. A BBC publica um extenso documento fornecendo detalhes importantes sobre como funciona o plano e quais os requisitos de cada vaga de programa. O processo é administrado pela *Contract Commissioning Assistant*.
Uma vez na lista de aprovados, você terá a oportunidade de obter o documento de avaliação. Depois, terá algumas semanas para organizar suas idéias em um formato que combine com os espaços reservados no plano e, então, concorrerá com todas as outras pessoas – provavelmente haja dez vezes mais idéias do que vagas, mas, no final de tudo, você espera ganhar algumas comissões e continuar realizando alguns programas.
Eles lhe fornecerão um preço de referência. Uma dica: o preço de referência é uma faixa, digamos, entre £6.200 e £7.400. Não solicite o valor mínimo na esperança de conseguir a comissão, pois eles farão a escolha com base na idéia e na sugestão de pauta – solicite sempre o máximo! Se houver algum motivo pelo qual possa custar mais – por exemplo, uma viagem ao exterior –, no momento em que exigirem o orçamento detalhado solicite um valor adicional e explique por que o preço é maior que o de referência; isso quase invariavelmente será aprovado. A proposta consiste em uma idéia mais a sugestão de pauta. A diretora da *Radio 4* informou que um dos problemas é receber propostas muito detalhadas. Ela considera que a extensão máxima para proposta e sugestão de pauta são duas páginas A4.

978-85-7241-733-4

978-85-7241-733-4

Dez Dicas Principais

Aqui estão, em síntese, as principais dicas do que o jornalista *freelancer* deve ou não fazer:

1. Seja interessado! Esteja disposto a aprender – e, na primeira oportunidade de *qualquer coisa* (permitida por lei!), vá em frente e estabeleça-se (e obtenha seu cartão do NUJ).
2. Torne-se (multi) competente – seja flexível: tenha o conjunto das habilidades necessárias para realizar qualquer trabalho que considere conveniente para você – e para fazer coisas que não lhe agradam, mas que podem levar a áreas interessantes e lucrativas.
3. Equipe-se: você deve investir nos equipamentos essenciais, *software*, etc., necessários para a sua área de trabalho. Em especial, possua um sistema de comunicação confiável – telefone, *fax*, acesso a Internet e *e-mail*.
4. Não se superestime, nem as suas propostas – se decepcionar alguém, nunca mais lhe oferecerão outro trabalho. Portanto, seja realista sobre o conteúdo e as *deadlines*.
5. (Se possível) Cobre o valor vigente: não ofereça um preço inferior – você pode conseguir o trabalho, porém ficará preso a esse valor *e* estará fazendo mais barato para todo mundo. No entanto, também seja realista.
6. Entregue o trabalho! Mais uma vez, se você decepcionar o cliente, ele não lhe dará outra oportunidade. Entregue o trabalho no prazo combinado.
7. Seja organizado: mantenha seus registros em dia; guarde todos os recibos para a declaração do imposto de renda (ver item 8). Mantenha seus arquivos de idéias atualizados e certifique-se de ter o(s) próximo(s) trabalho(s) assegurado(s) quando o atual terminar.
8. Tenha um bom contador ou assessor financeiro. Tentar fazer a própria contabilidade é uma falsa economia. Um bom contador reivindicará os seus direitos em tudo que for possível e garantirá que sua declaração de imposto de renda esteja preenchida corretamente e no prazo – protegendo-o, assim, de multas e, até mesmo, de ser preso! Invista em planos de previdência e de saúde.
9. Não conte com um único cliente nem caia na rotina. Amplie suas fontes de trabalho – e aqueles que o fornecem.
10. Fique atento aos acontecimentos: mantenha-se atualizado com bate-papos sobre o que está acontecendo nos "negócios"; quem está em alta; quem está em baixa. Afilie-se ao NUJ e compareça aos encontros em suas filiais – uma excelente fonte de "informações privilegiadas" e de apoio mútuo para aqueles que estão na mesma situação. Continue avançando para atingir suas principais metas.

Atividades Sugeridas

1. Liste as áreas sobre as quais você considera ter mais conhecimento (e para as quais talvez possua mais contatos; por exemplo: esporte, moda, animais de estimação).

2. Vá às principais lojas de jornais e revistas e relacione todas as publicações que parecem abranger os "seus" assuntos; se possível, utilize uma obra de referência como o *The Guardian Media Guide* ou o *The Writer's Handbook.*
3. Examine pelo menos três artigos em cada revista e faça anotações sobre tamanho, estilo, etc.
4. Tente descobrir se são aceitas colaborações de *freelancer* "especulativo" e, em caso positivo, se é fornecido um guia de instruções para o colaborador.
5. Ouça e analise um programa de rádio e faça anotações sobre duração, estilo, etc., das reportagens especiais pré-gravadas (ver Cap. 7).
6. Redija uma sugestão de pauta para:
   a. Um artigo de revista para uma das publicações identificadas após ter concluído a tarefa anterior, ou
   b. Um programa de rádio analisado, conforme item 5.
7. Apresente a sua "proposta" sobre o mencionado anteriormente para os seus colegas, alunos/*trainees*, utilizando as técnicas de apresentação impressa e verbal. Peça para eles fazerem comentários sobre a sua apresentação. Eles a "comprariam"?

FONTES E REFERÊNCIAS

Goldstruck, A. (2001) *The Freelance Journalism Page. http://www.legends.org.za/*arthur/journ.htm (accessed 30 September 2001).

Hall, C. (1999) *Writing Features and Interviews - how to build a career as a freelance journalist* (2nd edition). Oxford: How To Books.

Hold The Front Page (2001) *Regional UK journalism http://www.holdthe*frontpage.co.uk/index.shtml (accessed 30 September 2001).

NUJ (2001a) *Freelance Fees Guide 2001-02.* London: NUJ. Also:http://www.gn.apc.org/media/feesguide/index.html (accessed 30 September 2001).

NUJ (2001b) *NUJ Freelance Directory. http://www.freelancedirectory.org* (accessed 30 September 2001).

NUJ (2001 c) *NUJ Rate for the Job. http://www.gn.apc.org/media/rates/index.html* (accessed 30 September 2001).

NUJ (2001d) *London Freelance Branch. http://www.gn.apc.org/media/lfb/* index.html (accessed 30 September 2001).

Peak, S. (ed.) (2002) *The Guardian Media Guide 2003.* London: Atlantic Books.

Press Gazette. Published weekly. Croydon, Surrey: Quantum Business Media.

Rawlinson, A. (2001) *CAR park UK: Journalism Resources. http://www.rawlinson. co.uk* (accessed 30 September 2001).

Scott, K. (2001) *The Internet Writer's Handbook.* London: Allison & Busby.

Sutcliffe, P., Vaughan, J. and Macaskill, H. (eds) (2000) *Battling for Copyright - freelance journalists versus the media conglomerates.* London: NUJ.

Turner, B. (ed.) (2001) *The Writer's Handbook 2002.* Basingstoke: Pan.

Wells, G. (1999) *The Magazine Writer's Handbook.* London: Allison and Busby.

Writers' News. Published monthly. Leeds: Yorkshire Post Newspapers.

978-85-7241-733-4

10 Saúde e Segurança

- Introdução
- Saúde e segurança no trabalho
- Principais elementos da Lei de Saúde e Segurança
- Resumo de outras normas
- Normas de Saúde e Segurança (para utilização de monitor de computador) de 1992
- Riscos ao trabalhar com unidades de exibição visual
- Trabalho em ambientes hostis
- Cobertura de eventos esportivos
- Trabalho como *freelancer*
- E, finalmente...
- Atividades sugeridas
- Fontes e referências

Introdução

Não é viável descrever aqui todas as questões sobre saúde e segurança concernentes às empresas de comunicação de mídia impressa e de radiodifusão com sua vasta diversidade de produtos e quadro de funcionários. Basta dizer que este capítulo sc concentra na Lei de Saúde e Segurança no trabalho como um todo com seções específicas relacionadas ao trabalho de jornalistas e outros profissionais do meio. Em primeiro lugar, segurança no trabalho envolve consenso. Em uma redação de jornal ou estúdio, regras gerais devem ser seguidas, como manter a área de trabalho limpa, esvaziar as latas de lixo regularmente, fechar as gavetas dos arquivos, guardar objetos pesados em locais mais baixos, inspecionar itens elétricos constantemente; manter corredores e passagens livres de fios, cabos e objetos que possam provocar escorregões, tropeços e quedas, responsáveis por um terço das ocorrências registradas a cada ano. Esta última medida também é válida em estúdios de rádio, autodirigidos ou operados em equipe, além de outras exigências em relação à utilização segura dos equipamentos, aquecimento, iluminação, ventilação e bem-estar dos visitantes. Estúdios de televisão possuem regras parecidas, porém mais complexas, uma vez que, em geral, há uma platéia presente, a qual deve ser informada sobre os procedimentos de evacuação em caso de emergência, primeiros socorros, utilização de materiais de risco como lâmpadas estroboscópicas, pirotecnia e barulho excessivo. Cabos devem estar cobertos e firmes; corredores e passagens devem ter iluminação adequada, corrimões e indicações claras; assentos, iluminação, cabines e cenários devem estar seguros; as saídas devem ser claramente indicadas; a ventilação deve ser controlada.

978-85-7241-733-4

Gravações fora do estúdio envolvem outras questões como horário, clima, roupas de proteção, segurança elétrica, bem-estar do público, permissão da polícia e/ou outras autoridades, situações de perigo, segurança da equipe de filmagem, comunicações, etc. A utilização de câmeras leves com equipe mínima é a regra para coletar notícias inéditas ao redor do mundo, e os riscos são ainda maiores em zonas de guerra. Porém, seja qual for a situação, a saúde, a segurança e o bem-estar dos empregados no trabalho são garantidos por lei.

Saúde e Segurança no Trabalho

As Normas de Saúde e Segurança são elementos cruciais da maioria das empresas, mas não mais que para as indústrias de mídia, que adotam uma gama diversa de aplicações, distribuições, localizações, equipamentos, quadro de funcionários e público. A diversidade de produtos é vasta, incluindo jornais, revistas, meios eletrônicos, programas de rádio e de televisão – todos empregam várias pessoas, por período integral ou como *freelancers*, incluindo jornalistas, apresentadores, produtores, editores, técnicos e administradores. Do mesmo modo, os diferentes tipos de tecnologia, que são constantemente atualizados, enfatizam a necessidade de leis estritas e orientações sobre segurança de empregados e equipamentos na produção de rádio, televisão e mídia impressa.

Questões sobre saúde e segurança são, em geral, bastante específicas em certas áreas, como permissões para filmagens de autoridades, incluindo polícia e proprietários de terras; risco de acesso do público em determinados locais; precauções para a realização de gravações de estúdio com público ao vivo; segurança elétrica; trabalho com telas de exibição; holofotes; trabalho com *performances* de animais... a lista é infindável.

As principais regras para todas as empresas do ramo estão contidas no *Health and Safety at Work Act 1974*, que estabelece os deveres gerais dos empregadores em relação aos empregados, ao público e aos outros empregadores. Essa lei fornece uma estrutura geral sobre como lidar com a maioria dos aspectos de saúde e segurança no trabalho, em diferentes ocupações profissionais. No entanto, esses "deveres" são qualificados na lei pela expressão "razoavelmente praticável", o que tem permitido, em algumas instâncias, que os empregadores aleguem que diminuir os riscos não é compatível com os custos de implementação de determinadas medidas de segurança. Na verdade, o grau de risco costuma ser equilibrado com as implicações financeiras e os prazos para a adoção de políticas sensatas e pragmáticas para lidar com potenciais riscos.

Para reforçar as responsabilidades dos empregadores, o Ato de 1974 foi emendado pelo *Management of Health and Safety at Work Regulations 1992*, que surgiu a partir do *European Health and Safety "Framework" Directive*. Além disso, muitas das leis de saúde e segurança do Reino Unido foram propostas pela Comissão Européia, apoiadas por Estados membros e então incorporadas à lei local. As normas tornaram-se leis em janeiro de 1993 e incluem deveres para empregadores e empregados com uma expansão dos direitos de segurança para representantes de sindicatos.

Esses direitos incluem ser consultado pelo empregador sobre:

- Qualquer medida que afete substancialmente a saúde ou segurança de um empregado.
- O compromisso de pessoas competentes em fornecer assistência de saúde e segurança para um empregado.
- A designação de pessoas para supervisionar os procedimentos de emergência.
- O planejamento e a organização de treinamento de saúde e segurança.
- Os efeitos de novas tecnologias sobre a saúde e a segurança.
- O fornecimento de instalações e assistência necessárias para que os representantes de saúde exerçam suas responsabilidades.

É interessante observar que a *Broadcasting Entertainment Cinematographic and Theatres Union* (BECTU) emitiu, em março de 2000, um documento sobre consultoria e envolvimento em saúde e segurança no trabalho para a UK Health and Safety Commission (HSC), na qual expressou desapontamento com relação à eficácia dos representantes dos sindicatos de saúde e sua aceitação pelos empregadores em algumas áreas do meio.

978-85-7241-733-4

Principais Elementos da Lei de Saúde e Segurança

O empregador tem o dever, perante a lei, de garantir, até onde for razoavelmente praticável, a saúde, a segurança e o bem-estar de todos os empregados.

Ele deve consultar o empregado ou seu representante em termos relacionados a saúde, segurança e bem-estar, incluindo:

- Quaisquer mudanças em procedimentos, equipamentos ou introdução de novas tecnologias que possam afetar a saúde ou segurança do empregado.
- Planejamento de saúde e segurança e indicação de pessoa competente para interpretar e transmitir as normas de saúde e segurança.
- Informações sobre possíveis riscos existentes no local de trabalho.

Em geral, um empregador deve:

- Garantir que o local de trabalho seja seguro, sem riscos à saúde dos empregados.
- Fornecer instalações adequadas.
- Certificar-se de que os equipamentos e sistemas de trabalho sejam seguros.
- Garantir que artigos e substâncias sejam utilizados, transportados e armazenados com segurança.
- Fornecer aos empregados informação, treinamento, instrução e supervisão sobre questões de saúde e segurança.

Em especial, um empregador deve:

- Avaliar os riscos de saúde e segurança de um empregado e implementar uma política para lidar com riscos identificáveis.
- Se houver *cinco ou mais* empregados:
  - Registrar as decisões significativas da avaliação de risco e os acordos sobre medidas corretivas e chamar a atenção dos empregados para uma política de segurança.
  - Indicar alguém competente para exercer os deveres de saúde e segurança e consultar o empregado ou representante.
  - Estabelecer procedimentos de emergência.
  - Cooperar em saúde e segurança com empregadores que compartilham o mesmo local de trabalho.
  - Garantir que o local de trabalho satisfaça exigências de saúde, segurança e bem-estar como ventilação, temperatura, iluminação, higiene, água e repouso.
  - Certificar-se de que os equipamentos sejam adequados para o uso proposto, além de utilizados adequadamente e seguros.
  - Prevenir ou controlar a exposição a substâncias que ponham em risco a saúde e apresente perigo: equipamentos elétricos, barulho, radiação e materiais explosivos ou inflamáveis.
  - Evitar operações manuais perigosas.
  - Fornecer gratuitamente roupas e equipamentos de proteção.
  - Fornecer supervisão de saúde, conforme apropriado.
  - Assegurar que sinalização sobre saúde e segurança seja exibida e mantida.
  - Relatar reclamações, doenças e ocorrências de perigo para as autoridades pertinentes da empresa.

978-85-7241-733-4

Em especial, um empregado deve:

- Cuidar de sua própria segurança e saúde e da dos outros.
- Cooperar com o empregador em questões de saúde e segurança.
- Utilizar equipamentos fornecidos pelo empregador de acordo com as instruções.
- Não interferir em qualquer artigo fornecido para sua saúde, segurança e bem-estar, ou utilizá-lo de forma inadequada.

Resumo de Outras Normas

Além do *Health and Safety at Work Act 1974* e do *Management of Health and Safety at Work Regulations 1992*, existem outras normas que se aplicam a todas as áreas e algumas apenas a empresas específicas, em que os riscos são exclusivos do setor, como produtos químicos, minas e instalações nucleares. As normas a seguir aplicam-se, de uma forma ou de outra e em maior ou menor extensão, às indústrias de mídia impressa e de radiodifusão.

- *Workplace (Health, Safety and Welfare) Regulations 1992* abordam questões básicas como ventilação, aquecimento, iluminação, estações de trabalho, assentos e bem-estar.
- *Provision and Use of Work Equipment Regulations (PUWER) 1992* exigem que todos os equipamentos para uso no local de trabalho sejam seguros.
- *Health and Safety (First Aid) Regulations 1981* abordam exigências de primeiros socorros.
- *Electricity at Work Regulations 1989* determinam que os responsáveis por sistemas elétricos mantenham-nos corretamente e seguros para utilização.
- *Noise at Work Regulations 1989* requerem que os empregadores garantam que os empregados não sofram nenhum risco à audição.
- *The Health and Safety Information for Employees Regulations 1989* impõem que os empregadores exibam e mantenham pôsteres sobre cuidados com saúde e segurança.
- *Manual Handling Operations Regulations 1992* abordam o movimento de objetos com força corporal.
- *Reporting of Injuries, Diseases and Dangerous Occurrences Regulations 1995 (RIDDOR)* exigem que os empregadores notifiquem doenças ocupacionais, críticas e eventos perigosos.
- *Health and Safety (Display Screen Equipment) Regulations 1992* estabelecem exigências para o trabalho com unidades de exibição visual.

978-85-7241-733-4

Como já mencionado, outras normas, em especial sobre substâncias perigosas, estão relacionadas com setores específicos. Porém, com relação às indústrias de mídia impressa e radiodifusão, determinadas áreas são motivo de preocupação, incluindo trabalho com equipamentos visuais, reportagens em ambientes hostis, eventos esportivos e trabalho como *freelancer*.

Normas de Saúde e Segurança (para Utilização de Monitor de Computador) de 1992

As normas implementam a Diretiva Européia (*European Directive*) sobre trabalho com monitores e exigem que os empregadores minimizem alguns dos riscos descritos, garantindo que os locais e as estações de trabalho sejam bem projetados. As normas afetam todos os empregados e autônomos que utilizam monitores diariamente como parte de seu trabalho, seja lendo, copiando, navegando na Internet, gravando e editando imagens e arquivos sonoros, etc. Resumidamente, os empregadores devem:

- Analisar o ambiente, o *hardware* e as características individuais de pessoas que utilizam o equipamento e, quando forem identificados riscos, após consultas com usuários e representantes de segurança, tomar as decisões apropriadas para reduzir o risco.

- Certificar-se de que as estações de trabalho correspondam ao mínimo de exigências de montagem (o termo estação de trabalho significa mais que apenas uma mesa e pode incluir monitor, teclado, impressora, *drive*, arquivo, cadeira, superfície de trabalho, iluminação, temperatura, barulho e espaço em torno do equipamento).
- Planejar o trabalho de modo que haja intervalos e mudanças nas atividades (em geral, impossíveis em uma redação ou um estúdio de televisão).
- Providenciar exames oftalmológicos se requisitados pelos empregados e fornecer óculos se algum tipo específico for necessário.
- Fornecer informações e treinamento em saúde e segurança.

Observe que os trabalhadores autônomos (*freelancers*) que "habitualmente utilizam monitores de computador em parte significativa, senão em tempo total de seu trabalho", são beneficiados pelas normas quando utilizam a estação de trabalho do empregador, ao passo que quem trabalha em casa é beneficiado se solicitar ao seu empregador a utilização de uma estação de trabalho em casa.

Riscos ao Trabalhar com Unidades de Exibição Visual

Nas indústrias da mídia impressa e de radiodifusão, a utilização de unidades de exibição visual e outros equipamentos tem sido relacionada a vários problemas de saúde, como tontura, náusea, dores de cabeça, doenças de pele, lesões por esforço repetitivo ou, mais precisamente, transtornos dos membros superiores relacionados ao trabalho, fadiga, lesões oculares, estresse, depressão, convulsões, abortos, mal de Alzheimer, etc. Muitos sindicatos do Reino Unido, incluindo a União Nacional dos Jornalistas (NUJ, *National Union of Journalists)*, a BECTU e a *American Newspaper Guild*, estão preocupados com os possíveis riscos de utilização desses equipamentos. Na verdade, uma reportagem no *Daily Mail* de 14 de julho de 1999, intitulada "Os computadores deixam você doente?", questionava a segurança das unidades visuais. Uma carta-resposta de 16 de julho do mesmo ano, da *National Radiological Protection Board* (NRPB), o órgão principal sobre questões de radiação do Reino Unido, concluiu que a exposição à radiação pelo uso de unidades visuais não provoca efeitos adversos à saúde, não influencia a formação de catarata nem parece causar doenças cutâneas ou danificar a formação do feto. Essa resposta teve base nas constatações do *Board's Advisory Group on Non-ionizing Radiation* (AGNIR), que publicou esse estudo em 1994. Concluiu-se que a maioria dos problemas decorrentes do uso de sistemas visuais está relacionada com postura incorreta e práticas e condições do ambiente de trabalho. Assim sendo, as orientações a seguir são cabíveis quando se utiliza esse tipo de equipamento:

978-85-7241-733-4

- Ajuste cadeira e monitor a fim de obter uma posição confortável para trabalhar, a qual, na maioria dos casos, mantém sua linha de visão na mesma altura do topo do monitor. Tente manter seus braços na horizontal (Fig. 10.1).
- Certifique-se de que seu pé esteja totalmente apoiado no chão ou utilize um apoio para os pés.
- Ajuste o encosto da cadeira para que se sente de forma ereta, com apoio total para as costas.
- Assegure-se de que haja espaço suficiente para trabalhar com o monitor, o teclado e o suporte para apoiar documentos e tente colocá-los em diferentes posições para ver qual é mais confortável.
- Mova qualquer obstáculo de baixo da mesa, como caixas ou equipamentos, a fim de permitir liberdade de movimentos para pernas e pés.
- Evite sentar-se na mesma posição por muito tempo, trocando de postura ou fazendo curtos intervalos. A NUJ recomenda intervalos de 15min a cada 75min de trabalho contínuo; contudo, se não houver intervalos naturais em sua jornada, o que é comum em redações agitadas, o empregador deve planejar intervalos formais para descanso. Basta dizer que pequenos intervalos de 5min são preferíveis a poucos intervalos mais longos.
- Organize a mesa e o monitor de modo que não haja incidência de luz forte de janelas ou luzes fluorescentes.
- Certifique-se de que a imagem no monitor está estável e sem tremores, e que as letras sejam lidas com facilidade.
- Certifique-se de que o monitor está limpo e sem marcas de dedos, poeira e sujeira.
- Ajuste o brilho e o contraste do monitor para adequar-se a diferentes condições de iluminação.
- Para evitar problemas oftálmicos, certifique-se de que o monitor não esteja muito próximo de seu rosto e, periodicamente, desvie os olhos para descansá-los. Você tem o direito de fazer exames de vista regularmente e ao fornecimento de óculos, se necessário, por parte de seu empregador.
- Arrume o teclado para obter uma boa posição e deixe espaço em frente a ele para descansar as mãos e os pulsos enquanto não estiver digitando.
- Adote uma técnica eficaz de digitação a fim de manter seus pulsos retos enquanto digita, não force demais os dedos e toque as teclas suavemente. Descansos adequados feitos de espuma são encontrados em estabelecimentos que comercializam computadores e podem auxiliar no posicionamento correto dos pulsos.
- Certifique-se de que as condições do ambiente sejam apropriadas para concentração em termos de temperatura e umidade aceitáveis, iluminação, barulho e espaço de trabalho. A lei recomenda, para trabalhadores sedentários, que uma temperatura de pelo menos 16°C é razoável. O uso de luz natural, de janelas ou clarabóias, é preferível a lâmpadas fluorescentes ou fortes, as quais podem provocar irritações oculares e dores de cabeça. Níveis oficiais de ruído não precisam ser tão altos a ponto de serem peri-

978-85-7241-733-4

978-85-7241-733-4

gosos aos ouvidos, pois podem ser irritantes e prejudiciais. O volume dos telefones deve ser apropriado em algumas situações. Escritórios devem ter altura suficiente e área de piso para evitar áreas de trabalho congestionadas e apertadas.

- Se apresenta problemas como dores nos braços e desconforto, irritações oculares, fadiga e estresse, fale imediatamente com seu empregador e com o representante de saúde de seu trabalho.

Trabalho em Ambientes Hostis

O jornalismo pode ser uma profissão perigosa, como evidenciado pelo número de jornalistas mortos ou feridos a cada ano, no desejo de estar na cena de ação e conseguir matérias dramáticas para jornais, revistas, rádio e televisão. Por exemplo, violência na guerra e motins, lugares remotos, temperaturas anormais, multidões descontroladas, desastres ambientais, alvos de ataques militares e terroristas podem constituir riscos potenciais à saúde e segurança de repórteres e equipes de apoio. A demanda por notícias, imagens e sons sensacionais, em geral influenciada pela competição comercial, significa que mais e mais jornalistas e equipes de apoio estão em risco crescente e, portanto, é importante que empregadores e empregados estejam conscientes dos perigos e que se dêem orientações e treinamentos suficientes aos empregadores a fim de minimizar os riscos envolvidos.

Jornalistas regularmente se deparam com comportamentos violentos em forma de intimidação, abuso, ameaças e até mesmo agressões físicas, em particular quando trabalham em notícias, documentários e programas de

Figura 10.1 – Trabalhando em um terminal de computador.

variedades cotidianas. Alguns exemplos vêm de pessoas que não desejam ser filmadas ou entrevistadas, pessoas sob efeito de álcool, drogas ou ambos, agressões diretas ou indiretas quando surpreendidos em flagrante, violência e confrontos, às vezes com armas, distúrbios de ordem pública ou desordens civis. De início, é a pessoa que está a cargo de uma produção de rádio ou televisão ou o editor de um jornal que deve providenciar a relação de todos os possíveis riscos e, à luz da discussão com repórteres, equipe e, às vezes, autoridades, decidir sobre o curso de ação apropriado. Isso pode envolver a conclusão de que a situação é arriscada demais ou pôr em prática medidas aceitas de redução de riscos. Por exemplo, o relatório de questões especiais de risco da BBC orienta aqueles envolvidos em pequenas notificações e operações imprevisíveis como coleta de notícias. Se a produção mudar após planejamento inicial, o relatório deve ser revisado e, se necessário, corrigido, devendo toda a equipe de funcionários envolvidos ser informada antes que a produção prossiga.

Atividades de risco muito baixo como um debate no estúdio da rádio ou tarefas de fornecer breves informações autênticas, às vezes não precisam de avaliação de risco específica, porém são normalmente cobertos por uma avaliação de risco geral. De fato, algumas avaliações não requerem um "reconhecimento" do local, já que o que importa é o que os participantes estão fazendo, mas a avaliação pode ser revisada quando o local é conseguido, caso as circunstâncias tenham mudado consideravelmente. Iniciantes devem, porém, estar conscientes da necessidade da avaliação de risco, particularmente quando relacionada com locais de trabalho. A Figura 10.2 mostra um exemplo de avaliação de risco criada por universitários para TV. Ela é baseada em práticas aceitáveis de trabalho no ramo.

Os incidentes mais violentos podem ser evitados ou amenizados com planejamento adequado e consciência de possíveis perigos em uma avaliação, mas a *Health and Safety Executive* (HSE) questionou várias orientações e aconselha jornalistas e equipes de apoio do ramo em relação ao seguinte:

Desordem pública, conflitos civis:

- Onde quer que seja possível encontre um ponto alto e seguro para observar a situação.
- Operadores sozinhos não devem atuar nessa situação. A BBC estipula que deve existir um mínimo de duas pessoas na equipe, que deve permanecer unida e, se um membro exercer seu direito de sair, o risco dos outros deve ser reavaliado imediatamente.
- Esteja consciente das dificuldades de locomoção. A BBC pede para a equipe considerar as vantagens e desvantagens da utilização de veículos não identificados ou aqueles que levam o logo da BBC.
- Evite a evidência de equipamento de gravação ou filmagem. A BBC pede para a equipe considerar as vantagens e desvantagens de utilizar equipamentos com ou sem o logo da BBC (rádio ou TV).

978-85-7241-733-4

tmd

Avaliação de risco do local

Nome do programa:
Produtor: Equipe:
Data (s) da gravação: Horário (s) de gravação:
Local (is):

Este formulário deve ser preenchido e aprovado pelo seu supervisor antes de qualquer trabalho de produção ser contratado

Perigo	✔	Perigo	✔	Perigo	✔
Acesso e egresso		Guindastes		Violência/desordem pública	
Água		Incêndio		Outros (especificar abaixo)	
Ambiente perigoso		Manipulação			
Animais		Maquinário			
Asbesto		Minas/escavações, etc.			
Barulho		Padrões de trabalho			
Calor/frio		Prédios abandonados			
Clima		Público			
Eletricidade		Radiação			
Esforço físico		Trabalho em lugares altos			
Espaços limitados		Veículos			
Estruturas perigosas		Velocidade			
Gás		Vidro			

Forneça mais detalhes no verso sobre todos os perigos que foram ticados

Figura 10.2 – Formulário de avaliação de risco.

- Saia, se a presença da equipe puder inflamar ou prolongar a situação ou sugerir que as coisas se tornem anormais, ou explore a situação em razão da proximidade dos equipamentos de gravação/filmagem.
- Certifique-se de haver meios adequados de comunicação, como telefones celulares.
- Vista-se com acessórios de proteção para se adequar à situação.
- Coopere com outras agências de notícias.

978-85-7241-733-4

Confrontos:

Caso se veja ameaçado de violência por alguém, é essencial:

- Manter-se calmo, evitar longos contatos visuais e manter uma distância respeitável da pessoa; de forma alguma toque nela.
- Falar devagar e calmamente, evitar frases longas; escutar, tentar mudar o assunto e, ocasionalmente, negociar um acordo.

Armas:

- Saia imediatamente se armas lhe forem apontadas inesperadamente.
- Cubra-se defensivamente e retire-se assim que possível caso se disparem tiros.
- Esteja consciente do risco de tiroteio estando em posições recentemente desocupadas.
- Lembre-se de que nenhum programa vale uma vida.

Cobertura de Eventos Esportivos

As investigações sobre os desastres nos estádios de futebol de Bradford e Hillsborough enfatizam o fato de que muitos eventos esportivos têm apenas um único meio de acesso à área da imprensa, o que é sempre difícil de negociar. Embora melhoras significativas tenham sido feitas nos últimos anos, existem ainda preocupações quanto a isso, bem como com relação a incêndios e situações de emergência, trabalhar em lugares altos em estruturas temporárias, exposição de jornalistas e equipes a tumultos e violência física, temperaturas intensas e colisões com esportistas e equipamentos quando estiver gravando perto da ação.

978-85-7241-733-4

Antes de cobrir algum evento, a empresa de radiodifusão deve efetuar uma avaliação de risco e determinar quais medidas de precaução são necessárias. Similarmente, a diretoria do estádio ou os organizadores do evento devem avaliar o risco e repassar essa informação para a empresa de radiodifusão, para sua própria equipe de funcionários e para os serviços de emergência e segurança. A *Health and Safety Executive* (HSE), em conjunto com a *Joint Advisory Committee for Broadcasting and Performing Arts* (BJAC), elaborou as seguintes normas de procedimentos.

Rotas de acesso e egresso:

- As rotas de acesso devem estar livres de obstruções e escombros, ter construção sólida, seguramente fixadas e dotadas de corrimões e suficientemente iluminadas até mesmo em situações de emergência.
- O acesso dos equipamentos deve incluir ascensão adequada, competência da equipe e segurança do público em caso de instalação ou manuseio incorretos ou algum defeito.

- Todos os problemas evidentes devem ser reportados ao diretor do evento/estádio.

Incêndios e perigos associados:

- Repórteres, apresentadores e equipe devem estar cientes dos procedimentos necessários em caso de incêndio e emergência, contatando a gerência do local para que se emitam alarmes de evacuação e saídas de emergência e pontos de reunião.
- Sempre que possível, deve-se providenciar um meio alternativo de saída da área da imprensa, como equipamentos de descenso ou escadas portáteis.

Trabalhando em lugares altos:

- Quando estiver trabalhando em estruturas temporárias, como em torres e plataformas, os locutores e a equipe devem verificar se a estrutura é segura, como ter assoalho de tábuas e grades protetoras, bem como ter *kickboards* e se estes estão disponíveis para utilização.

Violência:

- Possíveis atos violentos em eventos esportivos podem ter especial relevância para as equipes de som e filmagem no campo, e as equipes devem se conscientizar de sua vulnerabilidade nessas situações e estabelecer as condições de trabalho mais seguras possíveis antes do evento

Câmeras no campo:

- Câmeras fixas devem ser colocadas, se possível, atrás das barreiras para os espectadores ou próximas a obstáculos permanentes, como abrigos, e devem existir barreiras de proteção adequadas anexadas a elas a fim de prevenir possíveis danos a um ator ou esportista.
- Câmeras móveis devem permanecer a uma distância segura e não invadirem o campo, e ter um operador auxiliar para lidar com os cabos.

Barulho:

- Os níveis de barulho provenientes de grandes ajuntamentos de pessoas são normalmente muito altos em eventos esportivos, portanto, um *talkback*, sistema de comunicação entre o produtor e o apresentador, pode ser muito útil. O uso de fones que eliminam o ruído externo ou *earplugs* de alta tecnologia pode ajudar a reduzir os níveis de ruído que atingem o ouvido.

Trabalho como *Freelancer*

Conforme visto no capítulo anterior, há um crescente número de *freelances* trabalhando para as indústrias da mídia impressa e de radiodifusão, e muitos recebem pouco ou nenhum treinamento em saúde e segurança, ainda que trabalhem em circunstâncias imprevisíveis. *Freelances* não têm responsabilidades por saúde e segurança, mas estas dependem da natureza contratual do acordo estabelecido com a empresa. Resumidamente, um jornalista ou radiodifusor *freelance* pode ter um "contrato de prestação de serviços". Os *freelances* das indústrias da mídia impressa e de radiodifusão normalmente são autônomos e, portanto, trabalham sob um "contrato de prestação de serviços", o que significa que recebem o pagamento bruto e, então, organizam-se para pagar seus impostos, o que também permite que as despesas sejam compensadas contra o valor bruto antes que as taxas sejam deduzidas. Um "contrato de prestação de serviços" considera os *freelances* como se fossem funcionários da empresa, portanto, o contratante deduz os devidos impostos. Muitos empregos na mídia de radiodifusão são oferecidos apenas a *freelances* sob um "contrato de prestação de serviços" que não garante vínculo empregatício.

Normalmente, um empregador deve controlar os riscos de saúde e segurança dos empregados em termos de funções, treinamento e supervisão, local de trabalho, uso e manutenção de equipamento, etc. Empregados também têm a obrigação de cuidar de si mesmos e dos outros e devem cooperar com o empregador aderindo às práticas de saúde e segurança. Porém, aqueles que são autônomos devem tomar providências para sua própria saúde e segurança e, na verdade, a de alguém que possa ser afetado pelo trabalho, como a equipe e o público em geral. *Freelances* devem também se lembrar de que, às vezes, eles contratam outras pessoas para auxiliá-los no trabalho, portanto, se tornam empregadores e devem estar completamente cientes de suas responsabilidades com saúde e segurança. De fato, o *Terms of Trade for Freelances* da BBC, fornece a qualquer *freelance* contratado as mesmas obrigações. Então o *freelance* deve supervisionar adequadamente seus empregados para não colocar os outros em risco numa produção. Assim como em sua própria profissão, não é necessário que ele seja competente em leis de saúde e segurança. Treinamento pode ser necessário a fim de que o profissional possa administrar outros sob seu controle, particularmente se os acordos envolverem a utilização de equipamentos que não são familiares em locais de risco.

A avaliação de risco feita pelos empregadores já foi mencionada. Porém, os *freelances* devem também avaliar os riscos de uma tarefa em particular. Uma forma é perguntar ao diretor ou produtor quais providências foram tomadas para evitar riscos, o que significa identificar possíveis problemas, apresentar planos de contingência no local, decidir se as precauções são adequadas, consultar e discutir as questões para chegar a um consenso. As questões que devem ser analisadas são:

- Quem tem responsabilidade total pela tarefa em termos de riscos, coordenação e monitoramento?

978-85-7241-733-4

- No local há possíveis riscos envolvendo autorizações, condições ambientais, distâncias, acessibilidade, doenças, perigos, temperatura, barulho e o público em geral?
- Se estiver trabalhando sozinho no local, existem salva-guardas relacionadas aos canais de comunicação com a base, quando se realizam tarefas tarde da noite ou em propriedade privada; deve-se vestir roupas adequadas, segurança pessoal?
- O equipamento, pessoal ou não, está seguro para utilização e familiar ao usuário (se não, um treinamento é necessário antes da tarefa)?
- A instalação elétrica está adequada para uso, caso necessário?
- Quais procedimentos existem no local para emergências, como alarmes de incêndio, equipamentos para conter o fogo e para resgate?
- Qual a disponibilidade de alimentos, abrigos, toaletes, água?
- Qual é o procedimento para acidentes incluindo mortes, ferimentos graves, doenças, ocorrências perigosas e acidentes envolvendo pessoas do público?

Observe que normalmente, quando um *freelance* é contratado para trabalhar, o empregador deve manter um seguro contra doenças ou ferimentos. Há poucas exceções, e é recomendável consultar a legislação para esclarecimento.

978-85-7241-733-4

E, finalmente...

Concluindo, a indústria da mídia está lutando para manter os padrões de saúde e segurança, ainda que seja inevitável, em razão da natureza imprevisível do trabalho dos jornalistas, locutores e equipe, muitos deles, autônomos, serem eles suscetíveis a altos riscos quando estão produzindo e buscando notícias. A preparação adequada dos jornalistas antes de iniciar o trabalho pode aliviar alguns riscos e a crescente conscientização dos empregadores sobre os riscos tanto no local de trabalho como no local necessário à tarefa, associado às oportunidades de treinamento, deve garantir que a mídia seja um meio seguro para se trabalhar.

Atividades Sugeridas

1. Obtenha uma cópia da Health and Safety at Work Act e faça anotações das partes que são relevantes para o seu treinamento.
2. Faça um levantamento de sua classe ou equipe de trabalho e anote possíveis riscos como acesso bloqueado e rotas interrompidas, posicionamento ruim da mobília, iluminação ruim, riscos elétricos, etc. Faça um memorando para o seu professor ou supervisor apontando suas observações e sugerindo melhoras que possam ser implementadas. Elabore um plano de possíveis melhoras no *layout* e o anexe ao memorando.

3. Você está encarregado de realizar uma filmagem em uma fábrica que será utilizada numa pequena matéria sobre regeneração urbana na área. Visite o local e faça uma avaliação de risco. Você pode utilizar o exemplo dado neste capítulo ou outro de sua escolha.
4. Você está trabalhando em um estúdio de rádio não familiar. Faça uma verificação das condições de saúde e segurança do ambiente. Faça anotações de itens como posicionamento de saídas de emergência e sua sinalização, locais dos extintores de incêndio, informações sobre procedimentos de emergência, alarmes de incêndio, etc. Relate possíveis dificuldades que possam culminar em uma situação de emergência.
5. Utilizando fontes primárias e secundárias, faça uma lista dos tipos mais comuns de extintores de incêndio e sua adequação a diferentes situações de emergência. Providencie um pôster que mostre os vários extintores e seu uso e pendure-o em um local proeminente no ambiente de trabalho.
6. Em grupo, organize uma conferência em sua sala com um porta-voz do corpo de bombeiros local sobre segurança contra incêndios no ambiente de trabalho. Desempenhe funções a fim de produzir um destaque para rádio, uma reportagem para televisão e um destaque para mídia impressa utilizando as informações angariadas na conferência.
7. Para a produção de um pequeno destaque para rádio sobre engarrafamento de trânsito pela manhã, você precisa recorrer a *vox pop* em um agitado cruzamento. Faça um reconhecimento do local e produza uma lista com os possíveis riscos envolvidos na produção, como avaliação de risco do público e seu mesmo, autorizações, questões ambientais, etc.
8. Em grupo, convide uma audiência para assistir à gravação em estúdio de um noticiário. Faça uma lista abrangente das normas de saúde e segurança que devem ser observadas nessa situação. Designe uma pessoa para explicar os procedimentos à audiência antes de a gravação começar.
9. Trabalhar em frente ao computador por longos períodos em ambiente inadequado pode ser a causa de muitas doenças relacionadas com o trabalho. Utilizando as informações fornecidas neste capítulo e realizando sua própria pesquisa, produza um panfleto de quatro páginas que forneça conselhos práticos e básicos sobre o assunto.
10. Você pretende filmar para uma reportagem. Descubra as autoridades que devem ser contatadas antes do evento e as restrições que devem ser reforçadas. Faça uma lista dos fatores necessários à saúde e segurança que podem influenciar a filmagem e um plano de contingência em caso de emergência.
11. Você foi solicitado a acompanhar um grupo de universitários em viagem de pesquisa científica a um local distante. Sua tarefa é atuar como videojornalista-solo e produzir um vídeo de cinco minutos sobre o evento. Compile uma lista das considerações de saúde e segurança para sua proteção e a de seu equipamento.

978-85-7241-733-4

FONTES E REFERÊNCIAS

BBC (2001) *Guidelines on Health and Safety* (online). Available at: http://www.bbc-safety.co.uk (accessed 17 August 2001).

BBC (2001) *Public Order/Civil Disturbance* (online). Available at: http://www.bbcsafety.co.uk (accessed 17 August 2001).

BBC (2001) *Working with Lightweight Cameras* (online). Available at: http:/ /www.bbc-safety.co.uk (accessed 17 August 2001).

BECTU (2000) *Submission on Employee Consultation and Involvement in Health and Safety to the UK Health and Safety Commission* (online). Available at: http://www.bectu.org.uk (accessed 19 August 2001).

Facts for Freelances (online). Available at: http://www.hse.gov.uk (accessed 21 August 2001).

HSE (2001) *Health and Safety Regulation* (online). Available at: http://www.hse.gov.uk (accessed 15 August 2001).

Reporting of Injuries, Diseases and Dangerous Occurrences Regulations 1996 (online). Available at: http://www.riddor.gov.uk (accessed 20 August 2001).

Safety in Broadcasting Sports Events (online). Available at: http://www.hse.gov.uk (accessed 17 August 2001).

Skillset (2001) *Health and Safety Introduction* (online). Available at: http:/ /www.skillset.org.uk (accessed 17 August 2001).

TUC (2001) *Health and Safety Motions to the TUC Congress 2001. Motion 44 working time regulations and amendments* (online). Available at: http:/ /www.v128.dial.pipex.com (accessed 19 August 2001).

Violence to workers in broadcasting (online). Available at: http://www.hse.gov.uk (accessed 17 August 2001).

Working with VDUs. Health and Safety Display Screen Equipment Regulations 1992 (online). Available at: http://www.hse.gov.uk (accessed 19 August 2001).

978-85-7241-733-4

11 O Governo Central

978-85-7241-733-4

A Constituição

Para muitas pessoas, a palavra "constituição" evoca imagens de pergaminhos empoeirados sendo cuidadosamente examinados pelos acadêmicos. Porém, a Constituição de um país é de importância vital, pois determina como o povo é governado e quais diferentes níveis de autoridade atuam sobre ele – incluindo os poderes de encarcerar ou até mesmo executar civis, arrecadar impostos e recrutar para as forças armadas, bem como a relação entre esses centros de poder. Além disso, em países democráticos, a Constituição determina quando e como as eleições serão realizadas, quem pode ser candidato e quem pode votar. Essas importantes questões contempladas pela Constituição do Reino Unido – assim como em muitos outros países, inclusive os Estados Unidos – causaram muito derramamento de sangue e ainda são controversas atualmente. Neste capítulo, consideraremos o impacto dos membros da União Européia sobre a Constituição do Reino Unido.

O Capítulo 12 aborda a descentralização da Escócia, do País de Gales e da Irlanda do Norte.

Costuma-se afirmar que o Reino Unido não tem uma constituição: isso é verdadeiro no sentido de que, ao contrário dos Estados Unidos, por exemplo, não existe um documento único que determine todas as questões que afetam o modo como o país é administrado. Se houvesse, um capítulo como este seria elaborado de forma muito mais simples! A Constituição do Reino Unido é (infelizmente para aqueles que lidam com ela) um assunto complexo, envolvendo inúmeras leis, tratados, precedentes (o que aconteceu anteriormente) e uma relação delicada e em constante evolução entre os diferentes centros de poder.

O Reino Unido da Grã-Bretanha e Irlanda do Norte foi formado a partir de quatro nações anteriormente independentes; a Inglaterra é a nação dominante, sobretudo por abrigar a maior parte da população do Reino Unido. A Inglaterra, que em si mesma é a união de vários reinos, foi então unificada formal e constitucionalmente com o País de Gales (1536), a Escócia (1707) e a Irlanda (1801).

978-85-7241-733-4

Considerando-se as disputas e o derramamento de sangue que levaram à união desses países com a Inglaterra e as contínuas reivindicações em discussão sobre território, finanças, etc., no século XXI percebe-se que, em termos gerais, o País de Gales foi o menos "problemático", seguido pela Escócia, sendo a Irlanda a mais disputada. De fato, a união com a ilha da Irlanda durou apenas 120 anos. Em 1921, após décadas de distúrbios políticos, a ilha foi politicamente dividida – a maior parte tornou-se uma República autônoma e o restante estabeleceu-se em torno de seis países do norte, na Irlanda do Norte, que permaneceu sendo parte do Reino Unido, sob a Coroa Britânica. Mesmo antes do *Good Friday Agreement* (ver Cap. 12) ainda existiam vários vínculos constitucionais estranhos entre a República e o Reino Unido – por exemplo, cidadãos da República mantinham o direito de ser candidatos e votar nas eleições do Reino Unido.

Um dos elementos mais importantes da Constituição do Reino Unido é a relação entre a Coroa, personificada pelo Soberano (a Rainha), e o Parlamento.

Apesar de ser comum a afirmação de que o Reino Unido é uma democracia representativa – com o poder sob responsabilidade do povo, mas outorgado a representantes escolhidos nas eleições –, apenas uma das três instituições, a Câmara dos Comuns, realmente possui base democrática. O Soberano é, evidentemente, um título hereditário e os membros da Câmara dos Lordes estão lá porque possuem títulos hereditários ou foram nomeados.

Uma mudança muito significativa foi realizada na Constituição quando o Reino Unido se integrou à então Comunidade Econômica Européia (atualmente União Européia – ver adiante), em 1973. O *European Communities Act*, aprovado pelo Parlamento no ano anterior, tinha por objetivo obrigar os sistemas judicial e legislativo britânicos a cumprir leis elaboradas por órgãos estrangeiros. A partir daí, em casos nos quais as leis elaboradas pelo Parlamento do Reino Unido estivessem em contradição com as decisões judiciais elaboradas pelos tribunais europeus, estas últimas teriam precedência. Na opinião de muitos, porém, uma mudança ainda maior na Constituição ocorreu com a aprovação da Lei dos Direitos Humanos de 1998, que incorporou a Convenção Européia sobre Direitos Humanos (ver adiante) à legislação do Reino Unido, além de estabelecer *direitos positivos* para os cidadãos. O sistema legal britânico estava, até então, interessado apenas em tornar esses direitos ilegais para fazer certas coisas; sob outros aspectos, qualquer coisa era legal! Argumenta-se que o efeito da Lei é colocar as decisões do Judiciário acima das decisões do Parlamento e que os juízes (que, evidentemente, não são eleitos) estão agora, de fato, *elaborando* a lei – demolindo assim a tradicional reivindicação da soberania do Parlamento. O Capítulo 13 aborda a Lei dos Direitos Humanos com mais detalhes.

Os principais componentes da Constituição podem ser resumidos da seguinte forma:

- *Executivo*: sob a autoridade da Coroa, personificada e liderada pelo Soberano, cujos poderes estão investidos em seu *governo*, composto de ministros (da Coroa) liderados pelo primeiro-ministro, responsável pelo Parlamento.
- *Legislativo*: órgão elaborador das leis, composto das Câmaras do Parlamento, supervisiona, por meio de processos complexos e evolutivos, os poderes da Coroa e do Executivo.
- *Judiciário*: politicamente independente, mas subordinado a leis elaboradas pelo Parlamento; em casos de dúvida, realiza os julgamentos com base na interpretação do que seria a intenção do Parlamento.

978-85-7241-733-4

Os principais elementos e cargos do atual governo britânico são descritos a seguir.

O Soberano

O Soberano – autoridade máxima da Monarquia – é o Chefe de Estado. Embora não se envolva mais diretamente na administração diária do governo, o Soberano detém um papel central nos negócios da nação e retém grande parte do poder teórico, mesmo que na prática o poder seja de responsabilidade dos ministros e do Parlamento. Como veremos, o poder pertence ao Soberano, mas ele o transfere aos ministros utilizando a Prerrogativa Real, que constitui a parte mais importante da Constituição da nação.

O Soberano nomeia a pessoa que parece apta a comandar a maioria dos membros da Câmara dos Comuns – geralmente o membro do Parlamento que é líder do partido político com o maior número de membros do Parlamento na Câmara – como primeiro-ministro (e primeiro-lorde do Tesouro). O primeiro-ministro é nomeado após uma eleição geral – embora às vezes, como em 1990, renuncie entre uma eleição e outra. A decisão quanto a quem nomear como primeiro-ministro é feita, em geral, pela escolha do líder do partido político que conquista mais assentos do que todos os outros partidos somados – uma grande maioria. No entanto – como ocorreu na eleição geral de fevereiro de 1974 –, isso às vezes não acontece e o Soberano tem maior poder de escolha quanto a quem nomear como primeiro-ministro. Como veremos, contudo, o primeiro-ministro precisa ter o apoio da maioria da Câmara dos Comuns para permanecer no cargo.

Uma vez nomeados, os ministros, que são conhecidos coletivamente – junto com os servidores públicos e outros funcionários do Estado – como o Governo de Sua Majestade, têm grandes poderes, visto que formalmente atuam como representantes do Soberano utilizando a Prerrogativa Real. O poder cabe ao Soberano, mas costuma ser delegado aos ministros. Isso é muito importante, pois significa que os ministros podem tomar – e tomam – as principais decisões sem a necessidade de consultar, ou até mesmo informar, o Parlamento. Isso é especialmente significativo em questões externas, incluindo guerras, e na assinatura de tratados com outros países e organizações internacionais, como a União Européia. O Soberano mantém contato direto com todos os aspectos do governo, examinando inúmeros documentos oficiais e, muitas vezes, confidenciais, em geral *concedendo audiência* com o primeiro-ministro uma vez por semana, bem como discutindo assuntos do Estado com outros ministros.

Além de exercer papel central no governo, o Soberano é também:

- *Chefe das Forças Armadas*: todos aqueles em serviço militar fazem um juramento de fidelidade ao Soberano.
- *Chefe da Igreja Anglicana*: pela Lei do Parlamento, o Soberano deve professar a fé protestante, a religião do "Estado" ou "estabelecida"; um cargo de grande importância histórica.
- *Chefe da Comunidade Britânica*: um grupo de países que eram antigas colônias (regiões do Império Britânico) ou países dos quais o Soberano ainda é o Chefe de Estado, como Canadá e Nova Zelândia (ver adiante).

Vale ressaltar que todos que ocupam cargos importantes no Estado – incluindo membros do Parlamento, ministros, policiais, membros das Forças Armadas e juízes – são obrigados a fazer um juramento de fidelidade ao Soberano (e seus herdeiros e sucessores), e não ao governo, "ao povo" ou qualquer outra instituição democrática. Teoricamente, portanto, se uma disputa for travada entre o governo e o Soberano, o Rei ou a Rainha têm as forças e os poderes necessários para impor sua vontade!

Além disso, o Soberano:

- Realiza formalmente a maioria das principais nomeações do Estado Britânico. Freqüentemente os membros de seu governo – em especial o primeiro-ministro – fazem as recomendações. Entre eles estão o arcebispo de Canterbury e outros principais bispos da Igreja Anglicana, o presidente da BBC, os presidentes dos órgãos públicos, as Comissões Reais e, evidentemente, todo o sistema de honras – os membros, oficiais e comandantes da Ordem do Império Britânico, os nobres, etc.

978-85-7241-733-4

- Com outros membros da Família Real, é o chefe cerimonial dos diversos regimentos de serviços, além de ter o papel honorífico para muitas instituições de caridade e outras organizações públicas.

Sem dúvida, a maior parte do público geral se lembra da atual Soberana, Rainha Elizabeth II, primeiramente no que se refere ao seu papel em ocasiões cerimoniais e "nacionais" como as cerimônias do *Remembrance Day* em Londres, em homenagem aos mortos em guerra pelo país; como convidada de honra para eventos como *Royal Variety Performance* (a antiga *Royal Command Performance*); e, talvez acima de tudo, pela mensagem anual de Natal transmitida à nação e à Comunidade Britânica por rádio e televisão. Desse modo, a Soberana parece personificar o espírito e o poder do Estado.

Apesar de a Rainha ser uma mulher extremamente rica, com renda elevada – desde 1993 ela paga imposto de renda sobre seus rendimentos – e possuir propriedades muito valiosas, o Parlamento lhe concede uma verba anual para seus deveres oficiais. A Lista Civil também inclui pagamentos ao Duque de Edimburgo. O herdeiro do trono britânico – Príncipe Charles, o Príncipe de Gales – não recebe fundos públicos, mas possui renda proveniente do Ducado da Cornualha – terra e propriedades que pertencem à Monarquia há séculos.

O Conselho Privado

978-85-7241-733-4

Todos os ministros do Gabinete e muitas outras figuras importantes – incluindo os líderes dos principais partidos políticos e juízes sêniores – são nomeados pelo Soberano para ser membros do Conselho Privado. Uma vez nomeados, tornam-se membros vitalícios, exceto em situações muito raras quando um conselheiro é demitido. Esse antigo órgão de conselheiros do Soberano, agora somando mais de 400, ainda retém grande poder, além do Gabinete (que não tem base formal na Constituição) e Parlamento. Ele pode, por exemplo, declarar estado de emergência civil por meio de uma Ordem ao Conselho. Os membros do Gabinete muitas vezes dão informações aos líderes da oposição "com base no Conselho Privado" sobre assuntos do Estado e informações básicas para suas políticas – sobretudo se estiverem preocupados com assuntos de segurança e defesa. Normalmente, apenas uma pequena proporção de conselheiros privados (o *quorum* é quatro, três dos quais devem ser ministros) reúne-se com o Soberano – às vezes com outro membro sênior da Família Real –, mas todo o Conselho Privado reúne-se em caso de morte do Rei ou da Rainha, para confirmar a ascensão ao trono, ou quando o Soberano deseja se casar.

O sigilo de suas deliberações – algumas das quais nunca podem ser reveladas – é salientado pelo juramento que todos os conselheiros privados têm de fazer, o que tem sido imutável desde cerca de 1250.

O Conselho Privado também retém outros poderes relevantes; por exemplo, conceder ou não o *status* de universidade a instituições de ensino superior.

Outra importante função do Conselho Privado é realizada pela Comissão Judicial, Tribunal de Apelação final para as 16 nações da Comunidade Britânica. Não muito tempo atrás, suas deliberações foram, literalmente, uma questão de vida ou morte, à medida que vários desses países adotavam a pena de morte para assassinato e a Comissão precisava decidir se concedia a suspensão temporária de uma pena. A Comissão também atende apelos das Ilhas do Canal e da Ilha de Man, bem como as comissões disciplinares da profissão de saúde.

Por fim – e algo que provavelmente terá cada vez mais importância nos próximos anos –, ela toma a decisão final sobre disputas de competência legal das decisões feitas pelo Legislativo e Executivo dos órgãos descentralizados da Escócia, País de Gales e Irlanda do Norte.

Os membros da Câmara dos Comuns que são conselheiros privados são denominados, em inglês, *Right Honourable* (*Rt. Hon.*). Eles têm prioridade sobre outros membros quando são chamados para discursar em debates e podem falar por mais tempo que outros membros do Parlamento. A pessoa responsável pela organização dos assuntos do Conselho Privado é denominada Lorde Presidente do Conselho, que é sempre um membro do Gabinete e, em anos recentes, é também o Líder da Câmara dos Comuns, responsável pela organização dos assuntos da Câmara. Desse modo, uma única pessoa é membro do órgão executivo do governo (Gabinete), membro do órgão que incorpora o poder prerrogativo do Soberano (Conselho Privado) e membro de uma parte do Legislativo (Câmara dos Comuns), um papel potencialmente importante que coordena e influencia o curso dos eventos do país.

O Primeiro-ministro

O cargo de primeiro-ministro não era formalmente reconhecido e não lhe era concedido um lugar na Ordem de Precedência até 1905 – fato relativamente recente em termos de Constituição Britânica! O primeiro-ministro do Soberano, que também recebe o título formal de Primeiro-Lorde do Tesouro (título inscrito na placa fixada na porta da frente da residência oficial do primeiro-ministro em Londres, no número 10 da Downing Street) e ministro do Serviço Público (é por esses cargos que ele recebe um salário – como primeiro-ministro, não é remunerado!), costuma ser descrito como o "primeiro entre iguais" – do latim *Primus inter Pares*. Isso reflete a idéia de que o primeiro-ministro não é apenas um entre vários ministros, mas o chefe da comissão executiva – o Gabinete – do país: uma espécie de diretor ou presidente.

Uma vez nomeado, o primeiro-ministro decide quem fará parte do governo e qual será sua função: não apenas no principal órgão executivo – o Gabinete –, mas nos cerca de 100 ministérios e outros postos. A história da Constituição do Reino Unido durante o século XX marcou o crescente poder do primeiro-ministro sobre o restante do Executivo e este, como um todo, ganhando poder sobre o Parlamento, razão pela qual às vezes se diz que o primeiro-ministro age "presidencialmente" (como um Chefe de Estado). Essa percepção é ampliada quando o primeiro-ministro assume o papel, tradicionalmente reservado ao Soberano, de ser o "porta-voz da nação". De maneira similar, embora seja o Soberano o chefe formal das Forças Armadas, na realidade é o primeiro-ministro quem decide quando e como enviar tropas para um combate, e é considerado responsável pelo sucesso ou não das operações militares britânicas. De forma muito mais impressionante, é o primeiro-ministro que detém o controle supremo das armas nucleares do país ("o dedo sobre o botão" – é o primeiro-ministro quem concede *autoridade política* para as armas nucleares serem lançadas. Porém, o comandante sênior da Marinha Real britânica daria as ordens para as armas nucleares dos submarinos Trident serem utilizadas).

Justifica-se essa delegação de poder do Soberano a um político porque o primeiro-ministro é nomeado por um processo democrático e, desse modo, tem poder e autoridade legal, enquanto o Soberano, por sua situação no processo hereditário ("um acidente de nascimento"), não tem.

Deve-se lembrar, porém, que o primeiro-ministro não é eleito diretamente pelo povo, mas em geral recebe poder proveniente de sua força como líder do maior partido da Câmara dos Comuns. Se o primeiro-ministro perde a eleição da liderança em seu próprio partido ou, como aconteceu com Margaret Thatcher em novembro de 1990, é prejudicado por uma rejeição à liderança, ele é forçado a renunciar como primeiro-ministro, visto que não pode mais esperar o apoio dos representantes do seu partido na Câmara dos Comuns. Apenas os eleitores do distrito eleitoral do primeiro-ministro podem votar nele em uma eleição – e, nesse caso, apenas como membro do Parlamento (ver adiante). A Câmara dos Comuns também não vota formalmente a fim de nomear um de seus membros como primeiro-ministro – como vimos, é dever do Soberano nomeá-lo. Em alguns aspectos, a base do poder do primeiro-ministro é *negativa* – ele ficará lá até renunciar, ser derrotado em uma eleição geral ou perder apoio por meio de um voto de censura na Câmara dos Comuns.

Apesar de o primeiro-ministro ter um escritório privado (relativamente pequeno), seu verdadeiro centro de poder é o Escritório do Gabinete – um grupo de servidores públicos e conselheiros, em sua maioria estabelecidos em escritórios localizados no número 10 da Downing Street ou proximidades. O papel dos conselheiros – "especialistas" não eleitos pagos com fundos públicos, mas que não são responsáveis perante o Parlamento – foi, e continua sendo, um assunto controverso. Em geral, o primeiro-ministro dá mais atenção e gasta mais tempo com esses conselheiros do que com os ministros. Isso naturalmente gera ciúmes e tensões no centro do governo – em especial quando os conselheiros dão conselhos diferentes daqueles do ministro! Em outubro de 1989, um ministro da Fazenda muito antigo, Nigel Lawson, renunciou em protesto à "interferência" de Alan Walters, conselheiro econômico da primeira-ministra Margaret Thatcher.

978-85-7241-733-4

O Gabinete

978-85-7241-733-4

O Gabinete consiste em 20 a 24 ministros sêniores da Coroa. Eles se reúnem pelo menos uma vez por semana, quase sempre na manhã de quinta-feira, para discutir as principais questões e problemas enfrentados pelo governo, formular políticas e decidir as prioridades. O ministro-chefe de cada departamento – normalmente denominado Secretário de Estado – é, em geral, um membro do Gabinete e também um conselheiro privado. O primeiro-ministro é o presidente do Gabinete e o estilo, conteúdo e até mesmo a duração das reuniões do Gabinete depende, até certo ponto, de sua personalidade e vontade política. O Gabinete não tem, por si, autoridade constitucional – o poder é exercido pelos ministros que atuam em nome do Soberano.

O trabalho minucioso do Gabinete é realizado por diversas comissões, algumas das quais são permanentes e outras são estabelecidas para discutir e decidir questões específicas. Cada um dos ministros do Gabinete tem responsabilidade política pelo que acontece em seus departamentos e, até recentemente, esperava-se que renunciassem caso houvesse uma falha maior em sua área de responsabilidade, mesmo que não fosse pessoalmente responsável por essa falha.

Os membros do Gabinete estão comprometidos com o que é chamado de *responsabilidade coletiva*. Uma vez tomada uma decisão, espera-se que todos os membros do Gabinete a apóiem em público. Se não puderem fazer isso, espera-se que renunciem. As reuniões do Gabinete são realizadas em segredo para que os ministros possam falar francamente. Porém, as atas dessas reuniões costumam ser lançadas a domínio público pelo escritório de registros públicos 30 anos depois! No entanto, devido ao vazamento de informações sigilosas, relatos em diários publicados e autobiografias de antigos ministros, muitas vezes é possível ler o que aconteceu no Gabinete alguns anos antes de as atas serem oficialmente publicadas.

Além do Secretário de Estado, cada departamento também conta com vários outros ministros que fazem parte do governo. A próxima pessoa mais importante em cada departamento é denominada ministro do Estado, o qual tem responsabilidades específicas por determinadas partes do ministério maior. Há geralmente vários outros ministros com cargo inferior, muitas vezes chamados de subsecretários de Estado ou, para simplificar, de "ministros juniores". Os ministros recebem um salário além daquele como membros do Parlamento; a quantia depende de seu tempo de serviço no governo.

No mais baixo degrau da escada está o secretário privado parlamentar que, diferentemente dos outros ministros, não recebe salário e, na verdade, não é membro do governo, mas sim visto como responsável por um papel relativamente menor, ajudando os principais ministros a resolver assuntos relacionados com compromissos, planejamentos de viagem, etc.

Todas as nomeações ministeriais são feitas pelo Soberano mas, na prática, é o primeiro-ministro quem as faz, por razões de experiência, capacidade e, especialmente, política. Os ministros podem provir de uma das Câmaras do Parlamento (dos Comuns ou dos Lordes) e, como veremos, eles são necessários na Câmara dos Lordes para propor e debater projetos de lei do governo. Nos anos recentes, a vasta maioria dos chefes dos principais departamentos têm sido membros da Câmara dos Comuns (membros do Parlamento); porém, no início da década de 1980, um dos mais altos cargos governamentais – o ministério das Relações Exteriores – era ocupado por um membro da Câmara dos Lordes (Lorde Carrington).

Todos os ministros estão comprometidos por um Código Ministerial atualizado pelo governo do Partido Trabalhista eleito em 1997. Ele tem por objetivo assegurar que os ministros não utilizem o cargo em benefício próprio (além daquele de receber um salário ministerial, é claro!), traçar um limite entre as atividades governamentais e comerciais – inclusive por um período após deixar o governo –, além de manter um relacionamento adequado com os servidores públicos. O Código também inclui a correta distinção entre os deveres governamentais e partidários: o contribuinte não deve pagar por atividades como comparecimento a reuniões de partido e campanhas eleitorais, que são realizadas a fim de beneficiar o partido político do ministro. A atualização desse Código estava ligada à preocupação com a "imoralidade" política – sobretudo as alegações de "compra de votos" feitas contra alguns membros do Parlamento. Há agora um fiscal de normas parlamentares cujo trabalho é "policiar" a conduta dos parlamentares.

Além disso, os ministros devem ser cautelosos para assegurar que ajam nos limites de seus poderes legais. Em anos recentes, houve diversas contestações bem-sucedidas nos tribunais e, com a aprovação da Lei dos Direitos Humanos, é quase certa a ocorrência de outras contestações.

A Oposição

Em virtude da transferência muito rápida de poder quando o partido da oposição vence uma eleição geral, o líder da oposição – membro do Parlamento que representa o segundo maior partido da Câmara dos Comuns – recebe extensas instruções em reuniões realizadas com os servidores públicos durante os meses que antecedem a eleição geral. Desse modo, o líder da oposição é preparado para o poder caso seu partido vença a eleição. Nessas reuniões, o líder da oposição pode também informar ao serviço público quais são as suas prioridades. Como já vimos, o líder da oposição e outros principais membros da equipe dos ministros do governo paralelo – aqueles que ocupam a bancada da oposição na Câmara dos Comuns – ficarão cientes, por meio do Conselho Privado, de alguns dos assuntos mais confidenciais. A importância da oposição na Constituição é que deve sempre haver um "governo em espera" – um conjunto de pessoas que pode assumir o controle do governo repentinamente.

O cargo de líder da oposição acumula um salário adicional e subsídios. Concede-se a ele prioridade para questionar o primeiro-ministro em uma sessão de perguntas denominada, em inglês, *Prime Minister's Questions* (ver adiante). Os partidos da oposição também recebem verbas adicionais por meio do *Short Money* (assim chamado por ter sido introduzido em 1975 pelo então líder da Câmara, Edward Short).

Cada sessão do Parlamento inclui 20 dias para moções e debates da oposição e na Câmara dos Comuns. Em geral, 17 desses dias são ocupados pelo principal partido da oposição.

Servidores Públicos

Diferentemente dos ministros, os servidores públicos não são nomeados políticos. Sua função é aconselhar os ministros, realizar pesquisas, formular políticas possíveis e alternativas e, acima de tudo, implementar políticas decididas pelos ministros. Ao contrário dos ministros, os servidores públicos não renunciam quando há mudança de governo. Não se espera que eles sejam politicamente imparciais nem que estejam envolvidos com a política de seus chefes ministeriais. Existe um plano de carreira formal para os servidores públicos e os cargos são preenchidos por concurso aberto e justo. No passado, considerava-se que os servidores públicos devessem ter boa capacidade intelectual, em vez de habilidades e conhecimentos especializados; atualmente, porém, priorizam-se as habilidades específicas e a experiência – em negócios, por exemplo –, embora os servidores públicos ainda tendam a se deslocar entre os diversos departamentos durante sua carreira. Cada departamento possui seu próprio grupo de servidores públicos, sendo o chefe denominado secretário permanente. Os servidores públicos quase nunca concedem entrevistas, apesar de muitas vezes ajudarem os jornalistas a planejá-las com os ministros.

Os servidores públicos não costumam fazer discursos no Gabinete ou em suas comissões, mas é nesses lugares que dão conselhos quando solicitados e redigem atas de reuniões. Os servidores públicos possuem suas próprias comissões que, até certo ponto, protegem-nos do Gabinete, e nas quais preparam informações, geralmente na forma de documentos de instrução.

Parlamento: Principais Características e Processos

A duração máxima de um Parlamento é de 5 anos. Cada Parlamento costuma ser dividido em quatro ou cinco sessões, com início normalmente em novembro e duração de um ano. Toda sessão começa com a Abertura Oficial do Parlamento e o Soberano profere um discurso na Câmara dos Lordes, explicando o que o governo tenciona fazer na próxima sessão. Toda sessão do Parlamento encerra-se sendo prorrogada. Após mudanças no procedimento parlamentar ajustadas em 2002, qualquer projeto de lei que não conclua todas as etapas em uma sessão poderá ser adiado para a próxima. Exceto no final da última sessão, os membros do Parlamento mantêm seus assentos e reúnem-se novamente no início da nova sessão. Porém, após um período

978-85-7241-733-4

máximo de 5 anos, o Parlamento deve ser prorrogado para o período final e então dissolvido pela Proclamação Real. O primeiro-ministro tem considerável poder para decidir quando as eleições gerais irão se realizar. Ele pode pedir ao Soberano a dissolução do Parlamento a qualquer momento mas, se a maioria dos membros do Parlamento estiver em atividade na Câmara dos Comuns, a "regra" geralmente aceita é que uma eleição pode ser convocada qualquer momento após o quarto aniversário da eleição geral anterior. Antes dos quatro anos, isso tende a ser considerado o pedido de um novo mandato e soa como pânico – ou, pelo menos, como "ganhar vantagem" enquanto as coisas parecem estar indo bem –, o que leva o eleitorado a suspeitar que haja alguma notícia ou desenvolvimento desagradável iminente. No entanto, deixar a eleição para o último momento possível pode dar a impressão de que o governo está com medo de enfrentar os eleitores e acredita que não conseguirá vencer e, assim, decide que pode agüentar firme no poder o maior tempo possível.

Desde a Segunda Guerra Mundial, apenas um primeiro-ministro – John Major – permitiu que o Parlamento permanecesse o seu período legal máximo (abril de 1992 a abril de 1997) antes de pedir à Rainha sua dissolução. Após esse pedido, o Soberano consulta formalmente o Conselho Privado antes de publicar a Proclamação Real anunciando a dissolução, e uma data é fornecida para a eleição geral, pelo menos após 17 dias úteis (isto é, excluindo domingos e feriados públicos). Marca-se também uma data para a convocação do novo Parlamento. Até o novo Parlamento reunir-se, não existem membros do Parlamento – os assentos individuais ficam pendentes (a serem ocupados); se os membros do Parlamento anteriores forem os candidatos da próxima eleição, eles *não* devem ser chamados de membros do Parlamento, mas de candidatos. No entanto, o governo, incluindo o amplo conjunto de ministros (bem como o primeiro-ministro), continua e pode-se referir a ele como tal. O eleitorado do Reino Unido vota a favor de um membro do Parlamento, não de um governo. O governo *emerge* (na verdade é nomeado) a partir, e após, esse processo.

No início de cada nova sessão do Parlamento, os membros do Parlamento (da Câmara dos Comuns) são convocados a "um outro lugar" – a Câmara dos Lordes – para ouvir um discurso do Soberano. O discurso da Rainha é redigido pelos ministros e delineia o que o governo "dela" fará durante a nova sessão. Esse discurso é realizado na Câmara dos Lordes (sem considerar o fato de que, constitucionalmente, esse local é ainda a Câmara Alta) porque não é permitido que a Rainha entre na Câmara dos Comuns – enfatizando a independência e o poder dos Comuns sobre o Soberano e os Lordes!

978-85-7241-733-4

Câmara dos Comuns

A Câmara dos Comuns é, oficialmente, de acordo com a Constituição, a "Câmara Baixa" na legislatura bicameral (duas partes) do Reino Unido. O assento é projetado de um modo que enfatiza a natureza *adversária* da política britânica: diferente de muitas outras legislaturas, os representantes do partido do governo sentam-se de um lado da Câmara, com os ministros em uma bancada diretamente defronte aos seus rivais dos partidos da oposição – com os membros do governo paralelo na bancada oposta. Os ministros fazem suas declarações na área de debate. Por tradição, os dois lados são mantidos distantes a um comprimento de duas espadas, com o Cetro – que representa a autoridade parlamentar – entre eles.

Desde o início do século, a Câmara dos Comuns tem, na realidade, se estabelecido gradualmente como a parte mais importante do Parlamento: com certeza é uma das instituições com maior *legitimidade democrática* – visto que todos os seus membros são eleitos por direito universal de voto dos adultos. Isso significa que toda pessoa acima de 18 anos – com exceção de relativamente poucos e com restrições geralmente aceitas, como pessoas consideradas criminalmente insanas ou que foram declaradas culpadas de grave infração criminal – tem um voto para um assento.

Após a eleição geral, os membros do Parlamento eleitos devem fazer um juramento de fidelidade ao Soberano antes de formalmente tomar seus assentos. Esse juramento não é considerado um assunto trivial. Dois membros do Parlamento do Partido Republicano Sinn Fein (República da Irlanda) recusaram-se a fazer o juramento e, embora eleitos, não puderam tomar seus assentos; porém, após votação controversa no Parlamento, foram permitidos a utilizar as instalações dos membros do Parlamento na Câmara dos Comuns a partir do início de 2002. Diversos outros membros do Parlamento que rejeitam fazer o juramento declaram suas objeções e – talvez muito infantilmente – lêem o juramento com os dedos cruzados, demonstrando que não acreditam no que estão dizendo!

Presidente

O posto de presidente é um dos "cargos" mais antigos na Câmara dos Comuns. Um membro do Parlamento é nomeado para o posto por eleição dos membros do Parlamento como um todo (um procedimento muito complexo que foi simplificado, até certo grau, em março de 2001, após o controverso processo de eleger o presidente alguns meses antes). Como outra evidência da complexidade da Constituição do Reino Unido, o presidente deve solicitar e obter permissão do Soberano antes de assumir o cargo formalmente. Ele atua então como o canal principal entre os membros do Parlamento e o Soberano.

O presidente é o dirigente dos Comuns e tem grande autoridade sobre os assuntos da Câmara e a conduta de seus membros. É ele quem decide quais membros do Parlamento irão discursar e em que ordem, estabelece as regras quando há um debate sobre questões de ordem e procedimento e tem o poder de interromper o discurso de um membro do Parlamento, puni-lo, exigir um pedido de desculpas e, basicamente, expulsá-lo da Câmara. No sentido mais positivo, o presidente está lá para defender os direitos e privilégios antigos dos membros do Parlamento, muitos dos quais foram assegurados pela Declaração de Direitos de 1689. Esses incluem o direito de liberdade de expressão – os membros do Parlamento não podem ser processados por calúnia pelo que dizem na Câmara dos Comuns – e o da imunidade prisional ou à interferência do Poder Judiciário enquanto estão fisicamente presentes no Parlamento. (Pode-se dizer corretamente que o Parlamento estabelece "leis para si mesmo" à medida que possui suas próprias leis, direitos e privilégios, os quais não são válidos para quem não o integra. Além disso, esses privilégios aplicam-se somente aos membros do Parlamento e a mais ninguém, incluindo os jornalistas! Estes são classificados como pessoas estranhas e apenas permanecem na Câmara com a permissão dos membros do Parlamento. Se um deles disser "vejo estranhos", o presidente é obrigado a apresentar uma moção à Câmara para que a galeria seja desocupada (o que inclui a sala de imprensa) e os Comuns, então, reúnem-se em secreto.

Desde que o Parlamento passou a ser televisionado, no final da década de 1980, todo presidente tem ganhado fama internacional e seus rostos e vozes – em especial o grito de "Ordem! Ordem!" – são amplamente conhecidos. Quando há uma votação na Câmara dos Comuns – um voto é denominado Divisão – sobre legislação ou outros assuntos, o Presidente – após o contador de votos entregar o resultado da votação – anuncia a quantidade de votos "afirmativos" e "negativos" (prós e contras). O presidente não participa dos debates e não vota, exceto quando há empate – por convenção o presidente vota, então, a favor do governo, mesmo que seja membro de outro partido. Isso enfatiza que o presidente, uma vez que assumiu o cargo, deve deixar de lado o partido ou suas considerações pessoais e ser não-partidário e justo. Muitos dos que acreditam que o Reino Unido deveria ser (novamente) uma República argumentam que a pessoa indicada para ser o Chefe de Estado (no lugar do Rei ou da Rainha) teria de ser o presidente dos Comuns.

Deputados

Os deputados (*backbenchers*) são membros do Parlamento que não são nem membros do governo nem membros da liderança do principal partido da oposição (os *frontbenchers*). Eles recebem um salário e uma pensão e, caso percam a eleição, têm direito a uma indenização por desligamento. Para ajudá-los a financiar suas necessidades de secretariado e pesquisa, eles contam com um subsídio de mandato denominado, em inglês, *Office Costs Allowance*, e também são beneficiados com a isenção de porte de correio e passagens de trem de ida e volta aos seus distritos eleitorais. Suas principais funções são:

- Representar seus eleitores, levando à atenção do governo e dos membros do Parlamento suas preocupações e interesses, utilizando a autoridade que (ainda!) acompanha seu papel de atender as reivindicações dos eleitores não apenas por meio dos departamentos do governo, mas também por intermédio de outros grupos e indivíduos.

- Ser um defensor de sua área – promovendo seus interesses econômicos e culturais.
- Obrigar o Executivo (governo) a prestar contas, formulando perguntas por escrito ou oralmente. O primeiro e principal item de trabalho nas reuniões dos Comuns são perguntas (dos deputados) dirigidas aos ministros. Além disso, uma vez por semana, os deputados têm a oportunidade de atrair a atenção nacional fazendo perguntas ao primeiro-ministro, na sessão de perguntas denominada, em inglês, *Prime Minister's Questions* – sem dúvida, a parte mais conhecida do procedimento do Parlamento, ainda que constitua apenas uma minúscula parte do trabalho da Câmara dos Comuns. Por convenção, a primeira pergunta refere-se aos compromissos do dia do primeiro-ministro. O membro do Parlamento faz então uma pergunta de seguimento, ou suplementar, de caráter muito mais pertinente! O presidente, em seguida, convoca alternadamente os membros do governo e da oposição. Muitas vezes, os membros do Parlamento fazem par com um membro de um partido oponente – isso significa que eles nem sempre têm de se apresentar quando há uma Divisão (voto) –, embora à vezes esse arranjo entre os partidos seja finalizado ou suspenso.
- Discutir sobre a legislação na Câmara dos Comuns e na comissão (ver adiante) e votar.
- Inspecionar as ações do governo e outras organizações públicas e privadas por meio das Comissões Parlamentares (ver adiante).
- Participar de debates de interesse de seus eleitores e/ou da nação como um todo, e iniciá-los por um debate de encerramento (na última meia hora das atividades dos Comuns) ou em uma moção denominada, em inglês, *Early Day Motion.*
- Ser político, quase sempre como membro de um partido, apoiando-o no Parlamento e em suas atividades no distrito eleitoral e assegurando, tanto quanto possível, que os membros do partido e dirigentes do distrito eleitoral sejam informados dos eventos em Westminster e fiquem satisfeitos com o modo como os assuntos estão se desenvolvendo. Não se trata de um processo de comunicação unilateral, visto ser também trabalho dos membros do Parlamento manifestar os sentimentos – em especial de descontentamento – de seus eleitores e dirigentes ao partido em Westminster.

Na realidade, a última função talvez seja a mais importante!

Os membros do Parlamento que desejam renunciar entre uma eleição e outra têm de requerer um dos cargos "com fins lucrativos" que recebem nomes curiosamente inexistentes; o mais conhecido é o *Chiltern Hundreds.* Os líderes da bancada do partido representado pelo membro do Parlamento requisita então um documento oficial para que se realize uma eleição suplementar a fim de preencher a vaga.

Líderes da Bancada

Os líderes da bancada ajudam a organizar os assuntos do governo e garantir que os membros do Parlamento do seu partido estejam disponíveis para votar sobre importantes moções e legislação. No início de cada semana em que o Parlamento se reúne, todo membro do Parlamento recebe um documento do gabinete dos líderes da bancada que pormenoriza os assuntos do governo daquela semana. Votações importantes são salientadas uma, duas ou três vezes (*three line whip*) para indicar a sua importância para o governo. Qualquer membro do Parlamento que não compareça a uma votação importante ou, pior, que vote contra as diretivas políticas de um partido, pode ser severamente repreendido. Em casos extremos, o líder da bancada pode ser removido, o que significa não ser mais considerado representante de seu partido no Parlamento.

Visto que os membros do Parlamento são eleitos individualmente, mesmo que o líder da bancada seja removido, eles ainda continuam sendo membros do Parlamento – a menos que decidam renunciar. Evidentemente, eles podem achar difícil ser eleitos como membros do Parlamento na eleição seguinte, a menos que consigam convencer outro partido a adotá-los como candidatos a um assento "seguro".

Processo Legislativo

Uma das funções mais importantes da Câmara dos Comuns é sua participação no processo legislativo. A maioria das leis é introduzida como projeto do governo na Câmara dos Comuns. Ocasionalmente, antes de o projeto ser apresentado aos Comuns, o governo emite um *Green Paper*, documento que delineia quais são as principais opções para a legislação, seguido de outro documento, o *White Paper*, que pormenoriza as propostas do governo (às vezes, quando o governo percebe que está claro o que deseja fazer, emite-se um *White Paper* sem a necessidade do precedente *Green Paper*). A fim de conceder tempo para a discussão e consulta antes da elaboração de um projeto de lei, os *White Papers* costumam ser apresentados na sessão anterior à introdução da legislação. Uma equipe razoavelmente grande estará, em geral, envolvida na elaboração de um projeto de lei, incluindo servidores públicos, ministros e especialistas jurídicos – uma equipe de cerca de 40 advogados é contratada para esse propósito. Todos os projetos de lei do governo devem ser assinados pelo ministro responsável a fim de confirmar que não estejam em conflito com a Lei dos Direitos Humanos. Todo projeto de lei do governo deve passar por uma série de etapas:

- *Primeira leitura*: um secretário lê em voz alta o título do projeto de lei. Não há votação nem discussão. O projeto é então publicado para que os membros do Parlamento leiam seu conteúdo: atualmente, os projetos de lei também são publicados nas páginas da *Web* do governo. Em geral, estabelece-se uma data para a segunda leitura.

978-85-7241-733-4

- *Segunda leitura*: o projeto de lei é apresentado pelo ministro responsável – geralmente o secretário de Estado ou outro membro do Gabinete. A Câmara costuma discutir os princípios do projeto de lei durante vários dias. Ao final dessa leitura, realiza-se uma votação. Se o projeto for aprovado nessa etapa, é encaminhado para apreciação em comissão.
- *Apreciação em comissão*: escolhe-se uma comissão para representar toda a Câmara – a representação do partido na comissão reflete total equilíbrio na Câmara. Paradoxalmente, embora essas comissões sejam chamadas de comissões permanentes, não há nada de permanente nelas – uma nova comissão é formada para discutir cada projeto de lei, recebendo nomes de letras do alfabeto: comissão permanente A, comissão permanente B, etc., dependendo da fase da sessão do Parlamento em que a comissão é formada. É na etapa de apreciação em comissão que os membros do Parlamento examinam detalhadamente cada projeto de lei, cláusula por cláusula. A comissão pode votar por meio de emendas para o projeto de lei, desde que essas emendas não comprometam os princípios do projeto, visto que já foram aprovados pela Câmara. Ocasionalmente, a apreciação em comissão é realizada por todos da Câmara dos Comuns. Isso ocorre quando um projeto de lei tem grande importância para o futuro da nação, em especial quando sua aprovação afeta a Constituição. Projetos de lei que provocam efeitos nos tratados com a União Européia são exemplos disso. Quando a comissão conclui suas deliberações, elabora-se um relatório.
- *Relatório*: a comissão apresenta um relatório à Câmara e notifica quais emendas deseja fazer. O governo deve então decidir se aceita essas emendas. Às vezes, o governo rejeita uma ou mais delas e devolve o projeto de lei para a comissão. Nessa etapa, há uma certa "barganha", na qual as habilidades políticas dos membros do governo, seus dirigentes e membros da comissão se manifestam à medida que cada "lado" negocia a fim de manter ou retirar o que deseja do projeto de lei. Esgotada essa etapa, o projeto é devolvido à Câmara para sua terceira leitura.
- *Terceira leitura*: a Câmara discute a versão final do projeto de lei e procede-se a uma votação a fim de aceitá-lo ou rejeitá-lo. Tendo o governo maioria segura na Câmara, há poucas chances de o projeto ser derrotado nessa etapa.

A qualquer momento – mas geralmente na segunda leitura, na apreciação em comissão ou no relatório – o governo pode tentar limitar o tempo para discussão do projeto de lei apresentando uma *Time Tabling Motion*, comumente chamada de guilhotina. Se aprovada, os membros do Parlamento concordam com o limite de tempo a ser gasto em alguma etapa específica ou cláusula do projeto de lei. O presidente pode também tomar medidas contra os membros do Parlamento que julgue estarem obstruindo os trabalhos legislativos – tentando "persuadir" contra um projeto de lei, ao discursar pelo maior tempo possível, ou mencionando numerosas e insignificantes emendas e/ou pretensas violações do estatuto.

978-85-7241-733-4

O projeto de lei é então enviado para a Câmara Alta – a Câmara dos Lordes –, onde o processo é repetido, a não ser que a etapa da apreciação em comissão do projeto ocorra na Câmara Principal com todos os Pares do Reino capazes de participar no debate. Com muita freqüência, a Câmara dos Lordes desejará fazer emendas ao projeto de lei. Caso isso ocorra, outra comissão será formada, com membros de ambas as Câmaras do Parlamento e, mais uma vez, haverá negociação e "barganha". Se a Câmara dos Lordes insistir nas emendas que o governo não pode aceitar (ou se, na realidade, recusar-se a aprovar o projeto de lei sob qualquer condição), o projeto é reprovado. Nesse caso, o governo pode utilizar o poder, de acordo com a Lei do Parlamento de 1949, para reintroduzir o projeto de lei na próxima sessão do Parlamento – pelo menos 13 meses a partir da data em que os Comuns votaram na segunda leitura do projeto – e a Câmara dos Lordes é obrigada, então, a aceitá-lo. Desde a Lei do Parlamento de 1911, a Câmara dos Lordes não pode rejeitar ou adiar um projeto de lei do orçamento.

Um projeto de lei pode iniciar sua passagem na Câmara dos Lordes, onde conclui as etapas antes de passar para a Câmara dos Comuns.

Embora a maioria das leis resulte dos projetos de lei introduzidos pelo governo – que controla a maior parte do tempo disponível na Câmara –, a legislação pode ser introduzida pelos deputados. No início de cada sessão, os membros do Parlamento podem propor projetos de lei e 20 deles são selecionados de modo aleatório, concedendo-se um prazo para sua introdução como *Private Member's Bill**. A menos que o governo desista de seu tempo disponível, é improvável que o projeto de lei tenha chance de prosseguir; no entanto, se o membro do Parlamento conseguir apoio para seu projeto, o governo pode decidir introduzir um projeto de lei próprio em uma etapa posterior. Se um membro do Parlamento não consegue "ganhar" espaço para um projeto dessa maneira, ele pode tentar introduzi-lo de acordo com a regra dos 10min. Em geral, concede-se tempo para esses projetos de lei às terças e quartas-feiras; porém, mais uma vez, a menos que o governo desista de seu tempo, esses projetos não têm chance de se tornar leis – contudo, eles freqüentemente destacam problemas específicos e chamam a atenção do governo para alguns assuntos importantes. Seja como for, um projeto de lei proposto por um membro do Parlamento (*Private Member's Bill*) não pode passar para a segunda leitura, a menos que o governo aprove quaisquer implicações financeiras.

978-85-7241-733-4

Todos esses projetos podem ser classificados como projetos de lei públicos – afetam a lei geral do país e podem atingir todos os cidadãos; desse modo, são considerados legislação primária: são dispositivos legais novos e importantes. Quando as leis são acréscimos ou emendas às leis do Parlamento já existentes, são chamadas, em inglês, de *Statutory Instruments*. A

* **N. do T.** – Lei proposta por um membro do Parlamento como indivíduo, não como membro de seu partido político.

lei original ou de autorização irá declarar se outras medidas tomadas sob o projeto de lei exigem procedimento afirmativo – votação positiva por meio de resolução do Parlamento – ou procedimento negativo; o *Statutory Instrument* terá efeito se nenhum membro do Parlamento rejeitá-lo em 40 dias. A maioria das diretivas da União Européia é "aprovada" pelo Parlamento dessa mesma forma. Há uma comissão parlamentar nos *Statutory Instruments* que considera em detalhes muitas das propostas, sendo essa uma das funções que a Câmara dos Lordes leva a sério em seu papel como *câmara revisora* (ver adiante) – há uma comissão permanente da Câmara dos Lordes para considerar os *Statutory Instruments* da União Européia.

Outro tipo de legislação é a Ordem ao Conselho (Privado): essa é uma das áreas nas quais há potencial tensão entre os poderes do Soberano, os poderes prerrogativos concedidos pelo Soberano aos ministros da Coroa e os poderes do Parlamento. Essas ordens costumam ser aprovadas pelo Parlamento antes de serem levadas à aprovação do Soberano por meio do Conselho Privado.

Um tipo final de legislação são os projetos de lei individuais (*Private Bills*): medidas que afetam apenas algumas pessoas ou são exigidas por organizações públicas ou individuais para que possam realizar suas funções; por exemplo, as leis elaboradas pelo governo local. Nesses casos, os proponentes do projeto de lei devem justificar sua necessidade na etapa da apreciação em comissão, e ele pode ser recusado por aqueles que se opõem a ele. Indivíduos interessados financeiramente ou por outro motivo pelo projeto de lei têm a permissão de questionar seus proponentes. Às vezes, descobre-se que um projeto de lei público contém aspectos que afetam interesses privados ou pessoas específicas – denominado, em inglês, *Hybrid Bill* – e o processo legislativo é modificado a fim de considerar ambos os tipos de procedimento.

Após as duas Câmaras terem aprovado um projeto de lei, confere-se o Consentimento Real, assinado em nome do Soberano utilizando o *Norman French*, idioma da elite na época em que o Parlamento foi criado. Se a lei passará a vigorar imediatamente ou em uma data específica (às vezes, partes de uma lei entram em vigor em datas distintas), dependerá do que está declarado em seu projeto.

Comissões Parlamentares

As comissões parlamentares foram criadas para permitir que os parlamentares de fora do Executivo inspecionassem as atividades de um departamento inteiro ou um aspecto específico dos assuntos do governo. Os processos são quase sempre abertos à imprensa e ao público e, às vezes, televisionados. As comissões têm grandes poderes para obrigar ministros e outros políticos a comparecer às reuniões, dar depoimentos e ser interrogados. Recusar-se a comparecer ou a sujeitar-se às demandas da comissão pode colocar a pessoa em risco de estar em desrespeito ao Parlamento, com conseqüências potencialmente sérias. Os membros do Parlamento com interesse especial em áreas específicas, como defesa e mídia (muitas vezes por estarem envolvidos nessas áreas antes de fazerem parte do Parlamento), são selecionados de todos os partidos políticos, motivo pelo qual são denominados, em inglês, *usual channels* – líderes da bancada do partido que trabalham sob as instruções do Executivo. O quadro de membros da comissão, entretanto, deve ser aprovado pela Câmara dos Comuns. O governo trabalhista teve de ceder, em julho de 2001, quando a Câmara dos Comuns rejeitou sua decisão de cassar dois deputados que haviam causado certo embaraço ao governo no Parlamento anterior. Os membros dessas comissões muitas vezes não seguem a linha de seu partido: espera-se que os membros da comissão ponham de lado a fidelidade partidária a fim de apurar a "verdade" do que aconteceu ou está acontecendo. Relatórios dessas comissões – que são, como os próprios processos judiciais, privilegiados (ver Cap. 12) para que a mídia possa noticiá-los sem receio de difamação ou outra ação legal – costumam ser embaraçosos ou "difíceis" para o governo vigente.

Câmara dos Lordes

Ainda se refere à Câmara dos Lordes como "Câmara Alta". Porém, cada vez mais, ela é considerada menos importante que a Câmara dos Comuns. As principais funções da Câmara dos Lordes são:

- Providenciar verificação constitucional sobre uma "ditadura eleitoral" potencialmente perigosa.
- Reformar e revisar a legislação da Câmara dos Comuns.
- Fornecer plataforma para as opiniões de uma parte mais ampla da sociedade do que aquela representada na Câmara dos Comuns por aqueles que não passaram a vida como políticos profissionais.
- Atuar (por meio dos lordes da lei) como o decisivo e supremo tribunal de apelação do Reino Unido em casos civis e criminais (ver Cap. 13).

978-85-7241-733-4

A Lei da Câmara dos Lordes de 1999 foi introduzida como medida provisória – um ponto de parada entre nenhuma mudança e uma mudança total envolvendo, talvez, a abolição dos lordes como tais e sua substituição por uma câmara parcial ou totalmente eleita. Essas reformas podem ser resumidas da seguinte maneira:

- Apenas 92 (dos 759) pares hereditários continuariam a sentar e votar na Câmara dos Lordes. Aproximadamente dois desses foram eleitos por seus companheiros pares hereditários. Os outros pares são nomeados pelo primeiro-ministro, reúnem-se e votam na Câmara dos Lordes pelo resto de suas vidas – pares hereditários vitalícios. Os pares não recebem salário, mas podem requerer um subsídio de freqüência.
- Semelhantemente à Câmara dos Comuns, há pares que apóiam o partido do governo e aqueles que apóiam os partidos da oposição – mas, evi-

dentemente, esses não mudam em conseqüência de uma eleição geral. Até as reformas de 1999, independentemente do partido no poder do governo, havia maioria de membros do Partido Conservador fazendo parte da Câmara dos Lordes, que em geral liderava os governos Trabalhista e Liberal, sendo frustrados por votos conquistados em uma câmara não eleita – algo que passou a ser cada vez mais considerado indefensável em uma suposta democracia.

- Ao contrário da Câmara dos Comuns, há um grande número de *crossbenchers*: aqueles que não possuem qualquer afiliação partidária. Esses são, em geral, pares hereditários vitalícios que foram nomeados lordes por conta de sua experiência específica em uma importante área de política pública: por exemplo, John Birt, ex-diretor-geral da BBC. No entanto, a neutralidade política de alguns desses pares tem sido questionada. Esses membros podem também ser divididos de outra forma – entre os chamados pares "trabalhadores" e "não trabalhadores". A primeira categoria realiza o trabalho do governo ou da oposição na Câmara Alta.
- Assim como na Câmara dos Comuns, diversos ministros e ministros do governo paralelo fazem discursos a favor e contra a legislação e sobre outras votações. Assim como na Câmara dos Comuns, existem os líderes da bancada do governo e da oposição; contudo, como os lordes não precisam disputar uma (re)eleição, seus poderes são limitados em comparação aos daqueles que "controlam" os membros do Parlamento na Câmara dos Comuns! Esse fato é, entretanto, um dos argumentos utilizados para apoiar uma Câmara não eleita. A razão é que, se as pessoas não são dependentes de patronagem partidária e de eleições para seu sustento e carreira, é mais provável que elas façam discursos e votem genuinamente segundo os interesses da nação, em vez de um partido político ou de si mesmas.
- A Câmara é também composta de 27 lordes da lei e 26 lordes espirituais – os arcebispos de Canterbury e de York e outros principais bispos da Igreja Anglicana.

Em novembro de 2001, o governo emitiu um documento, o *White Paper*, delineando suas propostas para a segunda etapa da reforma da Câmara dos Lordes. De acordo com os planos, os pares hereditários remanescentes teriam de sair; 20% do quadro de membros da segunda câmara seriam eleitos – provavelmente pelo mesmo sistema de eleição e distritos eleitorais regionais, como para as eleições ao Parlamento Europeu (ver adiante); 60% seriam nomeados políticos e os 20% restantes seriam os *crossbenchers* selecionados por uma comissão independente. O fato de apenas um quinto da câmara ser eleito de forma direta provocou forte reação de desaprovação dos partidos da oposição e do Partido Trabalhista, os quais temiam que os novos membros fossem predominantemente "burocratas" e, se aprovados, as propostas resultariam em uma investigação cada vez menor e em uma oposição eficaz ao Executivo.

Uma das figuras mais importantes entre os lordes é o lorde chanceler. Ele exerce um exclusivo papel quádruplo e, muitas vezes, controverso:

- Presidente da Câmara dos Lordes, similar ao Presidente da Câmara dos Comuns – ver adiante (no entanto, ele não tem os poderes do Presidente da Câmara dos Comuns para "controlar" os membros – os lordes como um todo fazem isso por eles mesmos!). *Diferentemente* do presidente dos Comuns, ele:
  - É um membro do Gabinete – e, portanto, um *político partidário*; faz discursos e vota em debates na Câmara dos Lordes.
  - (Por intermédio do Soberano) nomeia a maior parte dos membros do Judiciário superior (juízes, conselheiros da Rainha, juízes de paz, etc.), aconselha sobre o procedimento dos tribunais civis e do ministro do governo responsável pelos tribunais de magistrados.
  - É o lorde da lei sênior.

978-85-7241-733-4

A importância do lorde chanceler na Constituição é percebida pelo fato de que, na Ordem de Precedência, que determina quem será o Chefe de Estado em caso de morte ou doença grave do Soberano, o cargo de lorde chanceler encontra-se várias posições acima do cargo de primeiro-ministro!

Economia

Um dos assuntos mais discutidos de qualquer governo é a economia. De fato, é de senso comum que a maioria das eleições é vencida ou perdida dependendo de como os eleitores julgam a forma de o governo administrar as finanças do país, em especial quanto ele gasta (e quão eficazmente) em serviços públicos e, talvez de forma mais crucial, quanto imposto ele cobra de seus cidadãos – ao comparar com as propostas dos partidos da oposição.

Um dos grandes eventos do ano parlamentar é quando o ministro da Fazenda apresenta seu discurso orçamentário. O Reino Unido é provavelmente único em ter essa revelação dramática e muito aguardada sobre os planos financeiros do governo e em ter esse ritual bem conhecido. O dia do orçamento – geralmente em março, para que mudanças possam ser votadas e entrem em vigor a partir do novo ano tributário no começo de abril – é sempre precedido por semanas, senão meses, de especulação na mídia. Enquanto isso, aqueles que conhecem as informações, principalmente o ministro da Fazenda, o primeiro-ministro, o secretário-chefe do Tesouro e alguns ministros sêniores, servidores públicos e conselheiros políticos, ficam tradicionalmente "isolados" – isto é, não revelam nada sobre os planos orçamentários –, o que evidentemente apenas intensifica os boatos! Quase todo grupo interessado em gastos públicos e tributação procurará obter uma audiência com o ministro da Fazenda ou seus funcionários sêniores a fim de fazer suas reivindicações. Na verdade, o conteúdo do demonstrativo orçamentário não é tão surpreendente quanto era antes de meados da década de

978-85-7241-733-4

1990 uma vez que, desde então, passou também a haver um demonstrativo principal, em novembro, que delineia a situação geral das finanças do país e estima os gastos públicos e as receitas tributárias para os três anos seguintes. Entretanto, os ministros tendem a guardar algo "na manga" para o próprio dia do orçamento: em geral um imposto ou gasto de algum modo "compensador" que eles esperam que ocupem as primeiras páginas dos jornais no dia seguinte ou pelos próximos dias.

Os planos de gastos e tributação do governo são formulados em um projeto de lei orçamentária, o qual deve ser debatido e votado como qualquer outro projeto de lei, com exceção, conforme vimos, da Câmara dos Lordes, que não pode vetar nenhum projeto de lei orçamentária, pois esta é uma atribuição da Câmara dos Comuns. Além disso, o procedimento parlamentar permite que algumas mudanças nos impostos indiretos – aqueles sobre gasolina, álcool, etc. – ocorram algumas horas antes de seu anúncio, geralmente antes de a oposição ter terminado suas respostas imediatas ao orçamento!

O governo precisa obter permissão em cada sessão do Parlamento para gastar dinheiro público, apresentando projetos de lei do Fundo Consolidado. A aprovação desses projetos é uma formalidade, mas há debates sobre eles – que, em geral, ocorrem nas primeiras horas da manhã.

Tal como qualquer indivíduo ou administrador de empresas, o ministro da Fazenda deve equilibrar as receitas – cerca de 95% das quais provêm de impostos – e despesas. De forma similar, se o governo gastar mais que suas receitas, ele deve fazer um empréstimo sobre o qual terá de pagar juros.

A tributação pode ser dividida em duas categorias principais. A tributação direta é cobrada sobre receitas ou lucros – os principais exemplos são o imposto de renda sobre pessoa física e jurídica (sobre os lucros das empresas). A tributação indireta é sobre os gastos – os principais exemplos são o imposto sobre o valor agregado e o imposto sobre combustível. Todos os empregadores são obrigados a recolher e repassar uma porcentagem dos salários de seus empregados às Contribuições para a Segurança Social. Originalmente, esperava-se que essas contribuições cobrissem apenas os custos de auxílio-doença, seguro-desemprego e pensões, com trabalhadores (empregados ou autônomos) recebendo um "selo" para mostrar que tinham contribuído para o sistema e, portanto, tinham o direito de requerer os benefícios. Esse dinheiro seria mantido separado de outras receitas do governo. No entanto, ele é agora considerado parte do "pote" do imposto geral.

Detalhes sobre previsão das receitas e despesas do governo, produção econômica, inflação, produtividade, aumentos de salário e muito mais estão contidos no *Treasury's Red Book*. A maior parte das informações está disponível nos *sites* do governo (ver Fontes e Referências no final do capítulo). Para dar alguns exemplos de gastos: para o ano financeiro de 2001 a 2002, esperava-se atingir em gastos com previdência social cerca de £110 bilhões, ou aproximadamente £2.000 para cada homem, mulher e criança do país; com saúde, chegou-se a cerca de £48 bilhões. As principais fontes de receita para o governo foram, aproximadamente: imposto de renda, £104 bilhões; imposto sobre o valor agregado, £61 bilhões; imposto de renda sobre pessoa jurídica, £38 bilhões. Estimavam-se £5 bilhões de superávit das receitas sobre as despesas – após pagamento de £34 bilhões de empréstimos e dívidas acumulados do governo.

Um dos principais indicadores do desempenho da economia é o Produto Interno Bruto (PIB). Outra medida muito importante é a taxa de inflação (quão rápido os preços estão aumentando). Essa responsabilidade foi tirada (poucos dias após a posse do Governo Trabalhista de 1997) do ministro da Fazenda e passada para a Comissão de Política Monetária do Banco da Inglaterra. Os motivos dessa mudança foram "reter" uma firme disciplina financeira para a saúde da economia a longo prazo e evitar que as taxas de juros fossem manipuladas para fins políticos – os chanceleres tendiam a reduzir as taxas e, por meio disso, os pagamentos de hipotecas e de outros juros para milhões de eleitores, exatamente antes de uma eleição ou conferência do partido! Essa atitude foi apontada por ajudar a produzir o conhecido *boom and bust** na economia do Reino Unido – cortes nos impostos e/ou aumentos nos gastos públicos produzindo mudanças repentinas na inflação, seguidos por aumentos drásticos e, muitas vezes, desastrosos nas taxas de juros e cortes nos gastos públicos.

978-85-7241-733-4

Processo Eleitoral

Apesar de ainda se referir à Câmara dos Lordes como Câmara Alta e de ela ter poderes para adiar ou retificar a legislação, é a Câmara dos Comuns que, na realidade, possui maiores poderes. Ela certamente tem, ao contrário da Câmara dos Lordes, *legitimidade democrática* porque seus membros são eleitos. O eleitorado vota num único membro do Parlamento utilizando o sistema *First Past the Post* ("O Primeiro Lugar") para representar aproximadamente 65.000 eleitores em uma única área geográfica definida, denominada Distrito Eleitoral. Isso significa que uma eleição geral, na qual cada assento na Câmara dos Comuns pode ser disputado, representa na verdade 659 disputas separadas – editais são emitidos pelo Soberano para cada distrito eleitoral – com o resultado final, que é um amálgama dessas disputas separadas.

De acordo com o Registro da Lei dos Partidos Políticos de 1998 e a Lei dos Partidos Políticos, das Eleições e dos Referendos de 2000, os partidos políticos devem ser registrados na nova Comissão Eleitoral. Candidatos individuais devem ser membros de um dos partidos registrados ou candidatar-se como independentes. (O presidente candidata-se como "presidente candidato à reeleição" e, por convenção, não é contestado pelos candidatos dos principais partidos.)

---

* **N. do T.** – Situação em que a economia de um país passa regularmente por períodos de crescimento e queda.

O momento em que se inicia a campanha eleitoral é de importância crucial, visto que é a partir dessa data que começam os limites de gastos feitos pelos candidatos (ver adiante). Até então, os jornalistas devem ser cuidadosos ao chamarem-nos de *prospectivos* candidatos parlamentares e ter certeza de que eles não deduziram que começaram a sua campanha oficial. Para os jornalistas de radiodifusão, o início da campanha "oficial" traz restrições adicionais. O Capítulo 13 trata do assunto com mais profundidade.

O candidato a algum assento não precisa residir naquele distrito eleitoral, mas seu documento de inscrição – apresentado à autoridade eleitoral, no conselho distrital ou regional do distrito eleitoral – precisa do apoio de dez eleitores registrados naquele distrito eleitoral. Ele deve também (a fim de dissuadir candidatos frívolos) efetuar um depósito de £500, que é devolvido caso ele atinja um mínimo de 5% dos votos. O candidato deve também nomear um agente (que deverá morar no distrito eleitoral, mesmo que o candidato não more!) para o qual a correspondência oficial é enviada. Esse agente tem a responsabilidade de assegurar que os gastos durante as eleições sejam mantidos nos limites legais e de apresentar uma relação de gastos à autoridade eleitoral em até 35 dias após a eleição. Para a eleição geral de 2001, o gasto com cada candidato foi limitado a £5.483, mais um subsídio por eleitor de *6,2p** para aqueles em um distrito eleitoral do condado – esses estão predominantemente em áreas do país onde a população está espalhada de forma relativa em pequenos números, tornando-os distritos eleitorais mais dispendiosos nos quais se faz campanha – comparada com 4,6p por eleitor nos distritos eleitorais do distrito administrativo, que estão mais nas áreas urbanas. Além disso, permitiu-se que cada candidato gastasse £600 com despesas pessoais, como contas de hotel. Os gastos nas eleições gerais estão agora sujeitos a um limite nacional, bem como ao limite existente há muito tempo para gastos por e para candidatos em distritos eleitorais individuais.

A votação nas eleições parlamentares ocorre das 7 às 22h. Além de comparecer ao local de votação durante esse horário no dia da eleição, os eleitores podem votar pelo correio (obviamente antes da eleição, mas agora existe o requerimento "geral" para todas as votações) ou escolher um representante (alguém do círculo eleitoral do mesmo distrito eleitoral) para votar em seu nome.

Seja qual for o método de votação, deve-se lembrar que o voto é secreto. É possível para os jornalistas, durante o processo de contagem de votos, determinar como alguém votou, observando o número eleitoral impresso no verso das cédulas de votação, confrontando-o com os nomes e endereços fornecidos para esses números no registro eleitoral (disponível para inspeção e cópia nas bibliotecas públicas) e analisando em qual lista de candidato

978-85-7241-733-4

* **N. do T.** – Em inglês, abreviação de *pence*, usada para se referir a somas em dinheiro inferiores a uma libra.

a cédula está colocada! No entanto, se um jornalista proceder a esse processo trabalhoso, ele nunca deverá revelar a ninguém o que descobriu. Para que isso seja assegurado, os jornalistas muitas vezes têm de assinar uma declaração de sigilo antes de serem autorizados a participar da contagem. É devido à possibilidade de confronto entre nomes e votos que não é permitido que câmeras de televisão cheguem muito perto de onde as cédulas de votação estão sendo apuradas. Os jornalistas devem também se certificar de que, se quiserem noticiar a respeito da contagem e divulgação dos resultados, terão de solicitar uma autorização de entrada no escritório eleitoral no Conselho pertinente. Se meramente aparecerem à noite e pedirem para entrar, poderão ser barrados – mesmo que apresentem sua carteira de jornalista! As autoridades eleitorais podem exercer o direito de controlar quem está presente na apuração dos votos. Outro problema é que, uma vez que o jornalista tenha começado a participar de uma contagem privada, ele pode ser impedido de abandoná-la até o resultado ser anunciado (isso serve também para evitar "vazamento" de informações sobre contagens privadas antes do anúncio oficial). Isso pode ser um problema quando um município está dividido em vários distritos eleitorais e espera-se que um jornalista cubra todos eles. Como o autor pôde comprovar por experiência própria, os jornalistas (bem como cinegrafistas, técnicos de som, etc.) podem encontrar a saída do local de apuração bloqueada por policiais!

O Capítulo 13 traz mais informações sobre as restrições que os jornalistas de radiodifusão enfrentam em sua cobertura nos dias de eleição.

Sistemas Eleitorais Alternativos

Conforme abordado anteriormente, o Reino Unido é singular por ter o sistema *First Past the Post* (FPTP) ou *Winner Takes All* (WTA) ("O Vencedor Leva Tudo") para eleições de seu Parlamento nacional (bem como eleições das unidades administrativas do governo local fora de Londres e Irlanda do Norte). A maioria dos países utiliza um sistema no qual os candidatos eleitos se equiparam o mais próximo possível à proporção dos votos de cada partido em nível nacional ou regional. O nome genérico desses sistemas é Representação Proporcional. O motivo da utilização desses sistemas é que a maioria dos eleitores vota primariamente para apoiar *partidos* políticos específicos, em vez de *candidatos* individuais, e que se o "resultado" geral é derivado de centenas de disputas individuais e não relacionadas, é provável que favoreça desproporcionalmente um partido ou outro. O sistema FPTP/WTA é muito falho em assegurar que o nível nacional de apoio aos partidos se reflita no resultado geral – e no governo que é formado como conseqüência desse processo (na verdade, é uma casualidade estatística se isso ocorrer!).

O sistema britânico tem favorecido os dois grandes partidos – Trabalhista e Conservador – que recebem apoio concentrado em certas áreas ou distritos eleitorais, capacitando-os a conseguir a maior parte de candidatos FPTP. Conforme abordado adiante, o terceiro partido ou aqueles em posições infe-

978-85-7241-733-4

riores, mesmo que tenham níveis muito respeitáveis de apoio nacional e não ganhem o mesmo número de assentos, seriam recompensados pelo sistema de Representação Proporcional. É por essa razão que liberais democratas e outros são os mais interessados na mudança no sistema de votação!

Principais Alternativas ao Sistema Eleitoral Utilizadas no Reino Unido

- *Additional Member System (AMS)*: utilizado para eleições do Parlamento Escocês, da Assembléia do País de Gales e da Greater London Authority (exceto para prefeito de Londres – ver Cap. 12). Uma proporção de candidatos é eleita pelo método FPTP e representa distritos eleitorais, mas aqueles eleitos para um bloco adicional de assentos são eleitos proporcionalmente ao número de votos por partido, em uma lista separada. Os eleitos no sistema *top up* não representam os distritos eleitorais.
- *Single Transferable Vote (STV)*: utilizado para eleições da Assembléia da Irlanda do Norte e dos três membros do Parlamento Europeu para a Irlanda do Norte (e comumente utilizado em eleições de sindicatos). Não é um sistema de Representação Proporcional propriamente dito. É mais apropriado para distritos eleitorais plurinominais. Os eleitores listam candidatos em ordem de preferência. Há uma "linha de chegada" ou *quota* para um candidato bem-sucedido. Uma vez que o candidato tenha atingido esse número de votos de primeira preferência, os votos *excedentes* desse candidato de segunda, terceira, etc. preferências (aqueles que ultrapassam a quota) são distribuídos para serem somados à contagem das primeiras preferências de outros candidatos, até todas as posições terem sido preenchidas.
- *Party List System* (Fechado): sem dúvida, o sistema mais proporcional. Utilizado desde 1999 para eleger membros do Parlamento Europeu, exceto para a Irlanda do Norte – ver anteriormente. Cada região é representada por múltiplos membros – Escócia, País de Gales e Irlanda do Norte são "regiões" com essa finalidade e a Inglaterra está dividida em nove regiões, elegendo 87 membros do Parlamento Europeu em todo o Reino Unido (ver adiante). Os partidos políticos decidem não apenas sobre quem deve estar em cada lista regional, mas também em que ordem eles serão eleitos. Os eleitores assinalam uma lista partidária, ou um candidato sem partido, independente. O primeiro candidato eleito é aquele que está no topo da lista do partido vencedor ou o candidato independente que tem mais votos que qualquer partido ou outro candidato independente. O restante dos assentos é ocupado de acordo com a proporção dos votos que o seu partido recebe; por exemplo, em uma região que elege dez membros do Parlamento Europeu, um partido que recebesse 20% dos votos teria dois membros eleitos. Os candidatos independentes são eleitos se atingirem um limite mínimo necessário para um membro do Parlamento Europeu daquela região – nesse caso, aproximadamente 10% dos votos. É evidente que o resultado quase nunca é exatamente como esse! Outra importante

diferença entre os membros do Parlamento Europeu eleitos sob esse sistema comparado com aquele para o Parlamento de Westminster (ou em eleições do governo local) é que, se um membro do Parlamento Europeu eleito em uma lista partidária morrer ou renunciar, o assento é ocupado pelo candidato que, na eleição anterior, era o próximo na lista partidária. Se um membro do Parlamento Europeu eleito em uma lista partidária posteriormente abandonar aquele partido, não é necessário que ele renuncie àquele assento. Apenas se um candidato independente morrer é que se realiza uma eleição suplementar.

Partidos Políticos: Introdução

Todos os membros do Parlamento, com exceção de um eleito na eleição geral de 2001, são membros e representantes de um partido político. No moderno sistema político britânico, os maiores partidos e, conseqüentemente, mais significativos, são de fato coalizões entre pessoas com perspectivas diferentes e, muitas vezes, competitivas que, em virtude do sistema eleitoral FPTP, têm sido obrigadas a disputar votos sob a mesma organização. Em países com o sistema de Representação Proporcional (ver anteriormente), cada um dos principais partidos políticos ficaria dividido em diversos partidos isolados, vários dos quais – a fim de formar um governo estável e eficaz – seriam obrigados a criar uma coalizão *após* a eleição. No Reino Unido, a coalizão ocorre *antes* das eleições e de forma "permanente". Às vezes, as tensões internas de um partido não são resolvidas, a oportunidade para conciliação esgota-se e as pessoas manifestam suas "piores qualidades". Os jornalistas que fazem a cobertura dos partidos políticos precisam estar cientes dessas tensões e contradições nas perspectivas e filosofias políticas entre diferentes membros partidários e candidatos. O processo de selecionar líderes partidários e prospectivos candidatos parlamentares (ver a seguir sobre como os partidos fazem isso) geralmente produz controvérsias e dissidências – um prato cheio para qualquer jornalista! Uma coisa é certa: qualquer partido empenhado em ganhar poder precisa ir além de seu "próprio distrito eleitoral" para atingir a grande massa de eleitores; essencialmente, ele precisa apreender o "meio termo" das questões políticas e assegurar-se de projetar uma razoável frente unida, bem como, evidentemente, oferecer políticas atrativas e ministros (potenciais), sobretudo um primeiro-ministro.

978-85-7241-733-4

Partido Conservador (e Unionista)

Essa é a versão "moderna" de um partido formado a partir do antigo Partido Tory (por isso a troca comum entre "Conservador" e "Tory" atualmente) e remonta à Lei da Reforma de 1832, que conduziu à origem do partido e do sistema eleitoral em operação nos dias atuais. A parte "unionista" de seu título oficial indica o forte compromisso do partido pela união contínua da Irlanda do Norte (e, por extensão, dos países recentemente descentralizados, o País de Gales e a Escócia) com o restante do Reino Unido. Em termos de

978-85-7241-733-4

eleições nacionais, ele tem sido o partido mais bem-sucedido do Reino Unido, o único a ter um período de governo mais longo e ininterrupto (1979-1997) no século XX. Na eleição geral de 1997, porém, os conservadores experimentaram a maior derrota política de qualquer partido dos tempos modernos, incluindo a extinção de assentos na Escócia e País de Gales. A eleição geral de 2001 trouxe mais humilhação ao partido, que acrescentou apenas um assento ao seu total líquido em relação à eleição anterior.

Após a derrota de 1997, as regras para eleger o líder do partido foram alteradas significativamente e hoje esse processo inclui o quadro de membros do partido como um todo, em vez de, como anteriormente, apenas os membros do Parlamento conservadores. Cabe aos membros do Parlamento, porém, dar o voto de censura ao líder. Se essa moção for apoiada por pelo menos 51% dos membros do Parlamento do partido, o líder não pode aspirar à reeleição e deve renunciar. Os candidatos são votados pelos membros do Parlamento em um processo de eliminação, com o candidato mais fraco sendo excluído a cada etapa, até que sobrem dois candidatos na disputa pela liderança, a qual é determinada em uma votação final com cada membro do partido tendo um voto. A primeira eleição sob esse sistema ocorreu no final do verão de 2001, quando Iain Duncan Smith derrotou seu rival Kenneth Clarke por 61% a 39% dos votos dos membros do partido.

O processo de escolha dos prospectivos candidatos parlamentares iniciase com os aspirantes obtendo a aprovação do diretório central para integrar a lista de candidatos aprovados. A seleção passa, então, para a Associação do Distrito Eleitoral local, que decide sobre a lista final de candidatos. O processo termina com uma reunião geral dos membros da Associação do Distrito Eleitoral, que votam em quem eles desejam que concorra à próxima eleição.

Uma significativa base de poder do Partido Conservador é o *1922 Committee* (assim chamado porque foi formado naquele ano!), que representa os membros do Parlamento da bancada do partido. Uma nova organização – o Conselho Administrativo – agora representa os maiores setores do partido: membros do Parlamento e membros do Parlamento Europeu, Diretório Central do Partido Conservador (os funcionários e organizadores "profissionais" de tempo integral) e os militantes voluntários do partido em todo o país. Metade do quadro de membros desse Conselho é eleita pelo líder e o diretório central; a outra metade, pela Convenção Anual, novo nome da conferência anual do partido. Propostas políticas desenvolvidas pelo Fórum Político Conservador – um "solucionador de problemas" envolvendo todos os setores do partido e alguns fora dele – são debatidas na Convenção.

Partido Trabalhista

O Partido Trabalhista surgiu como uma combinação de sociedades socialistas, partidos cooperadores e representantes políticos de movimentos sindicais. Tem sido muito menos bem-sucedido que o Partido Conservador no governo nacional – formando administrações em apenas 21 dos 56 anos do pós-guerra, de 1945 a 2001. A eleição geral de 2001 resultou em um segundo mandato historicamente satisfatório para o partido – algo que ele nunca havia conseguido antes.

O líder do partido é escolhido por um colégio eleitoral que consiste em três partes, cada uma com um terço de toda a votação: sindicatos, o Partido Trabalhista Parlamentar (membros do Parlamento) e membros individuais do partido, por meio de seu diretório local do Partido Trabalhista. Estes e os sindicatos precisam ter os votos de seus membros individuais antes de darem o seu voto.

978-85-7241-733-4

A seleção de prospectivos candidatos parlamentares normalmente começa com a indicação de aspirantes partidários por uma divisão do partido – incluindo sindicatos e partidos distritais e filiais – e, em geral, entrando para a Lista Nacional de Aprovados. No entanto, o diretório local do Partido Trabalhista – composto de várias filiais, relacionando-se com os limites dos distritos do governo local – não precisa escolher seu candidato a partir dessa lista. Embora todos os membros do Parlamento em exercício tenham de ser formalmente re-selecionados antes de cada eleição geral, eles são automaticamente selecionados caso recebam os votos de 25% das seções de indicação. Caso contrário, a Comissão de Administração Geral examina, entrevista e alista os candidatos, sendo a última seleção votada por todo o diretório local do Partido Trabalhista com base no princípio "um membro, um voto". O obstáculo final fica para a Comissão Executiva Nacional, que aprova a seleção.

As dccisõcs sobrc a política partidária c os compromissos do manifesto constituem um processo complexo, incluindo um Fórum de Política Nacional, que formula propostas encaminhadas à Conferência Anual do Partido, onde o voto por representação dos sindicatos é ainda um elemento importante. A organização do partido é administrada pela Comissão Executiva Nacional, que tem 33 membros e contém, entre outros, espaços reservados para sindicatos, líder e vice-líder do partido, diretório local do Partido Trabalhista e representantes do governo local.

Partido Liberal Democrata

O Partido Liberal Democrata é resultado de uma coalizão entre dois partidos distintos: o Partido Liberal e o Partido Social Democrata, formado primariamente por membros descontentes do Partido Liberal. O Partido Liberal Democrata é hoje considerado mais radical – e até mesmo mais esquerdista – que o Partido Trabalhista "modernizado", com disposição para promover uma tributação extra para gastos com saúde e educação, firmemente "pró-Europa" e defensor das liberdades civis.

O líder do partido é selecionado em um sistema direto de "um membro, um voto". O partido possui uma estrutura federal, com organizações distintas para Inglaterra, Escócia e País de Gales, que decidem sobre os procedimentos de seleção dos prospectivos candidatos parlamentares. Uma

Comissão Política Federal formula diretrizes políticas para Inglaterra e País de Gales e inclui membros eleitos na Conferência Partidária Federal realizada semestralmente. A diretriz política da Escócia é decidida em uma conferência escocesa separada. Uma comissão executiva da Comissão Política Federal é responsável pela organização nacional.

Não se deve referir-se ao Partido Liberal Democrata como "o partido liberal" ou mesmo "os liberais" (algo próprio da simplificação que é utilizada por seus rivais políticos), visto que existe um Partido Liberal independente que seleciona seus próprios candidatos, com algum êxito no governo local e cujas políticas – inclusive aquelas sobre a "Europa" – são muito diferentes das do Partido Liberal Democrata. Os jornalistas devem utilizar o título completo ou reduzi-lo para "liberais democratas".

Grupos de Pressão

Muitas organizações com interesses muito diferentes procuram influenciar as políticas dos principais partidos políticos. Essas organizações variam de sindicatos, comércio, indústria e varejistas até grupos ambientalistas, associações protetoras de animais, institutos da mulher e muito mais. Diversas instituições de caridade separam suas atividades de angariação de fundos das de *lobby* político. Todos esse tipos de organizações – aos quais podemos dar o título genérico de "grupos de pressão" – são excelentes fontes para os jornalistas e ajudam a fornecer diferentes pontos de vista ao discutir questões de política pública. Muitos possuem assessores de imprensa ou de relações públicas experientes que dão entrevistas, etc. O único e melhor guia de referência para eles e seus detalhes de "contatos" provavelmente seja o *Guardian Media Handbook* (Peak and Fisher, 2002).

Às vezes, não há clareza na distinção entre grupo de pressão e partido político. De modo geral, podemos afirmar que um grupo de pressão tenta influenciar a produção política de um partido político, visto que é por seu intermédio que é possível realizar mudanças central, local e internacionalmente. É evidente que os grupos de pressão empenham seus maiores esforços buscando persuadir os principais partidos do governo, e pode ser que acreditem que um partido provavelmente seja mais solidário que outro. Por exemplo, a campanha de desarmamento nuclear alcançou seu maior êxito como grupo de pressão na metade da década de 1980, quando o Partido Trabalhista adotou a principal política desse grupo – a do Reino Unido assumir a liderança na retirada gradual das armas nucleares. É duvidoso se a campanha de desarmamento nuclear gastou muito tempo tentando convencer o Partido Conservador – no poder naquela época – da eficácia dessa política! Contudo, as coisas realmente mudam e, do início para a metade da década de 1990, talvez seja justo afirmar que a Confederação das Indústrias Britânicas gastou tanto tempo tentando influenciar o Partido Trabalhista da oposição quanto gastou com o Partido Conservador do governo, visto até então como seu "aliado natural".

978-85-7241-733-4

A outra principal diferença entre os grupos de pressão e os partidos políticos é que os primeiros costumam ser vistos como "grupos de interesse único", enquanto os partidos políticos do Reino Unido, devido principalmente ao sistema eleitoral FPTP, são como "igrejas liberais", isto é, compostos de pessoas com diferentes convicções e opiniões. No entanto, essas diferenças ficam menos evidentes quando os grupos de pressão também indicam candidatos nas eleições. Normalmente, esses candidatos não têm uma expectativa real de sucesso, mas utilizam as eleições para dar publicidade e promover a conscientização de seus pontos de vista – a distribuição gratuita do material eleitoral de cada candidato nas eleições parlamentares é um modo muito compensador em termos de custo de transmitir idéias! O movimento "verde" ou ambiental, na forma do Partido Verde, tem candidatos em muitas eleições parlamentares locais e (com mais sucesso) nas eleições do Parlamento Europeu. Evidentemente, o Partido Verde diria não constituir um grupo que defende uma única causa – o cuidado e a proteção do meio ambiente está, ou deveria estar, vinculado a todo tipo de política. Similarmente, o partido *UK Independence Party* (UKIP) – também bem-sucedido em ter candidatos eleitos para o Parlamento Europeu em 1999 –, apesar de evidentemente associado com a política de exclusão do Reino Unido da União Européia, não se refere a si mesmo como um grupo que defende uma única causa, e produz manifestos com ampla variedade de políticas.

978-85-7241-733-4

Organização Não-governamental quase Autônoma

Organização Não-governamental quase Autônoma, ou *Quasi Autonomous Non Governmental Organization* (QUANGO), é um órgão envolvido em realizar o trabalho do governo, basicamente responsável perante o governo e Parlamento, mas não faz parte de um departamento governamental nem está sob o controle direto dos ministros. O governo prefere chamar a maioria das QUANGO de Órgãos Públicos Não-departamentais ou Agências Executivas Próximos Passos. Seja qual for a denominação, não há dúvida de que elas têm crescido consideravelmente nos últimos anos e consomem quantias crescentes de gastos públicos. As QUANGO podem ser subdividas em várias categorias gerais:

- *Órgãos públicos,* estabelecidos pela Lei do Parlamento e geralmente patrocinados pelos departamentos governamentais; por exemplo, Agência do Meio Ambiente, Conselhos de Artes, Serviço de Consultoria, Conciliação e Arbitragem.
- *Agências executivas*: a maioria utilizada como parte dos ministérios, porém funcionando hoje de acordo com uma *declaração de missão* geral, "a distância" do governo; por exemplo, Agência de Benefícios, Casa da Moeda Real, Agência de Licenciamento de Motoristas e Veículos.
- *Órgãos reguladores*: especialmente aqueles para antigas utilidades públicas agora administradas por empresas privadas, mas que detêm um

978-85-7241-733-4

monopólio efetivo. Seus termos de referência variam um pouco: alguns são departamentos governamentais, mas não estão sob a supervisão de ministros; outros são até mesmo mais "independentes" do governo. Alguns exemplos: *Office of Water Services* (OFWAT), um regulador independente de companhias de saneamento e abastecimento de água na Inglaterra e País de Gales; Autoridade Estratégica de Ferrovias e *Office of Fair Trading*, departamento inglês responsável pela fiscalização da concorrência entre as empresas.

- *Órgãos de comissões e consultorias*: estabelecidos pelo Parlamento para aconselhar e ajudar a formular a política governamental. Alguns exemplos: *English Heritage* (órgão de preservação do patrimônio histórico e cultural da Inglaterra), Comissão de Análise de Casos Criminais, Agência das Normas Alimentares (*Food Standards Agency*).

Sem dúvida, a maior QUANGO – ou, mais precisamente, grupo de QUANGO – é o *National Health Service* (NHS).

National Health Service

O NHS é financiado principalmente por impostos gerais e contribuições da previdência social e representa cerca de 6% do PIB do Reino Unido, constituindo também o maior empregador do país. Na Inglaterra, é administrado pelos *NHS Trusts* locais. É autônomo, mas responsável perante o secretário de Estado. O controverso mercado interno do NHS foi abolido em abril de 1999. Na Inglaterra, clínicos gerais e enfermeiros comunitários trabalham juntos em grupos de atenção primária, com acordos para prestação de serviços a longo prazo, substituindo contratos anuais. Na Escócia, existem agora as cooperativas locais de tratamento de saúde e os *NHS Trusts* foram reorganizados em 13 centros primários de atendimento e 15 centros especializados. No País de Gales, há os grupos locais de tratamento e a Irlanda do Norte possui 20 centros de saúde e serviços sociais.

Na Inglaterra, o serviço é chefiado pelo *NHS Executive*, sediado em Leeds e formado a partir de oito escritórios regionais (os antigos serviços regionais de saúde, conhecidos como *Regional Health Authorities*). Subordinados a ele estão 100 autoridades sanitárias. Os presidentes são nomeados pela Secretaria de Saúde e os membros não-executivos, pelo órgão regional relevante do *NHS Executive*. No País de Gales, há cinco autoridades sanitárias, sendo o presidente e os membros não-executivos escolhidos pelo primeiro-secretário. Na Escócia, há 15 Departamentos de Saúde – similares às autoridades sanitárias. A Irlanda do Norte possui quatro departamentos de saúde e serviços sociais.

União Européia: Introdução e Informações Básicas

Como mencionado no primeiro tópico sobre a Constituição, uma das maiores mudanças na Constituição do Reino Unido ocorreu quando, em 1973, o país tornou-se parte do que era então denominado Comunidade Européia, freqüentemente chamada de "Mercado Comum". Os ministros do governo conservador, eleitos em 1970, assinaram o Tratado de Roma e conduziram o altamente controverso projeto de lei, por intermédio do Parlamento, que dava amparo legal aos membros do Reino Unido. Embora algumas pessoas afirmem ter pensado que o Reino Unido estava apenas assinando um acordo comercial, os ambiciosos por trás do que é agora a União Européia sempre o encararam como um acordo essencialmente político. Os membros da União Européia têm importância constitucional porque, como vimos, as leis elaboradas por ela têm precedência sobre as leis aprovadas pelo Parlamento do Reino Unido, e o Tribunal de Justiça da União Européia é mais poderoso até mesmo que o Tribunal Superior do Reino Unido – as divisões de apelação da Câmara dos Lordes. Além disso, a União Européia tem estendido suas *áreas de competência* (poder) em quase todos os principais aspectos do controle da nação – incluindo direitos trabalhistas, política monetária, justiça, policiamento e política externa e de segurança, inclusive planos para a Força de Defesa Européia, sob um comando independente da Organização do Tratado do Atlântico Norte (OTAN; ver adiante). Grandes somas de dinheiro provenientes do contribuinte britânico – principalmente da taxação de circulação de mercadorias e serviços – são enviadas à União Européia para redistribuição entre os Estados-membros, em especial para a política de desenvolvimento agrícola e regional. Esses aspectos, em si mesmos, poderiam causar controvérsias em um país com período longo e ininterrupto de autogoverno. Porém, a União Européia é uma fonte de debate até mesmo mais resistente devido ao seu *déficit democrático* – afirma-se que o cidadão comum possui capacidade realmente limitada de influenciar as decisões tomadas pelas instituições da União Européia, muito menos eleger ou remover quem toma essas decisões.

978-85-7241-733-4

A União Econômica e Monetária (UEM) inclui o estabelecimento de uma taxa de juros comum pelo Banco Central Europeu (ver adiante), a "harmonia" das políticas fiscais e de gastos e a extinção das moedas nacionais em favor de uma moeda única – o euro – que todos os Estados-membros (com exceção do Reino Unido, Dinamarca e Suécia, aos quais foi concedido um *opt out* – o direito de decidir por si mesmos) são obrigados a aderir desde que satisfaçam certos critérios econômicos. O euro foi introduzido nos países da UEM em janeiro de 2002 e substituiu as moedas nacionais poucos meses depois.

Quanto ao Direito Comunitário, há três tipos principais:

- *Regulamentos*: aplicados a todos os Estados-membros diretamente, sem que governos ou Parlamentos nacionais precisem tomar novas medidas a fim de implementá-los.
- *Diretivas*: obrigam os Estados-membros a cumprir as decisões, mas permite que os governos e Parlamentos nacionais decidam como serão implementadas (por exemplo, mudar a legislação interna).

- *Decisões*: determina, em detalhes, por quem serão tomadas; podem ser os Estados-membros, organizações, empresas ou indivíduos.

978-85-7241-733-4

Além disso, a União Européia pode fazer recomendações e dar opiniões – mas essas não são obrigatórias.

Instituições da União Européia – Poderes e Responsabilidades

Comissão

É difícil comparar essa instituição com algum órgão ou organização do governo nacional britânico, visto que ela é uma mistura entre o serviço civil e o executivo: propõe acordos, políticas e (de modo mais controverso) diretivas ou leis (ver adiante), além de administrar os negócios da União Européia. A Comissão estabelecida em 1999 permaneceu em vigor até 2004, para coincidir com o ciclo de cinco anos das eleições do Parlamento Europeu (ver adiante). Quando este livro foi escrito havia 20 delegados sediados em Bruxelas, nomeados por 15 Estados-membros da época. Pode-se concluir assim que alguns países nomeiam mais de um delegado: Reino Unido, França, Alemanha, Itália e Espanha, por serem os países mais populosos, nomeiam, cada um, dois delegados. O modo como as responsabilidades são partilhadas tem alguma relação com o sistema do Gabinete do Reino Unido, já que cada delegado é responsável por uma área específica das atividades da União Européia, denominadas Direções-Gerais, e espera-se que atuem pelos interesses da entidade como um todo, em vez de apenas pelos países que os nomearam. Concede-se adicionalmente a um dos delegados o título de presidente da Comissão.

Conselho da União Européia ou Conselho dos Ministros

O nome Conselho dos Ministros costuma ser utilizado para evitar confusão com o completamente distinto Conselho Europeu – ver adiante. O Conselho dos Ministros é constituído de ministros dos Estados-membros e sua composição, em qualquer época, depende do assunto discutido – os ministros da Agricultura dos governos nacionais dos Estados-membros reúnem-se para elaborar políticas sobre agricultura, etc. As políticas e diretivas da União Européia surgem a partir de negociações que se realizam nesses Conselhos. Portanto, na maioria dos casos, pode-se dizer que o Conselho dos Ministros é o órgão, ou conjunto de órgãos, mais poderoso da União Européia. Cada Estado-membro assume a presidência da União em sistema de rodízio por seis meses, representado pelo Chefe de Governo daquele país. O país que assume a presidência organiza e preside as reuniões de cada Conselho e, a cada seis meses, em geral, inclui um Conselho maior, ou de cúpula, realizado no país do presidente em exercício, o que muitas vezes envolve mudanças e acréscimos em todos os tratados que regem as atividades da União Européia – efetivamente seus poderes constitucionais. Comparecem ao conselho/cúpula os Chefes de Governo de cada Estado-membro, seus ministros das Relações Exteriores, o presidente da Comissão e um delegado.

Os políticos do Conselho são apoiados, assim como no sistema britânico, por uma equipe de servidores públicos: o Comitê de Representantes Permanentes. Assim como no Conselho, esses servidores públicos são procedentes dos departamentos relevantes da área sob negociação, indicados por seus respectivos países. A fim de assegurar a continuidade e experiência durante o período de rodízio da presidência, há também uma categoria de servidores públicos que cuida da administração da União Européia como um todo, indicada pelos Estados-membros, denominada secretariado-geral.

Uma vez que propostas estáveis surgem por parte do Conselho dos Ministros, há um processo de votação formal que é ponderado dependendo das populações representadas por cada Estado-membro. Há um total de 87 votos, distribuídos conforme demonstrado a seguir:

- França, Alemanha, Itália e Reino Unido: 10 votos cada.
- Espanha: 8 votos.
- Bélgica, Grécia, Países Baixos e Portugal: 5 votos cada.
- Áustria e Suécia: 4 votos cada.
- Dinamarca, Finlândia e Irlanda: 3 votos cada.
- Luxemburgo: 2 votos.

O número de votos para cada Estado, porém, não é o aspecto mais controverso desse sistema – essa honra está relacionada ao tamanho de uma maioria necessária para cada questão e como essa maioria é composta! Para a maior parte dessas questões, a proposta deve obter 62 votos (71%) a fim de tornar-se uma decisão ou diretiva política obrigatória. Para assegurar que países maiores e mais populosos não utilizem o sistema de ponderação com o objetivo de fazer com que sejam aceitas propostas em detrimento dos países menores, em algumas áreas mais controversas existe a votação por maioria qualificada. Nesses casos, os *62* votos devem ser provenientes de pelo menos *10* Estados-membros. Todos os Estados-membros devem votar a favor em assuntos mais controversos, como impostos. O que provavelmente suscita os aspectos mais controversos da União Européia é essa atual necessidade de *unanimidade* e de propostas para abolir a exigência, quando novos Estados tornam-se membros da União. Muitos afirmam que, na medida em que a União é composta de 20 ou mais Estados, é impossível obter aprovação unânime das propostas e será necessária a expansão de uma forma de votação por maioria.

978-85-7241-733-4

Parlamento Europeu

O Parlamento Europeu – que consiste em 626 membros do Parlamento Europeu – reúne-se em público em um de seus dois edifícios parlamentares, em Bruxelas e Estrasburgo. Os debates são simultaneamente traduzidos para as 11 línguas oficiais da União Européia. Seu papel principal é inspecionar e discutir as decisões procedentes do Conselho dos Ministros, sobretudo sobre orçamentos, e seus poderes incluem rejeitar essas decisões por meio de um processo denominado retomada de decisão. Além de suas sessões principais ou de plenário, o Parlamento Europeu possui 20 comissões permanentes – a maioria das quais "protege" as 20 áreas de responsabilidade da Comissão – bem como várias subcomissões.

Seria incorreto pensar que o Parlamento Europeu tem poderes equivalentes aos do Parlamento Britânico, tanto para elaborar leis como obrigar o Executivo a prestar contas. Porém, ele pode rejeitar o orçamento proposto pela Comissão em sua totalidade e demitir toda a Comissão. Um ameaça de demissão por parte do Parlamento Europeu em 1999 – depois que os chamados "homens sábios" descobriram fraude e corrupção de grandes proporções – resultou na renúncia de toda a Comissão.

O quadro de membros do Parlamento Europeu é proporcional ao número de habitantes de cada Estado-membro. Desde 1999, todos os países da União Européia são divididos em regiões, as quais elegem uma quantidade de membros do Parlamento Europeu de acordo com sua população. O Reino Unido tem um total de 87 membros do Parlamento Europeu. Diferentemente dos candidatos às eleições do Parlamento de Westminster (nacional), os candidatos podem ser membros da Câmara dos Lordes e, naturalmente, de qualquer país da União Européia.

Cada Estado-membro organiza as eleições dos membros do Parlamento Europeu, que se realiza por intermédio da União Européia a cada cinco anos na mesma semana de junho. Contudo, assim como ocorre com outras eleições, as eleições do Reino Unido são realizadas em uma quinta-feira e, uma vez que a maioria do restante da União Européia elege seus membros do Parlamento Europeu no final de semana, os votos britânicos não são contados ou anunciados até domingo. Como mencionado anteriormente, o Reino Unido elege seus membros do Parlamento Europeu no continente britânico por meio de uma lista (partidária) de representação proporcional fechada e regional; assim, a probabilidade de um candidato ser eleito aumenta ao ser colocado em uma posição elevada na lista de seu partido. Candidatos individuais e independentes devem, evidentemente, ser bem-sucedidos por seus próprios méritos. Os membros do Parlamento Europeu da Irlanda do Norte são eleitos pelo sistema de voto único transferível. A Inglaterra está dividida em nove regiões; Escócia, País de Gales e Irlanda do Norte são considerados cada um como uma região. O número de membros do Parlamento Europeu eleitos por região é o seguinte:

- Sudeste: 11 membros.
- Londres e Noroeste: 10 membros cada.
- Escócia, Leste e Midlands Ocidental: 8 membros cada.
- Sudoeste, Yorkshire/Humberside: 7 membros cada.
- Midlands Oriental: 6 membros cada.
- País de Gales: 5 membros.
- Nordeste: 4 membros.
- Irlanda do Norte: 3 membros.

Para enfatizar que é um Parlamento *Europeu*, em vez de apenas um amálgama de Estados-nação independentes, os membros do Parlamento Europeu reúnem-se e votam em grupos políticos de âmbito europeu, os maiores sendo o Grupo do Partido dos Socialistas Europeus e o Grupo do Partido Popular Europeu.

Como podemos ver, o processo de tomada de decisão é muito complexo, mas para se chegar a uma plena compreensão do assunto, podemos simplificá-lo como se segue: a Comissão *propõe*; o Conselho dos Ministros *decide*; o Parlamento (Europeu) *ratifica*.

Mas esse não é o final da história! Os outros órgãos principais da União Européia são:

978-85-7241-733-4

- *Tribunal de Justiça Europeu*: com sede em Luxemburgo, possui 15 juízes e nove advogados gerais escolhidos entre os Estados-membros. Dependendo da importância ou complexidade da questão (que pode ser a conduta de um Estado-membro como um todo, ou certos aspectos, como comércio), o tribunal reúne-se como órgão – um plenário – ou em Câmaras de três a cinco juízes. Como mencionado anteriormente, a importância do Tribunal de Justiça Europeu está relacionada com seus poderes de mudar as leis e a Constituição dos Estados-membros. Ele não deve ser considerado imparcial na forma como pensamos a respeito dos tribunais do Reino Unido, mas sim um defensor do desenvolvimento político e econômico da União Européia. Suas decisões judiciais são obrigatórias para todos os Estados-membros, indivíduos, empresas e organizações, e não há qualquer direito de apelação.
- *Banco Central Europeu*: com sede em Frankfurt e estabelecido em 1998, é responsável pela UEM, incluindo a operação da moeda única, o euro, que entre outras coisas envolve a fixação de uma taxa de juros comum na "zona do euro".
- *Banco Europeu de Investimento*: com sede em Luxemburgo, fornece empréstimos a longo prazo para investimento de capital em apoio ao desenvolvimento econômico e à competitividade industrial da União Européia como um todo.

Principais Políticas e Áreas de Gastos da União Européia

Algumas das políticas mais importantes (e controversas) que ocupam a maior parte do orçamento da União Européia são:

- *Política agrícola comum*: estabelece as "quotas" de produção de quase todos os alimentos e fornece subsídios.
- *Política comum das pescas*: estabelece quotas para a pesca de todos os principais peixes de água salgada, limita a frota pesqueira de cada país e decide onde podem operar.
- *Fundos estruturais*: cerca de um terço do total do orçamento da União Européia é destinado a essa área. Esses fundos são distribuídos entre os

Estados-membros dependendo da riqueza e atividade econômica de cada um deles, a fim de "estabilizar" ou "harmonizar" as economias de todas as partes da União Européia. Concede-se às regiões mais pobres – como Merseyside, na Inglaterra – o *status* de Objetivo 1. Os fundos estruturais são divididos em diferentes áreas de atividade e interesse. Para o Reino Unido, as mais significativas são: Fundo Europeu de Desenvolvimento Regional, que fornece fundos para várias infra-estruturas e projetos de desenvolvimento industrial, e Fundo Social Europeu, voltado principalmente ao incentivo da educação e formação profissional. Todas essas políticas têm de ser enviadas para consulta ao Comitê das Regiões, que tem a incumbência de obedecer ao que se espera que seja um dos princípios permanentes da União Européia – subsidiariedade: as decisões devem ser tomadas de forma, no mínimo, satisfatória. Na maioria dos casos, os fundos estruturais fornecem apenas parte dos fundos para qualquer projeto; o Estado-membro oferece o restante: fundos de contrapartida. Esse é um campo imensamente controverso e o jornalista deve estar ciente das divergências entre políticos em áreas do governo nacional, local ou descentralizado em relação à muitos desses projetos!

978-85-7241-733-4

Outras Organizações Internacionais das quais o Reino Unido Faz Parte

Apresenta-se aqui um resumo de algumas outras principais organizações que exercem efeito significativo sobre o comando do país.

- *Conselho da Europa*: *não* confundir com União/Comissão Européia, etc. Fundado em 1949, tem o objetivo de promover o progresso social, político, econômico e cultural entre seus membros. Há um comitê de ministros das Relações Exteriores dos países-membros que se reúne duas vezes por ano e uma Assembléia Parlamentar composta de 291 representantes. Uma das principais realizações do Conselho da Europa em seus primórdios, em conseqüência da Segunda Guerra Mundial, foi a Convenção Européia dos Direitos Humanos de 1950, dando origem ao Tribunal dos Direitos Humanos, com sede em Estrasburgo, cujas decisões são vinculadas aos tribunais e governo do Reino Unido. Como vimos, a Convenção foi incorporada ao Direito interno britânico pela Lei dos Direitos Humanos de 1998. Desse modo, os cidadãos britânicos não precisam mais ir até Estrasburgo para defender suas causas.
- *Organização Mundial do Comércio*: sucessora do Acordo Geral de Tarifas e Comércio, seu principal objetivo é promover o "livre comércio", desfazendo acordos e práticas comerciais restritivos no interior e entre países. A filosofia subjacente à organização defende que o irrestrito mercado capitalista aumentará a prosperidade econômica do mundo em geral, bem como de cada nação. As principais reuniões da Organização Mundial do

Comércio são rotineiramente acompanhadas por grandes, e muitas vezes violentas, manifestações anticapitalistas promovidas por quem acredita que as decisões tomadas pela organização, na realidade, aumentam as divergências entre as nações e povos ricos e pobres.

- *Comunidade (Britânica) de Nações*: grupo composto de 54 Estados e nações independentes e domínios do Reino Unido. Todos faziam parte, no passado, do Império Britânico e/ou Liga das Nações. Como vimos, a organização é chefiada pelo Soberano do Reino Unido (a Rainha). A idéia original de *comunidade* – com comércio preferencial e unificado entre os países-membros – foi ultrapassada e anulada pelo desenvolvimento e a crescente importância da União Européia e Organização Mundial do Comércio. A entidade preocupa-se hoje principalmente com a influência política, em vez de novos acordos econômicos e comerciais.
- *G8 (anteriormente G7)*: desde 1975 os chefes de Estado ou governo das maiores democracias industrializadas reúnem-se anualmente para discutir as principais questões econômicas e políticas do momento. O atual G8 começou com seis países: França, Estados Unidos, Reino Unido, Alemanha, Japão e Itália. O Canadá uniu-se a eles na segunda cúpula. A cúpula de 1998, em Birmingham, Reino Unido, presenciou o completo envolvimento da Rússia pela primeira vez – formando o G8. Milhares de jornalistas acompanham todas as reuniões, e a cúpula anual é um dos maiores eventos do calendário político internacional.
- *Organização do Tratado do Atlântico Norte (OTAN)*: formada em 1949, atualmente constitui-se de 17 países europeus, mais (crucialmente) os Estados Unidos e o Canadá. Está designada para prover a defesa comum dos países-membros. O Artigo 5º de sua Constituição, que em essência declara que *atacar um significa atacar todos,* foi invocado pela primeira vez em setembro de 2001 em resposta ao ataque terrorista nos Estados Unidos. O Conselho do Atlântico Norte, presidido pelo secretário-geral, é a autoridade máxima da aliança e composto de representantes permanentes de 19 Estados-membros.
- *Organização das Nações Unidas (ONU)*: estabelecida logo após a Segunda Guerra Mundial por 51 países com o objetivo principal de impedir outro conflito mundial – e as circunstâncias que levaram à guerra. Atualmente, quase todas as nações do mundo fazem parte da ONU: somam-se 192 países-membros. Quando os Estados tornam-se membros das Nações Unidas, concordam em aceitar as obrigações constantes na Carta das Nações Unidas, um tratado internacional que descreve os princípios básicos das relações internacionais. De acordo com a Carta, a ONU tem quatro objetivos: manter a paz e segurança internacional, desenvolver relações amigáveis entre as nações, cooperar nas soluções de problemas internacionais e na promoção do respeito aos direitos humanos e ser um centro de harmonização entre os atos das nações. Os membros da ONU são países soberanos. A entidade não é um governo mundial nem elabora leis. Possui seis órgãos principais. Cinco deles – a Assembléia Geral, o Conselho

978-85-7241-733-4

de Segurança, o Conselho Econômico e Social, o Conselho de Tutela e o Secretariado – estão estabelecidos na sede das Nações Unidas em Nova York. O sexto, o Tribunal Internacional de Justiça, está localizado em Haia, Países Baixos. A Carta das Nações Unidas atribui ao Conselho de Segurança a responsabilidade primária pela manutenção da paz e segurança internacional. De acordo com a Carta, todos os Estados-membros são obrigados a cumprir as decisões do Conselho. Há 15 membros do Conselho, incluindo o Reino Unido, que é também é um dos cinco membros permanentes; os outros são China, França, Federação Russa e Estados Unidos. Os outros dez são eleitos pela Assembléia Geral por um período de dois anos. A aprovação das decisões do Conselho requer nove votos "sim". Exceto para os votos sobre questões processuais, uma decisão não pode ser tomada caso haja um voto "não", ou veto, por parte de um membro permanente.

Cobertura Jornalística do Governo Central

A partir dessa descrição do governo central – com o uso freqüente da palavra "sigilo" –, pode parecer que o jornalista se confronta com a impossível tarefa de noticiar o que acontece em Whitehall e Westminster (e essa tarefa não deve ser considerada apenas para os jornalistas estabelecidos em Londres; a mídia regional, em especial os jornais impressos, estão cada vez mais "na mira" dos ministros do governo e de seus funcionários). Não há dúvida de que, conforme mencionado no Capítulo 1, o Reino Unido possui uma das culturas e um dos sistemas mais fechados das "democracias liberais do Ocidente". A evolução da Constituição não incluiu um acréscimo substancial de transparência ou abertura no centro do poder (ver Cap. 13 para uma possível discussão sobre a Lei da Liberdade de Informação e outras abordagens legais, bem como as dificuldades encontradas nas atividades de relatar notícias a respeito das QUANGO e, no Cap. 12, como o trabalho de noticiar o que acontece no governo local tornou-se mais difícil).

Divulgar notícias sobre a União Européia é ainda mais problemático – e, se alguma vez uma organização mereceu ser o centro das atenções dos jornalistas, certamente esta é a União Européia.

No entanto, jornalistas persistentes e diligentes podem, muitas vezes, descobrir informações sobre "o que realmente está acontecendo". Em primeiro lugar, evidentemente, os procedimentos do Parlamento, nas principais Câmaras e Comissões (dos Comuns e dos Lordes), são quase sempre abertos à imprensa e costumam ser transmitidos por rádio e televisão. Um registro dos procedimentos é disponibilizado pelo *Hansard**. Mas é claro que o jornalismo é muito mais do que noticiar "continuamente" debates e

* **N. do T.** – Uma espécie de Diário Oficial que contém atas oficiais dos debates e decisões do Parlamento e onde as leis são publicadas.

978-85-7241-733-4

declarações, que são de domínio público. O jornalista deseja conhecer o contexto dos fatos; para cumprir as funções de "fiscal" e "investigador", delineadas no Capítulo 1, ele precisa ser capaz de analisar e investigar. As políticas governamentais e as opiniões do primeiro-ministro podem ser analisadas e questionadas por meio dos *briefings* (notas oficiais à imprensa) fornecidos duas vezes por dia ao *lobby* – grupo de jornalistas designados pelos principais órgãos da mídia e oficialmente reconhecidos para terem acesso especial ao porta-voz oficial do primeiro-ministro. Até 1997, tudo isso era feito "extra-oficialmente" – as pessoas que forneciam tais *briefings* eram simplesmente denominadas "fontes próximas do primeiro-ministro". Quando o governo trabalhista assumiu o poder, em maio de 1997, consentiu-se que essas notas fossem atribuídas ao porta-voz oficial do primeiro-ministro, apesar de essa nova abertura não conceder autorização para chamar essa pessoa pelo nome de Alastair Campbell! (Campbell deixou o cargo pouco antes da eleição geral de 2001 para assumir um papel mais "estratégico" no serviço de informações governamentais.)

O *lobby* reúne-se com o porta-voz oficial do primeiro-ministro, ou um de seus representantes, duas vezes por dia quando o Parlamento está em sessão. O primeiro *briefing* ocorre às 11h na sala do subsolo, no número 10 da Downing Street. Essa reunião normalmente começa com o porta-voz oficial do primeiro-ministro descrevendo os principais eventos contidos na agenda do primeiro-ministro e outros assuntos governamentais. Em seguida, os jornalistas questionam e investigam as políticas e ações do governo. O segundo *briefing* ocorre às 16h no Palácio de Westminster. Desta vez, o porta-voz oficial do primeiro-ministro é o convidado do *lobby* – a reunião acontece no salão central "deles"! Outra reunião é realizada às quintas-feiras à tarde, assumida pelo líder da Câmara (dos Comuns), para que os jornalistas possam ser informados sobre as atividades do governo da semana seguinte. Há também uma reunião para jornalistas que trabalham na produção dos jornais de domingo.

O outro caminho oficial para a produção de matérias sobre o governo central é o Serviço de Informação e Comunicação do Governo do qual, como o nome sugere, se espera estar interessado em fornecer informações factuais sobre o governo, não propaganda político-partidária.

O governo afirma que existe uma nova cultura de abertura e que adotou códigos voluntários que faziam parte da *Citizen's Charter* introduzida sob a administração anterior, do Partido Conservador. O problema é que todos esses códigos são voluntários e deixam a decisão final quanto ao que deve ser revelado à imprensa e ao público para os ministros e servidores públicos – ainda não há plena conscientização de que a mídia e o público têm o direito de estar informados.

Os jornalistas devem considerar a utilização do arquivo público britânico, no *Public Records Office*, com sede em Kew, Londres (que, assim como o Serviço de Informação e Comunicação do Governo, possui um *site* – ver Fontes e Referências no final do capítulo) para ter acesso ao contexto histó-

978-85-7241-733-4

978-85-7241-733-4

rico político. Esses registros muitas vezes são, surpreendentemente, muito importantes para os eventos atuais. Por exemplo, uma pesquisa nos documentos do *Public Records Office* a respeito da crise da febre aftosa de 1967 oferece um vislumbre fascinante sobre contrastes e similaridades com a crise da febre aftosa de 2001. Na realidade, muitas vezes se afirmou que o governo teria se beneficiado da leitura desses registros – bem como do relatório oficial e de suas recomendações, redigidos após a crise!

A relação entre jornalistas e políticos é, sem dúvida, complexa, com muitos mal-entendidos e queixas de ambos os lados. Jornalistas e políticos certamente não podem concordar em tudo! Mas o que fica claro é que eles precisam um do outro. Políticos em um sistema democrático precisam dos jornalistas para comunicar suas "mensagens" da forma mais favorável possível e manter, ou recuperar, a popularidade a fim de conseguir ser eleitos; os jornalistas precisam dos políticos para obter matérias interessantes a fim de atrair e manter o interesse de seus leitores ou público – e, evidentemente, manter o emprego ao impressionar os editores com suas habilidades de produzir essas matérias, sobretudo se forem exclusivas.

Essa necessidade de sobrepujar seus rivais significa que, apesar de os jornalistas geralmente trabalharem em qualquer circunstância – no *lobby* ou em entrevistas coletivas, por exemplo – eles também precisam estabelecer sua própria rede de contatos para assegurar-se de continuar recebendo informações quanto ao que está acontecendo a portas fechadas. Isso significa que os jornalistas precisam conquistar a confiança de pessoas-chave, certificando-se de que elas passam tempo distante de suas mesas de trabalho, para um contato pessoal, talvez em bares e salões de chá em Westminster, ou para reuniões mais confidenciais em um encontro secreto com hora e lugar marcados, ou ter o telefone desses contatos para que possam conversar fora do "horário de trabalho". Vazamento de informações sigilosas de reuniões do Gabinete, documentos informativos, memorandos e relatórios, bem como *briefings* extra-oficiais de ministros e funcionários, são componentes importantes do processo de revelar a "verdade" por trás da máquina do poder.

Atividades Sugeridas

1. Descubra quem é o primeiro-ministro britânico, que partido ele representa e qual é sua principal perspectiva política (encontre alguns recortes ou *releases*). Descubra de que comissão parlamentar esse primeiro-ministro faz parte e se ele ocupa um cargo no governo.
2. Qual foi o resultado da última eleição em seu distrito eleitoral?
3. Descubra quem são os membros do atual governo e, em seguida, analise um ministério e faça uma lista de seus ministros, bem como de suas responsabilidades.
4. Acompanhe o desenvolvimento de um projeto de lei em andamento no Parlamento (ver os *sites* a seguir). Procure uma recente Lei do Parlamento na *Web* (ver a seguir).

5. Faça uma lista das principais controvérsias políticas do momento – qual é a posição dos principais partidos e dos políticos diante delas?
6. Descubra como um grupo de pressão está tentando influenciar uma dessas questões (*releases/sites*, etc.).
7. Analise relatórios de uma reunião de *lobby* e confronte-os com as informações fornecidas no seu *site* oficial (ver a seguir).
8. Descubra os nomes dos membros do Parlamento Europeu – acesse a Internet e redija uma "minibiografia" de pelo menos três deles, incluindo seus principais interesses, afiliações políticas, etc.
9. Investigue uma QUANGO – quais são suas responsabilidades? Quem está na "direção"? As suas reuniões são abertas à imprensa e ao público?
10. Descubra os principais problemas que a União Européia está enfrentando – quando será realizada a próxima cúpula? Tente descobrir como a entidade está afetando o modo de viver em sua região (provisão de fundos, controvérsias, etc.).
11. Delineie o perfil de uma organização governamental internacional e de suas recentes atividades.

FONTES E REFERÊNCIAS

Anderson, P. and Weymouth, A. (1999) *Insulting the Public - the British press and the European Union.* London: Longman.

BBC News (1998) *A-Z of Parliament http://news.bbc.co.uk/hi/English/uk_politics/*a.z of parliament/default.stm (accessed 10 April 2001).

BBC News (2001) *On Your Marks, Get Set ... http://news.bbc.co.uk/hi/English/*uk_politics/newsid_1256000/1256066.stm (accessed 5 April 2001).

Benn, T. (1996) *The Benn Diaries.* London: Arrow.

British Monarchy (2001) http://www.royal.gov.uk/index.htm (accessed 23 September 2001).

Cabinet Office (1997) *Ministerial Code. http://www.cabinet-office.gov.uk/central/*1997/mcode/foreword.htm (accessed 10 April 2001).

Cole, J. (1996) *As It Seemed To Me.* London: Phoenix.

Conservative Party (2001) http://www.conservatives.com (accessed 23 September 2001).

Curran, J. (1998) *Media, Power and Politics.* London: Routledge.

Dinan, D. (1994) *Ever Closer Union? An introduction to the European Community.* Macmillan.

Europa (2001) *The ABC of the European Union. http://europa.eu.int/abc-en.htm* (accessed 23 September 2001).

Electoral Reform Society. *Voting Systems. http://www.electoral-reform.org.uk/sep/*votingsystems/systems.htm (accessed 7 November 2000).

Fenney, R. (2000) *Central Government 2000.* London: LGC Information.

Franklin, B. (1994) *Packaging Politics - political communication in Britain's media democracy.* London: Edward Arnold.

Government Information and Communication Service (2001) http://www.gics. gov.uk (accessed 23 September 2001).

G8 Information Centre (2001) *From G7 to G8. http://www.g7.utoronto.ca/g7/what_* isg7.html (accessed 25 April 2001).

Hicks, S. (1999) *The Political System of the European Union.* Basingstoke, Hampshire: Palgrave.

House of Commons (1998) *The Committee System of the House of Commons.* http://www.parliament.uk/commons/selcom/ctteesys.htm (accessed 3 April 2001).

Jones, N. (2000) *Sultans of Spin.* London: Orion.

Jones, N. (2001) *Campaign 2001.* London: Politico's.

978-85-7241-733-4

Jones, B., Kavanagh, D., Moran, M., *et al.* (2001) *Politics UK* (4th. edition). Harlow: Pearson Education.

Liberal Democrats (2000) *People and Party. http://www.libdems.org.uk/index.cfm-?page=main&section=people* (accessed 19 April 2001).

Labour Party (2001) http://www.labour.org.uk (accessed 23 September 2001).

McCormick, J. (1999) *Understanding the European Union - a concise introduction.* London: Macmillan.

Monbiot, G. (2000) *Captive State - the corporate takeover of Britain.* London: Macmillan.

National Statistics (2001) *Gross Domestic Product - a brief guide.* http://www.statistics.gov.uk/themes/economy/articles/briefguides/gdpbriefguide.asp (accessed 19 April 2001).

Negrine, R. (1994) *Politics and the Mass Media in Britain* (2nd edition). London: Routledge.

Oakley, R. (2001) *Inside Track.* London: Bantam Press.

Peak, S. (ed.) (2002) *The Guardian Media Guide 2003.* London: Atlantic Books.

Peele, G. (1995) *Governing the UK* (3rd edition). Oxford: Blackwell.

Public Records Office (1998) *The Public Records System and Access to Public Records. http://www.pro.gov.uk/about/access.htm* (accessed 2 February 2001).

Rawnsley, A. (2000) *Servants of the People.* London: Hamish Hamilton.

Seaton, J. (ed.) (1998) *Politics and the Media - harlots and prerogatives at the turn of the Millennium.* Oxford: Blackwell.

Sergeant, J. (2001) *Give Me Ten Seconds.* London: Macmillan.

Stationery Office (2000) *Whitaker's Concise Almanack.* London: Stationery Office.

UK Online (formerly uk open government) (2001) http://www.ukonline.gov.uk (accessed 23 September 2001).

United Nations *The UN in Brief. http://www.un.org/Overview/brief.html* (accessed 25 April 2001).

Wheeler, M. (1997) *Politics and the Mass Media.* Oxford: Blackwell.

978-85-7241-733-4

12 Governo Descentralizado e Local

- Introdução e informações básicas
- Descentralização
- Atividades do governo local
- Estrutura e poderes do governo local
- Policiamento
- Eleições
- Quem pode se tornar um conselheiro?
- O que os conselheiros fazem
- Pagamento dos conselheiros
- Conselheiros e diretores
- Como os Conselhos trabalham
- Novas estruturas políticas dos Conselhos da Inglaterra e do País de Gales
- Comitês de apuração
- Comitês padrão
- Uma questão de imposto
- Gastos do Conselho
- O melhor valor
- Cobertura do governo local
- O que é decisão-chave?
- Atividades sugeridas
- Fontes e referências

978-85-7241-733-4

Introdução e Informações Básicas

Por cerca de 200 anos, existiram queixas de que o governo do Reino Unido era muito centralizado – certamente o poder é muito mais centralizado no Reino Unido do que em outros países comparáveis. Essa centralização foi especialmente percebida em antigas nações soberanas, em particular, País de Gales e Escócia, que têm sua própria e esplêndida história, cultura e sistema de leis. Isso tem levado a várias tensões não resolvidas no Reino Unido.

O governo trabalhista eleito em maio de 1997 estava comprometido em estabelecer formas de governo descentralizado para Escócia e País de Gales. Para ambas as nações, havia um comprometimento a longo prazo de "democratizar" os poderes exercidos nas administrações escocesa e galesa (departamentos do governo). A descentralização foi firmada na Irlanda do Norte depois de prolongadas e extremamente difíceis negociações entre os partidos Republicano e Unionista, com o envolvimento do governo e dos habitantes da República Irlandesa.

Embora cada um desses processos tenha resultado em diferentes acordos, o efeito total foi que os poderes exercidos por ministros e oficiais civis em Londres foram transferidos para nações descentralizadas e para província, com legitimidade democrática direta por intermédio de membros eleitos do Parlamento (Escócia), da Assembléia (País de Gales e Irlanda do Norte) e executivos apontados por eles. As principais áreas do governo transferidas em cada um dos acordos de descentralização foram:

- Agricultura, pesca e alimentação.
- Artes, cultura e mídia.
- Desenvolvimento econômico.
- Educação.
- Meio ambiente.
- Saúde.
- Habitação.
- Governo local.
- Planejamento.
- Serviços sociais.
- Esporte e lazer.
- Turismo.
- Indústria e comércio.
- Transporte e estradas.

Para a Escócia, houve uma garantia adicional durante muitos anos para restaurar o Parlamento com poderes de aumento de impostos limitados. A Escócia conservou seu independente sistema legal e judiciário, e esses poderes foram transferidos para o novo Executivo e o Parlamento. A legislação secundária – leis elaboradas com "permissão" da legislação original ou primária – foi descentralizada.

Em todos os casos, entretanto, os poderes vitais necessários para o governo do Estado nacional como um todo foram mantidos em Whitehall e Westminster. Esses também chamados poderes de reserva envolvem a administração total da economia, incluindo vários tipos de taxação; benefícios de segurança social e pensões; indústria e comércio; questões internacionais e de defesa. Além disso, muitas das outras áreas de governo tiveram algumas decisões detalhadas descentralizadas, mas a administração continua a ser exercida por Londres, que crucialmente continua a alocar a maioria das finanças na forma de concessão de fundos (*block grants*).

Apesar dessas limitações e restrições na completa descentralização – o que significa que as mudanças pararam antes de criarem uma verdadeira estrutura federal – o processo de descentralização representa as mudanças

978-85-7241-733-4

mais fundamentais no poder e na constituição do Reino Unido por pelo menos dois séculos.

Deve-se também observar que, assim como no governo local (ver adiante), a descentralização ocorreu apenas por meio de uma lei do Parlamento do Reino Unido/Westminster. Nenhum desses ajustes descritos adiante está seguramente arraigado na Constituição – o que o governo do Reino Unido e o Parlamento fizeram pode desfazer-se: um ponto distintamente executado pela suspensão e conseqüente reinstalação do poder executivo da Irlanda do Norte, entre dezembro de 1999 e maio de 2000, e novamente em setembro de 2001.

As eleições para os primeiros Parlamentos e Assembléias resultaram em coalizões nos poderes executivos resultantes. Os sistemas de votação utilizados foram limitados – e, no caso da Irlanda do Norte, *planejados* – para impedir regras de um partido político. Na longa jornada, a cooperação necessária entre os partidos políticos pode provocar a mais significativa mudança para a cultura política do Reino Unido como um todo.

Uma questão não resolvida no recente processo de descentralização do Reino Unido está relacionada com ajustes contínuos no Parlamento de Westminster sobre o governo da Inglaterra. Isso é comumente chamado de questão *West Lothian* – assim denominada em razão de sua notável ênfase pelo membro do parlamento que representava esse distrito eleitoral. Como pode ser correto que, enquanto os membros do parlamento da Escócia, País de Gales e Irlanda do Norte podem votar sobre questões no Parlamento do Reino Unido que estão relacionadas apenas com a Inglaterra, os membros do parlamento inglês não podem fazer o mesmo para questões agora decididas nos órgãos descentralizados de outras nações/regiões?

Uma alternativa seriamente debatida foi estender o poder para as regiões; isso aconteceu em Londres, em 2000, e houve pressão em algumas outras partes da Inglaterra – notavelmente no nordeste – para similarmente poderosas administrações descentralizadas e executivas cobrindo várias áreas de autoridade local. Porém, havia também considerável resistência a essas idéias: seria realmente a resposta uma outra equipe de políticos e burocratas? Ademais, a Inglaterra não se dividiu pronta e obviamente em regiões; houve alguns fatores históricos e culturais ou até evidentes características geográficas nas regiões politicamente projetadas. Além disso, partes de algumas dessas regiões têm um histórico de inimizades – por exemplo, Teesside e Tyneside, no nordeste e as cidades de Manchester e Liverpool, no noroeste.

Mesmo com a descentralização e com ou sem o governo regional, permaneceu o "problema" de o que fazer com o governo local: as centenas de autoridades locais e milhares de oficiais civis e conselheiros eleitos provendo os serviços que eram mais próximos da maioria das pessoas e sobre os quais eles deveriam se sentir mais engajados. O governo local não é um assunto sem importância. Ele é responsável por um quarto de todos os gastos públicos e emprega mais de dois milhões de pessoas.

978-85-7241-733-4

Infelizmente, o governo local tende a ter uma imagem bastante ruim na mente da maioria das pessoas com tarefas nada glamurosas, como coleta de lixo e manutenção de parques locais.

As pesquisas têm mostrado constantemente que poucas pessoas estão cientes de quem são seus conselheiros locais e, em muitos casos, apenas pensam no governo local quando seu carnê de impostos chega ou quando vêem reportagens de alguma disputa política na prefeitura. Essa falta de engajamento ou interesse pelo governo local se reflete na eleição para conselheiros, freqüentemente votada por menos de 30% da população.

978-85-7241-733-4

O governo local da Inglaterra e do País de Gales esteve sujeito a mudanças radicais em sua estrutura e poderes por cerca de 30 anos a partir da década de 1960, porém isso não impediu que o governo central desejasse mudanças maiores. Com exceção do novo projeto em Londres, essas mudanças não representaram muito no número e na estrutura das autoridades locais, porém no modo como essas responsabilidades eram realizadas. As decisões tomadas pelo governo local eram consideradas embaraçosas, ineficazes e muito burocráticas. Em especial, era o sistema de "governo pelo comitê" que, embora tendo aspectos democráticos positivos, permitia que as decisões fossem totalmente debatidas com todos os conselheiros autorizados a expor sua opinião, e por isso era visto jocosamente como lento, com seus procedimentos algumas vezes intermináveis. Alternativas radicais para permitir que as decisões fossem propostas e até exercidas por um pequeno grupo de conselheiros do gabinete foram aprovadas pelo Parlamento no *Local Government Act 2000* (ver adiante).

Ao mesmo tempo, um requerimento para os conselhos adotarem políticas para "o bem-estar econômico da comunidade" foi especificado. Junto a isso, havia uma nova ênfase no "melhor valor" para serviços, combinado com altos padrões éticos de conselheiros e oficiais e metas e padrões nacionalmente estabelecidos. Este último aspecto demonstra que, para toda discussão de governo descentralizado e decisões a serem tomadas localmente, a tendência desenvolvida pelas administrações anteriores dos conservadores dos conselhos locais que agiam como agentes de serviços locais, em vez de necessariamente fornecê-los, continuou e até mesmo foi reforçada sob a administração do Partido Trabalhista. A justificativa disso é que, se os serviços locais estão sujeitos aos caprichos dos conselhos locais, haverá diferenças enormes no padrão e na quantidade de tais serviços, o que seria uma "loteria postal" sujeita aos preconceitos e às políticas dos políticos locais. Talvez até mais pertinente é o fato de os impostos aumentados no local referirem-se apenas a cerca de 35% da quantia gasta pelo governo local: o governo central afirma que, por fornecer a maior parte do dinheiro por meio de taxação central, deve ter o direito de decidir como ele é gasto. Os gastos do governo local são tão grandes que as decisões sobre quanto e onde o dinheiro é gasto têm impacto significativo na economia total do país. O governo central, entretanto, é quase obrigado a ter estreito interesse nas decisões locais.

Este capítulo descreverá as estruturas e os poderes do governo descentralizado e, em seguida, analisará como o governo local trabalha, com ênfase especial nas principais reformas e decisões das autoridades locais e nas implicações desse processo para o jornalismo.

Descentralização

Escócia

O *Scotland Bill* (projeto de lei da Escócia) foi aprovado pelo Parlamento em 1998 e seguido por um poderoso "sim" em um referendo daquele ano. As primeiras eleições para o Parlamento escocês ocorreram em maio de 1999, e os ajustes de descentralização entraram em pleno funcionamento em 1º de julho do mesmo ano. O Parlamento Escocês possui 129 membros eleitos para um mandato de quatro anos, pelo *Additional Member System* (ver Cap. 11); 73 membros representam o mesmo eleitorado do Parlamento de Westminster e 56 são de grupos de partidos regionais. O Parlamento, sob o controle de um presidente (equivalente ao presidente do Parlamento de Westminster), elege um Primeiro-ministro que chefia o Poder Executivo. Assim como no Parlamento de Westminster, grande parte do trabalho é realizada pelos comitês. O Parlamento é financiado por um fundo do governo do Reino Unido, mas pode *aumentar* ou *diminuir a taxa padrão do imposto de renda* estabelecido pelo Parlamento de Westminster até três centavos de libras esterlinas e aprovar algumas formas de legislação primária. O Parlamento e o Poder Executivo são responsáveis pela maioria das áreas que envolvem política doméstica, econômica e social. Porém, o governo do Reino Unido e o Parlamento mantêm o controle das questões internacionais e de defesa, segurança nacional, política econômica, bem como segurança social e no emprego.

O processo legislativo é muito complexo: existem três tipos de projetos de lei – do Executivo, do Comitê ou dos membros. Cada um deles deve ser acompanhado de uma declaração escrita do Presidente confirmando que o projeto de lei compete ao Parlamento; de um memorando financeiro que descreva em detalhes os custos necessários para a sanção do projeto e um relatório de auditoria caso haja custo para o *Scottish Consolidated Fund*. Ultrapassadas essas barreiras, cada projeto de lei deve passar por três estágios antes de se tornar lei:

- *Primeiro*: considerar os princípios gerais, geralmente analisados pelo *Lead Committee* e então discutidos pelo Parlamento, que delibera autorizar o projeto a passar para o estágio seguinte.
- *Segundo*: análise de todas as cláusulas do projeto. Pode ser feita tanto pelo comitê como pelo Parlamento.
- *Terceiro*: consideração final do projeto de lei pelo Parlamento; os membros deliberam sobre o projeto ser levado adiante. Caso sim, até metade das

978-85-7241-733-4

cláusulas principais pode ser encaminhada para considerações posteriores nos procedimentos citados no segundo estágio. O Parlamento finalmente decide se deve aprovar o projeto. Caso aprove, ele é submetido, pelo Presidente, ao Soberano para Consentimento Real – enfatizando novamente que o poder final pertence ao Chefe de Estado do Reino Unido.

País de Gales

O momento da descentralização galesa coincidiu com a escocesa – porém, é importante observar que o referendo realizado nesse caso foi muito discreto e apenas cerca de metade do eleitorado participou; portanto, pode-se dizer que cerca de um quarto da população galesa votou positivamente pela descentralização.

A Assembléia Nacional do País de Gales tem 60 membros, eleitos para um período de quatro anos pelo sistema de eleições conhecido como *Additional Member System* (ver Cap. 11) – 40 membros da Assembléia representam os mesmos distritos eleitorais que o Parlamento de Westminster, e 20 são do sistema de grupo de partido regional. Assim como na Escócia, há um Presidente. A Assembléia não tem poderes de legislação primária nem para aumentar impostos – ela considera e aprova legislação secundária ou delegada – e, diferentemente da Escócia, o governo de Westminster e o Parlamento retêm o poder sobre a polícia e o sistema legal. A Assembléia, no entanto, pode propor leis específicas para inclusão na legislatura do Reino Unido em Westminster, abrangendo adicionais poderes delegados que gostaria de ter. A ligação se dá principalmente por intermédio do Secretário de Estado do País de Gales, que por essa razão ainda tem poder e influência consideráveis. A Assembléia também considera e responde a documentos de consulta do governo do Reino Unido quando eles afetam suas próprias responsabilidades. Mais importante – e controverso – é que a Assembléia e o Poder Executivo têm o poder e a responsabilidade de lidar com subsídios da União Européia e distribuí-los. O Poder Executivo segue em linhas similares ao da Escócia, apoiado por vários comitês.

Irlanda do Norte

A Assembléia da Irlanda do Norte foi eleita em junho de 1998 utilizando o sistema STV (ver Cap. 11). É composta de 108 membros – 6 dos 18 distritos eleitorais do Parlamento de Westminster. A Assembléia resultou do conhecido *Good Friday Agreement* de abril do mesmo ano, e um referendo sobre os propósitos do acordo foi realizado no mês seguinte. A Assembléia, supervisionada por um Presidente, tem autoridade legislativa e executiva nas áreas anteriormente administradas pelos seis departamentos de governo da Irlanda do Norte: agricultura, desenvolvimento econômico, educação, meio ambiente, trabalho e finanças, saúde e serviços sociais. Certas questões consideradas delicadas recebem atenção especial a fim de garantir amplo apoio da comunidade. Existe um Poder Executivo, com um Primeiro-ministro, um Primeiro-ministro Agente e até dez outros ministros, designados de acordo com o apoio eleitoral dos partidos que representam. As funções do Poder Executivo são asseguradas por comitês paralelos e sua composição novamente reflete o apoio partidário.

Assim como a Assembléia e o Poder Executivo, quatro outros órgãos foram estabelecidos – na maioria dos casos, na tentativa de melhorar a cooperação, confiança e reconciliação entre as duas partes da ilha da Irlanda: o Conselho Britânico-irlandês, o Conselho Ministerial Norte/Sul, o Fórum Cívico e a Conferência Intergovernamental Britânico-irlandesa.

Inglaterra

Em resposta à tendência à descentralização, o governo criou nove Agências de Desenvolvimento Regional nas regiões da Inglaterra – as áreas geográficas são idênticas aos agora regionalmente eleitos Membros do Parlamento Europeu (ver adiante) – contribuindo para a suspeita de que o governo do Reino Unido é conivente com a União Européia na criação de estruturas que deixem de lado, e até anulem, os parlamentos nacionais (conforme já mencionado na introdução do Cap. 11, essa é uma das várias objeções à idéia de governo regional na Inglaterra). O trabalho das Agências de Desenvolvimento Regional é coordenar e promover o desenvolvimento econômico e industrial e a geração de empregos em suas áreas de administração. Elas desenvolveram seu trabalho por intermédio dos Escritórios Regionais de Governo. As realizações do governo regional foram estabelecidas com a criação de similares Assembléias Regionais locais. Embora a adesão a esses órgãos, como as Agências de Desenvolvimento Regional, seja feita por indicações, eles são passíveis de ser preenchidos por eleições, caso os eleitores das respectivas regiões votem em referendo.

Atividades do Governo Local

Quando levamos em conta quantas pessoas são empregadas pela administração local, o número de atividades que ela fornece e, acima de tudo, quanto dinheiro é gasto em nível local, é mais fácil compreender a preocupação do governo central com o que acontece nas prefeituras do país. Como mencionado na introdução, as autoridades locais da Inglaterra e do País de Gales empregam mais de dois milhões de pessoas e gastam 70 bilhões de libras esterlinas – um quarto de todas as despesas públicas e um décimo de toda a produção econômica do Reino Unido.

Em geral, podemos dizer que os governos locais possuem cinco funções principais:

- Fornecer diretamente os serviços e recursos (Tabela 12.1) claramente descritos nos relevantes *Acts of Parliament*, as quais declaram o que cada tipo de conselho deve fazer – suas obrigações legais, como devem ser direcionadas suas responsabilidades (por exemplo, educação e serviços sociais) e suas limitações. Se um conselho toma uma medida acima de seus poderes, esse ato é considerado *ultra vires* e pode ser recusado nos tribunais caso se considere que os procedimentos corretos não foram seguidos. Nesses casos, pode-se consultar o *Local Government Ombudsman*, que decidirá se houve má administração.

- Contratar a execução e administração de serviços e recursos utilizando o critério do "melhor valor" (ver adiante).
- Monitorar e avaliar os serviços realizados por outras organizações dos setores público e privado, em especial para assegurar que os padrões nacionalmente obrigatórios sejam aplicados.
- Providenciar representantes eleitos para QUANGOS* locais, assegurando envolvimento democrático nesses órgãos, bem como disponibilizando membros para os conselhos que realizam serviços sobre várias áreas da autoridade local.
- Ser proativo na promoção da economia, recursos e imagem, incluindo a utilização dos fundos central e da União Européia, além de estabelecer parcerias com o setor privado.

978-85-7241-733-4

Os principais serviços disponibilizados pelo governo local são:

- *Educação (principalmente no setor escolar)*: mais de um quarto dos gastos do governo local ocorrem nesse setor. Cerca de 26.000 escolas são administradas por *Local Educational Authorities* – ou conselhos administrativos de educação e bibliotecas na Irlanda do Norte – com oito milhões de crianças e 360.000 professores de período integral ou meio período. Porém, sob o *Local Management of Schools*, a maior parte do subsídio do governo central destinado à educação vai diretamente para as escolas. Além disso, existe um crescente controle do plano curricular, por parte do governo central, em relação a padrões, metas e avaliações. Há crescentes movimentos de escolas secundárias para o desenvolvimento de áreas de especialização e, de modo controverso, para a seleção de 10% de suas vagas. Poucos são os assuntos que despertam tanto interesse do público como a educação, e a mídia local deve manter-se atenta aos avanços nessa área.
- *Serviços sociais*: gastam-se cerca de 12 bilhões de libras esterlinas nesse setor, mais da metade do que é gasto com residentes idosos. Perto de 200.000 funcionários lidam com serviços como cuidados prestados à comunidade e às crianças – incluindo adoção e tutela, orfanatos e clínicas de repouso, além de serviços pessoais, como auxílio no lar.
- *Bibliotecas*: um dos serviços mais utilizados e populares fornecidos pelo governo local – e para o qual existe ainda uma considerável quantidade de autonomia local. Cerca de 22.000 funcionários são empregados em aproximadamente 3.000 bibliotecas, com as quais se gastam 800 milhões de libras esterlinas por ano.

* **N. do T.** – Organizações não-governamentais quase autônomas do Reino Unido, que são independentes do governo mas têm responsabilidades similares às dos departamentos governamentais.

Tabela 12.1 – Responsabilidade dos serviços do governo local por diferentes tipos unidades administrativas do governo

	Inglaterra			Londres		Escócia	País de Gales	Irlanda do Norte	Comissão
	Distritos metropolitanos	*Condado*	*Distrito*	*GLA*	*London Borough*				
Serviços sociais	X	X			X	X	X		
Educação	X	X			X	X	X		
Bibliotecas	X	X			X	X	X		
Habitação	X		X		X	X	X		
Planejamento – estratégico	X	X		X		X	X		
Planejamento – local	X		X		X	X	X	X	
Estradas locais	X	X		X		X	X		
Transporte público	X	X							X
Museus/ instalações de lazer	X	X	X		X	X	X	X	X
Incêndio e resgate		X		X					X
Plano de emergência		X		X					X
Saúde ambiental	X		X	X	X	X	X	X	
Coleta de lixo	X		X		X	X	X	X	
Descarte de lixo	X	X		X	X		X	X	X

GLA = Greater London Authority.

Fonte: diversas.

978-85-7241-733-4

- *Habitação*: em torno de 12 bilhões de libras esterlinas por ano são gastos com a construção, manutenção e melhoria de conjuntos habitacionais públicos – apesar da grande redução nos números de "câmaras dos vereadores", resultante da política de "direito à compra". Os governos locais cada vez mais desempenham um *papel estratégico e coordenador* entre os setores público e privado e as organizações sem fins lucrativos como a *Housing Action Trusts*.
- *Planejamento*: as autoridades locais exercem maior poder na decisão do que pode ser construído e desenvolvido em suas áreas e em outras questões sobre utilização da terra. Em geral, questões como transporte e desenvolvimento econômico fazem parte dessas decisões. A principal autoridade local em cada área é responsável por redigir um plano de estrutura, do qual se espera o fornecimento de um projeto completo para o planejamento de sua área. Em sistemas de duas bancadas, ambos os tipos de autoridade estão envolvidos no processo de planejamento.
- *Estradas e transportes*: mais de 96% de todas as rodovias são construídas, administradas e mantidas pelas autoridades locais, e costumam ser subcontratadas para manter seções de rodovias e outras estradas. Além disso, elas são responsáveis por manutenção do tráfego, segurança nas estradas e estacionamento urbano. Acordos para a manutenção de estradas são geralmente "negociados" entre diferentes níveis de autoridade quando há um sistema de duas bancadas (ver adiante).
- *Incêndio e resgate*: cerca de 33.000 bombeiros estabelecidos em aproximadamente 1.500 postos não apenas combatem incêndios em suas áreas, mas também desenvolvem iniciativas de educação e prevenção de incêndio, fazem inspeções para medidas de segurança contra incêndio, emitem certificados e auxiliam nos acidentes de tráfego rodoviário, derramamentos de produtos químicos e outras situações de perigo.
- *Plano de emergência*: as autoridades locais coordenam os diferentes serviços de emergência, preparo e treinamento para reagir a situações de emergência como inundações, vazamentos e derramamentos químicos, ataques terroristas e outras questões de defesa civil.
- *Saúde ambiental*: reforço e controle, incluindo controle da poluição, segurança alimentar, bem-estar animal, controle de pestes, canis, poluição sonora, descarte e coleta de lixo, são alguns dos serviços que o público rapidamente associa à administração local por meio dos "dias do lixo" e dos centros de coleta e reciclagem – bem como a construção de depósitos de lixo orgânico (aterros ou incineração). Grande número de regulamentos, leis e políticas de diferentes níveis de governo – incluindo a União Européia – normatizam esses serviços.
- *Padrões de comércio/proteção ao consumidor*: com orçamento total em torno de 120 milhões de libras esterlinas, esta é uma das áreas em crescimento dos governos locais e visa proteger os interesses do consumidor e negócios locais; uma das muitas áreas nas quais o governo local reforça a lei e instaura processos.

Estrutura e Poderes do Governo Local

Existem estruturas distintas em diferentes partes da Inglaterra, e outras diversas na Escócia, no País de Gales e na Irlanda do Norte. Fora da Inglaterra, todos os serviços locais são administrados por um conselho unitário.

Inglaterra

A situação da Inglaterra é complexa e variada, e Londres também tem um sistema diferente. Em algumas partes da Inglaterra, um conselho fornece todos os serviços governamentais, os quais são chamados também de conselhos metropolitanos regionais, por estarem nas principais partes urbanas fora de Londres – existem 34 deles; ou conselhos unitários, normalmente em áreas menos urbanas, muitos dos quais outrora foram parte do sistema de duas bancadas – existem 46 deles. Essas áreas de "um único conselho" possuem equipes para cobrir os serviços de incêndio, descarte de lixo e transporte público, que passam por várias unidades administrativas do governo. As realizações de cada conselho incluem representação de cada distrito.

Em outras partes da Inglaterra – principalmente nos "distritos" rurais – existem *duas bancadas* das principais autoridades: um conselho do condado que fornece a maioria dos principais serviços (aqueles que custam mais), como educação e serviços sociais, com vários conselhos distritais abaixo dele. Esses ainda são os principais conselhos – possuem funções importantes, abertas ao escrutínio público – e são responsáveis pela emissão e coleta de tributos em suas áreas.

Muitas áreas da Inglaterra também têm um conselho da cidade ou comarca. A maioria deles fica em áreas rurais e pode ser criada se os habitantes locais comprovarem sua demanda. Cada conselho está envolvido em assuntos como centros comunitários, instalações para arte e lazer e conveniências públicas. Eles também devem envolver-se com questões de planejamento em sua área. Porém, não são considerados autoridades principais e, portanto, não são obrigados a fornecer recursos e informações a jornalistas, ao contrário das autoridades principais.

978-85-7241-733-4

Londres

Na Grande Londres existem 32 conselhos distritais equivalentes em poder, funções e estruturas aos conselhos metropolitanos do restante da Inglaterra – mais a *Corporation of the City of London* (ver adiante) e a *Greater London Authority* (GLA), que consiste em um prefeito eleito diretamente e uma assembléia. As principais áreas de responsabilidades da GLA são transporte, planejamento, meio ambiente, saúde, policiamento, planejamento de emergências e incêndios, cultura e habitação. A GLA tem um total de 25 membros – 14 diretamente eleitos para servirem em áreas específicas de Londres, compostas de dois ou três distritos, e 11 outros membros eleitos com base no apoio do partido político utilizando o *Additional Member System* (ver Cap. 11 e adiante).

O prefeito, diretamente eleito por um período de quatro anos junto com os membros da GLA, é o líder dessa entidade. Sua principal função é garantir que os objetivos dos eleitores sejam atingidos de acordo com os interesses de todos. O prefeito tem amplos poderes de tomar decisões e é responsável pelo planejamento estratégico, incluindo aqueles quatro órgãos que estão sob sua autoridade – *London Development Agency*; *Transport for London*; *Metropolitan Police Authority*; *London Fire and Emergency Planning*.

Porém, o prefeito não pode agir sozinho. Exige-se que consulte partidos interessados, representantes comerciais e, mais importante, os distritos de Londres e a Assembléia. O papel principal da Assembléia, portanto, é inspecionar as decisões e políticas do prefeito.

Corporation of London é a autoridade local da cidade de Londres – a famosa *square mile*. Ela é governada pelo *Court of Common Council*, órgão legislativo que consiste no prefeito (que não deve ser confundido com aquele diretamente eleito da GLA), mais dois delegados nomeados anualmente pelos *City Guilds* (também conhecidos como companhias de libré) e eleitos pela *Court of Aldermen*; 24 membros adicionais (*aldermen* era um título muito difundido na Inglaterra até a década de 1970) e 130 conselheiros da câmara, eleitos nos 25 distritos da cidade todos os anos. A única diferença desse conselho é que ninguém permanece como representante de algum partido político.

Escócia

Desde abril de 1996, o governo local na Escócia é composto de 32 autoridades unitárias (29 no continente e três conselhos da ilha). Cada um desses conselhos assumiu as funções dos anteriores conselhos regionais e distritais no continente (os conselhos da ilha já eram autoridades unitárias), exceto para água e esgoto, que são fornecidos por três órgãos públicos apontados pelo Poder Executivo Escocês. A legislação para o governo local foi descentralizada para o Parlamento Escocês, e dois grupos de atuação estão desenvolvendo idéias para mudar as relações entre o Poder Executivo/Parlamento Escocês e os conselhos locais, bem como o sistema de eleição e os acordos.

Existem também cerca de 1.000 conselhos comunitários. Porém, diferentemente de seus equivalentes na Inglaterra e no País de Gales, não se trata de autoridades locais, mas que devem ser consultadas sobre assuntos como questões de planejamento local.

As despesas das autoridades locais em 2001 foram cerca de 6,5 bilhões de libras esterlinas, com apenas 1 bilhão desse valor vindo do *Council Tax* e 1,5 bilhão de arrecadação.

978-85-7241-733-4

País de Gales

Há 22 autoridades unitárias no País de Gales, que substituíram a estrutura de duas bancadas em funcionamento até 1996. Esses conselhos são diferentemente descritos como cidade, condado ou conselhos distritais, porém todos possuem os mesmos poderes e funções herdadas dos anteriores conselhos dos condados e distritais; exceto para os serviços de incêndio, que são fornecidos por três autoridades do corpo de bombeiros com representantes das autoridades unitárias em suas áreas de serviço, e os parques nacionais, que são de responsabilidades de três autoridades de parques nacionais independentes (ver Policiamento, adiante). O País de Gales também possui em torno de 770 conselhos comunitários e de cidades, dos quais a maioria se encontra na região meio-oeste. Eles têm um orçamento combinado de quase 17 milhões de libras esterlinas, administram alguns serviços locais descentralizados, como limpeza urbana e tráfego, e trabalham em parceria com outras organizações para os serviços de saúde e atividades de lazer.

O total financeiro dos conselhos do País de Gales em 2001 foi cerca de 2,75 bilhões de libras esterlinas, mais de 2 bilhões dos quais provieram de subsídios e 650 milhões de taxas de arrecadação (ver adiante).

Irlanda do Norte

Existem 26 conselhos distritais (unitários), os quais possuem três funções principais:

- *Executiva*: responsabilidade direta por grande número de serviços locais, incluindo saúde ambiental; recursos culturais, sociais e de recreação; limpeza urbana; registros e permissões.
- *Representativa*: nomear representantes para os órgãos determinados por estatutos de serviços regionais, incluindo educação, combate ao incêndio, saúde, serviços sociais, habitação, canalização de esgotos e bibliotecas.
- *Consultora*: agir como condutor segundo o qual os eleitores locais possam expressar suas opiniões sobre outros serviços regionais fornecidos pelo governo descentralizado, incluindo água e esgoto, planejamento e estradas.

978-85-7241-733-4

O governo local é financiado de modo diferente da Inglaterra, Escócia e País de Gales. Ao contrário do restante do Reino Unido, a Irlanda do Norte mantém os sistemas de taxas para as propriedades domésticas e outras: cobra-se dos proprietários de acordo com uma fórmula baseada no valor tributário de sua propriedade multiplicado por tantos centavos de libras esterlinas. As taxas são recolhidas pela *Rate Collection Agency* – uma agência executiva que é parte do Departamento de Meio Ambiente da Irlanda do Norte.

Observe que a Irlanda do Norte é também o único país do Reino Unido a ter um sistema de representação proporcional para eleição de conselheiros locais (ver Cap. 11).

Policiamento

O Reino Unido não possui um serviço de policiamento nacional. Há algumas agências nacionais para aspectos específicos de policiamento – como a

National Missing Persons Bureau e a *National Crime Squad* – e o *Home Office* na Inglaterra e no País de Gales; os governos descentralizados na Escócia e na Irlanda do Norte estabeleceram toda a estrutura e política. Geralmente, entretanto, o serviço é fornecido e supervisionado em nível local por autoridades independentes sob a legislação do governo central. Existem 52 forças por todo o Reino Unido, as quais são responsáveis pelo policiamento, com as operações diárias sob a responsabilidade de um chefe de polícia.

Na Inglaterra e no País de Gales (fora de Londres), cada uma das 43 tropas é supervisionada por uma autoridade policial. A base de algumas delas fica nos condados; em áreas unitárias, as tropas cobrem várias áreas da autoridade local. As autoridades policiais costumam ter nove conselheiros – selecionados dentre as autoridades relevantes garantidas pelas tropas da área, que reflitam o equilíbrio político dessas autoridades – mais três magistrados e cinco membros associados independentes. Os serviços nessas nações são financiados por uma norma do imposto municipal (ver adiante) mais uma contribuição anual.

Em Londres (exceto para a cidade de Londres, que tem suas próprias tropas policiais), a *Metropolitan Police Authority* é supervisionada pela *Greater London Authority*, que tem 12 membros da assembléia (incluindo o deputado eleito), quatro magistrados e sete membros independentes.

978-85-7241-733-4

Na Escócia, o Poder Executivo detém controle total do serviço de toda a nação. Há seis juntas policiais compostas de conselhos locais e duas outras autoridades, que são os próprios conselhos.

Na Irlanda do Norte, o Secretário de Estado tem responsabilidade total pelo *Royal Ulster Constabulary*. *Police Act* de 2000 deveu-se ao remanejamento da autoridade policial do país com o *Northern Ireland Policing Board*, consistindo em dez membros da Assembléia do país e nove indicados pelo Secretário de Estado. Em setembro de 2001, os partidos "pró-acordo" (*Good Friday*) concordaram com essa mudança, com exceção do *Sinn Fein* – os assentos alocados para o Partido Republicano eram para ser ocupados por outros partidos. O *Royal Ulster Constabulary* foi substituído por *Police Service* da Irlanda do Norte no início de novembro de 2001.

Essas mudanças aparentemente pequenas possuem profundo significado político e cultural e provocaram grande controvérsia, causando atraso em sua implementação, originalmente prevista para o início de 2001. O leitor deve verificar *sites* relevantes fornecidos no final deste capítulo para obter informações atualizadas sobre tais desenvolvimentos.

Eleições

As eleições na Inglaterra, no País de Gales e na Escócia são realizadas na primeira quinta-feira de maio. Na Irlanda do Norte, ocorrem na terceira quarta-feira do mesmo mês. Há sistemas de votação diferentes em uso para diferentes tipos de conselhos. A Irlanda do Norte é, há muito tempo, o único país do Reino Unido a ter um sistema de votos transferível, denominado *Single Transferable Vote*, para as eleições de seus conselhos (ver Cap. 11). Os conselhos ingleses, escoceses e galeses utilizam o sistema *First Past The Post* (FPTP) descrito no Capítulo 11. Os distritos eleitorais de Londres também utilizam o sistema FPTP, mas a *Greater London Authority* utiliza o *Additional Member System* (AMS) descrito no Capítulo 11. O prefeito de Londres é eleito pelo sistema de voto suplementar: os eleitores registram a primeira e a segunda preferência. Se nenhum dos candidatos receber mais de 50% das primeiras preferências, apenas os dois primeiros seguem na disputa e os votos da segunda preferência são adicionados aos seus totais. Vence aquele que tiver o maior número da primeira e segunda preferências combinadas.

Ciclo Eleitoral

Diferentemente das eleições do Parlamento de Westminster, que, conforme descrito no Capítulo 11, podem ser realizadas em qualquer data do limite legal de duração de um Parlamento, as eleições para as autoridades locais e descentralizadas são fixas – anos e datas pelo *Act of Parliament* pertinente. Em teoria, portanto, é possível prever por décadas quais autoridades locais participarão de eleições e quando – uma situação muito favorável para as redações! Isso é especialmente importante para os jornalistas, visto haver também um tempo determinado quando o período pendente entra em operação (ver Cap. 11). No entanto, isso não é tão simples assim!

Em primeiro lugar, diferentes conselhos possuem diferentes sistemas de eleição e alguns podem escolher se devem eleger todos os conselheiros de uma vez – o sistema *All Council* – ou eleger uma proporção de cadeiras em vários anos – o sistema *By Thirds*. Além disso, existem propostas para permitir aos conselhos adotarem proporções diferentes – por exemplo, metade do conselho por ano. O mais significativo de tudo isso, porém, é que no País de Gales e na Escócia o poder de decidir sobre os sistemas de eleição dos conselhos locais passou para os governos descentralizados. Isso resultou na aprovação de um projeto de lei pelo Parlamento Escocês no final de 2001, que aumentou o ciclo das eleições do governo local de três para quatro anos, para que coincidam com as eleições do Parlamento Escocês. O leitor deve consultar os *sites* indicados e os conselhos locais em busca de informações – e, é claro, mudanças nos sistemas de eleição são propensas a criar controvérsias, debates e, conseqüentemente, boas matérias para os jornalistas!

Inglaterra

Nos distritos de Londres, todo o conselho é eleito no ano seguinte às eleições do condado. Muitos distritos possuem vários membros. A *Greater London Authority* e o prefeito de Londres são eleitos ao mesmo tempo por períodos de quatro anos.

978-85-7241-733-4

Os conselheiros de distritos metropolitanos fora de Londres são eleitos pelo sistema *By Thirds* – elege-se um terço das cadeiras (ou quantidade parecida) a cada ano; não há eleições no quarto ano, quando são eleitos os conselheiros do condado. Cada conselho é dividido em áreas, a maioria com três conselheiros; em geral, um conselheiro é eleito em cada ano de eleição.

No sistema de duas bancadas – no qual há tanto um conselheiro do condado como um do distrito – o condado é dividido em seções, cada uma das quais elege um conselheiro no ano em que não há eleições distritais.

As autoridades unitárias (distritos não metropolitanos) podem optar por eleger todas as cadeiras no mesmo ano: nesse caso, a maioria das eleições é realizada no meio do ano, entre as eleições do condado. É possível ainda eleger um terço das cadeiras por ano, exceto para o ano do conselho do condado.

Os conselhos dos distritos não metropolitanos (no sistema de duas bancadas) podem optar pelo sistema *By Thirds*, seguindo o padrão de metrópole/distritos – com eleições em três dos quatro anos em que não há eleições do conselho do condado – ou ter um sistema *All Council*, no qual as eleições são realizadas no meio do ano (dois anos depois) das eleições do conselho do condado.

As autoridades unitárias e os conselhos distritais nas áreas mais urbanas costumam adotar o sistema de um terço nos conselhos distritais metropolitanos; em áreas mais afastadas, a maioria adota o sistema *All Council* dos conselhos dos condados (Tabela 12.2).

Até 2002, os conselhos escoceses eram os únicos a ter uma administração em ciclo de três anos. Os conselhos do País de Gales e da Irlanda do Norte têm um sistema de quatro anos de duração, mas todos os conselhos fora da Inglaterra são eleitos ao mesmo tempo.

Quem Pode se Tornar um Conselheiro?

Assim como nas eleições do Parlamento de Westminster, os candidatos precisam, para sua nomeação, do apoio de dez eleitores na área do conselho que desejam representar. Há também limites de gastos e as despesas com eleição devem ser declaradas; porém, diferentemente das disputas pelas cadeiras da Câmara dos Comuns, isso raramente é um problema! Além disso, ao contrário das eleições de Westminster, não é necessário fazer um depósito.

As outras principais exigências para quem deseja se candidatar são:

- Ter pelo menos 21 anos de idade.
- Ser um eleitor ou representar uma classe que tenha interesse comercial (por exemplo, uma loja) na área regulada pelo conselho que pretende representar.
- Se for membro de uma paróquia ou do conselho da cidade, deve morar até cinco quilômetros de distância da área do conselho.

978-85-7241-733-4

Tabela 12.2 – Ciclo eleitoral para conselheiros em unidades administrativas do governo local

	2002	2003	2004	2005	2006	2007	2008	2009
London Boroughs	X				X			
Greater London Authority			X				X	
Distrito Metropolitano Inglês (Todos BT)	X	X	X		X	X	X	
Distrito Não Metropolitano Inglês	BT	AC/BT	BT	(AC/BT)*	BT	AC/BT	BT	(AC/BT)*
	X	X	X	(X)	X	X	X	(X)
Condados ingleses				X				X
Escocês**		X		X			X	
Galês***		X				X		
Irlanda do Norte				X				X
Cidade e comunidade		X				X		

AC = sistema *All Council* (eleições para todas as cadeiras do conselho a cada 4 anos); BT = sistema *By Thirds* (para eleições de aproximadamente um terço das cadeiras).

* A maioria dos conselhos unitários não metropolitanos não tem eleições em anos de conselho do condado; no entanto, pelo fato de suas datas de criação variarem, as eleições em onze conselhos com sistemas *All-Council* e *By Thirds* caíram nos anos daquelas do conselho do condado.

** Sob o Governo Local (Momento das Eleições) (Escócia) e o projeto de lei (*Bill*), aprovado pelo Parlamento Escocês no final de 2001, os conselhos escoceses serão eleitos nas mesmas datas daqueles para o Parlamento Escocês, em um ciclo de quatro anos – com eleições em 2003. Conseqüentemente, as eleições de maio de 2002 foram adiadas e a duração dos cargos dos conselheiros prolongada por mais um ano.

*** Quando da publicação deste livro, a Comissão no Governo Local estudava os preparativos eleitorais no País de Gales e com previsão de apresentar um relatório para a Assembléia em junho de 2002.

Fonte: diversas.

978-85-7241-733-4

- Deve se candidatar sob um partido político registrado ou como candidato independente.

As principais *desqualificações* para se tornar um conselheiro são:

- Ser funcionário remunerado do conselho do qual pretende se tornar membro.
- Ser funcionário do governo local em uma unidade administrativa próxima que tenha posto político – na maioria dos casos, chefe oficial que ganhe acima de um certo nível de salário.
- Estar falido.
- Ter cumprido sentença de três meses ou mais até cinco anos antes da eleição.

Para votar nas eleições do conselho, é preciso ter registro eleitoral na área representada pelo conselho, ter pelo menos 18 anos de idade e ser um cidadão europeu.

O que os Conselheiros Fazem

Existem cerca de 23 mil conselheiros nas principais jurisdições (maio de 2000) e mais 80 mil atuando nos conselhos da cidade ou comunidade na Inglaterra e no País de Gales.

Desde a década de 1960, houve um aumento na filiação a partidos dos conselheiros: a maioria deles representa os principais partidos políticos nacionais – o sistema FPTP atua em defesa dos partidos menores e dos independentes, nacional e localmente. A maioria dos conselhos tem um partido político que ocupa a maioria das cadeiras, assim como na Câmara dos Comuns; de fato, muitas das características do Parlamento nacional, incluindo o uso de bancadas, podem ser encontradas nas prefeituras. Muitos aspirantes a cargos públicos primeiro investem em campanhas nas eleições nacionais, e os jornalistas devem estar atentos para potenciais "estrelas" do cenário nacional. Há poucas dúvidas de que as eleições locais hoje são vistas como minidisputas nacionais entre as eleições gerais, com os principais partidos assistindo ansiosamente aos progressos de seus candidatos ao conselho e quantos deles ganham ou perdem. Muitos eleitores, sem dúvida, usam as eleições locais como meio de "punir" os partidos do governo central, e muitos excelentes conselheiros que forneciam serviços públicos de primeira ordem perderam seus cargos por terem representado o partido "errado".

Os conselheiros elegem um líder – equivalente ao Primeiro-ministro, visto que este é o líder da maioria do grupo no conselho. Porém, é importante observar que, diferentemente da Câmara dos Comuns, os conselhos não podem ser dissolvidos após perderem um voto de confiança. Muitos conselhos, em todos os casos, têm o *No Overall Control* (NOC) após as eleições e, desse modo, os líderes dos grupos partidários têm de formar coalizões ou, pelo menos, "pactos de não-agressão" para manter as negociações do

978-85-7241-733-4

conselho. Assim, até mesmo o sistema FPTP freqüentemente falha em produzir um "vencedor" em nível local.

A lei exige que cada conselheiro eleja um presidente. Este, em geral, é um prefeito – um político mais antigo que atue como presidente do conselho e aja de forma imparcial, assim como o Presidente da Câmara dos Comuns. Ele usualmente é eleito até o fim da duração de um conselho, para começar a executar seus deveres após as eleições; muitas vezes, é o vice-prefeito do conselho anterior. Por vezes, os conselhos mais novos não possuem um prefeito, mas sim um presidente, que exerce o mesmo papel. Além de presidir todas as reuniões do conselho, esses políticos possuem muitos deveres cerimoniais e públicos e são, é claro, freqüentemente destacados nos jornais locais.

Com as novas estruturas políticas da Inglaterra e do País de Gales, existe uma divisão entre conselheiros executivos (que têm poderes legais de tomar certas decisões sem a aprovação de um comitê ou do conselho) e conselheiros não executivos (que não podem tomar decisões por si próprios). A *Local Government Information Unit* (LGIU, 2001) afirma que as funções dos conselheiros podem ser divididas em cinco categorias:

- *Defesa do cidadão*: trabalhar pelo interesse de seu eleitorado. Várias atividades estão aqui englobadas, incluindo aconselhamentos, visitas a eleitores, contato por telefone e, cada vez mais, por *e-mail*. Se não for possível auxiliar os cidadãos, poderão indicar quem procurar e escrever-lhes uma carta de apresentação.
- *Defesa das comunidades*: apresentar propostas para a melhoria da área que representam ou da área do conselho como um todo. Também podem ser proativos junto a vários órgãos a fim de ajudar a resolver os problemas e melhorar a qualidade de vida.
- *Defensoria política*: impulsionar determinadas propostas políticas muito importantes para o crescimento da área que representam ou para o conselho como um todo. Isso pode acarretar implicações regionais ou nacionais.
- *Administração estratégica*: os conselheiros com responsabilidades executivas devem trabalhar junto aos *Chief Officers* e outros administradores sêniores para coordenar, implementar e monitorar as decisões e a política do conselho. Supervisionar orçamentos é uma função importante de seu trabalho, assim como planejamento futuro.
- *Supervisão e investigação*: função dos conselheiros não executivos que monitoram e questionam as ações e a conduta dos membros executivos do conselho. Eles devem também contribuir para o processo de política e sua implementação. Desempenham papel vital na ponderação das decisões.

Pagamento dos Conselheiros

Os conselheiros não recebem salário, mas sim ajuda de custo por seu trabalho oficial no conselho. Os dois principais tipos de ajuda de custo são: auxílio

978-85-7241-733-4

básico (soma padrão estabelecida localmente e paga para todos os conselheiros, independentemente de suas responsabilidades) e auxílio por responsabilidades especiais (quantias mais altas para conselheiros com responsabilidades especiais, incluindo o líder, o presidente do comitê ou o membro do gabinete).

Outro tipo de pagamento é o auxílio por freqüência, que não é pago por todos os conselhos, mas apenas para tarefas aprovadas, como o comparecimento a uma reunião do conselho. Os conselheiros da comarca, cidade ou comunidade também podem solicitar esse auxílio para tarefas fora da área de seu próprio conselho.

A maioria dos auxílios está sujeita a imposto de renda. Além disso, os conselheiros podem solicitar reembolso de despesas feitas durante negociações em nome do conselho.

Os conselheiros podem solicitar auxílio-creche, mas este tem de ser recomendado pelo painel de remuneração da autoridade local. Os conselheiros que precisam de ajuda financeira para cuidar de dependentes também podem solicitar um auxílio. Planos de mudanças significativas no sistema de pagamentos aos conselheiros foram esboçados pelo governo em setembro de 2001.

978-85-7241-733-4

Conselheiros e Diretores

Há muito tempo existe tensão entre os poderes efetivos dos conselheiros – representantes que são eleitos por eleitores em áreas geográficas específicas – e os oficiais remunerados de tempo integral ou funcionários públicos. Essa tensão é maior no governo local do que na Câmara dos Comuns, porque, ao contrário dos membros do parlamento, não se espera que os conselheiros sejam políticos profissionais em tempo integral. Inevitavelmente, portanto, conta-se com os funcionários de tempo integral para obterem orientações e análises especializadas. Além disso, em contraste com muitos funcionários públicos de Whitehall, quase todos os oficiais do conselho local são especialistas – em planejamento, meio ambiente, etc. O serviço pago costuma ser chefiado por um servidor sênior com o título de chefe executivo (diretor). Os diretores são responsáveis em sentido amplo, mas os conselheiros argumentam que eles não têm a mesma responsabilidade dos membros eleitos, os quais precisam de votos dos habitantes para continuar no poder. Muitas vezes, os conselheiros sentem que precisam justificar e defender ações tendo, na verdade, pouco poder de decisão.

Como os Conselhos Trabalham

Embora a estrutura e os poderes do governo local tenham mudado muito nos últimos 150 anos, as principais decisões têm "tradicionalmente" sido tomadas por um conselho principal: todos os membros eleitos que se encontram em locais determinados ao longo do ano – em geral, uma vez por mês – com um sistema de comitês que debate minuciosamente áreas específicas de responsabilidade do conselho. Alguns desses comitês delegam poderes – o que significa poder tomar decisões e informar o conselho principal sobre suas atividades, uma vez que outras decisões devem ser encaminhadas ao conselho para votação e decisão formal. Em geral, existem vários subcomitês, cujo trabalho supre os comitês "principais".

O sistema de cada conselho está contido em seu *Standing Orders*.

Os diretores do conselho preparam-se para as reuniões distribuindo atas de reuniões anteriores, preparando resumos e relatórios e oferecendo orientação verbal durante os encontros, quando convidados pelos membros eleitos. Algumas decisões podem ser delegadas aos diretores do conselho.

Quase todas as reuniões são abertas à imprensa e ao público, embora alguns assuntos possam ser considerados:

- *Confidenciais*: quando são discutidos assuntos do governo central, que insiste na exigência de tratá-los de modo confidencial.
- *Isentos*: por exemplo, se envolverem um funcionário ou uma informação comercialmente delicada, mas para os quais uma resolução deva ser proposta e aprovada antes que a imprensa seja excluída legalmente. Os assuntos que podem ser considerados isentos e as propostas que podem ser aprovadas antes de um procedimento "a portas fechadas" estão listados nos *Acts of Parliament*; ver o Capítulo 11 para mais detalhes e o tópico Cobertura do governo local, adiante, para saber como as estruturas dos novos conselhos podem afetar a cobertura de suas negociações.

978-85-7241-733-4

Novas Estruturas Políticas dos Conselhos da Inglaterra e do País de Gales

O *Local Government Act* de 2000 exigiu novas estruturas políticas em novas constituições para todos os conselhos da Inglaterra e do País de Gales.

- *Um prefeito eleito de forma direta e um gabinete*. Trata-se da opção mais radical e, portanto, mais controversa. Tal prefeito poderia ser comparado, localmente, com quem é chefe de gabinete do Primeiro-ministro no governo central. O prefeito chefiaria o Poder Executivo político e teria um vasto conjunto de poderes de decisão. Esse poder é justificado porque, ao contrário do sistema tradicional, no qual o prefeito é escolhido entre os conselheiros eleitos, o prefeito eleito diretamente teria sido elegido pelo eleitorado como um todo. Além disso, alguns conselhos abrangem mais de uma cadeira do Parlamento; portanto, teriam maior mandato que um membro do Parlamento para aquela área. O prefeito indicaria um gabinete do conselho, que atuaria então sob sua direção. O conselho, no entanto, teria ainda outra função: inspecionar o trabalho do prefeito e do gabinete, além de propor emendas na política e no orçamento. Isso pode ser comparado ao papel dos parlamentares legislativos na Câmara dos Comuns.

- *Um prefeito e um administrador do conselho.* Existiria ainda um prefeito eleito diretamente, mas a maior parte do poder executivo ficaria com o administrador do conselho – este seria um nomeado do conselho, algo entre um funcionário público no papel de chefe executivo e um político. A maioria das decisões políticas e orçamentárias seria tomada pelo administrador do conselho. Esta mostrou-se a opção menos favorável entre os conselheiros, muitos dos quais denunciaram no passado o poder de funcionários de tempo integral não eleitos (ver anteriormente).
- *Um líder executivo e um gabinete.* Esta é a opção que recebeu apoio esmagador nos conselhos do país. O conselho – na realidade, o maior grupo partidário – elege um de seus membros para atuar como líder executivo, que selecionaria um gabinete, o qual também pode ser escolhido pelo conselho como um todo. Além de fornecer liderança política, o líder propõe o orçamento do conselho e suas principais políticas e toma decisões executivas acerca delas. Os membros do gabinete teriam responsabilidades individuais que podem ser comparadas ao modelo de Westminster para o governo central. O resultado dessa opção mais popular (pelo menos entre os conselheiros) é a existência atual de duas bancadas de conselheiros: membros do Executivo/Gabinete e legisladores.
- OU (apenas na Inglaterra): *um sistema de comitê inovador*, que pode ser adotado por qualquer conselho distrital da Inglaterra com população abaixo de 85.000 habitantes; OU (apenas no País de Gales): *uma comissão politicamente equilibrada.*

Exige-se que os conselhos consultem seu eleitorado sobre qual modelo deve ser implantado e, se 5% dos habitantes locais assim reivindicarem, firma-se um referendo para a eleição direta de um prefeito executivo. O desejo do governo central de conselhos maiores para mover tais estruturas sofreu um grande golpe em setembro de 2001: os habitantes de Birmingham rejeitaram tal proposta (Britten, 2001).

Comitês de Apuração

Para ajudar a acalmar os ânimos de um executivo superpoderoso e irresponsável – em muitos casos administrado por um único partido político – existem novos comitês de apuração formados por conselheiros não membros do Executivo ou do Gabinete e devem refletir o equilíbrio político do conselho. Os conselhos podem escolher se devem existir comitês de apuração para serviços particulares, comitês que abranjam vários departamentos sob áreas como educação e meio ambiente, ou se deve haver um órgão de apuração que supervisione todas as operações do conselho. Deve existir um órgão que coordene os serviços de saúde locais e outros serviços públicos que não são administrados pelo próprio conselho para assegurar que haja responsabilidade final local e envolvimento democrático em alguns dos serviços, como as responsabilidades NHS que, como vimos no Capítulo 11, têm sido criticadas por sua falta de fiscalização pública.

Comitês Padrão

O *Local Government Act* de 2000 apresentou uma nova estrutura ética para os conselheiros. Cada conselho da Inglaterra e do País de Gales deve estabelecer um comitê padrão com, pelo menos, um membro independente. O conselho deve adotar um código de conduta para seus membros e o comitê padrão tem o poder de investigar supostas violações desse código. Se o comitê acreditar que exista uma violação grave, pode passar os detalhes para o *National Standards Board for England/Wales* (quando apropriado).

Uma Questão de Imposto

Como mencionado na introdução, apenas cerca de 35% do custo total dos serviços do governo local são aumentados em nível local. Contudo, o aumento do imposto pelos serviços locais ainda abrange somas significativas, provoca debate e controvérsias, além de fornecer boas matérias para os jornalistas.

O *Council Tax* – que funciona em todos os conselhos do Reino Unido, exceto na Irlanda do Norte (ver anteriormente) – é cobrado sobre a *pessoa* e a *propriedade*. O imposto é cobrado e coletado tanto pela autoridade metropolitana/unitária ou, na estrutura de duas bancadas da Inglaterra, pelo conselho do distrito, com outros conselhos e órgãos elaborando uma norma para o conselho encarregado. Diferentemente do imposto de renda, a demanda por impostos do conselho analisa a quantidade de dinheiro gasto em cada uma das principais áreas, assim como a quantidade normatizada por todas as outras autoridades e órgãos.

978-85-7241-733-4

O imposto presume que existam dois ou mais adultos vivendo na propriedade. De acordo com o fator individual do imposto, calcula-se que, para 50% da arrecadação, haja 25% de redução para casas com uma única pessoa. O fator propriedade do imposto não depende, como no passado, de um valor tributário rentável, mas do valor de venda da propriedade no mercado livre. Os preços de propriedades foram calculados em 1º de abril de 1991 e devem ser reavaliados – esse processo tende a gerar muita controvérsia local. Os valores da propriedade são divididos em oito faixas de imposto do conselho e, uma vez que o fator pessoal do imposto não leva em conta a renda ou a riqueza do indivíduo, o fator propriedade do imposto varia muito (evidentemente, presume-se que pessoas ricas vivam em casas mais caras do que os menos favorecidos e, portanto, o imposto é considerado mais justo em todos os aspectos comparado às suas duas predecessoras – taxas domésticas, cobradas somente sobre a propriedade, e a *Community Charge* (*Poll Tax*), cobrada sobre a pessoa – o eleitor).

O conselho encarregado estabelece o imposto para a *faixa D*, que é a faixa do meio ou média, e o imposto para outras faixas é calculado segundo uma fórmula. Por exemplo, uma propriedade da faixa H paga sempre o dobro do imposto de uma propriedade da faixa D, e o imposto de uma propriedade da faixa A será sempre dois terços daquele para a propriedade B. Em 2001 e 2002, a média do imposto do conselho na Inglaterra, na faixa D, era de 901 libras esterlinas, enquanto o imposto real por moradia era de 741 libras esterlinas (DETR, 2001).

A outra principal fonte de renda ou para os conselhos locais é o imposto sobre propriedades comerciais, conhecido como *Uniform Business Rate* (UBR). Esse imposto ainda se baseia no valor tributário rentável da propriedade – alguns estabelecimentos, como aqueles utilizados para fins espirituais ou de caridade, são isentos. Esse imposto é arrecadado nacionalmente e, uma vez estabelecida uma taxa para as propriedades comerciais, só é atualizado de acordo com a inflação e reavaliado a cada cinco anos – por essa razão, é formalmente conhecido como *National Non Domestic Rate* (NNDR). A taxa baseia-se em alguns centavos por libra esterlina – conhecida como multiplicador. Ela valia cerca de 50 centavos de libras esterlinas no início do século XXI; então, pode-se fazer um cálculo: se o valor tributário de uma propriedade é de 10.000 libras esterlinas, a taxa a pagar seria de 5.000 libras esterlinas. A receita da UBR é distribuída para os conselhos locais, dependendo de sua população. Os conselhos podem também angariar dinheiro por meio de cobranças locais, por exemplo, em centros de lazer ou estacionamentos.

Gastos do Conselho

Existem dois tipos principais de gastos dos conselhos locais: receita líquida e receita bruta. Gastos com receita são aqueles do dia-a-dia em termos de salários, eletricidade, reparos e manutenção. O restante do dinheiro necessário para um conselho funcionar não é arrecadado pelo imposto do conselho,

Tabela 12.3 – Faixas do imposto do Conselho

Faixa	Limite máximo (libras)
A	40.000
B	52.000
C	68.000
D	88.000
E	120.000
F	160.000
G	320.000
H	Mais de 320.000

Fonte: *Local Government Information Unit.*

mas financiado pelo Tesouro, que utiliza uma fórmula conhecida como *Standard Spending Assessment* (SSA). Poucos aspectos do governo local provocam tanta controvérsia e ira quanto a fórmula utilizada para decidir o SSA para cada conselho. Sob administrações do Partido Conservador, havia protestos freqüentes e veementes em áreas urbanas dominadas pelo Partido Trabalhista, que consideravam a fórmula de fundos tendenciosa contra eles, uma vez que eles não recebiam nada como porção justa do "bolo" nacional.

Supõe-se que a SSA considere as condições sociais e econômicas de cada área; por exemplo, conjuntos habitacionais, riqueza ou privação econômica, proporção de idosos e crianças – como vimos, educação e serviços sociais para os idosos contam para uma grande proporção do gasto total das autoridades locais.

Antes do início de cada ano financeiro, em 1º de abril, o Ministro da Fazenda anuncia a quantia destinada às autoridades locais, distribuída a cada conselho de acordo com sua avaliação de necessidades. Então, o governo central espera que os conselhos compensem a diferença entre a quantia dada pelo Tesouro por intermédio da SSA e da *Uniform Business Rate* e anuncia as taxas esperadas para o imposto do conselho, como *Council Tax at Standard Spending* (CTSS).

Cada conselho então deve ser informado de quanto deve esperar do governo central na *Revenue Support Grant* – para compensar a diferença entre o que receberá por imposto de conselho, o dinheiro proveniente da taxa *Uniform Business Rate* e outras fontes de receita (cobrança local). Isso corresponderia à fórmula:

$$RSG = SSA - CTSS + UBR$$

Esse é o ponto em que os jornalistas locais, em especial, precisam tomar cuidado com prováveis matérias que envolvam controvérsias acerca dos gastos e taxações. Se os conselhos não concordarem com a decisão, eles podem arrecadar fundos extras, poupando o imposto de conselhos acima do nível esperado pelo governo. Administrações conservadoras anteriores, nas décadas de 1980 e 1990, reforçaram as limitações dos conselhos – a concessão do governo central foi cortada na proporção dos níveis "extras" de despesa e impostos, portanto esses conselhos tiveram de angariar ainda mais por meio de taxações locais. Esse sistema foi introduzido pelo governo trabalhista, mas o governo acredita que, se o imposto é visto como excessivo, os eleitores da área em questão punirão os conselheiros na próxima eleição.

Os gastos visam a projetos a longo prazo – que beneficiarão a comunidade por mais de um ano. Essa distinção é importante porque exige-se que os conselhos financiem seus gastos com receita de sua renda anual; para isso, deve-se estabelecer, de forma legal, um orçamento equilibrado. A maior parte dos gastos com capital é financiada por empréstimos, na maioria com fundos do governo central; contudo, permite-se também que os conselhos

978-85-7241-733-4

emprestem dinheiro de fontes externas, até certo limite. Também é possível utilizar recebimento de capital, por exemplo, da venda de terras e imóveis do conselho. Desde 1997, o governo central incentiva cada vez mais os conselhos a aliarem-se ao setor privado em *Private Finance Initiatives* (PFI) ou em *Public-Private Partnerships* (PPP). Isso envolve investimento de empresas privadas para financiar projetos públicos – em geral construções maiores, como escolas – que então recebem uma taxa de manutenção somada a pagamentos de interesse da carteira pública. Várias escolas são completamente administradas por empresas privadas. Os projetos costumam ser polêmicos e, conseqüentemente, fornecem boas matérias para os jornalistas locais.

O Melhor Valor

O conceito de "melhor valor" substituiu o bastante controverso sistema *Compulsive Competitive Tendering* (CCT), introduzido pelo antigo governo conservador. Esse sistema foi desenhado para assegurar que os conselhos extraiam o melhor valor de cada centavo gasto em serviços, convencendo as autoridades locais a oferecer contratos por serviços como coleta de lixo para empresas externas.

Esse foi um modo de produzir uma economia de mercado livre, na qual os conservadores consideraram os serviços complacentes, ineficientes e com excesso de funcionários, fornecidos por monopólios da autoridade local. Se possíveis bons contratados ofereciam o mesmo serviço, o conselho era obrigado a concedê-lo ao mais barato.

978-85-7241-733-4

O melhor valor, implantado pelo *Local Government Act* de 1999, retém algo dessa aproximação e compele cada autoridade a rever o fornecimento de todos os seus serviços sob a inspeção favorável da *Audit Comission*. Exige-se de cada autoridade um plano de *performance* do melhor valor, descrito como um contrato anual da unidade administrativa com sua comunidade local. Ele deve registrar suas realizações passadas e atuais, identificar seus planos, prioridades e metas de crescimento, além de apresentar o programa da unidade administrativa das revisões do melhor valor.

Essas revisões constituem uma inspeção da unidade administrativa de todas as atividades num período de cinco anos. Há quatro princípios de melhor valor: desafio, comparação, consulta e concorrência.

Cobertura do Governo Local

Fazer reportagens sobre assuntos que envolvam o governo local foi uma tarefa crucial do processo democrático por vários séculos. Jornalistas e alguns políticos tiveram de realizar uma campanha longa e difícil a fim de garantir a permissão para assistir aos procedimentos do governo local e noticiá-los não como privilégio, mas como direito. Além disso, os *Defamation Acts* levaram em conta o privilégio qualificado (ver Cap. 13) de noticiar as reuniões dos conselhos para que os jornalistas tivessem alguma proteção ao noticiar declarações potencialmente difamatórias e acusações feitas nos conselhos ou outros tipos de reuniões públicas.

Embora, como vimos, determinados assuntos de natureza pessoal ou confidencial pudessem ser discutidos a portas fechadas (utilizando as cláusulas de isenção ou confidencialidade dos *Acts*) ou com a imprensa presente, mas proibida de noticiar a discussão, existia uma obrigação geral das autoridades locais permitirem a entrada de jornalistas à maioria das reuniões. Os conselhos também eram obrigados a fornecer com antecedência, aos jornalistas, cópias de atas, pautas e recursos para realizar seu trabalho, bem como uma "mesa para a imprensa", telefone, etc., onde fosse apropriado.

Houve grande alvoroço entre a comunidade jornalística e em muitos grupos que tomaram parte na campanha por maior liberdade para a imprensa e radiodifusores quando o Partido Trabalhista apresentou o projeto de lei *Local Government Bill*, em 1999. Propostas para modernizar a tomada de decisão e dar maiores poderes aos comitês como o executivo ou o gabinete permitiram aos conselhos ter reuniões privativas.

Seguiu-se então uma campanha dentro e fora do Parlamento para introduzir emendas ao projeto de lei, e foi a determinação da Câmara dos Lordes em insistir em tais emendas que resultou em uma retratação de 11h pelo governo – que quis se assegurar de que o projeto completasse sua ratificação nos dias próximos à sessão parlamentar.

As principais obrigações impostas aos conselhos são:

- Reunir-se em público quando discutirem uma decisão-chave (ver adiante), a menos que o assunto seja confidencial ou isento; ou significaria que o parecer confidencial teria de ser revelado.
- Pautas e registros de qualquer reunião pública devem estar disponíveis para a imprensa com, pelo menos, três dias de antecedência.
- Um registro por escrito de todas as decisões-chave e outras decisões pelo Executivo deve ser feito "tão logo quanto possível" após a reunião.
- Cada conselho deve publicar uma lista, denominada *Forward Plan*, com detalhes das decisões-chave a serem tomadas durante os próximos quatro meses.
- As reuniões dos comitês de apuração (ver anteriormente) serão abertas ao público e à imprensa, com pautas e documentos disponibilizados com antecedência.

978-85-7241-733-4

O que É Decisão-chave?

Os novos regulamentos descrevem uma decisão-chave como pertencente a uma das seguintes categorias:

- Resultado de gastos do conselho ou de economias que afetarão significativamente o orçamento da unidade administrativa ou um serviço ou função prestada pelo conselho.

- Ter efeitos significativos para a comunidade em áreas de dois ou mais distritos ou divisões eleitorais.

Apesar dessas concessões, há ainda enorme preocupação acerca das implicações, para a democracia, das novas estruturas de tomada de decisão nas jurisdições locais. Na época em que este livro foi escrito, a maioria dos conselhos não tinha implantado uma nova estrutura (eles tinham até junho de 2002 para fazer isso) ou o novo sistema não havia entrado em operação o suficiente para julgar suas conseqüências.

Assim como em muitas áreas da vida, os primeiros meses ou anos de uma nova estrutura são cruciais, à medida que precedentes e rotinas são estabelecidos. Portanto, é essencial que os jornalistas insistam que os conselhos se atenham às suas obrigações para permitir que a imprensa e o público escutem, observem e apurem suas decisões. A democracia que se estabelece a portas fechadas não é democracia, pois como o povo avaliará os argumentos, discussões e personalidades de seus representantes eleitos? Há espaço para corrupção ou atos questionáveis quando a imprensa não pode cumprir seu papel de "cão de guarda".

978-85-7241-733-4

Quadro 12.1

Em um artigo do *Press Gazette* (28 de janeiro de 2000), o repórter Geoff Elliott contou como, em Newcastle on Tyne, em outubro passado, um funcionário do governo local e um conselheiro de gabinete de um único partido decidiram comprar uma nova limusine Mercedes de 40 mil libras esterlinas para uso do prefeito. A decisão foi tomada em total sigilo. Não fazia parte de nenhuma pauta publicada, não foi discutida pelos membros do gabinete e, portanto, não fazia parte das atas da reunião. Em vez disso, foi publicada em uma lista de "decisões delegadas" do conselho. Conseqüentemente, os jornalistas só puderam noticiar esse uso do dinheiro público como um *fato consumado*.

Atividades Sugeridas

1. Descubra quem são os conselheiros de onde você mora ou estuda.
2. Descubra que tipo de conselho existe em sua região.
3. Descubra qual é a composição política atual do conselho. Quais foram os resultados da última eleição?
4. Obtenha a demonstração de contas do orçamento do conselho enviada para as famílias, com as faturas do imposto de conselho. Qual é o maior valor gasto?
5. Obtenha atas e a pauta da próxima reunião de conselho – o conselho está aderindo às cláusulas de "franqueza" previstas no *Local Government Act*?
6. Estude matérias sobre uma reunião na imprensa local, televisão ou rádio. Você acha que essas matérias foram produzidas por um jornalista que estava na reunião ou após a reunião, a partir de informações fornecidas pelo conselho?
7. Obtenha o plano de decisões do conselho. Quais as principais questões a serem implementadas?
8. Compareça a uma reunião de conselho e tente escrever algumas matérias adequadas para um jornal local.

FONTES E REFERÊNCIAS

Britten, N. (2001) *Voters Say No to Elected Mayor. Telegraph.co.uk* (19 September 2001) http://www.portal.telegraph.co.uk/core/K2/xmlContent.jhtml?xml=/news/2001/09/19/nbrum19.xml (accessed 20 September 2001).

Byrne, T. (2000) *Local Government in Britain* (7th edition). London: Penguin.

Department of the Environment, Transport and the Regions (DETR) http://www.detr.gov.uk (accessed 29 September 2001).

DETR (2001) *News Release March* 22nd *2001. http://www.press.detr.gov.uk/*0103/0162.htm (accessed 29 September 2001).

Fenney, R. (2000) *Essential Local Government 2000* (9th edition). London: LGC Information.

Government of Northern Ireland (2001) http://www.northemireland.gov.uk (accessed 29 September 2001).

The Highland Council (2001) http://www.highland.gov.uk (accessed 29 September 2001).

Information for local government (2001) http://www.info41ocal.gov.uk (accessed 30 September 2001).

Jones, B., Kavanagh, D., Moran, M. *et al.* (eds) (2001) *Politics UK* (4th edition). Harlow: Pearson Education.

Llewellyn, A. (ed.) (2000) *The Guardian Local Authority Directory 2001.* Colwall, Malvern and London: Alcourt Publishing and Guardian Newspapers Limited.

Local Government Act (2000) http://www.hmso.gov.uk/acts/acts2000/00022-c.htm (accessed 2 February 2001).

Local Government Association (LGA) (2001) http://www.lga.gov.uk (accessed 29 September 2001).

Local Government Information Unit (LGIU) (2001) http://www.lgiu.gov.uk (accessed 29 September 2001).

Local Government Net (2001) http://www.local-government.net (accessed 29 September 2001).

London Government (2001) http://www.london.gov.uk (accessed 29 September 2001).

Media Lawyer (March/April 2001) Broughton-in-Furness, Cumbria: Tom Welsh (published bi-monthly) http://www.media-lawyer.co.uk (accessed 22 September 2001).

National Assembly for Wales (2001) http://www.wales.gov.uk (accessed 29 September 2001).

Northern Ireland Office online (2001) http://www.nio.gov.uk (accessed 29 September 2001).

Scottish Executive (2001) http://www.scotland.gov.uk (accessed 29 September 2001).

Scottish Parliament (2000) http://www.scottish.parliament.ukwelcoming_you/ how.html (accessed 16 September 2000).

Spark, D. (1999) *Investigative Reporting - a study in technique.* Oxford: Focal Press.

Stationery Office (2000) *Whitaker's Concise Almanack.* London: Stationery Office.

UK Local Government Information (2001) http://www.gwydir.demon.co.uk/uk localgov/ (accessed 29 September 2001).

Wilson, D. and Game, C. (1998) *Local Government in the United Kingdom* (2nd edition). London: Macmillan Press.

978-85-7241-733-4

13 Jornalismo e Direito

- Introdução e informações básicas
- Tipos de lei
- Divisões da lei
- Estrutura dos tribunais
- A profissão jurídica
- Escócia
- Desacato ao Tribunal
- Restrições de divulgação jornalística de casos judiciais
- Quando os processos estão "abertos"
- Restrições de divulgação jornalística dos julgamentos
- Restrições de divulgação jornalística de processos que envolvem crianças e adolescentes
- Restrições de divulgação jornalística de crimes sexuais
- Outras importantes restrições de divulgação jornalística
- Outros tipos de processos judiciais
- Uma questão de privilégio
- Difamação
- Privilégio no direito consuetudinário: a "defesa de Reynolds" e o surgimento da defesa do interesse público
- Calúnia criminosa
- Liberdade de expressão e privacidade: um conflito de direitos
- Legislação eleitoral
- Outras restrições legais ao jornalismo
- Leis que ajudam os jornalistas
- Proteção de fontes
- Direito autoral
- Atividades sugeridas
- Fontes e referências

Introdução e Informações Básicas

Qualquer pessoa envolvida em alguma forma de comunicação pública – incluindo o jornalismo em seu sentido mais amplo – ou apresentação, produção e direção precisa ter noções das áreas relevantes do Direito. Falhas no cumprimento da lei podem levar a conseqüências muito sérias, abrangendo multas e até prisão, sem contar os danos à reputação e à carreira. Uma das conseqüências do desenvolvimento tecnológico é a redução do número de checagens dos subeditores, que tradicionalmente verificavam se o material estava "legalmente OK". Com muita freqüência, até o jornalista mais novo e inexperiente está sujeito a ter seu trabalho enviado direto para impressão ou transmissão.

Em geral, a lei no Reino Unido não reconhece os jornalistas como uma categoria diferente de quaisquer outros profissionais. Em apenas alguns casos permite-se que os jornalistas entrem em lugares onde o público é barrado.

Por outro lado, não há leis restritivas à atividade jornalística que não se apliquem ao público em geral e, em especial, não existe uma lei de privacidade. Porém, algumas leis, como as de difamação, desacato e segredos oficiais, tendem a afetar muito mais os jornalistas que outros indivíduos ou grupos. Além disso, algumas leis aparentemente aprovadas para lidar com problemas diferentes – como assédio e abuso; ver adiante – têm (talvez) conseqüências indesejáveis ao restringir o jornalismo.

A lei foi elaborada para tentar encontrar um ponto de equilíbrio entre o "direito de saber" do público e a liberdade de expressão e proteção ao indivíduo e aos interesses estatais legítimos.

Jornalistas e outros profissionais envolvidos com a mídia também precisam compreender que os Códigos de Prática editados por vários órgãos reguladores costumam ter base "quase legal" e, no caso de jornalismo de radiodifusão (rádio e televisão), pleno *status* legal. Tanto a "lei da terra" quanto esses regulamentos precisam ser analisados em conjunto para que se compreendam as exigências e restrições em relação aos jornalistas. Por exemplo, a *Independent Television Commission* (ITC) exige que a vulnerabilidade dos menores de 18 anos seja cuidadosamente avaliada antes de considerá-los implicados, como réus ou testemunhas, em um suposto delito. A ITC também proíbe entrevistas com criminosos que ainda não tenham completado sua sentença. Nem todas as leis se aplicam aos jornalistas da mídia impressa ou à Internet. O Capítulo 14 discute alguns pormenores dessas regulamentações; códigos e *sites* pertinentes estão incluídos no final deste capítulo.

Tipos de Lei

Muitas leis ainda em vigor na Inglaterra foram criadas na Idade Média. As elites da época codificaram muitas regras e leis discrepantes em diferentes partes do país ao dar sentenças e decretar punições que se tornaram conhecidas como direito consuetudinário. Muitas dessas leis baseavam-se nas Escrituras, em especial aquelas contra assassinatos e outros atos violentos, furto e roubo. Os juízes observaram o que era decidido nos tribunais de outras partes do país e desenvolveram um único órgão coeso. À medida que o Parlamento se desenvolvia como legislatura, ampliou o órgão jurídico por meio das Leis do Parlamento, conhecidas como direito legislado. O Capítulo 11 descreve como as leis são elaboradas nos parlamentos do Reino Unido (Westminster) e da Escócia.

978-85-7241-733-4

Infelizmente, ainda que a lei procure abranger uma ampla variedade de atividades e fragilidades humanas, ela não é capaz de lidar com todas as possíveis situações e circunstâncias. É por essa razão que ainda se concede aos juízes uma extensa área de *poder discricionário* ao julgar processos individuais. No caso do direito legislado, porém, eles são obrigados a considerar o que acreditam que o Parlamento pretende fazer nessas circunstâncias. Esse conjunto de decisões com base na lei original é conhecido como jurisprudência ou precedente.

Como também vimos no Capítulo 11, existem hoje duas outras importantes fontes e intérpretes da lei: a lei procedente da União Européia e do Tribunal Europeu dos Direitos Humanos, que opera sob a Convenção Européia dos Direitos Humanos, agora incorporada à legislação britânica por intermédio da Lei dos Direitos Humanos de 1998.

978-85-7241-733-4

Um dos aspectos mais relevantes da lei para jornalistas – e, na realidade, para os direitos civis – é que, em tribunais para adultos, exceto em circunstâncias muito raras e excepcionais, todos os processos são julgados com a presença da imprensa e do público. A justiça não só deve ser feita como deve ser vista, de forma clara e indubitável. Talvez mais que em qualquer outro aspecto da vida nos tribunais, os jornalistas são os olhos e os ouvidos do público em geral.

O sistema judicial da Inglaterra e do País de Gales pode ser resumido da seguinte forma:

União Européia	Comissão e Tribunal de Justiça
	↑
Monarca	Aprova toda a legislação parlamentar
	↑
Direito consuetudinário (“leis feitas por juízes”)	Precedente/jurisprudência
	↑
Executivo (“governo”)	Utiliza a prerrogativa real; instrumentos estatutários
	↑
Parlamento	A legislação primária deve passar pelas Câmaras dos Comuns e dos Lordes

Divisões da Lei

As leis podem ser, em geral, enquadradas em Direito Penal e Direito Civil. O primeiro lida com atos que põem em perigo a paz e segurança de toda a comunidade – na singular expressão jurídica *a Paz da Rainha* (como vimos no Cap. 11, acredita-se que o Soberano personifique os interesses do povo como um todo). Mais especificamente, isso inclui assassinatos, outros tipos de ataque físico, furto ou roubo. Admite-se que todos os cidadãos precisem de proteção contra esses atos e que todos tenham a paz e a sensação de segurança ameaçadas quando eles acontecem. Admite-se também que aqueles que ameaçam a paz do indivíduo e da sociedade devem ser punidos, o que inclui tirar a sua liberdade por meio de prisão (e, até em épocas relativamente recentes, ser sentenciado à morte, nos casos mais graves de assassinato e traição).

O Direito Civil, por outro lado, lida com disputas que afetam indivíduos, grupos de indivíduos ou organizações, mas não atingem toda a sociedade. No Direito Civil, o Estado estabelece as regras e delibera como essas disputas devem ser tratadas; no lugar da prisão, a punição para quem é acusado de transgredir a lei é financeira.

Infelizmente, essa divisão nem sempre é muito clara. Considera-se que algumas causas envolvam potencialmente tanto o Direito Civil como o Penal. Por exemplo, a *negligência* pode ser considerada matéria civil *e* penal, dependendo do descuido e da irresponsabilidade de quem é declarado negligente e da extensão do prejuízo que tal negligência poderia causar à comunidade. Outro bom exemplo de processos julgados em ambos os tribunais abrange vítimas de estupro que movem ações judiciais por danos civis.

978-85-7241-733-4

Uma importante distinção no modo como esses dois tipos de processos judiciais são solucionados é até que ponto um caso deve ser "provado": em processos criminais, o ônus da prova da acusação está acima de qualquer dúvida – o júri deve ter certeza de que o réu é culpado. Em processos civis, a prova é apenas apresentada para ser considerada verdadeira no *balanço das probabilidades*.

Estrutura dos Tribunais

Tanto os processos civis como os criminais devem ser examinados em audiências formais de um tribunal, as quais costumam ser divididas entre aqueles que lidam com matérias civis e penais (embora haja muitas sobreposições) e em um *sistema hierárquico*: de forma geral, quanto mais grave for o processo, maior será a instância do sistema judicial. O sistema de apelação, em geral, também funciona dessa forma hierárquica, com o estágio superior seguinte sendo o local de apelação para o tribunal abaixo dele. A estrutura primária dos sistemas judiciais pode ser resumida da seguinte maneira:

Câmara dos Lordes	Tribunal de Apelação "final"
	↑
Tribunal de Apelação	Divisões Civis e Penais
	↑
Supremo Tribunal	Principalmente matérias civis
	↑
Tribunal da Coroa	Processos criminais graves, recursos provenientes dos tribunais dos magistrados, alguns processos civis
	↑
Tribunais dos Magistrados	Processos criminais sumários; processos judiciais preliminares/de transferência; alguns processos civis
	↑
Tribunal do Condado	Principalmente processos civis

Nos processos criminais, na Inglaterra e no País de Gales, a decisão sobre a instauração do processo é tomada por um órgão independente, o Serviço de Promotoria da Coroa, chefiado pelo Diretor da Promotoria Pública sob a supervisão do Procurador Geral, funcionário judicial do governo. Quase todas as audiências criminais acontecem no Tribunal dos Magistrados e a maioria dos processos é julgada por magistrados leigos, normalmente consistindo em uma banca de três membros, sendo o mais velho o presidente. Às vezes, sobretudo nas grandes cidades, os processos são julgados por um único advogado profissional, antigamente conhecido como juiz de paz e hoje, como juiz distrital.

Esses tribunais limitam-se a impor *sentenças máximas de 12 meses* ou de *seis meses para cada delito*, e normalmente uma *multa máxima de 5.000 libras* (pode ser mais alta em processos que envolvam imposto sobre o valor agregado ou direitos alfandegários).

Processos que podem ser julgados inteiramente pelo Tribunal dos Magistrados são conhecidos como delitos sumários, e aqueles que devem ser julgados pelo superior, o Tribunal da Coroa, são os delitos graves. Alguns processos podem ser julgados tanto pelo Tribunal dos Magistrados quanto pelo Tribunal da Coroa, passando, portanto, por ambos os tribunais.

O direito de ser julgado por um júri de semelhantes (pares) é uma prática antiga e as sugestões do governo para que sejam negadas as opções de alguns réus serem julgados pelo Tribunal da Coroa – pelo qual se acredita haver grandes chances de serem considerados inocentes – constituem uma questão controversa. De qualquer modo, se mesmo após ouvirem todos os depoimentos os magistrados não se sentirem aptos a julgar, eles são responsáveis pelo envio do processo ao Tribunal da Coroa para *sentenciamento*.

978-85-7241-733-4

Outra prática importante do Tribunal dos Magistrados com relação a matérias penais é submeter ou transferir um caso ao Tribunal da Coroa – são os processos judiciais preliminares ou de transferência. Há severas restrições quanto ao que pode ser noticiado sobre esses tipos de processos. O Tribunal dos Magistrados também contempla matérias civis, como aquelas relativas ao consumo de bebidas alcoólicas e licenças para locais de diversão/entretenimento.

Se o processo puder gerar sentenças mais graves (que levariam o réu a ser considerado culpado), ele será julgado no Tribunal da Coroa, em um dos 98 centros da Inglaterra e do País de Gales. Quando o réu é declarado "inocente" em pelo menos uma das acusações, o juiz reúne-se com um júri de doze pessoas selecionadas ao acaso por meio do registro eleitoral. A função do júri é decidir se o réu é culpado ou inocente. A sentença é passada para o juiz, que considerará as circunstâncias do caso, a "ficha" anterior do criminoso (se houver), a lei pertinente do Parlamento, a jurisprudência e os precedentes. As apelações podem ser feitas com base tanto no julgamento como na sentença.

Em todos os processos criminais, é vital que as acusações sejam descritas de maneira correta. Resumos são permitidos – sobretudo se existirem várias acusações similares –, porém alguns delitos são mais graves que outros e não devem ser confundidos. Um dos erros mais comuns é confundir *furto*, que é simplesmente a subtração não autorizada de propriedade alheia, com *roubo*, que implica em violência ou ameaça (visível) e, conseqüentemente, conduz a uma punição muito mais séria. É também importante, ao noticiar um processo criminal, certificar-se de que as circunstâncias e a natureza dos delitos *alegados* não sejam noticiadas como “fatos”, mas sim atribuídas ao advogado ou a uma testemunha. Por exemplo, em um julgamento de assassinato, a razão da morte deve ser uma questão – houve de fato assassinato ou poderia ser um homicídio culposo, acidente ou suicídio? Vale lembrar que, de acordo com a legislação inglesa, toda pessoa é inocente até que se prove o contrário *acima de qualquer dúvida* em um Tribunal de Justiça, e todas as notícias sobre o assunto devem refletir essa suposição de inocência.

A maioria dos processos civis é totalmente julgada pelos tribunais do condado – existem cerca de 220 deles na Inglaterra e no País de Gales, muitos dos quais são de pequenas causas (onde as quantias solicitadas pelos requerentes são inferiores a 5.000 libras). Reivindicações entre esse valor e 15.000 libras são julgadas de acordo com o procedimento denominado, em inglês, *fast track* (processos de tramitação rápida). Outras envolvem procedimentos mais longos e complexos. Os processos são julgados tanto por juízes de tribunais itinerantes como distritais.

É muito importante utilizar a linguagem correta ao descrever os diferentes processos do Direito Civil e do Direito Penal. Os procedimentos dos processos civis são iniciados pelo requerente (a pessoa que abre o processo), que emite um formulário de pedido de indenização contra o réu (esse termo é o mesmo tanto para processos civis como criminais). É muito importante, porém, não se referir ao réu, nos tribunais civis, como “acusado” – esse é um termo utilizado apenas em processos criminais. Os processos são então arrolados para “audiência”.

Ao resultado do processo, geralmente decidido por juízes em vez de jurados (exceto em casos de difamação; ver adiante), a expressão correta é: “o juiz (nome)/o júri decidiu pelo requerente/réu”. As palavras “culpado” ou “inocente” *nunca* devem ser utilizadas em processos civis. De maneira similar, as pessoas em processos civis não são “punidas” ou “sentenciadas”, determinando-se, em geral, que elas paguem custas e indenizações.

Muitos processos civis que envolvem crianças, como direito de visita dos pais, custódia, etc., são julgados por varas de família, normalmente nos prédios do Tribunal dos Magistrados.

A Suprema Corte compõe-se do Tribunal de Apelação, do Supremo Tribunal de Justiça e do Tribunal da Coroa. O Supremo Tribunal de Justiça é o mais alto tribunal civil e possui três divisões denominadas, em inglês, conforme segue: *Chancery Division*, que se concentra em questões financeiras como falência e sucessões; *Queen's Bench Division*, que se encarrega de Direito Comercial, casos de injúria pessoal grave e negligência médica; e *Family Division*, foro final de questões relacionadas ao Direito de Família.

978-85-7241-733-4

A Profissão Jurídica

Com exceção da polícia e dos membros do Serviço de Promotoria da Coroa, a maioria dos profissionais jurídicos com quem o jornalista irá se deparar pode ser classificada em juízes, magistrados, *barristers** ou *solicitors***. Juízes e *barristers* – conhecidos no singular ou no plural como conselheiro (*counsel*) – exercem funções muito diferentes nos tribunais, mas possuem experiência profissional similar. Os juízes exercem a função de *barristers*, mas poucos deles exercem a função de *solicitors*. No tribunal, os *barristers* usam perucas e becas. Os *solicitors* não usam perucas, mas vestem becas (apesar de estas serem menos elaboradas que as dos *barristers*) no Tribunal da Coroa ou em tribunais superiores. *Barristers* experientes podem fazer uma solicitação para se tornar Conselheiros da Rainha (QC, *Queen's Counsel*) – também conhecidos como "os vestidos de seda", uma vez que suas becas são revestidas de seda! As iniciais QC devem ser adicionadas aos nomes desses juízes ou *barristers*; por exemplo, "John Smith, QC". Quando a Rainha é sucedida por um herdeiro masculino, as iniciais QC são substituídas por KC (sigla em inglês para *King's Counsel* – Conselheiro do Rei).

Os magistrados, em sua maioria, são pessoas leigas – não passaram a vida inteira no sistema jurídico – e espera-se que representem a comunidade. É um princípio central da legislação inglesa e uma proteção vital para os cidadãos comuns, que remonta à Carta Magna, que os acusados devem ser julgados por seus semelhantes (pares) – outros como eles – e não pelas elites. Os magistrados são, de fato, pessoas comuns, que justificam todas as suas ações perante um juiz e um júri nos processos sumários, menos graves.

978-85-7241-733-4

Os magistrados são similares aos juízes, portanto, nos processos que julgam, sentenciam e determinam punições quando apropriado. *Barristers* e *solicitors* são similares ao representar clientes de órgãos tanto estatais quanto públicos e empenham-se em processá-los ou defendê-los perante os tribunais. Os *barristers* são *freelancers* designados para cada caso específico, recebendo em geral uma gratificação quando assumem o caso mais os honorários pelo número de dias em que o processo se prolongue. Os *solicitors*, por outro lado, são profissionais assalariados. Alguns são especialistas, mas muitos lidam com ampla variedade de questões do Direito Civil e Penal. São as primeiras pessoas envolvidas na acusação ou defesa de um indivíduo.

Deve ser uma questão de honra profissional para os jornalistas descrever corretamente as pessoas. A forma correta de descrição está resumida na Figura 13.1.

* **N. do T.** – Advogado responsável por representar o cliente (réu ou requerente) perante o Supremo Tribunal de Justiça.

** **N. do T.** – Advogado que presta consultoria, elabora contratos e representa as pessoas nos Tribunais de Justiça de instância inferior.

978-85-7241-733-4

TIPO DE JUIZ	TÍTULO/DESCRIÇÃO (em inglês)
Lorde Supremo Chanceler	The Rt. Hon. The Lord (Irvine of Lairg)
↑	↑
Tribunal de Apelação	The Rt. Hon, Lord/Lady Justice (Smith)
↑	↑
Supremo Tribunal	The Hon. Mr./Mrs. Justice (Smith)
↑	↑
Tribunal da Coroa (itinerante)	His/Her Hon. Judge (Smith)
↑	↑
Advogado-juiz (cortes marciais)	Judge Advocate (Smith)

A abreviação *Rt. Hon.* significa *Right Honourable*; o nome fornecido é do Lorde Chanceler à época da edição deste livro; já o sobrenome *Smith* é apenas um exemplo que deve ser substituído pelo sobrenome real. Muitos manuais britânicos de estilo jornalístico afirmam serem aceitáveis termos abreviados para os títulos *"Mr. Justice"*, *"Mrs. Justice"*, *"Lord Justice"*, etc. Observe que as mulheres ainda são chamadas de *Lord Justice* no Tribunal de Apelação.

Figura 13.1

Escócia

Como parte da lei denominada, em inglês, *Act of Settlement*, a Escócia pode manter um sistema jurídico separado e diferente do sistema da Inglaterra e do País de Gales (e da Irlanda do Norte). Como vimos no Capítulo 12, a Escócia reteve seus poderes no Parlamento renovado para elaborar uma legislação primária que se aplica apenas a ela. Da mesma forma, algumas leis que se aplicam ao restante do Reino Unido não se aplicam à Escócia. A maior parte deste capítulo trata dos sistemas de leis da Inglaterra e do País de Gales, mas o que vem a seguir é um resumo das principais diferenças do sistema escocês.

A promotoria pública é chefiada pelo Lorde Advogado, que é independente da polícia – que não participa na instauração de processos. Os processos do Supremo Tribunal são levados aos tribunais por um *advocate-depute* ou *solicitor advocate*. Nos processos dos tribunais de primeira instância quem exerce essa função é um procurador fiscal.

O sistema judicial é organizado sob a supervisão de seis autoridades – corregedores –, cada qual responsável por diversos distritos judiciais. Processos criminais graves são julgados pelos corregedores com um júri de 15 membros. Processos menores (sumários) são julgados pelos tribunais distritais, administrados pelas autoridades locais (ver Cap. 12) e presididos por juízes de paz leigos, exceto em Glasgow, que possui magistrados assalariados (ver anteriormente).

As apelações contra decisões tomadas por um corregedor podem ser feitas ao corregedor principal e/ou ao Tribunal de Sessão, em Edimburgo, que possui uma câmara interna (*Inner House*) e uma câmara externa (*Outer House*). A Suprema Corte do Judiciário é o tribunal final de apelação do sistema jurídico da Escócia. As apelações provenientes da câmara interna (*Inner House*) só podem ser feitas à Câmara dos Lordes. Em processos civis, a rota de apelação à Câmara dos Lordes é apenas a partir do Tribunal de Sessão. Questões que afetem a Constituição, as quais tenham surgido em razão da descentralização (ver Cap. 12), podem ser julgadas pelo Comitê Judicial do Conselho Privado.

Crianças menores de 16 anos são, em geral, julgadas em uma audiência informal da Vara Infantil, composta de três pessoas comuns.

Não há *coroners** na Escócia (ver adiante), mas há departamentos equivalentes denominados, em inglês, *Fatal Accident* ou *Sudden Death Enquiry***, presididos por corregedores.

Desacato ao Tribunal

Entrar em conflito com as leis de desacato ao Tribunal é um dos maiores riscos – e ameaças – que afetam qualquer pessoa que possa descrever ou comentar processos judiciais. Na linguagem cotidiana, a palavra "desacato" descreve ações que demonstram desrespeito por alguém ou por algo. Certamente isso se aplica às pessoas envolvidas com a mídia jornalística – por exemplo, o telefone celular de algum jornalista tocando no tribunal. Porém, a lei tem um significado mais específico – e potencialmente mais sério – para a mídia, o que envolve notícias ou comentários que possam afetar o processo judicial, sobretudo influenciando o júri. O desacato também se aplica quando os jornalistas tentam descobrir o que se passou na sala dos jurados ou outros aspectos do caso que não foram apresentados no tribunal, ou ignoram a decisão judicial do tribunal, por exemplo, atrasando a publicação do processo ou não revelando as identidades de réus ou testemunhas.

O desacato pode ser uma violação do direito consuetudinário, mas o Procurador Geral tem de provar que houve a intenção de interferir na administração da justiça. Um exemplo seria um jornalista ou uma organização de notícias fazer campanha com muita veemência – beirando a malícia – a favor da acusação ou da defesa. Publicação por engano ou sem intenção de cometer algum desacato é indefensável e conhecida como responsabilidade objetiva. De acordo com o direito legislado (Lei de Desacato ao Tribunal de 1987), a responsabilidade objetiva está restrita às seguintes circunstâncias:

- O processo estava aberto (ver a seguir).
- A notícia (etc.) apresenta *risco substancial de prejudicar gravemente o processo judicial.*

Os juízes – e a lei em geral – mantêm uma opinião muito séria sobre desacato e têm poderes draconianos para punir transgressores, incluindo

978-85-7241-733-4

* **N. do T.** – Magistrados que investigam mortes suspeitas.

** **N. do T.** – Departamentos responsáveis pela investigação de acidentes fatais e mortes súbitas.

multas ilimitadas e prisão (até imediata!). Os desacatos mais graves são aqueles que prejudicam o andamento do processo judicial a ponto de o julgamento ser anulado – com altos gastos públicos com réus sendo postos em liberdade, ou com um novo julgamento, e a possibilidade de a defesa argumentar que seu cliente não teve um julgamento justo em razão de todas as reportagens e matérias prejudiciais.

Restrições de Divulgação Jornalística de Casos Judiciais

As leis que restringem o que pode ou não ser noticiado antes, durante e após cada audiência – durante todo o período do processo judicial – são muito complexas. Esse princípio parte de que, em geral, a mídia jornalística é livre para divulgar o que acontece durante os processos judiciais. Isso é equilibrado com a necessidade de proteger a integridade do processo – assegurar que não seja afetado pela divulgação ou, em linguagem jurídica, não seja prejudicado por ela. A lei não reconhece que exista algum direito de "julgamento pela mídia". Nos processos judiciais, o papel da mídia é ser os olhos e ouvidos do público em geral e não influenciar esses processos de um jeito ou de outro. Isso é ainda mais importante quando as notícias podem afetar a decisão de um júri.

Outras leis restringem a divulgação de certos casos a fim de proteger vítimas de crimes – em especial crianças e vítimas de crimes sexuais – ou aqueles que são considerados jovens demais para ter publicado seu envolvimento em um crime na medida em que isso os possa prejudicar na vida adulta. A lei também permite aos juízes algum critério individual para restringir ou retardar a divulgação do processo por várias razões, coletivamente descrito como *interesse da justiça*.

Uma última categoria de leis impede ou restringe a divulgação de processos a fim de proteger os interesses vitais do Estado, em particular assuntos relacionados à defesa e ao serviço secreto.

Deve-se salientar que muitos desses poderes para restringir a divulgação noticiosa de processos são arbitrários; eles podem, muitas vezes, ser contestados pela mídia por serem abusivos e/ou ilegais.

A não-observância das restrições pode levar jornalistas e/ou seus editores a enfrentarem processos por difamação (ver a seguir) e/ou por desacato ao tribunal.

Quando os Processos Estão "Abertos"

A divulgação jornalística de processos criminais depende muito do momento em que alguém foi acusado de um delito – ou parece provável que o cometeu – ou um mandado de prisão foi expedido ou um inquérito foi instaurado. Em processos civis, depende de quando uma causa é encaminhada para audiência ou fixada na lista de "notificações".

978-85-7241-733-4

A partir de cada uma dessas situações, o processo se torna "aberto" e os jornalistas devem ser muito cuidadosos para não publicar ou transmitir algo que possa afetar o processo judicial. Isso se aplica especialmente a qualquer suposta prova contra o acusado – que pode ou não ser apresentada como parte do processo – e quaisquer comentários ou alegações. Até mesmo declarar a natureza exata das supostas acusações antes de o réu comparecer pela primeira vez perante o tribunal é arriscado, visto que as acusações podem variar ou ser suspensas. Em todos os casos, o jornalista deve tomar cuidado para não especular ou divergir das declarações oficiais da Polícia ou do Serviço de Promotoria da Coroa enviadas para a mídia.

Muitas vezes, as dificuldades surgem para os jornalistas quando ocorre um incidente e alguém é preso logo após. A mídia é, em geral, livre para divulgar o incidente, mas deve ser muito cuidadosa para não insinuar que aquele que foi preso ou acusado é responsável por algum crime ligado ao incidente. Os jornais costumam fazer isso ao divulgar a notícia completa sobre o incidente, por exemplo, na primeira página, e uma matéria separada sobre a prisão/acusação em outra página. Termos legalmente seguros incluem: "Um homem foi acusado de ter ligações com...".

A mídia não deve divulgar o nome de qualquer acusado a menos que este seja fornecido pela polícia. Isso pode parecer ridículo se, por exemplo, três crianças e sua mãe foram encontradas mortas, o marido foi mais tarde preso pela polícia, mas se confirma meramente que "um homem de 42 anos foi acusado".

Outro grande perigo é confundir *preso* com *acusado* e *interrogado* com *acusado*. A polícia freqüentemente interroga várias pessoas, algumas das quais são suspeitas do crime; outras não são suspeitas, mas podem ser testemunhas importantes ou fornecer provas. Alguns suspeitos comparecem voluntariamente para ser interrogados e são livres para ir embora a qualquer momento. Outros são interrogados e liberados sem acusações (há um limite de tempo entre a prisão, a acusação formal e o primeiro comparecimento perante o tribunal).

978-85-7241-733-4

Mesmo quando a polícia avisa aos jornalistas que "pegou o cara", até que se confirme que este é o acusado, os repórteres devem ser fiéis à frase: "ajudar a polícia nas investigações".

Se houver negligência ao divulgar esse tipo de informação, pode-se correr o risco de ser processado por difamação por aqueles que foram "tachados" de criminosos ou suspeitos – quando o caso não é nem um nem outro.

Problemas similares surgem quando a polícia faz um apelo de "procura-se", com o nome e a descrição da pessoa que está sendo procurada. Às vezes, é óbvio que a polícia pensa ser essa a pessoa que cometeu o crime – ela pode até descrevê-la como "perigosa". Nesses casos, a mídia está prestando um serviço público inestimável e, por fazer isso, não parece enfrentar dificuldades legais. Se fosse diferente, programas policiais como *Crimewatch* seriam impossíveis. Contudo, frases como: "A polícia gostaria de eliminar (*x*) das suas investigações" ou "gostaria de interrogar (*x*) com relação a..." são recomendáveis.

Em todos esses exemplos – assim como em muitos outros – a mídia normalmente será protegida da ação judicial caso se detenha nas declarações oficiais da polícia ou de outras autoridades públicas.

Fotos (etc.) são motivos improváveis de desacato, a menos que haja contestação acerca da identidade do réu. Desacato ao direito consuetudinário é possível quando os processos judiciais não estão abertos, mas o autor da demanda deve provar que o jornalista pretendia prejudicar o processo.

Restrições de Divulgação Jornalística dos Julgamentos

Todos os processos criminais começam com o primeiro comparecimento do réu perante o Tribunal dos Magistrados local. Em processos judiciais sumários – nos quais o caso será julgado em sua totalidade –, o jornalista pode informar a mídia sobre todas as questões apresentadas aos magistrados.

Para os processos em que o acusado está sob prisão preventiva ou quando os magistrados promovem audiências preliminares antes de transferir o caso para o Tribunal da Corte – incluindo uma transferência "automática", de acordo com a Lei dos Tribunais dos Magistrados de 1980 e a Lei de Crime e Desordem de 1988 –, a divulgação jornalística fica restrita a:

- Nome do tribunal, magistrados, conselheiro e *solicitors*.
- Nome, endereço e profissão do acusado.
- Descrição dos delitos de que o réu está sendo acusado.
- Decisão do tribunal de enviar para julgamento e quais as acusações formais.
- Se o processo for adiado, data e local do adiamento.
- Decisão do tribunal de enviar para julgamento, etc. e sob quais acusações.
- Dados sobre a fiança, *mas não as razões pelas quais a fiança foi objetada ou negada.*
- Se assistência jurídica é concedida.
- Decisão do tribunal de suspender as restrições de divulgação jornalística (normalmente apenas se *todos* os acusados solicitarem – neste caso, o processo/depoimento pode ser noticiado por completo).

978-85-7241-733-4

A Lei de Desacato ao Tribunal afirma que os processos judiciais *deixam* de estar ativos quando:

- A pessoa detida é libertada sem ser acusada (exceto em casos de fiança policial).
- Nenhuma prisão é feita até 12 meses da emissão do mandado.
- O caso é suspenso.
- O réu é absolvido ou sentenciado.
- O réu é declarado incapaz de ser julgado ou de defender-se, ou o tribunal ordena que a acusação seja arquivada.

Depois de cada julgamento principal – em especial se houver condenação –, a mídia publicará extensas reportagens, incluindo depoimentos de testemunhas que não foram incluídas no julgamento. Isso é aceitável porque, uma vez que o caso está encerrado e a sentença foi pronunciada, não há risco de prejudicar os trâmites da lei. Mas é evidente que tais reportagens e documentários não são produzidos repentinamente no final do julgamento! Os jornalistas trabalham neles desde a data em que o crime foi cometido. O perigo é que, durante o processo, eles podem entrevistar testemunhas que forneçam evidências durante o julgamento e se deparar com evidências que não foram apresentadas. Tudo pode ter sido dito para prejudicar o julgamento e, desse modo, há perigo de desacato. Seja como for, o jornalista não deve oferecer dinheiro para aqueles que fornecem evidências, seja o acusado considerado culpado ou inocente. Essa prática é proibida pela *Press Complaints Commission** (PCC) e pelos códigos de radiodifusão (ver *sites* no final deste capítulo), além de constituir uma atitude irresponsável perante a lei de desacato.

Há risco teórico de desacato quando o réu é considerado culpado, mas apela da condenação. Se a apelação for aceita, existe a possibilidade de a condenação ser anulada ou até mesmo de um novo julgamento. Após a conclusão do julgamento, é muito comum realizar uma entrevista coletiva de improviso, fora do tribunal, na qual parentes e/ou advogados dizem que pretendem apelar da decisão do tribunal. Os jornalistas não precisam se preocupar pensando que isso significa que o processo se torna ativo imediatamente, visto que os recursos devem ser interpostos antes que o processo seja reativado. Isso leva algumas semanas e, até então, a mídia terá noticiado o caso à vontade.

978-85-7241-733-4

Mesmo quando o recurso é aceito, a lei considera que os juízes estão menos propensos à influência da cobertura jornalística da mídia que o júri e, portanto, existem poucas chances de o processo ser prejudicado nos termos da lei. Na verdade, há poucos riscos para a mídia se ela noticiar que haverá apelação da sentença e quais são os principais motivos.

Restrições de Divulgação Jornalística de Processos que Envolvem Crianças e Adolescentes

Embora existam diferenças legais entre crianças e adolescentes, as restrições de divulgação jornalística são suspensas quando o réu ou condenado atinge 18 anos de idade. De acordo com a lei de 1999 denominada *Youth Justice and Criminal Evidence Act*, iniciada uma investigação pela polícia, é crime publicar algo que leve à identificação de alguém com menos de 18 anos que, supostamente, tenha cometido um delito. Isso inclui divulgar nomes,

* **N. do T.** – Comissão de Queixas da Imprensa Britânica.

endereços, escolas (etc.), local do trabalho ou qualquer imagem que leve à identificação. Essas restrições podem ser suspensas se os jornalistas conseguirem convencer o tribunal de que a divulgação é de interesse público, visto que as restrições imporiam uma limitação substancial e injusta à divulgação do crime. Uma cláusula que teria impedido a publicação de notícias com informações sobre a *vítima* do crime ou sobre testemunhas de um crime foi deixada de lado pelo Parlamento após uma vigorosa campanha da imprensa e radiodifusores. Essa cláusula teria impedido a divulgação jornalística de um crime monstruoso como o tiroteio em uma escola.

A divulgação de processos dos Tribunais de Menores tem as mesmas restrições, a menos que – de acordo com o *Children and Young Person Act*, de 1933 – eles sejam suspensos pelo Ministro do Interior, para evitar injustiças com o jovem, ou pelo Tribunal de Menores – de acordo com o *Youth Court (Crime Sentences) Act*, de 1997 – visando ao "interesse público".

Não há proibição automática de identificação quando menores de 18 anos comparecem em um tribunal para adultos, porém uma proibição pode ser – e em geral é – imposta pelo juiz. Isso pode ser contestado pela mídia, mas os jornais impressos e os radiodifusores, em sua maioria, trabalham voluntariamente segundo um sistema de proibição auto-imposta de identificação.

978-85-7241-733-4

Restrições de Divulgação Jornalística de Crimes Sexuais

Em geral, a lei garante o anonimato para supostas vítimas de crimes sexuais, mas isso se aplica especificamente ao estupro (masculino e feminino). O anonimato se estende a casos de estupro; tentativa de estupro; ajudar, estimular, sugerir ou facilitar consumação ou tentativa de estupro; incentivo ao estupro; arrombamento com intenção de cometer estupro e outros crimes sexuais graves que não envolvem estupro ou sua tentativa. A lei se aplica assim que se faz a alegação de estupro e se estende a *qualquer informação* que possa identificar a suposta vítima.

Após uma pessoa ser denunciada ou acusada de estupro, nada que ligue o acusado à vítima pode ser publicado. Isso é válido até mesmo se as acusações forem posteriormente retiradas, mas não se aplica quando o autor da denúncia faz uma falsa acusação de estupro e é mais tarde condenado por desperdiçar o tempo da polícia ou por perjúrio (mentir sob juramento). Esse anonimato também se aplica a processos judiciais civis, mas pode ser suspenso.

Para essas categorias de restrição de divulgação, a lei está relacionada com a chamada identificação quebra-cabeça, quando alguém é capaz de identificar a referida pessoa juntando informações de diferentes notícias, mesmo quando divulgadas em diferentes veículos de comunicação. Isso significa cuidado extra para os jornalistas incumbidos de noticiar esses casos, que podem parecer absurdos ou até impossíveis. Como sempre, repórteres iniciantes devem pedir ajuda a um colega mais experiente.

Outras Importantes Restrições de Divulgação Jornalística

Divórcio não deve ser divulgado até que *todos* os depoimentos sejam ouvidos. As notícias devem limitar-se às "informações básicas" das partes envolvidas; a declarações concisas sobre acusações, contra-acusações, etc.; à sujeição aos dispositivos da lei e decisões com base neles; à sentença do tribunal e observações do juiz.

Em relação aos *processos judiciais de família*, segundo o *Children Act* de 1989, existem restrições similares àquelas relacionadas com divórcio, com o elemento adicional – e crucial – de proibir qualquer coisa que possa levar à identificação de menores de 18 anos. Isso também se aplica à divulgação do processo fora do tribunal; por exemplo, entrevistas com pais que travam uma batalha pela custódia dos filhos. Nos processos judiciais de tutela, é possível que os jornalistas argumentem que a proibição de identificação deve ser suspensa se a criança for envolvida em evento noticioso. Esses tipos de audiência são incomuns; a presença de jornalistas costuma ser permitida – assim como nos Tribunais de Menores –, mas o público é barrado. Isso acontece porque a lei não "acredita" que o público mantenha o que ouviu no tribunal em segredo, mas "sabe" que a mídia é obrigada a fazer isso e, portanto, ao permitir que a mídia tenha acesso aos tribunais, o princípio da "justiça aberta" pode ser mantido. Muitas vezes, permite-se a presença dos jornalistas quando os processos são julgados perante juízes em câmaras (salas de audiência proibidas ao público), contanto que não violem as restrições estatutárias; porém, o que é discutido nas salas de audiência não pode ser publicado – apenas as decisões tomadas. Deve-se salientar também que qualquer informação fornecida por advogados ou partes envolvidas não é sigilosa, em contraste com o processo judicial por difamação (ver adiante). Talvez surpreendentemente, apesar desse "direito de acesso" especial aos tribunais civis e penais que envolvem crianças e adolescentes, a mídia jornalística raramente se dê o trabalho de enviar repórteres para cobri-los, pois jornalistas e editores acreditam que matérias que não contenham nomes e detalhes pessoais são destituídas do vital "interesse humano". Contudo, o jornalismo indubitavelmente presta um serviço público ao divulgar esses casos, pois eles revelam muito a respeito da juventude, criminalidade, situação da família e de como a sociedade lida com todos esses problemas.

Outros Tipos de Processos Judiciais

Tribunais dos Coroners

O trabalho do *coroner* é um dos mais antigos da Inglaterra (e do País de Gales). Os *coroners* possuem vários deveres e, em muitos aspectos, mais poderes até que os juízes "comuns". O modo mais provável de os jornalistas divulgarem seu trabalho são os inquéritos, audiências judiciais referentes a mortes

978-85-7241-733-4

súbitas ou violentas – exceto no caso de acidentes de trânsito que, infelizmente, são tão comuns que quase nunca requerem a realização de inquéritos.

Enquanto os processos judiciais se baseiam em um *processo adversarial* – duas partes tentando convencer outras pessoas de que o "seu lado" é o "correto" – os inquéritos são regidos por um *processo inquisitório* – a fim de descobrir a verdade sobre o que aconteceu. Em geral, é o *coroner* quem decide se um júri (de 7 a 11 eleitores) deve ser indicado para se chegar a um veredito, mas um júri tem de ser indicado quando o incidente que provocou a morte pode ter importância para a segurança do público em geral. Vale lembrar que os inquéritos não servem para determinar a responsabilidade pela morte, muito menos para acusar alguém de um crime específico, como assassinato ou homicídio culposo. O principal objetivo de um inquérito é estabelecer a *identidade* da vítima e como ocorreu sua morte. Quando alguém é acusado de um crime relacionado à morte, é normal que o inquérito seja "aberto e suspenso". Se um processo judicial subseqüente estabelece por lei a causa da morte e quem foi o responsável, então o veredito do *coroner* é uma formalidade.

O nível de privilégio nos inquéritos é essencialmente o mesmo que nos tribunais de justiça, tendo a mídia o direito de estar presente. Os *coroners* muitas vezes tecem comentários e recomendações interessantes após o veredito.

978-85-7241-733-4

Tribunais Especiais

Os tribunais especiais são órgãos estabelecidos por lei para realizar julgamentos juridicamente obrigatórios em vários aspectos da vida pública. Há cerca de 80 tipos de tribunais especiais, cujos processos e poderes variam bastante. O Conselho de Tribunais é um órgão permanente que supervisiona esse vasto grupo de órgãos. Provavelmente os que mais interessam aos jornalistas sejam os tribunais trabalhistas, que fornecem muitas matérias interessantes sobre disputas entre empregadores e empregados. A Lei de Difamação de 1996 garante o mesmo nível geral de proteção do privilégio na divulgação jornalística em tribunais especiais legalmente constituídos, como acontece com os processos judiciais em tribunais de justiça. Isso é extremamente importante, visto que os empregados prejudicados estão propensos a fazer muitas declarações condenatórias e reivindicações contra seus patrões ou ex-empregadores. Há dúvidas se todos os tribunais especiais têm esse nível de proteção, e alguns podem apenas ter o que é descrito a seguir como terceiro nível de privilégio – sujeito a uma declaração como meio de explicação ou contradição. Seja como for, é uma boa prática, após a conclusão de um processo, procurar obter comentários, por exemplo, de um empregador que foi julgado por ter demitido um trabalhador injustamente.

Uma Questão de Privilégio

Compreensão básica sobre privilégio – o que significa e onde se aplica – é essencial para qualquer pessoa envolvida com jornalismo em sentido mais amplo. Assim como ocorre com a palavra preconceito (ver adiante), existe um significado jurídico específico para a palavra privilégio. Na linguagem comum, privilégio está relacionado com vantagens especiais concedidas a indivíduos ou organizações. Na legislação da mídia, privilégio, ou imunidade, concede proteção judicial à divulgação de assuntos, declarações, reivindicações e informações que de outra forma poderiam levar a ações judiciais por difamação/calúnia movidas contra jornalistas, redatores e editores. Em geral, o privilégio depende de onde a declaração (etc.) é feita ou publicada e do tipo de assunto, e não *quem* é o responsável por sua publicação; portanto, existe privilégio ou imunidade *material*, não privilégio ou imunidade *pessoal*.

Até aqui tudo bem... mas, é claro, não é tão simples assim! Em algumas circunstâncias, diz-se que o material tem privilégio absoluto; em outras, privilégio qualificado. E, no que diz respeito à mídia, "absoluto" não significa "vale tudo", e existem diferentes qualificações relacionadas com privilégio qualificado.

Este tópico trata dos tipos mais comuns e significativos de privilégio para os jornalistas.

Notícias sobre os tribunais do Reino Unido fornecem aos jornalistas o privilégio absoluto – a motivação dos jornalistas nessas notícias não é uma questão controversa (se não fosse assim, um requerente poderia tentar abafar notícias sobre um processo, argumentando que o jornalista "queria prejudicá-lo", o que minaria o princípio da justiça aberta). Todavia, a lei afirma que, para usufruir desse privilégio, a notícia deve ser imparcial, exata e atual.

978-85-7241-733-4

- *Imparcial*: atribui-se equilíbrio à acusação e à defesa (se apresentada) e/ou quaisquer circunstâncias atenuantes. É particularmente importante que, ao se divulgarem informações sobre uma parte do caso judicial – em geral provas e testemunhas de acusação, no início do julgamento –, também se conceda o devido tempo e espaço para a defesa – mesmo que, do ponto de vista do jornalista, esta seja considerada muito enfadonha. Imparcialidade não significa conceder a mesma quantidade de palavras ou de tempo tanto para a defesa como para a acusação (requerente ou réu), mas sim ter uma postura imparcial, a fim de apresentar um relato equilibrado de ambos os lados da disputa ou processo. Notícias sobre processos que não estão concluídos devem sempre terminar com "prossegue" ou "continua" na mídia impressa; os radiodifusores tendem a utilizar a expressão "o processo continua". Essas expressões informam ao leitor, ouvinte e telespectador, de modo explícito, que ele ouviu/leu apenas parte do processo.
- *Exata*: embora a lei aceite que os jornalistas devem condensar e simplificar os processos judiciais, as notícias devem declarar exatamente o que foi dito no tribunal, bem como as informações mais simples, como acusações e nome, idade e endereço do(s) réu(s).

- *Atual*: a notícia deve aparecer *apenas* na primeira edição disponível de uma publicação. Para os radiodifusores, há certa liberdade de ação quanto à divulgação de notícias em vários boletins ou programas no mesmo dia; porém, elas não devem ser repetidas no dia seguinte. Pode-se transmitir um programa ou uma reportagem especial, ao final de um julgamento, avaliando todo o processo – desde que não prejudique as decisões dos tribunais, por exemplo, dando a entender que um acusado absolvido era "realmente" culpado.

A forma mais antiga de privilégio refere-se aos membros do Parlamento (Comuns ou Lordes). De acordo com a Declaração de Direitos de 1689, qualquer declaração feita na câmara ou em suas comissões é protegida pelo privilégio absoluto – os oradores podem fazer qualquer reclamação ou atacar qualquer pessoa ou qualquer coisa nos termos mais ultrajantes e nenhuma atitude pode ser tomada contra eles (a Declaração de Direitos estabeleceu que somente os parlamentares eram responsáveis pela elaboração e pelo cumprimento de suas próprias regras). Esse privilégio também se aplica aos registros oficiais dos procedimentos parlamentares no *Hansard**.

Na realidade, as *notícias* sobre o Parlamento, bem como de outras legislaturas, também estão protegidas no Reino Unido por esse nível de privilégio, previsto na Lei de Difamação de 1996 – se não fosse assim, seria inviável a existência dos fortes ataques e reclamações que fazem do Parlamento do Reino Unido essa instituição tão vigorosa. Além disso, esse "manto de privilégio" é extremamente útil quando os jornalistas desejam que uma matéria e uma reivindicação recebam publicidade, mas não se sentem seguros para justificar suas reivindicações em um processo por difamação.

No entanto, afirma-se que notícias sobre o Parlamento abrangem apenas o privilégio qualificado, pois há o risco teórico de a proteção judicial falhar se o requerente provar que o jornalista agiu com intenção de prejudicá-lo. Existe também o requisito geral de que a notícia seja "imparcial e exata". Porém, isso não significa que ela deva ser completamente imparcial no que se refere ao modo como divulga informações sobre fontes de diferentes partidos políticos, etc. As notícias não devem citar de maneira errônea ou deturpar as declarações e opiniões das fontes. O privilégio se estende a matérias e outras publicações produzidas pelo Parlamento, incluindo as das comissões parlamentares, as quais freqüentemente lidam com questões que envolvem uma ampla área da vida pública e são muito críticas com indivíduos e organizações conhecidas. A proteção se estende a qualquer outra legislatura no mundo, como o Tribunal de Justiça Europeu, as Nações Unidas, etc.

É importante lembrar, porém, que essa proteção deixa de existir assim que alguém põe os pés fora das câmaras oficiais e salas das comissões do Parla-

* **N. do T.** – Uma espécie de Diário Oficial, que contém atas oficiais dos debates e decisões do parlamento e onde leis são publicadas.

978-85-7241-733-4

mento. Exemplo disso são as entrevistas realizadas no *College Green* – a faixa de grama do lado de fora do Parlamento, onde a imprensa costuma se reunir.

A terceira e "menor" faixa de privilégio determina que as notícias estejam "*sujeitas a uma declaração de explicação ou contradição*". Isso inclui as autoridades locais (conselhos), comissões, tribunais especiais e inquéritos, reuniões públicas, procedimentos em uma reunião geral de uma empresa pública do Reino Unido, informações voltadas ao público em geral provenientes da legislatura dos Estados-membros da União Européia e do Parlamento, governo de qualquer Estado-membro ou Comissão Européia e qualquer organização internacional, incluindo as conferências desses órgãos. Em um julgamento extremamente importante em 2000, a Câmara dos Lordes determinou que uma entrevista coletiva à imprensa fosse um encontro público e, portanto, abrangesse esse nível de proteção proveniente do privilégio qualificado, e os *releases* descrevessem o que era dito na entrevista coletiva.

O requisito de que o privilégio deve estar sujeito à declaração de explicação vale para que aqueles que são citados pelo nome e possivelmente difamados nesses encontros e notícias tenham a oportunidade de fornecer a sua versão da história. Tome-se por exemplo uma reunião de conselho em que um conselheiro ausente tem sua reputação e conduta atacadas por outro conselheiro. O conselheiro criticado tem o direito de defender sua reputação. Normalmente, isso seria realizado por meio de uma entrevista em resposta a um artigo e/ou de uma carta do conselheiro na edição seguinte do jornal. Portanto, embora na mídia impressa não haja regulamentos legais para a concessão do "direito de resposta" (a lei para as radiodifusoras faz disso uma exigência), caso os jornais desejem publicar alegações feitas em encontros públicos, relatórios, etc., eles devem estar cientes de que precisam proporcionar essa oportunidade de resposta para evitar processos judiciais por difamação.

978-85-7241-733-4

Também se deve enfatizar que, assim como ocorre com as divulgações sobre o Parlamento, todo privilégio deixa de existir assim que o conselheiro se pronuncia fora das reuniões do conselho, em entrevistas, etc.

Difamação

Se a divulgação jornalística de declarações, reivindicações e acusações procedentes de uma série de órgãos públicos estiver protegida pelo privilégio, o jornalista precisa estar ciente de qual proteção é oferecida quando estas são feitas na vida "normal". O conflito e o compromisso entre o direito da liberdade de expressão e a proteção do indivíduo ou organização contra ataques injustos está previsto na lei de difamação. A lei reconhece que toda pessoa – indivíduos e organizações – tem direito à proteção de ataques injustos a sua reputação, conduta e motivações. Isso é quase um argumento existencial: a lei baseia-se na idéia de que todos somos mais que um ser físico e podemos ser julgados e descritos puramente pela nossa aparência, peso, altura, etc. Uma parte essencial de nosso ser é o nosso caráter e, crucialmente, o que outras pessoas pensam sobre nós. Ao mesmo tempo, a lei reconhece que, em uma sociedade livre, indivíduos e a mídia devem ser capazes de fazer comentários e criticar pessoas e organizações.

Os processos judiciais de difamação, em sua maioria, referem-se a queixas civis e são julgados no Supremo Tribunal, geralmente com um júri – uma das raras instâncias de processos civis rotineiramente decididas por um júri –, procurando o requerente obter indenização monetária por danos.

Mas o que é difamação? Existem dois tipos principais: a calúnia, que é a difamação de forma impressa ou permanente, mas agora inclui transmissões públicas; e injúria, que é a difamação na forma transitória, ou seja, falada.

A lei estabelece que a publicação ou transmissão é difamatória se tiver como conseqüência para indivíduos e organizações:

- Expô-los ao ódio, ridículo ou desprezo.
- Fazer com que sejam afastados ou evitados.
- Subestimá-los quanto a suas opiniões e princípios moralmente corretos como membros da sociedade.
- Depreciá-los quanto ao seu ramo de atividade, trabalho, cargo ou profissão.

978-85-7241-733-4

Deve-se salientar que a parte prejudicada não precisa provar o dano em sua reputação, muito menos ter sofrido financeiramente pelas reclamações ou alegações, mas meramente afirmar que o material *tendia* a provocar esse efeito.

Porém, quem são esses "membros da sociedade com opiniões e princípios moralmente corretos"? A lei criou esse conceito para assegurar que as pessoas não possam ser processadas por difamação em decorrência de alguns membros da sociedade terem sido prejudicados pela divulgação de suas atividades. Por exemplo, se alguém envolvido em atividades criminosas fosse acusado de ser um informante da polícia, ficaria prejudicado aos olhos de alguns membros da sociedade, mas não aos olhos dos "membros da sociedade com opiniões e princípios moralmente corretos". Porém, em certos grupos legítimos e até certo ponto seletos da sociedade, a difamação pode ser muito maior do que seria reconhecido por toda a comunidade. Na Grã-Bretanha multicultural, diferentes grupos étnicos têm critérios diferentes, em especial na área de moralidade sexual. Por exemplo, insinuar que alguém, sobretudo do sexo masculino, não era virgem quando se casou, não seria difamatório para a maioria branca. De fato, tal é a revolução nas tradições sexuais que, na Grã-Bretanha do século XXI, afirmar que um homem solteiro *não* perdeu a virgindade no início dos seus 20 anos pode ser difamatório, visto que pode dar a entender que o indivíduo era socialmente inepto, tinha problemas de higiene pessoal ou, de outras formas, não era sexualmente atraente. Contudo, fazer uma afirmação dessas sobre uma mulher de alguma etnia minoritária em que a virgindade antes do casamento ainda é prezada pode ser difamatório e acarretar sérias conseqüências para a pessoa envolvida. O júri de processos de difamação é, portanto, instruído pelos juízes a considerar o efeito *real* – intencional ou não – no modo como o requerente é visto por aqueles que leram ou ouviram o material ofensivo.

Mudanças similares de atitude se aplicam à homossexualidade masculina, que perdeu muito do estigma que detinha até tempos relativamente recentes (auxiliado pela legalização de contratos homossexuais entre homens e a idade em que isso começa). Atualmente é improvável que a afirmação de que uma pessoa seja *gay* constitua, por si só, uma difamação, mas uma ação judicial pode ser bem-sucedida se conseguir provar que a notícia insinuou que a pessoa era desonesta, hipócrita ou levava uma "vida dupla".

É também importante lembrar que a contestação para uma ação judicial de difamação só será considerada se for provado que a pessoa foi difamada nos termos da lei. Em casos extremos, pode não fazer diferença o material ofensivo tecer declarações falsas sobre alguém se as pessoas ou organizações envolvidas já forem pouco estimadas pelos "membros da sociedade com opiniões e princípios moralmente corretos".

Para proceder a uma ação judicial por difamação, o requerente deve ser capaz de provar:

- Que o material tem sentido difamatório (como definido anteriormente).
- Que se pode concluir razoavelmente que o material se refere ao requerente.
- Que o material foi publicado por terceiros (exceto por calúnia criminosa; ver a seguir) – no caso da mídia, isso pode ser suposto.
- Que o requerente está vivo – novamente com exceção da calúnia criminosa, não é possível difamar o morto (por essa razão existem tantas "histórias verdadeiras sobre...", como documentários e reportagens especiais sobre pessoas que morreram) – embora deva-se tomar cuidado para não difamar parentes vivos, etc., por extensão.

978-85-7241-733-4

Se essa fosse a essência da lei, a maior parte do jornalismo seria impossível! Felizmente, existem defesas disponíveis aos jornalistas. Uma defesa bem-sucedida pode ser preparada se um dos seguintes fatores for comprovado:

- *Justificativa*. O material era verdadeiro em substância e em fato. Não é necessário provar todos os detalhes de cada alegação ou afirmação, mas tudo que constitua parte significativa do processo do requerente deve ser passível de comprovação no equilíbrio das probabilidades. Isso freqüentemente representa problemas para os jornalistas; mesmo quando eles "sabem" que algo é verdade e foram informados disso por pessoas conceituadas, eles devem assegurar-se de que essas pessoas podem ir ao tribunal e depor sob juramento. Eles possuem declarações assinadas (depoimentos juramentados) ou outros tipos de evidências por escrito – incluindo boas anotações?
- *Comentário justo*, honestamente elaborado sem premeditação, sobre um assunto de interesse público:
  - *Comentário justo*. Esse termo novamente mostra a lacuna entre a linguagem "normal" e o que as palavras significam na lei. Processo e precedente demonstraram, acima de qualquer dúvida, que a lei não quer

dizer que o comentário deve ser expresso com palavras ponderadas ou equilibrado com "por um lado isso, por outro lado aquilo". Ao contrário, juízes em processos anteriores reconheceram que os jornais, em especial, costumam utilizar linguagem vigorosa, ríspida e insultante e possuem pontos de vista tendenciosos. Isso é ainda considerado "justo". Porém, em raras ocasiões, julgou-se que os jornais "passaram dos limites" e o requerente, em conseqüência, ganhou a causa. Mais notavelmente, isso decorreu do que se considerou observações pessoais e ofensivas desnecessárias sobre uma personalidade da televisão.

- *Honestamente elaborado*. A defesa falhará se o comentário for apresentado como não sendo algo em que o autor/radiodifusor realmente acredita, como "fato" ou como um ponto de vista com o qual ele concorde.
- *Sem premeditação*. A defesa falhará se for possível provar que o autor/radiodifusor tinha interesse pessoal em "rebaixar" o sujeito da ação, por motivo de rancor pessoal, vingança, etc. A lei não é formulada para proteger as pessoas que tentam solucionar suas queixas particulares por intermédio da mídia pública.
- *Sobre um assunto de interesse público*. A defesa é válida apenas em caso de assunto que possa ter legítimo interesse para a sociedade ou parte dela. Evidentemente, comentários sobre funcionários públicos e a maioria das organizações públicas e privadas estão incluídos nesse critério. Naturalmente, a maior parte dos comentários da mídia refere-se a essas pessoas e organizações, visto que elas são as que interessarão aos seus leitores e ouvintes. Comentários sobre a vida particular de um indivíduo ou, talvez, de uma pequena empresa privada pertencente a uma família não entrariam nesse tipo de critério, mesmo que a história fosse "picante" e produzisse "boas" matérias. Isso não sugere que "comentários justos" possam apenas se aplicar a matérias sérias sobre questões públicas: resenhas sobre entretenimento e contribuições artísticas são quase sempre cobertas por essa defesa. O problema com comentários do tipo que aparecem nos editoriais dos jornais é que eles se baseiam em afirmações factuais. Por exemplo, uma coluna de um jornal local pode afirmar que "nosso conselho local é um dos piores do país, composto de alguns dos menos animadores conselheiros e funcionários do governo local" (comentário justo), mas acrescentar ao final que "o líder do Executivo é incompetente e alguns dos principais conselheiros fraudam os seus chamados gastos". Evidentemente, essa última declaração seria difamatória e o jornal poderia ser processado, exigindo-se que apresentasse provas dessas afirmações. De que modo o líder do Executivo é incompetente? Como ele falhou em cumprir seus deveres e sob que ponto de vista? Quais conselheiros "fraudam" e quais gastos? O quê, quando, onde e como? A única maneira segura de livrar-se dos processos judiciais por calúnia é assegurar-se de que todos os comentários são justos e os fatos nos quais se baseiam são verdadeiros e podem ser provados; a menos que... a questão seja privilegiada (ver anteriormente).

978-85-7241-733-4

Outra defesa é que a organização de notícias já havia chegado a um acordo satisfatório com o requerente a fim de decidir a disputa, publicando, por exemplo, uma correção e/ou um pedido de desculpas, ou até pagando uma quantia por força de um acordo extrajudicial. Isso é chamado de acordo de conciliação. Dificuldades às vezes surgem quando o requerente primeiro concorda em receber as compensações oferecidas, mas depois consulta um "superadvogado" que o aconselha a prosseguir com o processo. É importante que qualquer acordo estabelecido a fim de resolver o caso seja documentado.

A mídia se viu encrencada com a lei de difamação de outras maneiras:

- *Justaposição*. Por exemplo, matérias sobre corrupção na polícia colocadas próximas a fotografias ou imagens de oficiais identificáveis (um perigo especial para a televisão, com o uso de "papel de parede" ou imagens para ilustrar determinadas notícias).
- *Inferência não intencional*. Por exemplo, a afirmação de que uma matéria sobre professores não identificados suspeitos de abusar sexualmente de alunos refere-se a um professor ou escola específica. Isso ilustra a importância de se assegurar de que as alegações sejam específicas. Em contraste com algumas crenças errôneas, o perigo da difamação não necessariamente diminui se as alegações são vagas e inespecíficas; pelo contrário, isso pode aumentar as chances de pessoas inocentes se sentirem difamadas!
- *Contar com a "defesa" utilizada no programa "Have I Got News for You!"*. Muitas pessoas parecem ter aproveitado muito a atribuição divertida e bastante irônica da expressão "segundo dizem" a alguma afirmação claramente difamatória feita pelos membros do satírico *quiz* de notícias da BBC, *Have I Got News for You!* – essa expressão é geralmente acompanhada por uma piscadinha e causa uma sincera risada da audiência; todos são levados a deduzir que o membro do programa acredita que a alegação é verdadeira e repetem "segundo dizem" como um tipo de mantra judicial para impedir que o sujeito da observação seja processado. Infelizmente, é improvável que quem tente utilizar a mesma expressão "fora" tenha vários advogados deliberando sobre a edição do programa pré-gravado.
- *Contar com a defesa "eu só estava lendo o que estava no papel"*. Muitos apresentadores de rádio destacam as manchetes de alguns jornais – especialmente os tablóides – e se divertem muito lendo em voz alta todos os tipos de alegações ultrajantes e escandalosas, sobretudo de políticos e celebridades. O apresentador ficará horrorizado ao ser solicitado a provar a verdade dessas alegações no tribunal – ou, mais provavelmente, como ele não tem acesso às fontes do jornalista que escreveu a matéria original, ele e sua emissora terão de fazer um acordo extrajudicial com danos substanciais após o advogado da emissora contar que ela foi "autuada em flagrante". De acordo com a lei, sempre que uma calúnia for repetida, ela passa a ser uma nova calúnia – e os requerentes podem processar diferentes veículos de comunicação por repetirem a calúnia "original".

978-85-7241-733-4

Ao contrário da maioria dos processos criminais, não há assistência jurídica e as custas de uma ação por difamação pode ser alto – em geral mais do que se pode esperar receber por prejuízos, sobretudo após tendências recentes de as perdas serem mais modestas do que se viu em muitas indenizações espetaculares a celebridades na década de 1980. Todavia, o júri ainda tem ampla liberdade para recomendar o montante do prejuízo caso decida pelo requerente. No entanto, o risco de perder uma causa e se ver diante de altas custas judiciais certamente desencoraja muitas pessoas com recursos modestos a impetrarem uma ação desse tipo. É por essa razão que se descreve a calúnia como um "brinquedo de gente rica", embora a recente tendência de advogados oferecerem um acordo de honorários condicionais – "sem vitória, sem pagamento" – signifique que pessoas comuns estão mais preparadas para enfrentar essas questões no tribunal sem se arriscar à ruína financeira.

978-85-7241-733-4

Em razão desses altos riscos, poucas queixas de difamação chegam ao Supremo Tribunal – a grande maioria é resolvida fora dos tribunais. A maioria dos jornalistas e quase todos os editores terão (para dizer o mínimo) a experiência perturbadora de receber a carta de um oficial de justiça declarando que seu cliente pretende abrir um processo por difamação. Em geral, a ameaça de ir aos tribunais é reduzida se o veículo de notícias publicar um proeminente e extravagante pedido de desculpas e/ou uma errata. O editor, em muitos casos, será aconselhado a concordar com isso ou fazer um acordo extrajudicial, a menos que esteja absolutamente certo de que uma das defesas fornecidas anteriormente poderá ser utilizada e/ou que o requerente está tentando utilizar as leis de calúnia e difamação para abafar o debate e as informações sobre uma questão crucial de interesse público.

Se um processo realmente chegar ao tribunal, a empresa jornalística pode fazer uma consignação em pagamento (judicial). Trata-se de um verdadeiro teste de nervos para ambas as partes: se o tribunal decidir pelo requerente, mas estipular uma indenização de mesmo valor ou menor que a quantia paga, será responsável pelas custas judiciais de ambas as partes – um incentivo poderoso (como se espera) para conduzir o processo a uma rápida conclusão. Além disso, os tribunais não fazem fé – e estão propensos a prejuízos substancialmente crescentes – se a empresa jornalística continuar com o processo e insistir na veracidade de suas alegações (caso seu argumento seja a justificação).

Tudo isso demonstra que a difamação é uma ameaça constante para os jornalistas e um "jogo" muito impreciso, cujo resultado, se terminará em processo judicial ou não, é impossível de prever. Além disso, embora quase todas as principais empresas jornalísticas mantenham advogados de plantão para orientá-las sobre as matérias que planejam divulgar, essa orientação pode ser expressa de forma ambígua, do tipo: "isso pode se tornar um problema mas você provavelmente conseguirá escapar".

Esta é apenas outra demonstração de que o jornalismo muitas vezes envolve nervos fortes, coragem e, acima de tudo, eficiência e profissionalismo em assegurar que anotações, entrevistas, declarações e pesquisas sejam meticulosamente realizadas e registradas para que, ao "se confrontarem com uma situação difícil", os jornalistas sejam capazes de defender suas matérias nos tribunais.

Privilégio no Direito Consuetudinário: "Defesa de Reynolds" e o Surgimento da Defesa do Interesse Público

A maior parte do que foi discutido se baseia nas prescrições do direito legislado – especificamente nas Leis de Difamação de 1952 e 1996. No entanto, o processo que se tornou um marco foi o de Albert Reynolds, ex-primeiro-ministro da República da Irlanda, quando processou o *Sunday Times* por difamação, levando ao desenvolvimento da defesa do interesse público no direito consuetudinário. A importância desse caso para o jornalismo do Reino Unido não é exagero. Ao leitor interessado em pesquisar esse caso a fundo recomenda-se a consulta ao *McNae's Essencial Law for Journalists* (Welsh e Greenwood, 2001) e outros livros especializados em legislação da mídia (ver Fontes e Referências no final do capítulo).

O *McNae's* habilmente sintetiza essa defesa do interesse público ao citar parte do julgamento presidido pelo Chefe de Justiça, Lorde Bingham, no Tribunal de Apelação:

> Visto que é tarefa da mídia jornalística informar o público e envolver-se no debate sobre questões de interesse público, portanto, tal tarefa deve ser reconhecida como seu dever público.
>
> (Welsh e Greenwood, 2001:236)

Em outras palavras, o jornalista pode não ter tomado o cuidado de provar cada alegação feita em uma notícia, se a matéria for verdadeiramente considerada de interesse público. Porém, antes que os leitores corram para escrever e divulgar histórias sobre figuras públicas que eles "sabem" mas não podem "provar" que são verdadeiras em um tribunal de justiça, eles devem observar que, em 1999, a Câmara dos Lordes, em um veredito dado pelo Lorde Nicholls, estabeleceu algumas das exigências que devem contribuir para que uma defesa de interesse público seja aceita. Elas incluem a gravidade da queixa – quanto mais grave, maior o dano para os envolvidos e, portanto, maior a exigência de que as alegações se baseiem na verdade; a credibilidade das fontes de informação; e se o indivíduo ou organização teve a chance de replicar tais alegações.

Também deve-se observar – uma peculiaridade muito típica da lei – que, mesmo os tribunais decidindo pela defesa, o *Sunday Times* não poderia utilizá-la no caso Reynolds. Porém, o *McNae's* lembra que a defesa foi usada com sucesso por, pelo menos, um outro jornal.

978-85-7241-733-4

Calúnia Criminosa

Instaurações de processos por calúnia criminosa são – felizmente para os jornalistas – muito raras. Assim como a já abordada distinção entre processos civis e criminais, a calúnia criminosa consiste em material cujo conteúdo contém acusação grave que provavelmente resulte em violação da paz – seja de pessoas, organizações, grupos ou simpatizantes do requerente (por essa razão, não há necessidade de mostrar que o material foi transmitido a uma terceira pessoa). Por exemplo, acusar alguém de pedofilia poderá provocar uma resposta muito violenta. Da mesma forma, se houver acusações ultrajantes sobre o comportamento de um grupo na sociedade, podem ocorrer reações violentas de outros na comunidade contra diversas pessoas. A calúnia criminal pode até ser atribuída a um morto, caso seus parentes sintam que as pessoas farão algo contra eles. É improvável que a defesa da justificação seja útil nesses casos e essa é uma área em que vale a expressão "quanto maior a verdade, maior a calúnia".

O mesmo dispositivo de lei lida com blasfêmia, obscenidade, sedição e falsidade maliciosa.

- *Blasfêmia*: é difamar a religião cristã, apenas. Jurisprudência e precedentes demonstram que não se pode alegar blasfêmia se outras religiões forem difamadas – uma repercussão intrigante e, para muitas pessoas, ultrajante dos dias em que o Reino Unido era quase todo um país cristão. A religião oficial do Estado ainda é, evidentemente, a Igreja Anglicana – a fé protestante – e alguns peritos afirmam que nem mesmo o catolicismo é protegido pela lei de blasfêmia.
- *Obscenidade*: o autor do processo deve provar que o material tende a perverter e corromper aqueles que tenham tido acesso a ele.
- *Sedição*: o material é forte a ponto de atingir as principais instituições da sociedade, especificamente o governo, a Monarquia e as Forças Armadas.
- *Falsidade maliciosa*: às vezes usada como alternativa à difamação quando o material ofensivo não prejudica a reputação de alguém, mas pode prejudicar indivíduos ou organizações; por exemplo, afirmar que uma empresa não está mais em atividade. Um processo bem-sucedido deve provar que as afirmações eram falsas e foram publicadas com intenção maliciosa.

978-85-7241-733-4

Liberdade de Expressão e Privacidade: um Conflito de Direitos

Não há menções específicas na legislação e na constituição britânica a respeito da liberdade de expressão. Desde o final da década de 1940, a Convenção Européia dos Direitos Humanos manteve a possibilidade, de acordo com o artigo 10º – que declara haver um direito geral de liberdade de expressão e comunicação de opiniões e idéias – de o Tribunal Europeu dos Direitos

Humanos, localizado em Estrasburgo (*não* confundir com o Tribunal de Justiça Europeu, parte da estrutura da União Européia – ver Cap. 11) poder ajudar no combate à censura de publicações ou transmissões. Até outubro de 2000, as dificuldades práticas e as custas das batalhas judiciais em Estrasburgo, bem como a duvidosa chance de êxito, impediram que este fosse um meio viável de ação para muitos jornalistas e outras pessoas.

No entanto, a *incorporação* da Convenção ao *direito interno* britânico pela Lei dos Direitos Humanos de 1998, que ganhou força dois anos mais tarde, conduziu a perspectivas mais plausíveis de utilização da Convenção para combater as restrições ilegais e impróprias ao jornalismo.

Para os jornalistas, porém, a Lei dos Direitos Humanos é uma faca de dois gumes: o artigo 8º também concede direitos de privacidade, incluindo o respeito pela privacidade da vida familiar e financeira e outros assuntos (por exemplo, extratos bancários, correspondência, etc.). Há grande preocupação por parte de jornalistas e editores com quem realiza atividades imorais, ou até ilegais, e utiliza a Lei dos Direitos Humanos para silenciar o legítimo jornalismo investigativo. Na época em que este livro foi escrito, muitos casos precedentes foram examinados pelos tribunais e, como discutido no Capítulo 11, a Lei dos Direitos Humanos concede liberdade suficiente aos juízes para *elaborarem* eficazmente a lei. A importância desses julgamentos para o jornalismo do Reino Unido não pode ser supestimada. Os leitores devem se manter atualizados por meio dos jornais (e de seus *sites*) e artigos da *Press Gazette* e *Media Lawyer* (detalhes no final do capítulo).

978-85-7241-733-4

Legislação Eleitoral

Não há época em que políticos, partidos e ativistas (e talvez o público em geral) tenham tanto interesse pelo jornalismo e pela mídia a não ser durante as campanhas eleitorais. Esse é o momento em que haverá máxima pressão e "agilidade" a fim de apresentar matérias produzidas de um modo que seja útil para um partido ou um político e, conseqüentemente, as notícias serão minuciosamente examinadas. Para o jornalista de mídia impressa, não há exigência judicial para que sejam justos ou equilibrados na cobertura política das eleições: jornais e revistas podem ser completamente tendenciosos em suas divulgações e não é necessário conceder o mesmo tempo e espaço aos partidos. A lei denominada *Political Parties, Elections and Referendums Act*, de 2000, declarou ilegal a publicação de pesquisa de opinião *no dia da eleição*.

O jornalista de mídia impressa deve, portanto, estar ciente de que as leis que afetam a divulgação jornalística, incluindo as de difamação, ordem pública, etc., não são suspensas na época de eleições – se isso for possível, são até mais "aplicáveis" que o habitual – e deve tomar cuidado para não publicar informações falsas sobre um candidato que possam afetar suas chances na eleição. A lei é especialmente rigorosa no que se refere a "informações falsas" divulgadas no período das eleições, visto que uma bem-sucedida ação judicial por difamação após a eleição não é alentadora se, em resultado de alegações falsas, um candidato perder a eleição.

Em geral, é boa prática e juridicamente recomendável ter cuidado especial com a publicação de afirmações sobre o caráter e a conduta dos candidatos. É melhor apegar-se à discussão dos pontos de debate embora, é claro, a experiência (ou a falta dela) e o histórico dos candidatos constituam áreas legítimas de discussão pública.

Existem problemas específicos com partidos políticos cujo material e declarações possam infringir a lei, em especial o ressurgimento, no início do século XXI, de partidos de extrema direita, hostis às minorias raciais. Discussões sobre algumas de suas políticas podem suscitar acusações de que a mídia estimulou o ódio racial e, desse modo, ameaçou a ordem pública. Quando discussões legítimas sobre questões públicas se tornam propaganda racista? Problemas similares surgem com os chamados partidos de "direito à vida". Nesse caso, o problema é mais propenso a surgir em anúncios (ou divulgações eleitorais de partidos). Imagens de fetos abortados são parte da informação que deve estar em domínio público ou são obscenas? O jornalista, diretor ou chefe de propaganda tem a tarefa quase impossível de julgar essas áreas altamente delicadas e controversas. Negar-se a transmitir ou publicar provocará acusações de "censura" e cumplicidade ao partido/governo/política. Se houver publicação, a mídia será responsabilizada pela subseqüente deflagração da desordem pública, destruição de propriedade e possíveis danos graves ou até mortes. Com o poder vem a responsabilidade e, nessas áreas, pelo menos o jornalista pode estar em uma situação desagradável.

Ao contrário dos colegas de mídia impressa, os jornalistas de radiodifusão têm o compromisso de ser justos, imparciais e objetivos, sendo a cobertura jornalística analisada microscopicamente (ou por um estetoscópio!) em épocas de eleição a fim de certificar-se de que esses requisitos foram respeitados, em especial a "regra do tempo" para a cobertura de partidos e candidatos. Até o ano 2000, os radiodifusores tinham restrições especiais para noticiar questões do distrito eleitoral e entrevistar candidatos desses distritos, com a proibição de toda a transmissão por parte de qualquer candidato que não desejasse participar. A Lei dos Partidos Políticos, Eleições e Referendos (2000) anulou a (conhecida) Seção 93 da Lei de Representação do Povo (1983) e a substituiu pela exigência de que os radiodifusores produzissem códigos de prática para a inclusão de candidatos nas eleições parlamentares e do governo local. Os códigos podem ser vistos *online* e seus endereços estão no final deste capítulo. Esses códigos são operacionais em diferentes situações, dependendo do tipo de eleição:

- *Eleição geral*: a partir da data da dissolução do Parlamento.
- *Eleição suplementar do Parlamento*: a partir da data da publicação do anúncio da eleição.
- *Eleição do governo local*: a partir da última data de publicação da notificação de eleição (geralmente 5 semanas antes da eleição).

Os radiodifusores e seus órgãos reguladores produzem códigos que abrangem todos os aspectos da cobertura eleitoral e o jornalista de radiodifusão deve se familiarizar com esses códigos antes de uma campanha eleitoral. Um dos aspectos mais curiosos da transmissão durante as eleições é que, no dia da própria eleição – após semanas em que quase todos os boletins de notícias e programas de atualidades são dominados por esse assunto –, não deve haver qualquer debate sobre temas controversos, líderes ou candidatos. Os radiodifusores devem se restringir a observações sobre o clima e trivialidades; não deve haver qualquer especulação ou informação sobre o provável resultado da eleição. Essas restrições se aplicam até o término das eleições às 22h – a partir de então inicia-se a estação de caça!

978-85-7241-733-4

Outras Restrições Legais ao Jornalismo

Ordem Pública

Considera-se crime publicar matérias ameaçadoras, abusivas ou insultantes cujo provável efeito é incitar ódio contra algum grupo da comunidade em razão de cor da pele, raça, nacionalidade, cidadania ou origem étnica. Isso pode ser problemático, em particular, nas eleições (ver anteriormente).

Segredos Oficiais

As Leis de Segredos Oficiais são elaboradas com o objetivo de impedir a publicação ou transmissão de informações importantes cujo segredo seja de interesse público, visto que as revelar poderia pôr em risco a segurança e a paz da população, em geral com potencial apoio daqueles – estrangeiros e nativos – que desejam prejudicar o país e seus cidadãos. Essas leis abrangem ampla variedade de material, desde operações policiais e serviços secretos até relações diplomáticas. Se fossem rigorosamente aplicadas, impediriam a divulgação jornalística de uma série de matérias que poderiam ser consideradas de legítimo interesse público. Existem muitas acusações de que várias autoridades utilizaram as Leis de Segredos Oficiais para impedir a publicação de matérias que seriam embaraçosas para os envolvidos ou exporiam incompetências ou mentiras do funcionalismo público – assuntos que não constituem uma genuína ameaça à paz e segurança interna e externa. Se a lei fosse rigorosamente cumprida, a afirmação de que o Reino Unido é uma sociedade “livre” com uma imprensa “livre” seria motivo de chacotas. Felizmente, as instaurações de processos judiciais são relativamente raras e ocorrem apenas em casos considerados “extremos”. Para ajudar os jornalistas a desemaranhar essa área complexa da lei e encontrar uma solução para que as notícias não violem as Leis de Segredos Oficiais, existe um órgão consultivo denominado, em inglês, *Defence Press and Broadcasting Advisory Committee* – comumente conhecido como comitê de notificação “D”. Esse órgão é presidido pelo Subsecretário Permanente de Estado da Defesa, que chefia um comitê composto de quatro funcionários públicos

978-85-7241-733-4

sêniores procedentes de ministérios importantes e 13 representantes dos diferentes setores do jornalismo. Há cinco notificações "D" permanentes, as quais podem ser vistas na *Web* (ver final do capítulo). O comitê fornece informações sobre outros assuntos e responde a questões específicas de empresas de notícias. No entanto, o comitê não possui base estatutária – ele pode apenas dar uma opinião e os jornalistas são "livres" para ignorá-la; da mesma forma, o fato de um item estar "OK" para o comitê não impedirá a instauração de um processo bem-sucedido de acordo com as Leis de Segredos Oficiais.

Reabilitação de Criminosos

A lei tem por objetivo proteger as pessoas cujas condenações judiciais sejam relativamente menores a fim de que elas possam continuar a vida sem as constantes referências às condenações do passado. A sentença imposta relaciona-se ao cumprimento de determinada pena – depois disso, deixa de existir condenação. Isso afeta os jornalistas à medida que estes podem ser processados por calúnia (ver anteriormente): a justificativa falha se o réu conseguir provar que o jornalista agiu com premeditação ao revelar a pena "cumprida". Os jornalistas perdem o privilégio ou imunidade se a divulgação fizer referência a uma prova de culpabilidade que o juiz determinou ser inadmissível.

Confidencialidade e Interdições Judiciais

Este e o Capítulo 2 mencionaram que um dos aspectos mais importantes de uma "imprensa livre" é a inexistência de censura pré-publicação. Esse princípio é fortemente comprometido pela utilização de interdições judiciais a fim de impedir a publicação de uma matéria jornalística – um dos mais poderosos dispositivos para reprimir os jornalistas. A arma mais comum é afirmar que a matéria viola as cláusulas de confidencialidade do contrato de trabalho de alguém – há um dever implícito de confidencialidade entre empregador e empregado, mesmo que não esteja especificado no contrato de trabalho. Menos freqüente é a afirmação de que o material é tão difamatório que a correção numa publicação posterior talvez não pudesse desfazer o dano causado. Muitas vezes, um jornalista investigativo ficará nervoso ao abordar o personagem de uma matéria que revele fatos comprometedores, com medo de que essa pessoa vá aos tribunais a fim de impor uma interdição judicial de "última hora" ao convencer o juiz – geralmente tarde da noite, em câmaras do tribunal (em particular) e com a presença apenas da parte ofendida (*ex parte*, em linguagem jurídica) – de que a publicação viola a confidencialidade. Mesmo que todos os fatos não sejam apresentados ao juiz nesse momento (e como poderiam ser sem a presença do jornalista?), o juiz pode considerar haver razões suficientes para acreditar que a publicação infringe essa confidencialidade e ordenar que a publicação seja suspensa. Às vezes, isso acontece quando os jornais já foram impressos ou o programa (de rádio ou televisão) já está na grade de programação e foi anunciado. Na verdade, pode ser que a parte ofendida fique sabendo da matéria pelas edições matinais e consiga obter uma ordem judicial para impedir que mais edições sejam publicadas. É desnecessário dizer que isso é um processo muito caro para as organizações de notícias.

Isso não significa que as tentativas de interdições judiciais sejam sempre bem-sucedidas. Os juízes são, às vezes, complacentes com os jornalistas e o jornalismo. Ocorre, porém, que pessoas e organizações, cujas atividades os jornalistas têm o importantíssimo dever público de monitorar, são ricas o bastante para ter bons advogados de prontidão permanente para tirar um juiz da cama a fim de "requerer às pressas uma interdição judicial".

Outro problema é que, apesar de uma interdição especificar apenas um órgão da mídia – porque esse é o único do qual o ofendido está ciente –, ela também poderá ser aplicada a qualquer outro órgão que, por coincidência, possa estar trabalhando em uma matéria e em um "alvo" similar ou, mais provavelmente, teve a matéria retirada das primeiras edições de um jornal e a publica em seu próprio veículo. A regra geral é que uma interdição para um vale para todos.

978-85-7241-733-4

Assédio

A Lei de Proteção contra o Assédio (1997) é um exemplo clássico de lei elaborada em decorrência de um problema na sociedade – pessoas "perseguidas" e, por outro lado, recebendo atenções indesejáveis de alguém, sentindo-se ameaçadas e intimidadas por essas atitudes – e é utilizada de formas que o Parlamento nunca tencionou. Nesse caso, a lei é utilizada para impedir investigações legítimas sobre a vida das pessoas por meio de notícias. Se o requerente conseguir provar que houve "susto" e "aflição", poderá ser instaurado processo criminal contra o jornalista ou fotógrafo. Ainda mais preocupantes para os jornalistas são casos de pessoas que, ao receberem cartas ameaçadoras após publicação de reportagens sobre elas, são capazes de "responsabilizar" o jornalista e a organização de notícias por isso. Mais uma vez, o modo como os tribunais reagem diante desses casos nos primeiros anos de existência da Lei estabelecerá o procedimento para muitas décadas à frente.

Invasão

A invasão pode ser resumidamente descrita como *aproximação ilegal de uma pessoa e acesso ou entrada ilegal em território ou propriedade.* Para o jornalista, o problema mais comum acontece quando ele entra em uma propriedade em busca de uma reportagem – sem a permissão do proprietário. Deve-se ter em mente que muitos lugares utilizados pelo público, incluindo *shopping centers*, estádios de futebol e teatros, são propriedades privadas e os proprietários têm o direito de rejeitar ou expulsar quem não desejam nesses locais, incluindo jornalistas. Trata-se, principalmente, de uma questão civil. Quando se alega invasão de território, é dever do requerente provar que a pessoa contra quem a ação está sendo movida obteve acesso ilegal ao território. Essa proteção permite ao jornalista ou fotógrafo utilizar binóculos ou câmeras para gravar atividades do território público; por exemplo, a parte externa de uma casa ou empresa. Existe a possibilidade de mover um processo criminal contra jornalistas, fotógrafos e cinegrafistas caso a polícia considere que eles estão bloqueando o acesso ou se recusam a deixar o local quando são solicitados a fazê-lo, por exemplo, durante a cobertura de uma manifestação.

Novamente, a *Press Complaints Commission* e os códigos de radiodifusão precisam ser considerados, junto com o Direito Civil e Penal, nessas questões.

Proteção de Dados

As Leis de Proteção de Dados (1984 e 1998) têm por objetivo proteger o público de ter informações, coletadas por uma fonte com determinado propósito, disponibilizadas a outros, deliberadamente ou por negligência. Além disso, concede às pessoas o direito de acessar grandes quantidades de informações cedidas pelas autoridades públicas. Infelizmente para o jornalista, essas leis em conjunto causam dois problemas principais:

- Informações vitais contidas, por anos a fio, em agendas de contatos de redações e sistemas de computador central podem ser consideradas ilegais. Salvaguardas e procedimentos precisam ser desenvolvidos de acordo com o legalmente indispensável Serviço de Proteção de Dados de cada organização. Os *freelancers* devem se registrar de acordo com a Lei de Proteção de Dados.
- A relutância e até mesmo recusa de algumas autoridades, em especial polícia e autoridades locais, de liberar informações à imprensa quando se sentem inseguras podem ser objetadas de acordo com as Leis de Proteção de Dados. Isso constitui um típico problema para os jornalistas ao tentar encontrar nomes, endereços, etc., de vítimas de acidentes de trânsito e na prática regular de "checagem" de hospitais. Se as leis fossem rigorosamente aplicadas e reforçadas, as principais informações necessárias para o jornalismo seriam retidas. Felizmente, após muita pressão e campanhas de organizações de notícias e outras, notas de orientação à polícia, tribunais de justiça e outros órgãos têm ajudado a aliviar a situação. Todavia, os jornalistas precisam monitorar e opor-se a interpretações excessivamente fervorosas e desarrazoadas da lei.

A Lei de Regulamentação dos Poderes Investigatórios de 2000 – outro exemplo de lei supostamente elaborada para lidar com um tipo de problema: a utilização de *e-mail*, telefone e outras formas pessoais de comunicação por criminosos, cuja intenção é prejudicar indivíduos ou a sociedade – traz problemas para os jornalistas. As dificuldades surgem quando os jornalistas garantem a seus contatos a confidencialidade de seus dados de comunicação. A lei permite que órgãos e autoridades públicas interceptem informações e registros de *dados de comunicações* – números, endereços utilizados, duração das comunicações, etc., exigindo um nível elevado de autorização para converter o monitoramento do conteúdo das comunicações. Exige-se que todas as autoridades que têm permissão de realizar essas ações publiquem um Código de Prática. Espera-se que esse código garanta proteção às informações fornecidas em sigilo – mas não ao material "não-confidencial". Os jornalistas devem, portanto, certificar-se de que qualquer comunicação com contatos de natureza confidencial *seja* enfatizada como confidencial (para o bem de quem monitora a comunicação).

Leis que Ajudam os Jornalistas

978-85-7241-733-4

Liberdade de Informação

O Reino Unido é um dos chamados estados liberais democráticos mais reservados do mundo. Ao contrário de outros países, notavelmente os Estados Unidos, não há motivos para pressupor que o cidadão tem o direito de saber algo – e, portanto, tampouco o jornalista tem o direito de receber essa informação. Isso dificulta muito a divulgação jornalística sobre os diversos níveis do governo e outras questões públicas. O Código de Prática sobre Acesso a Informações Governamentais publicado na década de 1990 supriu as autoridades com amplas normas de procedimentos sobre o que elas devem disponibilizar ao público e a jornalistas, mas não havia qualquer direito automático a tais informações. O compromisso do governo do Partido Trabalhista eleito em 1997 de introduzir a Lei de Liberdade de Informação (2000) despertou grandes esperanças nos jornalistas, que finalmente teriam algo equivalente aos direitos dos jornalistas norte-americanos à informação necessária para buscar matérias de interesse público. Infelizmente, a liberdade de informação parece ser algo empolgante para os partidos políticos quando se refere à oposição, mas nada interessante quando atinge o poder estabelecido. É desnecessário dizer que conhecimento significa poder e as autoridades tendem a querer agarrar-se a esse poder e julgam que a divulgação e exposição das atividades do governo na imprensa são muito assustadoras. Conseqüentemente, o que se tornou Lei de Liberdade de Informação, que começou a vigorar em 2002, foi motivo, para dizer o mínimo, de desapontamento. Endereços de *sites* relevantes e leituras adicionais sobre a abrangência teórica dessa lei são fornecidos no final deste capítulo, mas a Lei de Liberdade de Informação abrange essencialmente informações sobre decisões tomadas, a favor do interesse público, pelos governos central e local, o governo descentralizado e muitos outros órgãos públicos. Infelizmente, ela concede aos ministros, e outros, o direito de impedir a liberação de informações! Na época da produção deste livro, era impossível verificar como a Lei de Liberdade de Informação seria utilizada na prática, visto que sua total implementação havia sido adiada para 2005.

Revelações de Interesse Público

Um dos maiores problemas para os jornalistas ao tentarem produzir matérias "legítimas" é a relutância dos empregados em revelar informações sobre seu trabalho e o empregador, por medo de perder o emprego ou de uma ação judicial em resultado da violação da cláusula de confidencialidade do contrato de trabalho. Até mesmo informações sobre as quais a maioria das pessoas possui a mesma opinião, devem ser de conhecimento público e são formas legítimas de investigação jornalística, como a segurança dos sistemas de transporte público, podem ser alvo de tais preocupações. A Lei de Revelações de Interesse Público (1998) – a chamada "carta dos delatores" – garante proteção aos empregados contra procedimentos disciplinares pela violação da confidencialidade ao revelar informações e assuntos preocupantes aos jornalistas.

Lei das Sociedades

A Lei das Sociedades obriga todas as empresas, exceto comerciantes independentes, sociedades em nome coletivo ou por quotas de responsabilidade ilimitada, a apresentar seus relatórios de negócios e uma série de outras informações à Junta Comercial britânica. Em seu livro, *Investigative Reporting*, David Spark menciona não apenas a riqueza de informações disponível aos jornalistas, mas também a facilidade de acesso e a utilidade do conteúdo desses documentos. Tais informações podem ser decisivas ao produzir matérias sobre as atividades das empresas e seus diretores.

Como um todo, podemos perceber que existem leis que podem tanto ajudar como dificultar as atividades dos jornalistas. Essas leis estão sintetizadas na Tabela 13.1.

Proteção de Fontes

Às vezes, os juízes ordenam que os jornalistas revelem as fontes de suas matérias – sejam elas informações ou pessoas. Na opinião do autor e de vários outros profissionais liberais e comentaristas muito mais experientes, o jornalista tem o dever moral de proteger a fonte de sua informação caso tenha se comprometido a fazer isso; do contrário, revelar a fonte pode causar grandes dificuldades a essa pessoa em sua vida particular e profissional, causando até mesmo sua prisão em decorrência de um processo penal. Há muitos exemplos de jornalistas que foram presos por se recusarem a revelar suas fontes. Às vezes, os jornalistas têm de pagar um preço alto para produzir o material que acreditam ser de vital interesse público. Felizmente, as autoridades não costumam tomar duras medidas contra os jornalistas – transformá-los em mártires ou, no mínimo, em *cause célèbre* significa, certamente, produzir uma reação muito hostil da imprensa. Se o governo fizer pressão, pode-se ter certeza de que o partido e os líderes políticos envolvidos enfrentarão muitas adversidades na eleição seguinte! Os jornalistas, apesar de tudo, tendem a se proteger.

978-85-7241-733-4

Tabela 13.1

Leis que atrapalham	Leis que ajudam
Lei(s) de Difamação: calúnia – "um ataque injustificado e/ou irracional à reputação, conduta e caráter de uma pessoa ou organização sobre assuntos que não são confidenciais"	A Lei de Difamação oferece importantes defesas se a divulgação jornalística for factualmente exata e/ou um comentário justo sobre uma questão de interesse público e sem premeditação. Notícias sobre os procedimentos do Parlamento, comissões, etc., autorizadas pelo Parlamento e por uma série de outros órgãos públicos estão protegidas pelos diferentes graus de "privilégio" (imunidade)
Lei de Desacato ao Tribunal (1981) – sérias penalidades para "uma conseqüência grave e imprópria sobre o andamento da justiça e/ou comentários ou atitudes irracionais com a intenção de desacreditar os processos da justiça"	A Lei de Desacato ao Tribunal concede privilégio (proteção contra ação judicial) para a divulgação jornalística imparcial e exata dos procedimentos principais/conclusivos da maioria das ações judiciais e para comentários/campanhas razoáveis sobre erros judiciais, etc.
Lei(s) de Segredos Oficiais – restrições da divulgação jornalística de assuntos concernentes ao exército, serviços de segurança, defesa, relações exteriores e "segurança interna" (informações do Promotor de Justiça)	Lei(s) de Registros Públicos – acesso relativamente fácil a uma ampla variedade de documentos oficiais do passado (ver a seguir a Lei de Liberdade de Informação)
Lei de Terrorismo (2000) – pode exigir que o jornalista revele fontes e dê informações sobre "suspeitos"	
Lei de Regulamentação do Poderes Investigatórios (2000) – pode enfraquecer a confidencialidade das comunicações com fontes	
Lei de Proteção contra o Assédio (1997) – restrições à "abordagem não autorizada" e outras formas rudes de investigações jornalísticas sobre indivíduos	
Violação da Confidencialidade/Interdições Judiciais: restringe a capacidade de indivíduos debaterem questões de interesse público	*Lei de Revelações de Interesse Público* (1998) – protege indivíduos que fazem revelações de interesse público ("delatores"): significa ser mais provável que as fontes se apresentem
Lei(s) de Proteção de Dados – pode prejudicar o armazenamento de informações/fontes; pode ser utilizada pelas autoridades como "desculpa" para não revelar informações	*Lei de Liberdade de Informação (2000)* – "direito" muito limitado para acessar documentos do governo e de "órgão públicos", mas a "presunção de sigilo" permanece
Lei dos Direitos Humanos (1998) – o Artigo 8º especifica os "direitos" do indivíduo à privacidade; pode frustrar investigações jornalísticas "legítimas"	*Lei dos Direitos Humanos* – o Artigo 10º garante o direito de liberdade de expressão que deve ajudar a divulgação jornalística "legítima", e a Seção 12 restringe as interdições judiciais
Lei do Governo Local (2000) – conduz a reuniões "estilo gabinete", realizadas em particular, e estabelece critérios de *interesse público* sobre a revelação de informações	A *Lei do Governo Local* afirma que as "decisões significativas" devem ser tomadas em público; a *Lei de Acesso a Informações* concede o direito à divulgação jornalística das "principais autoridades locais"

978-85-7241-733-4

Direito Autoral

É vital que qualquer jornalista, no exercício de sua profissão, tenha um conhecimento básico sobre a lei de direitos autorais – e este capítulo concentra-se em fornecer apenas esse nível básico. As Fontes e Referências, no final do capítulo, fornecem uma lista de textos recomendados, incluindo um manual de fácil leitura do Sindicato Nacional dos Jornalistas (NUJ, *National Union of Journalists*).

O direito autoral existe para proteger as obras dos autores, que envolvem tempo, talento e vocação artística, contra utilização e exploração por outros sem a devida remuneração ou permissão de seu criador. Desde 1988, existe também o direito dos autores protegerem suas obras de tratamento depreciativo (sem o consentimento do autor).

É importante compreender o princípio básico sobre o que está ou não sujeito ao registro de direitos autorais. Crucialmente para os jornalistas não existe o direito autoral da notícia como tal – a publicação ou transmissão de algo que aconteceu – ou de informações como os resultados da loteria federal ou idéias (por exemplo, de uma reportagem especial ou programa).

É o modo como essas notícias e informações são reunidas e apresentadas, especificamente a habilidade, o tempo e o talento, que fazem dessa apresentação um produto exclusivo, protegido pelo direito autoral. A lei permite a publicação de trechos do material, em particular *para fins de crítica ou análise e, sobretudo, para a divulgação de eventos da atualidade.* Isso abrange breves segmentos da cobertura televisiva de um jogo de futebol por outro canal incluídos nos boletins de notícias exibidos no mesmo dia. Nesses trechos deve constar o crédito do autor do material – em geral a organização de notícias ou radiodifusora.

A Lei de Direitos Autorais também contém um conceito denominado "transação justa" (em inglês, *fair dealing*). Isso significa que a utilização de qualquer trecho de uma obra não deve obstar a recompensa de seu autor pelo trabalho realizado; por exemplo, a reprodução de partes inteiras de um livro não deve impedir um potencial comprador de efetuar a compra desse livro, tendo ele percebido que tudo que queria está disponível "gratuitamente". Não há um limite fixo e exato para a quantidade que pode ser reproduzida, mas certamente mais de 10% de um livro – ou um capítulo inteiro – seria demasiado e suficiente para uma queixa de violação de direito autoral. Em todo caso, é boa prática obter a permissão da editora ou do autor e atestá-la no extrato da obra.

O direito autoral costuma pertencer (naturalmente) ao indivíduo que criou a obra e, na maioria dos casos, perdura por 70 anos após a morte do autor, ou 50 anos após uma transmissão. No entanto, muitos funcionários, por contrato de trabalho, cedem o direito autoral das obras produzidas para o empregador, durante o período em que trabalham para ele. Isso geralmente inclui a utilização do material em outros órgãos da mídia nacional ou estrangeira, incluindo a Internet. De maneira controversa, muitas organizações de notícias pressionam os *freelancers* a cederem seus direitos autorais para que o material produzido seja de uso exclusivo da organização que contratou o trabalho. O NUJ tem lutado com êxito contra muitos desses contratos com "tudo incluído".

O direito autoral de fotos é muito mais complicado que do texto escrito. O direito autoral das fotos tiradas antes do *Copyright, Designs and Patents Act* (1988), em vigor desde julho de 1989, são da pessoa que as encomendou; após essa lei, o direito autoral pertence ao fotógrafo (ou empregador). Isso pode ser um problema no que se refere a fotos de casamento, freqüentemente utilizadas pela mídia jornalística em casos de morte de um ou ambos os cônjuges. Se o casamento foi realizado até 1989, a pessoa que encomendou as fotos – tipicamente o pai da noiva – possui o direito autoral e poderá mover uma ação judicial pela violação do direito autoral caso sua permissão não seja solicitada e concedida. Porém, a lei de 1988 protege também quem encomenda uma foto para fins particulares ou familiares (o que incluiria fotos de casamento), mesmo que não detenha o direito autoral: esse direito pertence ao fotógrafo.

978-85-7241-733-4

Às vezes, surgem discussões sobre o direito autoral de um discurso (realizado fora do Parlamento, conselhos, etc., que está isento do direito autoral). O texto oral está incluído mesmo que o orador não utilize o texto escrito. Desse modo, o orador poderia reivindicar o direito autoral contra a organização de notícias que utilizou o texto oral sem sua permissão. No entanto, graças aos jornalistas, a lei faz uma isenção especial para a divulgação de eventos da atualidade. Isso significa que quase todo discurso provavelmente utilizado pela mídia jornalística está livre de direito autoral, desde que a pessoa que discursa não declare com antecedência que o discurso não deve ser noticiado e o discurso não contenha material sujeito ao direito autoral em si mesmo.

Essa cláusula da lei também protege os jornalistas da obrigação de obter termos de isenção de responsabilidade das pessoas que entrevistam ou descrevem. Isso contrasta com a situação do material não noticioso; por exemplo, documentários de interesse humano sobre a "vida real" ou uma variedade de *docu-soap**. A linha entre os "eventos da atualidade" e alguns outros tipos de documentários sobre atualidades é um pouco indefinida – em caso de dúvida, recomenda-se aos jornalistas que solicitem um "termo de isenção de responsabilidade" utilizando o formulário padrão fornecido por todas as organizações da mídia.

Ao contrário do que muitas pessoas acreditam, não há necessidade de jornalistas e outros mencionarem que a obra está protegida pelo registro de propriedade autoral e inserir o símbolo de direito autoral (©) em cada página, mesmo da notícia mais comum, como os jornalistas principiantes, em espe-

* **N. do T.** – Programa em forma de novela-documentário.

cial *freelancers*, são propensos a fazer. Fazer isso, na verdade, faz com que o autor pareça muito amador e não fornece qualquer proteção adicional.

Os "direitos morais" incorporados à lei de 1988 efetivamente impedem "tiradas" satíricas da obra – por exemplo, poemas, livros ou canções: isso tem sido problemático para humoristas!

Atividades Sugeridas

1. Observe como uma matéria envolvendo uma provável atividade criminosa – por exemplo, um suspeito assassinato, um assalto violento – é coberta pela mídia local. Algumas dessas notícias parecem violar a Lei de Desacato ao Tribunal?
2. Analise notícias de processos judiciais preliminares/de transferência envolvendo réus. Essas notícias estão de acordo com a lei?
3. Acompanhe um caso judicial e observe de que forma é noticiado em um jornal. Como o jornalista sintetizou os depoimentos, etc.? Aconteceu algo significativo no tribunal que *não* foi incluído na notícia? Nesse caso, por que isso aconteceu? (Sugira quais leis podem ser relevantes.)
4. Analise notícias de jornais sobre uma reunião da autoridade local ou outro órgão público. Relacione alguns exemplos de materiais que estariam sujeitos a processos judiciais por difamação considerando a questão do privilégio. Como o jornal apresentou uma "explicação ou contradição" de outros envolvidos nas notícias? (Você pode precisar analisar várias edições para fazer isso.)
5. Analise uma edição de jornal, revista ou noticiário de televisão. Observe a quantidade de declarações e matérias difamatórias. De que forma foram as pessoas ou organizações difamadas? Indique quais defesas poderiam ser utilizadas caso os envolvidos movessem uma ação judicial por difamação.
6. Utilizando as ferramentas de "busca" da Internet e as referências sugeridas a seguir, investigue um famoso caso de calúnia. De que maneira a reputação da pessoa ou organização foi prejudicada? Sintetize ambos os lados do caso. Na sua opinião, por que o júri chegou a essa decisão?
7. Analise as notícias de uma eleição. Houve alguma aparente violação da legislação eleitoral?
8. Investigue matérias envolvendo a contestação de uma acusação ou outros assuntos "secretos". Como poderia a lei impedir a publicação de aspectos importantes da matéria? Que parte da notificação "D" poderia ter sido relevante?
9. Analise a Lei de Liberdade de Informação e veja como ela poderia ajudar na investigação dos acontecimentos de uma matéria em desenvolvimento envolvendo o governo local e/ou central.
10. Analise uma matéria de jornal apresentada em um suplemento "exclusivo" e veja se outros jornais possuem informações ou imagens similares. O jornal original deveria reclamar de violação do direito autoral?

978-85-7241-733-4

FONTES E REFERÊNCIAS

BBC (2000) *Producer's Guidelines.* http://www.bbc.co.uk/info/editorial/prodgl/index.shtml (accessed 22 September 2001).

BBC (2001) *BBC Programme Makers' Guidelines for the General Election Campaign.* http:// www.bbc.co.uk/info/genelection/index.shtml (accessed 30 March 2001).

Carey, P. (1996) *Media Law.* London: Sweet & Maxwell.

Companies House: http://www.insolvency.co.uk/credit/cohouse.htm (accessed 2 February 2001).

Crone, T. (1995) *Law and the Media.* Oxford: Focal Press.

Cornish, G. (2000) *Understanding Copyright in a Week.* London: Hodder & Stoughton.

Criminal Justice System (2001) *Overview of Criminal Justice System.* http://www.criminal-justice-system.gov.uk/citizen/overviewof cjs.htm (accessed 24 April 2001).

Crook, T. *Radio Presentation: Theory and Practice.* Oxford: Focal Press (forthcoming).

Defence, Press and Broadcasting Advisory Committee (2001) http://www. dnotice.org.uk/ agenda.htm (accessed 2 October 2001).

The Guardian Media Law page published in Media Guardian every Monday. http:// www.media.guardian.co.uk (accessed 22 September 2001).

Hooper, E.S. (1995) *A Journalists' Introduction to Courts and Lawyers.* Harlow: NCTJ Training Ltd.

Her Majesty's Stationery Office. *Acts of the UK Parliament.* http://www.hmso. gov.uk/acts.htm (accessed 2 February 2001).

The Stationery Office (2000) *Whitaker's Concise Almanack 2001.* London: Stationery Office.

Home Office (2001) *The Work of the Coroner.* http://www.homeoffice.gov.uk/ccpd/ coroner.htm (accessed 10 February 2001).

Home Office *Code of Practice to Government Information.* http://www.homeoffice.gov.uk/foi/ ogcode982.htm (accessed 2 February 2001).

Independent Television Commission (2000) http://www.itc.co.uk (accessed 23 September 2001).

Media Lawyer Broughton-in-Furness, Cumbria: Tom Welsh. (published bimonthly) http:// www.media-lawyer.co.uk/default.htm (accessed 22 September 2001).

Press Complaints Commission (1999) *Code of Practice.* http://www.pcc.org.uk/ cop/cop.asp (accessed 22 September 2001).

Press Gazette (published weekly) http://www.pressgazette.co.uk (accessed 22 September 2001).

Radio Authority (1994) *News and Current Affairs Code.* http://www.radioauthority.org.uk/ downloads/newscode.pdf (pdf file) (accessed 22 September 2001).

Radio Authority (2001) *Commercial Radio's Election Guidelines.* http://www.radioauthority.org.uk/ downloads/pdf/ELECTION (pdf file) (accessed 22 September 2001).

Spark, D. (1999) *Investigative Reporting – a study in technique.* Oxford: Focal Press.

Welsh, T. and Greenwood, W. (2001) *McNae's Essential Law for Journalists* (16th edition). London: Butterworths.

978-85-7241-733-4

14 Órgãos Reguladores da Mídia

- Introdução
- *Press Complaints Commission*
- *Radio Authority*
- *Independent Television Commission*
- *British Broadcasting Corporation*
- *Broadcasting Standards Commission*
- *British Board of Film Classification*
- *Advertising Standards Authority*
- *Mechanical Copyright Protection Society*
- *Performing Right Society*
- *Phonographic Performance Limited*
- Atividades sugeridas
- Fontes e referências

978-85-7241-733-4

Introdução

No Reino Unido, todos os aspectos do jornalismo e produção para jornais e revistas, bem como para rádio e televisão, são orientados e regulamentados por órgãos de consulta independentes e designados pelo governo, os quais buscam assegurar um equilíbrio entre considerações legais e éticas e possíveis violações do direito de liberdade de expressão em toda a mídia. Qualquer jornalista ou produtor de mídia deve estar ciente de suas responsabilidades, tanto perante a lei ou como parte da auto-regulamentação, ao aderir às práticas e atividades profissionais. Os principais órgãos reguladores e orientadores são apresentados neste capítulo.

Press Complaints Commission

A *Press Complaints Commission*, que substituiu o antigo e ineficaz *Press Council*, é uma organização auto-reguladora independente que lida com as denúncias do público a respeito do conteúdo editorial de jornais e revistas. A maioria de seus 16 membros não deve ter ligação com a imprensa, tentando assim assegurar sua independência da indústria de jornais; porém, em 2001, seis membros eram editores de jornais e revistas nacionais e regionais. O presidente independente é designado pela indústria de jornais e revistas e não deve ter qualquer interesse ou ligação com ela. Os membros públicos são designados pela *Independent Appointments Commission* e, do mesmo modo, não devem ter qualquer ligação com a indústria de publicações, a não ser por força de seu trabalho na comissão. Cada membro da imprensa deve ter experiência editorial sênior. O Código de Ética (*Code of Practice*), desenvolvido desde sua introdução, em 1991, para atender a diferentes circunstâncias, foi escrito por um comitê de editores e ratificado pela comissão. Como não se trata de um documento legal, o código pode ser, e tem sido, emendado a fim de refletir as observações do Parlamento e as opiniões dos membros do público, editores e da própria *Press Complaints Commission*. O código estabelece os critérios de referência para a imprensa, exigindo que ela siga padrões éticos e profissionais protegendo os direitos do indivíduo e, ao mesmo tempo, mantenha o interesse do público e seu direito à informação. O Código de Ética, ratificado pela *Press Complaints Commission* em 1º de dezembro de 1999, consiste em 16 cláusulas, algumas das quais podem ser omitidas em nome do interesse público, o que inclui detectar ou expor crimes ou delitos leves, proteger a saúde e segurança do público e preveni-lo da exposição a declarações errôneas de alguma empresa ou indivíduo. Resumidamente, as 16 cláusulas estão relacionadas a:

1. Exatidão.
2. Direito de resposta.
3. Privacidade.
4. Assédio.
5. Aflição ou choque.
6. Crianças.
7. Crianças em casos que envolvam questões sexuais.
8. Aparelhos de escuta telefônica.
9. Hospitais.
10. Relato de crimes.
11. Declarações falsas.
12. Vítimas de violência sexual.
13. Discriminação.
14. Jornalismo financeiro.
15. Fontes confidenciais.
16. Pagamento.

O código exerce uma função dupla, abastecendo a imprensa com um sólido conjunto que une princípios e diretrizes e fornecendo à comissão uma estrutura esclarecedora para lidar com as denúncias do público. Solicita-se aos editores que garantam que todo o quadro de funcionários analise o código não apenas como um texto, mas com profundidade, reagindo com boa vontade a qualquer denúncia registrada pela *Press Complaints Commission* em nome de qualquer indivíduo, organização ou grupo de pessoas. Os editores devem imprimir integralmente a sentença e, na maioria dos casos, as denúncias são resolvidas com a publicação de desculpas ou erratas. O resultado de cada denúncia investigada é publicado no *Complaint's Report*, que cir-

978-85-7241-733-4

cula por todos os tipos de mídia, consumidores, serviços públicos e legais. Alguns afirmam que o *Press Complaints Commission* ainda é amplamente ineficaz no controle do poder da imprensa. Porém, a alternativa é impor controles legais e estatutários à indústria que possam entrar em conflito com a liberdade de imprensa e o interesse público.

Radio Authority

A *Radio Authority*, criada pelo *Broadcasting Act 1990*, iniciou seu papel licenciatório e regulador em janeiro de 1991. Os membros da entidade são escolhidos dentre diversas profissões e atuam por cinco anos. Basicamente, a *Radio Authority* tem três funções principais: planejar freqüências; designar licenciados a fim de estender as escolhas do ouvinte e também monitorar a transmissão; regular a programação e sua transmissão. A *Radio Authority* normatiza assuntos como planejamento, patrocínio, anúncios e programação.

A *Radio Authority* licencia e regulamenta todas as atribuições da rádio comercial (exceto da BBC), incluindo serviços locais, nacionais, via cabo e satélite, FM nacional e serviços restritos. Os últimos incluem serviços a curto prazo transmitidos livremente, como rádios de "acontecimentos especiais", de hospitais e universidades e algumas emissoras permanentes. Também licencia serviços digitais locais e nacionais e é remunerada somente a partir da aplicação da licença e tributos. Licenças nacionais, que duram oito anos, são anunciadas em licitação aberta e concedidas ao licitante que apresentar a melhor oferta, seguindo os critérios estabelecidos pelos *Broadcasting Acts* de 1990 e 1996. Existem três tipos de licença: para emissora "não popular", para emissora principalmente "com base em locução" e para emissora "geral". Licenças locais, também de oito anos de duração, são anunciadas em licitação aberta em áreas consideradas apropriadas em termos de disponibilidade de freqüência, estabilidade financeira projetada da emissora proposta e evidência de seriedade do candidato. Licenças para serviços restritos são distribuídas em base temporária por um período que não excede 28 dias e em função de transmissores de baixa potência para determinada área de interesse ou evento especial. Muitas faculdades e outras instituições utilizam essas licenças a fim de propiciar aos estudantes a oportunidade de ganhar experiência na área radiofônica. Licenças restritas de longa duração destinam-se a um único estabelecimento, como um hospital, e costumam ser transmitidas por um *loop* de indução ou por ondas AM e FM de baixa potência. Licenças para cabo ou satélite, distribuídas por um período de cinco anos, estão sujeitas a condições como propriedade, detalhes de transmissão e conteúdo de programação. As licenças para rádios digitais compreendem a *National Multiplex*, a *Local Multiplex* e *Sound Programme Services*, sendo concedidas por 12 anos.

O código de publicidade e patrocínio da *Radio Authority* refere-se ao conteúdo e à apresentação de anúncios e patrocínios, seguindo as diretrizes da *Advertising Standards Authority* sobre honestidade, legalidade, decência

978-85-7241-733-4

e veracidade, embora as propostas de patrocínio não precisem de autorização prévia. Porém, anúncios de "categoria especial" e campanhas de publicidade nacional transmitidas em mais de uma emissora requerem autorização prévia da *Radio Advertising Clearance Centre*, um órgão aprovado pela *Radio Authority*. O código de notícias e de assuntos da atualidade estabelece regras para transmissão de notícias e programas relacionados. Essas regras abrangem imparcialidade e exatidão, material de consulta, programas com participação do público por telefone, entrevistas, debates, influência ou opinião editorial inadequada e programas políticos, sobretudo em época de eleições. Por fim, o código de programas abrange assuntos como bom gosto e decência, representação de violência, conduta sexual, terrorismo e comportamento anti-social, crianças, religião e temas confidenciais.

978-85-7241-733-4

A autoridade analisa as denúncias do ouvinte e, caso se decida prosseguir com a denúncia, será exigida uma gravação da transmissão ofensiva. Se a emissora violar sua licença, a *Radio Authority* pode aplicar sanções que incluem exigência de desculpas ou correção a ser transmitida, multas e diminuição ou até revogação da licença. Decisões são publicadas no *Radio Authority* e no *Listener*. Deve-se observar que os aspectos técnicos e a transmissão, incluindo o espectro da rádio, são de responsabilidade da *Radio Communications Agency*.

Independent Television Commission

A *Independent Television Commission* (ITC), assim como a *Radio Authority*, foi estabelecida pelo *Broadcasting Act* de 1990, substituindo a *Independent Broadcasting Authority* e a *Cable Authority*. É o órgão público responsável por licenciar e regulamentar emissoras de televisão comercial que fazem transmissões para dentro e fora do Reino Unido, incluindo ITV, *Channel 4*, *Channel 5*, teletexto público e uma série de serviços via cabo, satélite e de transmissão local. A ITC não é responsável pela BBC nem pelo S4C, quarto canal do País de Gales. O Secretário de Estado de Cultura, Mídia e Esporte indica um presidente, um representante do presidente e mais dez membros. Eles são assessorados em tempo integral por uma equipe, bem como por um grupo de conselheiros. O *Central Religious Advisory Committee* orienta a ITC, a BBC e a *Radio Authority* sobre assuntos religiosos. A *Medical Advisory Panel*, composta de consultores eminentes e independentes, regula questões médicas e relativas à saúde. O *Advertising Advisory Committee*, formado por membros da indústria publicitária e por consumidores, debate questões de patrocínio e publicidade. O *School Advisory Committee*, cujos membros são professores e educadores, fornece orientações sobre programas de televisão para salas de aula e os serviços do *Channel 4* para escolas. Todos os membros da comissão devem se ater às orientações do governo sobre a melhor prática para os membros de órgãos públicos que estabelecem suas responsabilidades e sua relação com o Departamento de Cultura, Mídia e Esporte. Porém, assim como comitês de consultoria especializada, a comissão recebe orientação regular de 12 painéis de consulta – nove na Inglaterra, um no País de Gales, um na Escócia e um na Irlanda do Norte. Esses painéis consistem em uma ampla amostra representativa da sociedade, faixa etária e interesse, sendo estimulados a discutir o conteúdo e a extensão dos programas, em especial dentro de cada região.

As licenças da ITC estabelecem condições e padrões de transmissão e publicidade, monitoram o desempenho dos radiodifusores conforme as exigências relativas ao conteúdo do programa, patrocínio, anúncios e *performance* técnica. Elas asseguram que uma ampla série de serviços televisivos seja de boa qualidade e atraia uma audiência diversificada disponível no Reino Unido, bem como que haja concorrência justa no fornecimento desses serviços. Elas investigam denúncias e publicam suas decisões regularmente em seu *Programme Complaints and Intervention Reports* e, anualmente, em seu *Annual Performance Reviews*. Embora a ITC não produza ou transmita programas, ela controla o conteúdo dos programas de acordo com o *ITC Programme Code*, que inclui orientações sobre privacidade, bom gosto e decência, violência, questões de caridade, programas religiosos, imparcialidade e *merchandising* comercial. Infrações menores do código são conduzidas ao conselho para serem julgadas segundo as normas de procedimentos. Ofensas graves podem levar à emissão de uma advertência formal, exigência de correções e desculpas, imposição de multa ou redução ou revogação da licença.

Deve-se observar que o regulamento para o conteúdo dos programas via cabo e via satélite é diferente daquele para outros serviços, nos quais não há exigência por canais a cabo ou via satélite para fornecer um *mix* de educação, informação e entretenimento. De forma significativa, o "divisor de águas" das 21h é apresentado às 20h para os serviços de assinatura e *pay-per-view*, protegidos por um sistema *pin*. Porém, os canais licenciados ainda são regulamentados por códigos da ITC (*ITC's Programme, Advertising and Sponsorship Codes*), podendo ser censurados em caso de violações.

British Broadcasting Corporation

A *British Broadcasting Corporation* (BBC) é fundada sob sucessivas "autorizações reais", as quais estabelecem como suas obrigações informar, educar e entreter. Os serviços da BBC são regulamentados por um acordo independente sob a autorização real, reconhecendo desse modo a independência editorial da BBC. Doze dirigentes (*governors*), não executivos de tempo parcial, são indicados pela Coroa por recomendação de ministros. São homens e mulheres com extensa experiência em artes, negócios, indústria e serviços públicos, curadores do interesse público que asseguram que a BBC seja responsável perante ouvintes, espectadores, licenciados e o Parlamento. Os dirigentes, que se reúnem mensalmente, garantem que a BBC seja dirigida e administrada em prol do interesse público, sujeite-se à autorização e à lei e mantenha os mais altos padrões e valores esperados pela

978-85-7241-733-4

radiodifusora oficial da nação. Também designam o diretor geral e o dirigente sênior da corporação, que cuidam das questões do dia-a-dia. Porém, os dirigentes podem solicitar prestação de contas de suas atividades e são responsáveis por monitorar desempenho, estabelecer estratégias e assegurar o cumprimento de leis, regulamentos e políticas, os quais devem satisfazer às necessidades do público e determinar um valor justo para a taxa de licença. Os dirigentes enviam um relatório anual ao Parlamento e certificam-se de que os produtores do programa observem as normas de procedimento, bem como que a divisão comercial da BBC não seja subsidiada por licenciados. Os dirigentes cumprem os códigos de *Cadburry* e *Nolan* sobre o controle corporativo e os padrões na vida pública e, em razão de suas responsabilidades, mantêm comitês de fiscalização, auditoria comercial e remuneração.

Os dirigentes conduzem as consultas públicas formais e buscam opiniões especializadas sobre os serviços e programas da BBC como parte de seu compromisso de fornecer um serviço de qualidade. O comitê de apelação analisa as decisões do programa de denúncias da BBC, que investiga sérias queixas contra a programação da emissora. Os dirigentes são auxiliados por Conselhos de Transmissão Nacional e um Fórum Nacional Inglês em caso de negligência e conscientização das necessidades dos ouvintes e espectadores da BBC na Irlanda do Norte, no País de Gales, na Escócia e em regiões inglesas. Da mesma forma, os dirigentes contribuem para a proteção da independência da *BBC World Service* e buscam a opinião sobre a produção e as percepções do público por intermédio do *World Service Consultative Group*.

Broadcasting Standards Commission

A *Broadcasting Standards Commission* (BSC) é um órgão estatutário em defesa dos padrões de qualidade e justiça da radiodifusão no Reino Unido. É o único órgão regulador que abrange todas as empresas de radiodifusão comercial e pública, bem como via cabo, satélite, serviços digitais e textuais. A Comissão é formada por 13 membros representando diferentes áreas profissionais, os quais são indicados e podem se dirigir diretamente ao Secretário de Estado de Cultura, Mídia e Esporte. A BSC monitora os padrões de transmissão do Reino Unido e, por meio de um programa de pesquisa independente, apresenta relatórios sobre as atitudes do público em relação às questões que envolvem os padrões de qualidade e justiça conforme seus códigos publicados, os quais se baseiam em pesquisa e consulta. Como alternativa ao tribunal, a BSC fornece uma compensação para aqueles que acreditam ter sido tratados de maneira injusta. Em geral, as denúncias dos padrões de qualidade referem-se a sexo, programas de gosto duvidoso, demonstrações de violência ou linguagem ofensiva. As denúncias de injustiça costumam se referir a tratamento injusto, informações falsas ou violação de privacidade. Na maioria dos casos, a BSC, após receber uma denúncia for-

978-85-7241-733-4

mal, pode exigir uma gravação da transmissão em questão e declarações por escrito como prévia de uma audiência. Muitas vezes, as decisões são publicadas e as emissoras devem divulgar qualquer ação tomada como resultado. Normalmente, a emissora transmite resumos das decisões e também os publica em jornais ou revistas. A Comissão é responsável, perante o Parlamento, por publicar um relatório anual de seu trabalho, bem como de sua situação financeira, o qual é avaliado por auditores do *National Audit Office*.

British Board of Film Classification

A *British Board of Film Classification* (BBFC), antiga *British Board of Film Censors*, é um órgão independente que decide a classificação etária dos filmes e vídeos distribuídos no Reino Unido. Não possui *status* legal, mas funciona segundo as leis estabelecidas, em especial no que se refere à exploração infantil. Para manter sua independência, a BBFC não aceita ajuda financeira da indústria cinematográfica, embora esta ofereça orientações relativas à possível classificação de filmes em produção. Os fundos são obtidos a partir de impostos arrecadados pela classificação de filmes e vídeos. Os filmes são classificados de acordo com as seguintes categorias:

- U (universal): adequado para todas as idades.
- PG (*parental guidance*): com a supervisão dos pais – adequado para espectadores em geral, mas algumas cenas podem ser impróprias para crianças.
- 12: adequado para maiores de 12 anos.
- 15: adequado para maiores de 15 anos.
- 18: adequado para maiores de 18 anos.
- R18 (restrito a maiores de 18 anos): disponível apenas em *sex shops* autorizados ou salas de cinema para maiores de 18 anos.

978-85-7241-733-4

A responsabilidade pela exibição de determinados filmes em cada região não é da BBFC, mas da autoridade local, embora a maioria aceite as classificações recomendadas.

Advertising Standards Authority

A *Advertising Standards Authority* (ASA), um órgão auto-regulador, garante que os anúncios de publicidade exibidos no Reino Unido atenham-se às regras dos Códigos Britânicos de Publicidade e Promoção de Vendas, redigidos e aceitos pelo mercado publicitário por intermédio do Comitê de Prática Publicitária. Os princípios básicos estabelecem que os anúncios sejam decentes, honestos e verídicos, produzidos com senso de responsabilidade em relação aos consumidores e a sociedade em geral e de acordo com os princípios de competição justa nas negociações. A ASA é financiada por uma pequena taxa sobre exibição de anúncios e mala-direta e, desse modo, preserva sua independência da indústria publicitária e de publicações. Todos

978-85-7241-733-4

os anúncios e promoções em mídia não radiofônica ou televisiva são regulados pela ASA, incluindo imprensa nacional e regional, revistas e jornais gratuitos. A ASA também regula a publicidade em *outdoors*, malas-diretas, promoções de vendas, comerciais em cinema e anúncios em mídia eletrônica, como jogos de computador, vídeos, CD-ROM e Internet.

As reclamações, cerca de 12.000 por ano, costumam recair em três categorias: as que precisam de investigação segundo o código; aquelas em que a queixa é de não-compreensão do sentido ou da essência de algum anúncio; e aquelas sob jurisdição da *Independent Television Commission*, como nos comerciais de televisão. A maioria das queixas vem do público, mas algumas provêm de grupos de consumidores e empresas concorrentes. Caso um anúncio viole os códigos, a ASA pedirá para a empresa retirá-lo ou reformulá-lo; a maioria das empresas segue esta última recomendação. Porém, se uma empresa ou organização se recusa a cumprir o pedido, a ASA pode aplicar sanções como pedir a publicitários ou proprietários de mídia que neguem mais espaço para o anúncio, a menos que ele seja modificado; retirar privilégios comerciais; criar publicidade adversa; e, em último caso, submeter o ofensor contumaz ao *Office of Fair Trading* (OFT), que pode solicitar um mandado de segurança para prevenir que as mesmas reclamações, ou similares, sejam feitas em futuros anúncios.

Mechanical Copyright Protection Society

A *Mechanical Copyright Protection Society* (MCPS) é uma das maiores sociedades arrecadadoras de *royalties* do mundo. Trata-se de uma organização sem fins lucrativos que representa milhares de compositores, autores e produtores musicais. A MCPS negocia acordos em nome de seus membros com pessoas e organizações que desejam gravar músicas e, assim, garante que os proprietários dos direitos autorais sejam pagos pela utilização de sua música. A sociedade coleta e distribui os *royalties* gerados pelas gravações de músicas em diferentes formatos, como vinil, CD, cassete, vídeo, programas de rádio e televisão e multimídia.

Performing Right Society

A *Performing Right Society* (PRS) coleta *royalties* em nome de compositores e produtores musicais para "*performance* pública" e transmissões de suas obras protegidas por direitos autorais. Exige-se uma licença para execução de músicas em comerciais, instituições beneficentes, clubes e eventos. Porém, essa licença não é exigida para *performances* durante cultos religiosos em igrejas, *shows* e óperas, além de outras produções teatrais. Existem mais de 40 tarifas sobre *performances* públicas da PRS que levam em consideração a natureza e a extensão da música utilizada e o local. As emissoras de rádio devem registrar os títulos e a duração da música apresentada a fim de que os *royalties* possam ser recolhidos e pagos aos detentores dos direitos autorais.

A PRS é também um membro da *British Music Rights* (BMR), que representa os interesses de compositores, autores e produtores musicais do Reino Unido. Ela também financia a *Performing Right Society Foundation*, que visa encorajar, promover e manter a criação musical e sua *performance* em todos os níveis.

A *Performing Right Society* e a *Mechanical Copyright Protection Society* formaram uma aliança musical a partir de suas sociedades independentes no Reino Unido para o benefício de compositores, autores e produtores. A PRS e a MCPS mantêm sociedades independentes em termos de lucro, constituição, membros e proteção de direitos diferentes, mas a aliança une forças para o benefício de seus membros.

Phonographic Performance Limited

A *Phonographic Performance Limited* (PPL), uma sociedade sem fins lucrativos, foi estabelecida pela indústria fonográfica a fim de conceder licenças para transmissão ou execução de gravações sonoras em público. A licença concede permissão para a utilização de algumas ou todas as gravações incluídas no repertório dos membros para o propósito estipulado, visto ser mais simples obter uma "licença genérica" do que licenças individuais de todas as gravadoras em questão. Emissoras licenciadas pela PPL incluem a BBC e emissoras comerciais de rádio e televisão. Os membros, que incluem as mais conhecidas multinacionais e gravadoras independentes, delega seus direitos à PPL para que, em seu nome, colete e distribua licenças para gravadoras, artistas e músicos. Tarifas diferentes são negociadas para refletir a variedade de lançamentos e tipos de músicas a serem executadas. Deve-se notar que a *Phonographic Performance Limited* é diferente da *Performing Right Society*, uma vez que distribui os *royalties* para gravadoras, artistas e músicos, ao passo que a última os destina a compositores e produtores.

978-85-7241-733-4

Atividades Sugeridas

1. Você quer encontrar mais informações a respeito das regulamentações para transmissão de rádios independentes no Reino Unido. Contate a *Radio Authority* e solicite suas publicações sobre esse assunto. Faça uma série de anotações, exponha as principais regulamentações e apresente suas descobertas para seu professor e outros membros do grupo.
2. A ITC é um órgão regulador para transmissão televisiva independente no Reino Unido. Contate-os e solicite informações sobre a composição e as principais funções da comissão. Faça uma série de anotações e apresente-as para seu professor e membros da classe.
3. Contate a *Press Complaints Commission* e solicite uma cópia do *Journalists' Code of Practice*. Repasse as informações para outros membros do grupo.
4. Em grupo, selecione várias matérias de um tablóide e, com base no que foi explicado, avalie se alguma das matérias infringe as orientações estabelecidas pelo código. Elabore uma lista de conclusões como resultado de sua análise.

5. Você pretende utilizar trecho de uma faixa de um recente CD popular em um anúncio de rádio. Investigue quais são os procedimentos corretos e necessários para implementar esse processo e contate a autoridade competente para conseguir permissão.
6. Tente encontrar um anúncio, em revista ou jornal, que acredite ser ofensivo, inexato ou injusto. Escreva uma carta para a *Advertising Standards Authority* descrevendo as razões por trás de sua queixa. Discuta a resposta com seu professor e grupo.
7. Você está promovendo uma festa em uma casa noturna local que envolve membros do público que pagam para entrar. Pretende tocar músicas pré-gravadas. Investigue se precisará de licença para isso e contate a autoridade legal para mais informações e orientações a respeito.
8. A BBC é uma das maiores empresas de radiodifusão do mundo e, desse modo, tem a responsabilidade de transmitir serviços de utilidade pública. Contate a BBC e solicite informações sobre os planos futuros da corporação para a era digital.
9. Como parte de seu curso de jornalismo, você deve redigir uma resenha sobre o lançamento de novo filme. Isso envolverá a avaliação da adequação do filme para seu público-alvo e se foi fornecido o certificado de inspeção. Contate a BBFC e solicite informações atualizadas sobre seus sistemas de classificação para filmes e vídeos.
10. Você está chocado com um documentário televisivo que contém cenas de sexo explícito e linguagem ofensiva. Procure informações sobre a regulamentação em vigor para transmissões desse tipo de material. Decida qual é o órgão regulador mais adequado para lidar com o assunto e redija uma carta de denúncia expressando suas preocupações.
11. Em grupo, solicite uma licença para serviços restritos para uma emissora de rádio em sua faculdade ou centro de treinamento. Contate a *Radio Authority* e peça um pacote de informações e os formulários de inscrição. Utilize as orientações recebidas para determinar a viabilidade do projeto. Preencha os formulários necessários como exercício de treinamento ou para apresentação às autoridades.

FONTES E REFERÊNCIAS

Advertising Standards Authority (2001) *British Codes ofAdvertising.* Available at: http://asa.org.uk (accessed 14 June 2001).

British Board of Film Classification (2001) *Annual Report 2000.* Available at: http://www.bbfc.co.uk (accessed 14 June 2001).

British Broadcasting Corporation (2001) *About the BBC.* Available at: http://www.bbc.co.uk (accessed 13 August 2001).

British Broadcasting Corporation (2001) *Governing today's BBC.* Available at: http://www.bbc.co.uk (accessed 13 August 2001).

British Broadcasting Corporation (2001) *Charter and Agreement.* Available at: http://www.bbc.co.uk (accessed 13 August 2001).

Broadcasting Complaints Commission (2001) *About the Commission.* Available at: http://www.bsc.org.uk (accessed 14 June 2001).

Broadcasting Complaints Commission (2001) *Complaints and Bulletins.* Available at: http://www.bsc.org.uk (accessed 14 June 2001).

978-85-7241-733-4

Independent Television Commission (2001) *ITC Annual Report 2000*. Available at: http://www.itc.org.uk (accessed 27 September 2001).

Mechanical Copyright Protection Society (2001) *MCPS Media Licensing*. Available at: http://www.mcps.co.uk (accessed 19 September 2001).

Mechanical Copyright Protection Society (2001) *MCPS - PRS Alliance*. Available at: http://www.mcps-prs-alliance.co.uk (accessed 19 September 2001).

Performing Right Society (2001) *Broadcasters*. Available at: http://www.prs.co.uk (accessed 19 September 2001).

Phonographic Performance Limited (2001) *About PPL*. Available at: http://www.ppluk.com (accessed 19 September 2001).

Press Complaints Commission (2001) *About the PCC*. Available at: http://www.pcc.org.uk (accessed 13 May 2001).

Press Complaints Commission (2001) *Code of Practice*. Available at: http://www.pcc.org.uk (accessed 13 May 2001).

Radio Authority (2001) *The Radio Authority - what it is, what it does*. Available at: http://www.radioauthority.org.uk (accessed 1 October 2001).

978-85-7241-733-4

15 Carreiras e Treinamento Profissional

- Introdução
- Treinamento para trabalho em jornais
- Treinamento para trabalho em revistas
- Treinamento para trabalho em rádio e televisão
- Fornecedores e associações de treinamento adicional
- Atividades sugeridas
- Fontes e referências

Introdução

Uma carreira "na mídia" é ansiosamente almejada por um número cada vez maior de jovens, seja em jornais, revistas, rádio, seja na televisão. O trabalho em jornais é sempre visto como desafiador e gratificante, o que responde pelas inúmeras solicitações de informações sobre carreira e vagas de emprego recebidas por jornais nacionais e regionais de "escritores" iniciantes de todas as idades, níveis de experiência e educação. Da maneira similar, escrever para uma revista costuma ser considerado uma atividade emocionante e criativa, mais ainda que trabalhar em jornais. Além disso, desde a desregulamentação, há cada vez mais oportunidades de emprego para jornalistas no setor de radiodifusão.

Desse modo, quais atributos pessoais os prospectivos empregadores procuram ao avaliar o potencial de um jornalista *trainee* para jornais, revistas, rádio ou televisão? Em maior ou menor dimensão, muitos desses atributos e qualidades são aplicáveis às quatro áreas, sobretudo com o aumento das múltiplas competências. Considerando-se as habilidades específicas de cada área, as mais comuns e adaptáveis para quem almeja uma carreira em jornalismo incluem:

978-85-7241-733-4

- Personalidade confiante e sociável.
- Interesse por pessoas, lugares e acontecimentos, em especial na área de circulação e transmissão.
- Conhecimento atualizado de assuntos correntes.
- Ser indagador e investigativo e demonstrar enfoque lógico e determinado ao assumir uma tarefa.
- Demonstrar boas habilidades em pesquisa investigativa.
- Ser capaz de escrever de forma correta, clara, lógica e sucinta, fazendo bom uso das regras de ortografia, pontuação e gramática.

- Mostrar autoconfiança acompanhada de excelentes habilidades de comunicação escrita e verbal, além de boa entonação ao microfone para rádio ou telejornalismo.
- Habilidade para apresentar idéias originais e criativas, dando-lhes prosseguimento até a execução final.
- Evidenciar seu desejo de exercer o jornalismo e mostrar entusiasmo genuíno pela área que escolheu.
- Estar preparado para aceitar que o trabalho está longe de ser "glamuroso" e que envolve muitas horas irregulares de trabalho pesado e, às vezes, estressante na luta constante para cumprir as *deadlines*.
- Capacidade de trabalhar sozinho ou em equipe.
- Ter outras atividades e *hobbies* fora do emprego, como cinema, música, esportes, teatro, etc.
- Possuir habilidades em tecnologia da informação.
- Disposição para adaptar-se a mudanças nas condições de trabalho, situações e novas tecnologias, sobretudo em um ambiente de múltiplas competências.
- Capacidade de procurar, manter e promover contatos no setor.
- Entusiasmo e determinação para obter êxito nas negociações.
- Elaborar *portfolios* de trabalho e experiência; por exemplo, para jornais e revistas, um *portfolio* de produção escrita, que pode incluir cartas, pequenos artigos, resenhas e comentários publicados na comunidade local – em uma revista gratuita, de *campus* universitário ou de escola – ou uma publicação completa, como boletim informativo ou fanzine, bem como comprovação da experiência de trabalho; para radiodifusão, experiência prática em pré-produção, produção e pós-produção em faculdade ou universidade, rádio ou televisão universitária, emissoras comunitárias ou de hospitais ou RSL*, com vídeo e áudio selecionados e documentação escrita, como roteiros.

Quem possui a maioria dos requisitos mencionados é o sonho de um editor ou produtor; no entanto, mesmo com alguns desses atributos, como conseguir ingressar no setor e que tipo de treinamento e qualificação está disponível? Não há uma resposta definitiva para isso, uma vez que a diversidade da indústria da mídia impõe várias rotas de entrada, treinamento e qualificação disponíveis a fim de se adequar às diferentes circunstâncias. Ainda assim, em muitos casos, as qualificações necessárias para seguir uma carreira nas quatro principais áreas de jornalismo são, grosso modo, as mesmas, exceto pelo fato de um trabalho em rádio ou televisão ser mais propenso a envolver maior habilidade técnica. Admite-se, porém, que as duas principais rotas de acesso para uma carreira em jornal, revista, rádio e televisão

978-85-7241-733-4

* **N. do T.** – Sigla em inglês para *restricted service license*, serviço de concessão de licença para transmissão de emissoras de rádio e televisão no Reino Unido.

sejam a pré-entrada por meio de treinamento em faculdade, universidade ou agência, ou a entrada direta em jornal, revista ou emissora de rádio ou televisão. Cada um dos meios possui seus próprios méritos e, em geral, uma empresa de mídia considerará ambos os candidatos, dependendo de suas exigências em dado momento. As opiniões acerca do melhor método são variadas: algumas empresas preferem os candidatos de entrada direta, que podem ser treinados de acordo com o estilo da empresa; outras consideram desejável a qualificação pré-entrada em um estabelecimento educacional. A exigência básica de entrada para o meio jornalístico é um mínimo de cinco aprovações em testes GCSE, um dos quais se refere à língua inglesa (níveis A-C) ou equivalentes; porém, a maioria dos candidatos possui dois ou mais níveis A e, cada vez mais, um ou dois diplomas. Na verdade, mais de 60% dos candidatos são graduados que escolhem a entrada direta e depois se comprometem a submeter-se a um treinamento na empresa ou em um curso rápido, ou aqueles que possuem qualificação pré-entrada em curso superior ou pós-graduação. Os tópicos a seguir descrevem algumas das principais oportunidades de treinamento para o aspirante a jornalista em cada setor.

Treinamento para Trabalho em Jornais

Pré-entrada

978-85-7241-733-4

Esse processo normalmente envolve os *trainees* em um curso vocacional de um ano, em período integral, em uma faculdade ou universidade reconhecida pelo Conselho Nacional para o Treinamento de Jornalistas (NCTJ, *National Council for the Training of Journalists*). O *site* www.nctj.com traz a lista de universidades e faculdades que oferecem essa qualificação. Na maioria dos casos, as faculdades exigem que os *trainees* tenham alcançado dois níveis A ou o equivalente como o *BTEC Diploma in Media* e o *City and Guilds Diploma in Media Techniques*. A maioria das faculdades executa um rigoroso processo de seleção que pode envolver um teste escrito seguido de entrevista com o diretor do curso para se certificar de que os candidatos possuem as habilidades necessárias para completar o curso, além de avaliar seus potenciais para trabalho no setor. O curso combina habilidades práticas de escrita e digitação com conhecimento básico sobre leis dos meios de comunicação e dos governos central e local. No final do curso, os *trainees* devem ser aprovados em exames preliminares em jornalismo impresso, distribuição, governo local, governo central, legislação (duas partes) e digitação de 100 palavras por minuto. Porém, para se tornar um jornalista completamente qualificado, após um período de experiência e dependendo do desempenho em todos os exames preliminares, os candidatos prestam o *National Certificate Examination* (NCE) da NCTJ. Esse exame consiste em três etapas: entrevista, oratória e prática em jornais; testes de habilidades de comunicação, noções de jornalismo e cultura básica; e, o mais importante, domínio correto e comprovado da linguagem escrita. A média exigida para aprovação é de 60%, com uma nota adicional atribuída pelo editor do jornal onde o *trainee* recebeu treinamento. Questões acerca da preparação para esse exame e sua validade foram anunciadas pelo setor após uma taxa de aprovação muito baixa, de 35%, em 2000. Em 2001 houve uma melhora, com 47% dos candidatos aprovados em prática jornalística, 60% em oratória e 52% em entrevistas. O debate continua, com alguns supervisores e editores ainda preocupados com a estrutura e profundidade dos treinamentos que os candidatos recebem ao ingressarem no setor, como preparação para o exame de qualificação. Em alguns jornais locais, os *trainees* freqüentam sessões regulares de treinamento com o editor, o editor-chefe ou o editor de notícias. Eles revisam as matérias escritas pelos *trainees*, destacando os pontos fortes e fracos, assegurando também que eles obtenham vasta experiência na produção de textos para jornais.

978-85-7241-733-4

Entrada Direta

Os jornais recrutam candidatos de escolas, o que é muito raro atualmente, de faculdades e universidades. Em geral, o jornal espera que o candidato assine um contrato de treinamento de dois anos, mas pode haver um período probatório de três a seis meses, por escrito, a fim de averiguar aptidão, atitude e habilidade do candidato para o trabalho. O empregador contrata o candidato para treiná-lo na própria empresa ou num curso rápido aprovado pelo NCTJ. Assim como os *trainees* de tempo integral do curso da NCTJ, os *trainees* de entrada direta devem ser aprovados em todos os exames preliminares. Após um período de cerca de 18 meses, eles prestam o *NCTJ National Certificate Examination* e, obtendo êxito, são qualificados como jornalistas.

Algumas editoras de jornais regionais realizam seus próprios programas de treinamento. Um desses programas é feito pela *Trinity-Mirror*, a maior editora de jornais regionais do Reino Unido. O *Editorial Training Centre*, sediado nos escritórios dos jornais *Newcastle Chronicle* e *Journal*, realiza cursos que abrangem habilidades básicas como escrita, entrevistas e coleta de notícias em uma moderna redação. Noções básicas de legislação e questões públicas também são transmitidas. Outros programas são oferecidos pela *Midland News Association Training*, *Johnston Training Centre*, *Regional Independent Media* e *Editorial Centre*.

Aprendizado Moderno

Os programas NVQ*, similares aos da entrada direta, habilitam os candidatos ao treinamento que conduz às qualificações do NVQ Nível 4 em Jornalismo Impresso e Fotojornalismo. Os padrões nacionais do setor são de responsabilidade da *Publishing National Training Organization*, fundada em 2000,

---

* **N. do T.** – NVQ é uma sigla em inglês para *National Vocational Qualification*, um programa de treinamento profissional criado como opção alternativa a qualificações acadêmicas.

incluindo representantes de órgãos como *Newspaper Society* e *Periodicals Training Council*, um órgão estratégico voltado a educação, treinamento, promoção e desenvolvimento do setor de publicações, que inclui jornais, revistas, livros, periódicos, diretórios e dados com base em publicações interativas.

Treinamento para Trabalho em Revistas

Pré-entrada

O *Periodicals Training Council* (PTC) é o principal órgão de treinamento no setor de revistas e, como tal, entra em contato com instrutores para assegurar que padrões de excelência sejam mantidos de acordo com as necessidades do mercado. Ele aprova cursos de jornalismo em faculdades e universidades, que podem levar a qualificações de graduação ou pós-graduação. O curso pode ser de tempo integral, meio período ou *fast track*, no caso de organizações de treinamento independentes. Alguns cursos podem não ser especializados apenas em jornalismo para revistas, mas também incluir elementos como jornalismo *online*, impresso e de radiodifusão. Porém, o enfoque principal ainda deve ser nas técnicas e práticas de redação para revistas, abrangendo entrevistas, matérias especiais, substituições, *design* e *layout*, editoriais e anúncios. Muitos cursos também incluem leis dos meios de comunicação e assuntos públicos e da atualidade. O *site* www.ppa.co.uk/ptc traz detalhes sobre instrutores e conteúdo de cursos. Além das qualificações jornalísticas

978-85-7241-733-4

Figura 15.1 – Diagramação de um texto.

existentes, em meados de 2001 a NCTJ aprovou três novos cursos de jornalismo para revista que preparam *trainees* para receber o *NCTJ Certificate in Magazine Journalism*. A *Harlow College* oferece um curso rápido de 19 semanas para graduados e a *Brighton College* oferece um curso rápido de 20 semanas, bem como um curso de meio período de 36 semanas para candidatos com, no mínimo, dois níveis A ou equivalentes. De maneira similar, a *Liverpool Community College* oferece um curso de jornalismo para revistas e um curso rápido de 18 semanas provisoriamente aprovado pelo NCTJ. Outras informações estão disponíveis no *site* www.nctj.com.

A principal organização de treinamento independente é o *PMA Group*. Como uma das maiores organizações de treinamento de mídia e editorial na União Européia, ela fornece *workshops* e cursos rápidos de redação, *web design*, DTP, anúncios, *marketing*, práticas de apresentação, etc. Ela é apoiada pela *The Newspaper Society* e pelo *The Periodicals Training Council* e está na vanguarda de treinamento para o mercado de jornais e revistas. De fato, seu curso rápido de nove semanas, de pós-graduação em jornalismo para revistas, é muito bem conceituado não apenas pelo treinamento intensivo, mas também por oferecer oportunidades de trabalho ao final do curso.

Entrada Direta

A maioria dos grandes grupos do setor de publicação, como o *Emap* e o *IPC Media*, oferece treinamento na própria empresa e tem suas próprias exigências de entrada. Muitos fazem questão de qualificação jornalística e, às vezes, experiência prévia, havendo uma provisão para o treinamento em andamento na organização. É aconselhável entrar em contato diretamente com as editoras de revistas a fim de garantir vagas de emprego e oportunidades de treinamento. O *Guardian Media Guide* (Peak e Fisher, 2002) inclui listas das principais empresas do ramo; e o *Benn's Media* é o guia definitivo para as organizações de mídia, publicações e emissoras de rádio e televisão.

Aprendizado Moderno

A *Publishing National Training Organization* trabalha com entidades premiadas e fornecedores de treinamento para o desenvolvimento de modernos programas de aprendizagem, a fim de satisfazer a necessidade de força de trabalho bem qualificada e treinada em técnicas inovadoras em uma era de nova mídia.

978-85-7241-733-4

Treinamento para Trabalho em Rádio e Televisão

Pré-entrada

A graduação não é uma necessidade para o ingresso no setor de radiodifusão, mas certamente ajuda, conforme demonstrado pelo número de graduados atualmente empregados na BBC e no setor comercial. Muitas universidades e instituições de ensino superior oferecem vários cursos de graduação e pós-graduação que contêm elementos de teoria, prática e técnicas de rádio e telejornalismo. Porém, com o desenvolvimento das múltiplas competências no setor, muitos cursos também incluem mídia impressa (jornais e revistas). O *Broadcast Journalism Training Council* (BJTC) tem procurado, nos últimos anos, racionalizar o reconhecimento dos diferentes tipos de oferta. Embora se conceda um reconhecimento padrão para cada curso, a BJTC tentou definir, em termos gerais, as áreas principais de oferta. São elas:

- *Jornalismo de radiodifusão*: ênfase em jornalismo básico e práticas de transmissão, mais provavelmente em rádio, porém com outros elementos subsidiários, como televisão, impressão, jornalismo *online* e multimídia, oferecidos como um curso integral, parte do qual não é sujeito a exame.
- *Jornalismo* "bi-media"*: ênfase nas práticas jornalísticas básicas, concentradas em duas áreas principais para exame.
- *Jornalismo multimídia*: ênfase em oferecer um curso diversificado, abrangendo todos os aspectos do jornalismo, incluindo o impresso, rádio, *online* e multimídia para exame padrão.

Em 2000, a BBC iniciou o programa *New Sponsorship Scheme* para atrair potenciais jornalistas para a BBC News. Os candidatos bem-sucedidos recebem financiamento total para pós-graduação em jornalismo de radiodifusão, bem como ajuda de custos para gastos pessoais. Cada *trainee* conta com um jornalista experiente como supervisor e, no final do curso, há um estágio remunerado de quatro semanas em uma rede de notícias. Por outro lado, os cursos vocacionais oferecidos pela *City and Guilds*, *Edexcel*, SCOTVEC, NCFE e OCN fornecem boa introdução às técnicas básicas de radiodifusão e são ministrados em muitas instituições. A *Skillset*, uma organização de treinamento nacional para televisão, rádio, cinema e mídia interativa, trabalha em conjunto com entidades premiadas e atualmente discute a possibilidade de introduzir o *Related Vocational Qualifications* (RVQ) ou *Progression Awards* em alguns cursos. O objetivo é permitir que os estudantes adquiram habilidades e conhecimentos básicos especificamente relacionados aos padrões e qualificações da *Skillset*, enquanto busca qualificações acadêmicas e vocacionais em um estabelecimento educacional. Alguns estudantes bem-sucedidos, provenientes desses tipos de curso, que podem demonstrar excelentes habilidades práticas e conhecimento básico, fazem carreira em emissoras de rádio e televisão locais, sem avançar para a universidade.

978-85-7241-733-4

Entrada Direta

Empregos de nível básico exigem comprovação de habilidades técnicas básicas, comprometimento com o jornalismo, experiência prévia de trabalho,

* **N. do T.** – Que utiliza dois meios de comunicação.

tenacidade para lidar com o rigor do trabalho e talento criativo. Vivência acadêmica, incluindo qualificações jornalísticas formais, constitui uma vantagem definitiva; no entanto, experiência de trabalho anterior como *freelancer* para a organização também conta e, evidentemente, ter contatos nesse setor representa um ponto a mais, mesmo que essa prática seja fortemente negada em nome de políticas de oportunidades iguais de trabalho para todos. Quaisquer que sejam as exigências de entrada, o empregador muitas vezes oferece um período de treinamento adicional. Uma das oportunidades de treinamento mais procuradas é a da *BBC Broadcast Journalist Trainee Scheme*, oferecida periodicamente. O programa é aberto a qualquer pessoa e oferece treinamento para trabalho em radiodifusão, leis dos meios de comunicação e assuntos da atualidade. A demanda ultrapassa em muito as vagas disponíveis, oferecendo-se uma colocação a apenas algumas pessoas talentosas após rigoroso processo de seleção. O treinamento inicial acontece em Bristol e, em seguida, em redações espalhadas por todo o país. Os *trainees* recebem salário, que em 2001 era de £16.000, mais uma residência em Londres. Não se garante emprego ao final do programa, apesar da profunda e variada experiência adquirida no treinamento capacitar os *trainees* a obterem um cargo como jornalistas de radiodifusão. Algumas empresas da ITV oferecem programas de treinamento técnico e raros, porém inestimáveis, programas sobre jornalismo em sua própria região, bem como vínculos com estabelecimentos educacionais, com palestras, orientadores de cursos especializados de curta duração e encaminhamento para trabalho. Quanto ao treinamento formal para rádios comerciais, o grupo EMAP oferece contratos fixos de seis meses para radiodifusores. Embora o enfoque principal da maioria das emissoras comerciais seja a produção musical, o EMAP oferece treinamento para jornalistas com a possibilidade de mais cargos permanentes após a conclusão do curso.

Aprendizado Moderno

Algumas empresas de mídia oferecem modernos métodos de aprendizagem para pessoas que desejam entrar no mercado sem qualificações acadêmicas formais. A *Skillset* iniciou e ainda está desenvolvendo um sistema denominado *Intermediate and Modern Apprenticeships within the Broadcasting, Film and Video Industries*. A maioria concentra-se nos aspectos técnicos, enfatizando o ingresso e a reciclagem de *freelancers* no mercado. Um fundo de treinamento para *freelancers* foi estabelecido sob o patrocínio da *Skillset*, com contribuições monetárias provenientes de todos os principais radiodifusores, associações comerciais e órgãos de consultoria. De forma entusiástica, a *Skillset*, no final de 2001, também começou a dialogar, por intermédio da QCA, com os principais órgãos premiados acerca do mapeamento dos programas vocacionais de educação existentes e propostos na mídia para os padrões de mercado nacional, com a possibilidade de permitir que os elementos de conhecimento básico de cada programa contribuam para o importante NVQ, sobretudo em áreas como pesquisa e registro de informações, conhecimento da estrutura e práticas em vigor na indústria de radiodifusão, legislação e governo central, descentralizado e local.

Fornecedores e Associações de Treinamento Adicional

Não é possível mencionar aqui todos os fornecedores e associações de treinamento em mídia, sejam eles públicos, comerciais ou gratuitos. Como em qualquer área, alguns fornecem excelente treinamento para o mercado de mídia por vários anos; outros vêm e vão com relativa freqüência. As páginas do *Media Guardian* apresentam estes últimos com vários anúncios oferecendo treinamento "instantâneo" e promessa de trabalho ao concluir o curso. Alguns cursos de curta duração são muito bons, ministrados por profissionais atuantes ou ex-profissionais. Outros podem não corresponder às expectativas e, como a maioria deles pode ser muito cara, é aconselhável escolher com cuidado e verificar exatamente o que o curso oferece e quais as qualificações concedidas no final.

As organizações e associações citadas a seguir são confiáveis tanto por oferecer treinamento quanto por fornecer informações e suporte para organizações de treinamento de boa-fé.

978-85-7241-733-4

CSV Media

Como uma das maiores agências independentes de treinamento em mídia do Reino Unido, o *Community Service Volunteers* (CSV) oferece serviços e treinamento em mídia de ação social. Trabalha com a mídia local por todo o Reino Unido e estimula pessoas a se envolverem com a comunidade local e informá-las sobre questões como oportunidades educacionais, saúde, bem-estar e meio ambiente, indicando onde obter orientação prática. As tradicionais *Action Desks* da BBC, bem como emissoras de rádio e televisão locais e independentes, produzem programas, respondem perguntas e informam sobre essas e outras questões. A CSV também trabalha com instituições de caridade, organizações comunitárias e setor público em campanhas de conscientização da sociedade. O treinamento é um aspecto importante do trabalho, e a CSV fornece programas vocacionais sobre técnicas de mídia impressa, rádio e televisão oferecidas pela *City and Guilds* na Inglaterra, no País de Gales e na Irlanda do Norte, há vários anos, com excelentes resultados no que se refere à entrada direta no mercado ou como alicerce para estudos avançados. O *site* da entidade é www.csv.org.uk.

Community Media Association

A CMA, antiga *Community Radio Association*, é um órgão de associados da mídia comunitária que visa apoiar um terceiro setor de serviços de televisão e rádio local, ao lado da BBC e da produção comercial. Oferece treinamento em nível local que pode ser gratuito para candidatos não assalariados, além de incentivar a participação de grupos étnicos minoritários. Fornece treinamento para diretores e supervisores e apóia projetos de treinamento comunitário. O *site* da associação é www.commedia.org.uk.

Commercial Radio Companies Association

A Commercial Radio Companies Association (CRCA) é uma associação de rádios comerciais sem fins lucrativos, e seus membros incluem quase todas as emissoras de rádio comerciais do país. Promove *workshops* de treinamento em várias áreas da radiodifusão, incluindo gerenciamento, práticas de apresentação, entrevistas e planejamento estratégico. Em especial, os *workshops Next Generation* têm como objetivo desenvolver as habilidades de "co-direção", ressaltando sua adequação a cargos de chefia executiva no mercado. O *site* da CRCA é www.crca.co.uk.

Student Radio Association

A Student Radio Association (SRA) é o órgão representativo nacional para estudantes de radiojornalismo do Reino Unido e, como tal, apóia o rádio estudantil nacionalmente, além de propiciar uma ligação com a *International Association of Student Television and Radio* (ASTAR) sobre questões européias. É mantida pela *Radio Authority* e, dentre suas realizações, organiza conferências e eventos de treinamento promovendo radiodifusoras líderes; organiza premiações anuais e publica a revista *In Frequency* três ou quatro vezes por ano. Os *trainees* de cursos de radiojornalismo encontram na SRA uma excelente fonte de informações. O *site* da associação é http://studentradio.org.uk.

Television and Radio Training Unit

A *Television and Radio Training Unit* (TRTU) trabalha em parceria com o *Learning Skills Councils* por todo o Reino Unido para fornecer cursos introdutórios intensivos em televisão, rádio e relações públicas. Os professores são jornalistas experientes e apresentadores provenientes dos setores de serviço público e comercial, e os cursos especificamente moldados incluem elementos como entrevistas para mídia impressa e de radiodifusão, redação de textos, leis básicas dos meios de comunicação, etc. Mais informações podem ser obtidas pelo *site* www.peaknet.co.uk.

Outras Fontes de Informações

Além das entidades já mencionadas neste livro, vale a pena contatar as seguintes instituições relacionadas com carreiras e treinamento profissional do setor.

- *British Film Institute* (BFI).
- *British Interactive Multimedia Association* (BIMA).
- *Broadcasting, Entertainment, Cinematograph and Theatre Union* (BECTU).
- *Guild of Editors.*
- *Networking. Vera Media.*
- *National Union of Journalists* (NUJ).
- *Producers Alliance for Cinema and Television* (PACT).

978-85-7241-733-4

- *Royal Association for Disability and Rehabilitation* (RADAR).
- *Radio Academy.*
- *Royal Television Society* (RTS).
- *Skill*: agência nacional para estudantes portadores de deficiência.
- *The Moving Image Society* (BKSTS).
- *Women in Film and Television.*
- *Writer's Guild of Great Britain.*

Atividades Sugeridas

1. Contate as seguintes fontes a fim de obter informações sobre carreiras e oportunidades de treinamento profissional na mídias impressa e de radiodifusão:
   a. National Council for the Training of Journalists.
   b. *Broadcast Journalism Training Council.*
   c. *Periodicals Training Council.*
   d. *British Broadcasting Corporation.*
   Relacione qualificações e requisitos necessários para sua trajetória na carreira escolhida.
2. Descubra informações sobre cursos de graduação e pós-graduação que fornecem qualificações em mídia e faça uma lista daqueles que oferecem o treinamento que você procura. Consulte um exemplar da *Media Courses UK* (BFI), um guia abrangente para os cursos de ensino superior e pós-graduação no banco de dados da BFI e da *Skillset.*
3. Contate a *Skillset,* a organização de treinamento nacional para rádio, televisão, cinema e vídeo, a fim de obter informações sobre carreiras nessas áreas. Faça uma pequena lista de possíveis oportunidades de trabalho e treinamento a serem oferecidas.
4. Examine jornais especializados como *The Press Gazette*, *Broadcast*, *ICVA Magazine* e *The Radio Magazine*. Recorte ou faça uma fotocópia dos anúncios de emprego para referências futuras.
5. Entre em contato com a BBC e solicite detalhes e formulários para o programa *Broadcast Journalist Trainee Scheme*. Preencha o formulário a fim de saber se você possui qualificações, conhecimento e habilidades para se candidatar.
6. Escreva para jornais, revistas e emissoras de rádio locais solicitando informações sobre possíveis vagas de trabalho. Arquive essas informações.
7. Comece a montar um *portfolio*. Ele deverá conter material de áudio e vídeo, itens impressos, fotografias, trabalho publicado no boletim informativo ou revista da faculdade ou comunidade. Organize o trabalho em ordem lógica – boa apresentação é vital.
8. Faça um currículo atualizado que possa ser disponibilizado assim que uma oportunidade de trabalho surgir.
9. Tente adquirir experiência de trabalho de forma voluntária na comunidade em que vive ou na emissora de rádio ou televisão de um hospital. Faça cópias de sua produção para adicionar ao seu *portfolio*.

978-85-7241-733-4

10. Assista ao maior número possível de eventos relacionados com mídia e estabeleça contatos com pessoas do setor. Faça anotações em sua agenda de contatos para referência futura.

FONTES E REFERÊNCIAS

Benns' Media (annually) London: Miller Freeman Information Services.

British Broadcasting Corporation (2001) *BBC World of Careers.* Available at: http://www.bbc.co.uk (accessed 20 August 2001).

Broadcast Journalism Training Council (2001) *Welcome to the BJTC.* Available at:http://www.bjtc.org.uk (accessed 1 October 2001).

Community Media Association (2001) *About CMA.* Available at: http://www.commedia.org.uk (accessed 1 October 2001).

Commercial Radio Companies Association (2001) *Training and Events.* Available at: http://www.crca.co.uk (accessed 23 September 2001).

Community Service Volunteers (2001) *Home Page.* Available at: http://www.csv.org.uk (accessed 4 October 2001).

Editorial Training Centre (2001) *So you want to be a journalist.* Available at: http://www.editorial-centre.co.uk (accessed 15 October 2001).

Emap UK (2001) *Jobs.* Available at: http://www.emap.com (accessed 2 October 2001).

GWR Group (2001) *BJTC and GWR Reward The Best.* Available at: http://www.gwrgroup.com (accessed 15 October 2001).

Hold the Front Page (2001) *Training - becoming a journalist.* Available at: http://www.holdthefrontpage.co.uk (accessed 1 October 2001).

Llewellyn, *S.* (2000) *A Career Handbook for TV, Radio, Film, Video and Interactive Media.* A.&C. Black.

National Council for the Training of Journalists (2001) *Want to be a journalist?* Available at: http://www.nctj.com (accessed 29 August 2001).

Newspaper Society (2001) *Journalism Training.* Available at: http://www.newspapersoc.org.uk (accessed 1 October 2001).

Peak, S. and Fisher, P. (2002) *The Guardian Media Guide* (10th edition). London: Atlantic Books.

Periodicals Training Council (2001) *Training Careers/Work Experience.* Available at: http://www.ppa.co.uk/ptc (accessed 2 October 2001).

PMA Group (2001) *Starting in Journalism.* Available at: http://www.pma group.com (accessed 16 October 2001).

Publishing National Training Organization (2001) *Home Page.* Available at: http://www.publishingnto.co.uk (accessed 10 August 2001).

Radio Authority (2001) *Careers in Broadcasting.* Available at: http://www. radioauthority.org.uk (accessed 12 August 2001).

Skillset (2001) *The Skillset/BFI Course Database.* Available at: http://www. skillsformedia.com (accessed 15 October 2001).

Student Radio Association (2001) *Support and Training.* Available at: http://www.studentradio.org.uk (accessed 21 August 2001).

Television and Radio Training Unit (2001) *Why Media Training?* Available at: http://www.peaknet.co.uk (accessed 16 October 2001).

Trinity Mirror plc (2001) *Editorial Training.* Available at: http://www.trinity.plc (accessed 17 October 2001).

Índice Remissivo

978-85-7241-733-4

A letra *f* que segue os números de páginas significa *figura*.

J

L

M

N

P

R

978-85-7241-733-4

S

T

U

V

W

978-85-7241-733-4

Notas

Notas